KB241660

THE MOST DESIRED
COMPANIES IN KOREA

기업을 알고 나를 알면 백전백승!
입사 선호
40대 한국 기업

THE MOST DESIRED COMPANIES IN KOREA

동아일보 특별취재팀 지음

마이다스동아

먼저 동아일보사의 〈입사선호 40대 한국 기업〉 발간을 진심으로 축하합니다.

본서의 발간은 젊은이들에게 우수한 취업정보를 제공한다는 측면 외에 우리 기업들이 내부 직원들을 소비자와 주주에 이은 '제3의 고객' 으로 인식토록 하는 계기가 되었다는 점에서도 그 의미가 매우 크다 하겠습니다.

주지하다시피 동아일보 연재 당시 경쟁기업들 간에 희비가 교차하였고, 그 과정에서 많은 기업들이 "우리 회사의 인재유치 경쟁력은 어느 정도인가?"를 다시 생각할 수 있었기 때문입니다.

앞으로 본서는 취업을 준비하는 젊은이들이 자신의 진로를 결정하는 데 매우 중요한 지침서로 활용될 것으로 보입니다.

다만 취업준비생들에게 당부 드리고 싶은 말씀은 단순히 현재의 근로조건만을 보고 취업을 결정하지는 말아달라는 것입니다. 우리 기업의 평균수명이 9년에 불과할 정도로 짧고 지금 좋은 기업이 미래에도 우수한 기업이라는 보장은 없기 때문입니다.

따라서 미래 성장가능성 등을 종합적으로 판단한 후에 직장을 선택하시기 바랍니다. 이런 점에서 입사선호 기업의 장·단점을 입체적으로 분석한 본서는 탁월한 취업교재가 될 수 있을 것이라 봅니다.

한편 경영자의 한사람으로서 기업의 경영을 책임지고 있는 경영자와

인사 담당자들에게도 〈입사선호 40대 한국 기업〉을 필독서로 추천합
니다.

글로벌 경쟁시대에는 인적자원 관리에도 경쟁력이 필요하기 때문입
니다. 우수인재의 확보 및 유지가 기업의 미래를 결정짓게 되고, 젊은
이들이 취업을 선호하는 기업일수록 미래 성장가능성도 높을 수밖에
없습니다.

따라서 젊은이들이 입사를 선호하는 기업, 인재유치 경쟁력이 있는
기업을 벤치마킹하는 데 유용하게 활용하시기 바랍니다.

다시 한 번 〈입사선호 40대 한국 기업〉 발간을 축하드리며, 본서의
발간을 위해 힘써 주신 동아일보사에도 감사의 말씀을 전합니다.

한국경영자총협회 회장 이 수 영

'누구나 알고 있지만, 아무도 제대로 알지 못하는 회사.'

동아일보에 장기 연재된 '업종별 입사선호 기업' 시리즈에서 한국 IBM을 이렇게 표현했습니다. 아직도 'IBM' 하면 많은 사람이 PC를 떠올리지만, 지금의 IBM은 PC를 생산하지 않는 '통합 컨설팅 회사'로 완전히 변모해 있다는 내용이었습니다.

이 기사를 읽으면서 'IBM만 그럴까' 하는 생각이 들었습니다. 삼성전자 포스코 국민은행 SK텔레콤 현대자동차 등 대한민국을 대표하는 대기업들도 '누구나 알지만 제대로 모르는 이야기'가 많을 것입니다.

동아일보의 연재 시리즈는 기존의 평범한 회사 소개 기사들에서는 보기 어려웠던 이야기가 풍부하게 담겨 있어서 좋았습니다. "아, 이 회사에는 이런 일이 있었구나." "어떻게 이런 것까지 다 알아냈지?"라고 감탄이 절로 나는 심층성이 있었습니다. 많은 기자가 오랜 기간 한 기업의 구석구석을 샅샅이 파헤쳤다는 느낌을 받기에 충분했습니다.

젊은 구직자들에게는 회사의 피상적 이미지나 연봉 수준만으로 입사기업을 선택하지 않고 해당기업의 경쟁력과 조직문화의 특성까지 파악한 뒤 진로를 정할 수 있도록 많은 도움을 줬을 것입니다.

기업들도 스스로는 미처 발견하지 못했던 장·단점을 되돌아보는 계기가 됐을 것이라는 확신이 듭니다. '남의 눈의 티끌은 보면서, 제 눈의 들보는 못 본다'는 옛말도 있지 않습니까. 기업과 고객의 중간 지점

6

에 있는 언론의 시각에서 회사의 과거, 현재, 미래를 진단한 동아일보 시리즈는 해당 기업에 중요한 컨설팅 자료가 됐을 것입니다.

신문에서 2개 지면에 걸쳐 보도된 개별 기업의 기사 내용도 충분히 유익하고 재미있었지만 한국의 40개 업종별 대표기업을 한 권의 책으로 묶어 놓으니 새로운 정보가 보였습니다.

성공하는 기업은 몇 가지 공통점들이 있다는 것입니다. 변화와 혁신을 끊임없이 추구하고, 인재 양성에 대한 투자를 아끼지 않으면서도, 성과 측정은 실적 중심으로 철저하게 한다는 것 등입니다.

사람이 서로 친해지려면 먼저 서로 잘 알아야 합니다. 이명박 정부가 출범한 이후 '기업 프렌들리(기업 친화적)'란 말이 화제입니다. 기업과 국민, 그리고 정부가 친해지려면 서로의 속사정까지 잘 아는 것이 중요합니다. 동아일보사가 심혈을 기울여 만든 이 책이 진정한 '기업 프렌들리' 문화를 정착시키는 좋은 출발점도 될 수 있을 것 같습니다.

독자 여러분의 일독을 권합니다.

한국경제연구원장 김 종 석

군사력이 한 나라의 국력을 결정적으로 좌우하던 시절이 있었습니다. 냉전 시대가 대표적입니다. 구 소련처럼 국민은 제대로 먹을 것이 없어 허덕거려도 첨단 무기만 갖추면 '1급 국가'로 대접받곤 했지요.

그러나 동서 냉전의 붕괴와 공산주의의 몰락은 세계의 흐름을 바꿔 놓았습니다. 경제력이 한 나라의 종합적인 역량을 판단하는데 있어 1차적 변수가 되는 시대가 되었습니다. 그리고 이를 뒷받침하는 가장 중요한 요인은 글로벌 경쟁력을 가진 기업입니다.

미래의 한국을 이끌어나갈 젊은이들의 직장이란 측면에서도 기업은 중요합니다. 시장경제 체제에서 양질의 일자리를 가장 많이 창출하는 곳은 누가 뭐래도 기업이기 때문입니다.

외환위기 후 고용 불안이 확산되고 '큰 정부, 작은 시장' 성향이 강한 좌파 이념이 득세하면서 공무원 및 공기업, 교직 등 공공부문을 선호하는 풍조가 확산됐습니다.

하지만 국가경제의 미래를 생각할 때 젊은이들이 민간부문보다 공공부문으로 몰리는 현상은 결코 바람직하지 않습니다. '작은 정부, 큰 시장'을 중시하는 새 정부가 출범한 뒤 세계적 흐름에 다시 발을 맞추면서 기업의 중요성을 인식하는 듯한 움직임이 나타난 것은 다소 늦은 감은 있지만 다행스런 일입니다.

동아일보는 2007년 3월31일 국내 종합 일간지 가운데 처음으로 토요일자 경제섹션인 '위크엔드 동아경제'를 새로 만들면서 '업종별 입사선호 기업' 기획 시리즈를 시작했습니다.

국민경제는 물론 구직자들에게 정말 중요하면서도 의외로 피상적으로밖에 알려지지 못한 국내 주요 기업의 모든 것을 파헤쳐 생생한 정보를 전달해보자는 취지였습니다.

취재대상은 취업전문기관의 조사와 동아일보의 자체 검증을 거쳐 각 업종별로 한국을 대표하면서도 젊은이들의 입사 선호도가 높은 기업으로 선정했습니다.

이 시리즈는 종합 일간지로시는 파격적으로 한 기업에 대해 두 개면 전면기획이라는 방대한 분량으로 연재됐습니다. 소개하는 기업도 당초 20개 기업으로 예정했으나, 기사가 나가면서 "더 많은 기업을 소개해달라"는 독자들의 호응이 잇따라 40개 기업으로 늘렸습니다. 이에 따라 관련 시리즈도 2008년 2월16일까지 무려 10개월 이상 장기연재됐습니다.

동아일보 특별취재팀 기자들은 한 기업을 심층 분석하기 위해 보통 3,4주 이상의 기간을 투자했습니다. 최대 수천 쪽에 이르는 사사(社史)를 정독하는 것으로 시작해 해당 기업의 임직원 수십 명을 직접 면담

취재했습니다. 객관적 평가를 위해 동종업계의 경쟁사 임직원이나 전문 애널리스트들의 이야기도 들었습니다.

'기업이 알리고 싶어 하는 내용'은 물론 구직자들이 원하는 정보와 외부에 잘 알려지지 않은 각 기업의 '2% 부족한 부분'까지도 빠뜨리지 않으려 노력했습니다.

이런 노력에 힘입어 기사가 나간 뒤 필자들은 적지 않은 보람을 맛보았습니다.

각 기업의 채용 과정에서 동아일보의 관련 기사는 입사 희망자들이 면접에 앞서 반드시 숙지하곤 했다고 합니다. 대학가에서는 '입사 시험 족보'나 '면접 지침서'로까지 불렸습니다.

시리즈에 소개된 기업은 그 자체로 상당한 브랜드 이미지 제고 효과를 얻었습니다. 사내社內 교육은 물론 영업·마케팅 자료로 관련 시리즈를 활용한 기업도 많았습니다. 상당수 기업은 물론 일반 독자들로부터 "꼭 단행본으로도 출간해 달라"는 요청도 받았습니다.

동아일보 특별취재팀은 시리즈가 끝난 뒤 몇 달 간의 준비작업을 거쳐 〈입사선호 40대 한국 기업〉이라는 제목으로 이 책을 선보입니다. 신문에 소개된 이후 기업에 대한 최신 정보를 보강하는 등 나름대로 최선을 다했지만 모자라는 부분도 없지는 않을 것입니다.

그러나 감히 부끄러움을 무릅쓰고 말씀드리면 한국의 40개 주요 입사선호 기업을 이 정도로 깊이 있게 분석한 책은 드물지 않을까 싶습니다.

아무쪼록 〈입사선호 40대 한국 기업〉이 새로 직장생활을 하려는 젊은이들에게는 자신의 인생을 선택하는 데 의미 있는 참고자료가 되고, 해당 기업에서 열심히 일하는 임직원들에게는 직장생활의 당당한 자부심과 책임감을 일깨우는 데 조금이라도 도움이 됐으면 하는 바람을 가져 봅니다.

2008년 4월

동아일보 산업부장 **권 순 활**

태권도 공인 5단 보다
실전 1단을 키운다

삼성전자는 '마누라와 자식 빼고는 다 바꾸라'는 이건희 당시 삼성 회장의 신경영이 선언된 1993년 새로운 도약을 이뤘다. 그 해에 삼성전자는 8조 1547억 원약 103억 달러의 매출을 올려 처음으로 매출 100억 달러 시대를 열었다. 현재 삼성전자는 세계 최고 수준의 글로벌 기업으로 성장했다. 2006년 기준으로 연간 매출 58조9700억 원, 영업이익 6조9300억 원, 순이익은 7조9300억 원에 이른다. 매출은 국내 2위인 현대자동차27조3400억 원의 2배가 넘는다. 2006년 미국의 경제지 포천이 선정한 글로벌 기업 순위에서는 세계 46위에 올랐다. 전자업체 중에서는 독일 지멘스와 일본 히타치에 이어 세계 3위였다.

'삼성전자스러움'을 아느냐?
삼성 명함이 여권보다 세다

삼성전자는 해외 매출이 90%에 육박하는 글로벌 기업이다. 그래서 삼성전자 임직원들은 '우리는 밖에서 벌어 안을 살찌운다'며 강한 자부심을 보인다.

신입 사원들도 "삼성전자보다 연봉이 훨씬 센 한국 기업도 꽤 있다. 하지만 그들은 안에서 버는 '도메스틱Domestic · 국내' 회사 아니냐"고 말한다.

삼성전자에는 '삼성전자스러움'이 있다. 작은 업무도 철저히 챙기는 완벽주의, 혈연 학연 지연을 배격하는 실력주의, 후배보다 연봉이 적은 선배도 적지 않은 성과 중심 보수체계, 이중삼중의 보안 장치와 사내 감시 시스템.

그러나 완벽주의가 관료주의로 흐르면서 삼성전자의 도약에 걸림돌이 되고 있다는 지적도 나온다.

단 하나의 실수도 용납 않는 완벽주의

삼성전자의 A 과장은 '9·11테러'가 일어난 다음 해인 2002년 유럽 출장을 떠났다. 살벌해진 입국 수속 중 그의 여권을 보던 출입국 공무원이 무뚝뚝하게 "어느 회사에 다니느냐"고 물었다.

"Samsung Electronics Company 삼성전자."

이 대답을 들은 그 공무원은 곧바로 표정이 바뀌었다. 그는 "명함을 보여 달라"고 하더니 "나도 집에서 삼성 제품을 쓰는데 참 좋더라"며 반가워했다.

삼성전자 임직원 대부분은 A 과장처럼 여권보다 명함을 국제사회에서 더 인정받은 경험이 있다. 그 국제적 명성은 퇴직자들에게도 '친정'에 대한 애정이나 충성심을 잃지 않게 하는 구심력으로 작용한다.

1999년 퇴사한 이모[43] 씨는 "외국계 회사로 직장을 옮겼는데 그곳에서도 '삼성전자 출신'임을 높게 평가해 줬다"고 말했다.

삼성전자는 삼성그룹 계열사 중에서도 가장 '삼성스러운' 회사로 평가받는다.

제당과 모직 사업에서 시작한 삼성 그룹의 대표적 특징은 '꼼꼼함 Attention to detail'. 섬세한 기술과 세심한 관리 문화는 수백 개 공정에서 단 하나의 작은 실수도 용납하지 않는 반도체 휴대전화 액정표시장치 LCD를 생산하는 삼성전자의 완벽주의로 이어졌다.

고 이병철 삼성그룹 창업주의 "작은 일을 할 줄 모르면 큰일도 잘할 수 없다"는 어록은 삼성전자 임직원들에게 강박관념처럼 자리 잡혀 있다.

한 팀장급 임원의 얘기.

"팀원들과의 회식 자리에서 '팀 단합을 위해 같이 운동을 하면 어떨까'라고 가볍게 말한 적이 있다. 며칠 뒤 한 직원이 A4용지 10여 쪽 분

16

량의 '팀 내 스포츠 활동 방안'이란 보고서를 들고 왔더라. '아차' 싶었다."

최도석 경영지원총괄 사장은 최근 해외출장을 갈 때마다 해당 법인 인사들에게 "브리핑 자료를 만드는 데 30분 이상 쓰지 말라. 그건 해사害社 행위다"라고 강조한다.

어디 출신이든 이기는 편이 우리편이다

삼성전자에는 특정한 '주류main stream' 세력이 없다. 정부 부처 등에서 흔히 볼 수 있는 'ㅇㅇ고교 마피아' 'ㅇㅇ대학 사단' 같은 것이 없다.

2006년 말 현재 삼성전자의 비등기 임원 755명의 최종 출신 학교를 보면 성균관대 출신이 53명7.0%으로 가장 많다. 그 다음이 한양대 45명6.0%, 서울대 43명5.7%, 경북대 41명5.4%, 한국과학기술원박사 31명4.1%, 고려대 26명3.4% 순이다.

'명문대'라는 이름이 삼성전자에서는 무색해진다.

삼성그룹의 고위 관계자는 "삼성전자야말로 철저한 실적주의다. 이름만 좋은 '태권도 공인 유단자'명문대 출신보다 사업 실적을 내는 '뒷골목 실전 1단'이 조직에는 더 필요한 존재라는 인식이 강하다"고 말했다. '어디 출신이든 이기는 편이 우리 편'이란 논리다.

인사팀장과 경영혁신팀장을 지낸 김인수 구주총괄 부사장은 "삼성전자의 DNA는 깨끗한 조직과 공평한 인사다. 특히 외환위기 이후 '성과에 따른 보상'이란 원칙이 확실히 자리 잡았다"고 말했다.

'가 나 다 라 마' 5등급으로 직무 평가가 이뤄지며 그 성적에 따라 해마다 연봉이 달라진다. 최근 한 부서에서는 고과가 나쁜 한 차장의 계약 연봉이 400만 원 깎이고, 실적 좋은 후배 과장은 무려 1000만 원 이상 크게 올라서 선후배 간 '연봉 역전'이 발생했다.

삼성전자가 계약 연봉은 상대적으로 박한 대신, 성과급을 후하게 주는 것도 실적주의 영향이다. 연봉의 최대 50%가 지급되는 이익분배금PS·Profit Sharing과 최고로 월평균 기본급의 300%까지 주는 생산성격려금 PI·Productivity Incentive은 사업부 간에 상대적 박탈감을 낳기도 한다. 2002년 초 반도체와 무선사업부의 과장급 엔지니어들이 PS, PI, 특별상여금까지 포함해 각자 1억5000만 원을 몇 주일 사이에 받은 적도 있다.

'모자람만 못한 넘침'도 있다

삼성전자 임직원들은 자신의 회사 e메일이 수시로 점검 당하고 있다는 것을 대수롭지 않게 생각한다. 입사 3년차의 한 사원은 "공적公的인 e메일 시스템을 사적私的인 용도로 쓰지 말라는 뜻 정도로 받아들이고 있다"고 말했다.

그러나 조직 내에서는 지나친 보안에 대한 불만의 목소리도 있다. 연구개발R&D직인 30대 K 씨는 "출근할 때 검색대를 서너 번 통과해야 하고 휴대전화의 카메라 렌즈도 봉인한다. 너무 '보안, 보안' 해서 짜증스러울 때가 있다"고 말했다.

윤종용 전 부회장은 1996년 12월 삼성전자 최고경영자CEO로 취임하던 당시 "변화를 위해서는 타성, 고정관념, 형식주의, 권위주의를 헐어버리고 유연한 사고로 무장해야 한다"고 강조했다. 그 후 많은 변화가 오늘의 삼성을 이끌었지만 새로운 타성, 새로운 형식주의도 똬리를 틀기 시작했다는 지적이 회사 안팎에서 나온다.

회사 통근버스를 타고 출근하는 직원이 교통 상황 때문에 몇 분 지각해도 "왜 8시까지 출근하지 않았느냐?"고 호통 치는 상사들이 있다. '오

18

전 8시 출근, 오후 5시 퇴근'의 회사 원칙에 어긋난다는 이유다. 그러나 정작 '5시 퇴근' 원칙은 지켜지지 않기 일쑤다.

자신의 인사 고과를 좌지우지하는 회사 상사를 극진히 모시느라 외부 인사에게 결례를 하는 경우도 종종 발생한다. 한 전무급 임원은 "내가 외부 손님을 모시는 약속인데 부하 직원이 그 손님보다 내 사정만 먼저 챙겨 오히려 난처해진 적이 있었다"고 말했다.

'대한민국 1위 기업'이라는 삼성전자는 간혹 주위에서 곱지 않은 시선을 받을 때가 있다. 단지 1등에 대한 시기나 질투 때문만은 아니라는 점을 삼성 내부에서도 점차 인식하기 시작하는 분위기다.

출퇴근 '7 to 11'?

동아일보는 삼성전자 입사 희망자들의
이야기와 인터넷 취업 카페에 올라온 글들을 토대로
취업준비생들이 삼성전자에 관해 궁금해 하는
대표적 질문을 고른 뒤 삼성전자 인사팀의 답변을 들었다.
(이하 타 기업도 동일)

Q 삼성전자는 '세븐 일레븐오전 7시에 출근해 오후 11시에 퇴근할 정도로 업무가 많다는 뜻'
이라는 소문이 떠돈다.

A 출근시간은 사업장별로 오전 8시~8시 30분에 탄력적으로 운영되며 '세븐
일레븐'은 과장된 표현이다. 정시에 출퇴근할 때도 많다.

Q 삼성전자는 노조는 없지만 동종업계 가운데 최고 보수를 보장해 줘 직원들의
불만이 없다는데….

A 그렇다. 삼성전자는 직원들에게 동종업계 최고 수준의 보수와 복리를 제공하
기 위해 노력하고 있어 직원들의 만족도가 높다.

Q 삼성전자에 다니다 이직했다는 사람을 많이 봤는데 한 해에 전체 임직원 중 자
발적으로 퇴사하는 비율이 얼마나 되나.

A 삼성전자 직원의 연간 퇴사율은 5% 미만이다.

Q 개인보다는 조직이 우선인 군대식 문화라는데….

A 삼성전자는 '관리의 삼성'이라는 말처럼 시스템이 잘 갖춰져 있다. 최근에
는 빠르게 변하는 디지털시대의 정보기술IT 환경 속에서 창조 경영, 창조적
혁신을 추구하고 있으며 개인의 창의력 독창성 판단력 분별력이 중요해지고
있다.

Q 철저한 능력제로 연봉 상승과 승진이 이뤄진다는데….

A 그렇다. 삼성전자는 학연, 지연을 배제하고 성과주의 원칙에 따라 능력을 발휘하는 직원에게 많은 보상을 하고 있다.

Q 채용할 때 졸업 예정자이거나 대학을 갓 졸업한 사람에게만 지원 자격을 주는 이유는….

A 삼성전자는 졸업 전 1회, 졸업 후 6개월이 지나기 전 1회, 총 2회의 응시 기회를 준다. 이는 삼성전자 채용에서 탈락한 응시자가 다른 직장을 다니다 삼성전자에 다시 지원함으로써 빚어지는 기업들의 인력 수급 차질을 막기 위한 부득이한 조치다.

Q 삼성그룹의 다른 계열사를 다니다 퇴사하고 삼성전자에 지원하면 불이익이 있나.

A 그렇지 않다. 삼성전자 채용제도 중 외부에 잘못 알려진 대표적인 내용이다.

Q 여직원은 임신하면 퇴사의 압력을 준다는데….

A 아니다. 삼성전자 여직원은 임신을 하면 모성보호 대상자로 분류된다. 회사는 출산격려금을 지급하고 모성보호실 수유실 직장어린이집을 운영해 가정

삼성전자 임직원들의 평균 연봉과 직급별 승진률

	평균 연봉	승진률	누적 승진률
임원	수억~수십억 원	15~20%	1.0~1.3%
부장	6000만~7200만 원	30%	6.5%
차장	4800만~5500만 원	40%	21.6%
과장	3800만~4200만 원	60%	54.0%
대리	3100만~3500만 원	90%	–
사원	2600만~2900만 원	–	–

삼성전자 자료 및 관계자들의 발언 종합. 사원~부장의 평균 연봉은 직급별 1년차의 것으로 생산성격려금(PI · 최고로 월 기본급의 300% 지급)과 이익분배금(PS · 최고로 연봉의 50% 지급)을 제외한 과세 전 금액. 승진률은 단계별 승진 비율이고 누적 승진률은 사원이 해당 직급까지 오를 확률. 즉 부장이 임원 될 확률은 15~20%이고 사원이 임원 될 확률은 1.0~1.3%란 뜻

과 회사생활에 조화를 이룰 수 있도록 지원한다.

Q 삼성전자의 여직원 비율은 얼마나 되나.

A 2007년 3월 현재 약 37%다.

Q 입사자들의 평균 스펙학벌, 학점, 토익 점수, 자격증, 활동 경력 등은 어느 정도인가.

A '평균 스펙'이라는 것은 없다. 삼성전자는 신입 사원 채용 시 학력, 출신 지역, 성별, 나이 등에 따른 차별을 철폐했다. 기본 자격요건학점 3.0 이상, 토익 점수 이공계 620점, 인문계 730점 이상만 갖추면 별도의 서류전형이 없으며, 지원자 전원을 대상으로 삼성직무적성검사SSAT를 실시한 뒤 면접 결과에 따라 신입 사원을 선발한다.

Only 제조업? 새 동력을 찾아라

과감한 결단과 리더십이 발전 원동력

삼성전자의 눈부신 성장은 경영진의 리더십과 과감한 결단, 끊임없는 혁신이 있었기에 가능했다.

이건희 전 회장은 1974년 동양방송 이사로 재직할 때 "개인적으로라도 해 보겠다"며 한국반도체 부천공장 인수를 밀어붙였다. 그는 실제로 개인 자금으로 한국반도체를 사들여 오늘날의 '반도체 신화'를 만들어 냈다. 당시 삼성그룹은 계열사들이 어려움을 겪고 있어 "대규모 시설투자가 필요한 반도체산업에 진출하는 것은 무모한 도박"이란 비판이 사내외에서 쏟아졌지만 이 전 회장은 과감하게 도전했다.

그는 수시로 거시적 비전과 영감을 제시하고, 끊임없이 위기의식을 불러일으키며 삼성전자의 지속적 혁신을 이끌어 왔다.

11년간 최고경영자로 재직했던 윤종용 전 부회장도 항상 위기의식과 변화를 추진하는 강한 리더십을 보여 왔다. 윤 전 부회장은 기회가 날 때마다 "위기와 난세가 영웅을 낳는다. 생각과 의식의 변화는 위기의식에서 오는 것이다. 물이 흐르듯이 기업도 끊임없이 변화하고 혁신해야 발전한다"고 말해 왔다.

우수 인재 확보와 치열한 내부 경쟁도 삼성전자의 발전을 이끌었다. 경영진은 해외에 나갈 때마다 우수 인재를 직접 면접한다. 이건희 전 회장은 "경영자는 본능적으로 사람에 대한 욕심이 있어야 한다. 필요하다면 삼고초려三顧草廬, 아니 그 이상을 해서라도 반드시 확보해야 한다"고 입버릇처럼 말했다. 황창규 반도체총괄 사장이나 진대제 전 정보통신부 장관 등이 그렇게 영입된 인물이다. 삼성전자 측은 "필요하면 회장 전용기를 띄우는 것은 물론 기존의 틀을 깨는 파격적인 대우도 제시한다"고 밝혔다.

'내부 경쟁을 통해 살아남는 제품만이 글로벌 경쟁력을 가질 수 있다'는 믿음은 제품의 품질을 높이고 조직의 경쟁력을 높이는 역할을 해 왔다. 실제로 디지털기기의 컨버전스융합 시대로 들어가면서 삼성전자의 사업부 간 '장벽'이 허물어지고 있다.

유기적인 사업구조 – 위기관리 능력 큰 강점

전문가들은 삼성전자의 가장 큰 강점을 유기적으로 짜인 사업구조포트폴리오와 그로 인한 위기관리 능력에서 찾는다.

정창원 대우증권 애널리스트는 "반도체와 휴대전화는 활황과 불황이 주기적으로 교차하는 분야"라며 "삼성전자의 경우 한 제품의 위기를 다른 제품의 이익이 상쇄하는 구조를 가지고 있다"고 말했다.

정성천 LG경제연구원 연구위원은 "삼성전자 외에는 반도체부터 완제품까지를 모두 생산하는 업체가 별로 없다"며 "이것은 여러 가지 기술이 융합하는 '컨버전스 시대'에 적합한 사업모델"이라고 평가했다.

반도체와 휴대전화, TV 사업은 확실한 현금 창출원캐시 카우·Cash Cow이 되고 있다.

삼성전자는 반도체와 TV 부문에서 세계 1위의 시장경쟁력을 가지고 있다. 특히 메모리 반도체는 경쟁 상대가 없을 정도다. 삼성전자는 D램의 경우 1992년, 전체 메모리 반도체는 1993년 시장 점유율 1위에 올라 지금까지 이를 지키고 있다.

휴대전화도 '애니콜 신화'를 만들며 세계적 명품名品으로 자리 잡았다.

TV는 최근 유망 사업으로 떠올랐다. 삼성전자는 2006년 액정표시장치LCD와 플라스마디스플레이패널PDP, TV 등을 합친 전 세계 TV 시장에서 판매대수와 매출액 1위를 차지했다.

삼성전자는 캐시 카우가 창출하는 이익을 투자에 돌려 지배적 시장 지위를 계속 끌어가는 '선순환 구조'를 갖추고 있다. 2006년 말 기준으로 투자를 위한 내부 유보금 규모는 6조 원에 이른다.

전자업계의 한 관계자는 "생산라인 신설에 수조 원이 들어가는 반도체 부문에서 대규모 투자를 신속하게 할 수 있는 기업은 인텔과 삼성전자밖에 없다"고 말했다.

서비스 - 소프트웨어로 무게중심 옮겨라

삼성전자의 미래에 대해서는 낙관론만 있는 것은 아니다.

전자업계의 또 다른 관계자는 "삼성전자의 사업구조는 훌륭하지만 미래에도 지속적으로 성장하려면 진지한 고민이 필요하다"고 지적했다.

우선 삼성전자는 지나치게 제조업 즉, 하드웨어 중심이라는 지적을 받는다.

전문가들은 앞으로 산업의 중심을 서비스와 콘텐츠 등 소프트웨어가 이끌어 갈 것이라고 전망한다. 삼성전자의 경쟁사인 애플과 노키아가 온라인 음악서비스와 솔루션 개발에 집중하고 있는 것이 그 증거다. 애플은 지난 3년간 15억 곡의 음악을 온라인으로 판매했으며 최근에는 디즈니 등과 손잡고 영화 등 동영상 콘텐츠 사업에 뛰어들었다. 노키아는 전 세계 수백 개 업체로 이뤄진 대규모 이동통신 솔루션 포럼을 이끌고 있다.

미래를 책임질 성장사업이 아직 눈에 띄지 않는 것도 위기 요인으로 지적된다.

삼성전자 출신의 전자산업 전문가는 "최근 이건희 회장이 4~6년 후 위기가 올 것이라고 말한 것이 이런 부분과 맥이 닿아 있다"며 "삼성전자가 창조경영을 강조하고 있지만 아직까지는 프린터 사업 외에 특별한 미래 성장 동력이 보이지 않는다"고 말했다.

좇아갈 경쟁 대상이 없다는 점 역시 큰 방향을 잡는 데 어려움을 준다.

삼성그룹의 한 고위 관계자는 "이전에는 일본 기업들을, 최근에는 미국 GE를 벤치마킹했지만 이제는 모방할 대상이 없어져 의사결정이 더 어려워졌다"고 말했다.

하지만 삼성전자가 위기의식을 바탕으로 혁신을 계속한다면 성장 애로를 극복해 나갈 것이란 의견도 적지 않다.

이승우 신영증권 애널리스트는 "삼성전자는 역량과 자금, 인재를 모두 갖춘 회사"라며 "지금까지처럼 위기의식을 가지고 방심하지 않는다면 앞으로 더 성장해 나갈 것"이라고 전망했다.

전무 연봉 3억~5억 원

삼성전자 입사자가 상무보 이상의 임원이 될 확률은 1.0~1.3%다. 통상적으로 100명이 입사하면 1명 정도만 임원이 되는 것이다.

전무가 될 확률은 약 0.2%. 부사장 이상에 오르는 것은 그저 '하늘의 뜻'이라고 한다.

임원이 '대기업의 별'이라면 삼성전자 임원은 '별 중의 별'이다. 막강한 권한을 갖고 있고 꿈같은 대우를 받는다. 그러나 '임원=임시직원'이라고 불릴 만큼 피 말리는 책임도 따른다.

임원이 되면 달라지는 7가지

삼성전자 임원으로서 자부심의 절반은 급여에서 나온다고 한다.

가장 낮은 직급인 상무보의 연봉이 세전稅前으로 1억5000만~2억 원에 이른다. 2000년 이전에는 임원들의 소득세까지 회사 측에서 내줬지만 이제 세금은 임원이 직접 낸다.

두 번째 변화는 승용차. 상무보부터는 그랜저TG 승용차가 제공된다. 기름값은 모두 지원된다.

고급 노트북 컴퓨터가 지급되고 집에도 데스크톱 컴퓨터가 설치된다. 상무보부터 비서가 생기고 독립 사무실도 주어진다. 임원은 지갑에 '이 카드를 습득하면 ×××로 전화 하시오'라고 적힌 카드를 가지고 다닌다. 전화는 병원으로 연결돼 앰뷸런스가 달려온다. 임원이 교통사고를 당하거나 의식을 잃었을 때를 대비한 것이다.

그러나 삼성전자의 진정한 임원은 전무부터다. 연봉은 3억~5억 원으로 껑충 뛴다.

삼성전자의 한 부사장은 "전무가 되는 순간 자식 결혼 걱정이나 노후 걱정이 모두 사라졌다”고 귀띔했다.

차량은 에쿠스로 오르고 골프장 회원권도 준다. 3주일 전에만 비서를 통해 예약하면 언제든 골프를 칠 수 있는 여건이 된다.

삼성전자의 전무 이상 임원은 모두 150여 명. 일부 상무나 고문 등도 회원권을 받는다.

이러한 사실을 감안해서 200명이 회원권을 가지고 있고 회원권 가격을 5억 원으로 추정하면 삼성전자가 갖고 있는 골프장 회원권 가격만 1000억 원에 이른다는 계산이 나온다.

이러한 회사 지원은 임원들이 일에만 매달릴 수 있는 근무 환경을 만들기 위한 것이다. 집에서도 컴퓨터로 업무를 보고 사내외 인사들과 골프를 치며 고급 정보를 들으라는 배려다.

이렇게 일만 하다 보니 현실과의 괴리도 생긴다.

최근 퇴직한 한 임원은 “15년 전 지하철 요금이 250원이었던 기억이 있어 지하철을 타려고 500원짜리를 내밀고 표를 달라고 했더니 직원이 눈을 크게 뜨고 다시 보더라”고 말했다.

임원은 ‘임시직원’의 준말?

삼성전자 임원은 언제 퇴출될지 모르는 중압감 속에서 배수의 진을 치고 일을 한다. 그래서 임원은 임시직원의 준말이라는 우스갯소리도 나온다. 통상 상무 5명 중 1명만이 전무가 될 정도로 경쟁은 치열하다.

매년 1월에 있는 삼성전자 정기 인사 발표 전날 인사팀장은 탈락되는 임원들을 한 사람씩 불러 퇴출을 통보한다.

이 자리에서 자문역전무 이하, 상담역사장 이상 또는 안식년 등이 결정된다. 부사장 이상은 1년 후 재계약이 가능한 고문이 될 수도 있다.

이는 모두 임원이 퇴사할 때까지 1~3년 동안 생활에 지장이 없도록 지원해 주기 위한 배려 차원의 인사다.

한 임원은 “인사 때 내가 결국은 월급쟁이라는 사실을 뼈저리게 느끼게 되지만 퇴직하는 임원들이 ‘나도 이젠 자유인’이라며 가슴을 쓸어내리는 경우도 있어 만감이 교차한다”고 말했다.

그래서 매년 1월 삼성전자 임원은 본인은 물론 가족 모두가 가슴을 졸인다.

삼성전자의 한 상무는 퇴직할 때 아내에게 해 줄 말을 미리 준비해 놨다고 했다.

"이젠 당신을 사랑해 줄 시간이 많아졌네."

삼성전자 임원 현황 (2006년 말 기준)

최종 학력	명	비중
성균관대	53	7.0%
한양대	45	6.0%
서울대	43	5.7%
경북대	41	5.4%
한국과학기술원(박사)	31	4.1%
고려대	26	3.4%
경북대(석사)	23	3.1%
인하대	23	3.1%
한국과학기술원(석사)	22	2.9%
연세대	20	2.7%
한국외국어대	17	2.3%
서울대(석사)	15	2.0%
부산대	14	1.9%
연세대(석사)	14	1.9%
아주대(석사)	13	1.7%
동국대	12	1.6%

〈등기임원 6명〉 평균 나이: 59.5세, 2006년 평균 연봉: 43억3000만 원, 사외이사 제외.
〈비등기 임원 755명〉 평균 나이: 49.8세

안되면 되게 하라, 그래도 못하면…
우향우!
영일만에 빠져 죽는다

2007년 3월 27일 서울 강남구 대치동 포스코센터에서는 제1회 포스코청암상 시상식이 열렸다. 청암은 '한국 철강산업의 아버지'로 불리는 박태준 포스코 명예회장의 아호雅號다. 시상식이 끝난 뒤 2006년 12월 1일 동아일보와의 단독 인터뷰 과정에서 구면舊面이 된 박 명예회장에게 다가가 "행사가 참 멋지게 끝났습니다"라고 인사말을 건넸다.

그는 특유의 무표정한 얼굴로 대수롭지 않은 듯 짧은 한마디를 던졌다. "포스코가 하는 것 치고 시시한 게 있어? 포스코가 하면 다르잖아." 포스코 임직원들을 만나 보면 다른 기업과는 또 다른 자부심과 자존심이 있다. 이 회사는 월급이 적은 편은 아니지만 특별히 놀랄 정도로 많지는 않다. 업무강도도 상당히 높은 편이다. 하지만 이들에게서는 '산업의 쌀'이라는 철을 생산하면서 국가 경제에 기여한다는 사명감이 엿보인다. 한국의 경제 발전 과정에서 생겨난 '포항제철 신화'도 자부심의 한 원천이다.

철철 넘치는 자부심, 포스코가 하면 다르다

실패는 없다… '우향우 정신'을 아시나요

'우르르 꽝.'

포스코 사람들은 1977년 8월 2일의 '폭파사건'을 잊지 못한다. 당시 '건국 이래 최대 역사役事'라는 포항제철소 3기 설비공사가 한창일 무렵이었다.

핵심설비 중 하나인 발전 송풍 설비에서 결함이 발견되자 당시 박태준 포철 사장은 그 자리에서 공정工程이 80%나 진행된 설비를 다이너마이트로 날려버릴 것을 지시했다. '조상들의 피의 대가'인 대일對日 청구권 자금으로 짓는 국가적 사업에 한 치의 오차도 인정할 수 없다는 단호한 결정이었다.

당시 설비기술본부장을 맡았던 백덕현 전 부사장은 그때의 상황을 이렇게 회상했다.

"산산이 부서진 잔해를 보면서 머리카락이 쭈뼛 서는 충격을 받았어요. 예산과 공정을 감안할 때 쉽지 않은 결정이었거든요. 이 폭파사건 이후 포철 사람에게 '얼렁뚱땅' 이라는 단어가 없어졌어요."

포스코에서 자주 듣는 '우향우 정신' 도 이와 무관하지 않다. 우향우 정신이란 '안 되면 될 때까지 노력하되 그래도 못하면 일제히 오른쪽으로 돌아서 영일만에 빠져 죽겠다' 는 비장한 각오다.

파이넥스연구개발추진반 이후근 추진반장은 "일에 대한 빈틈없는 자세는 창업 당시 선배부터 지금까지 우리들의 가슴속에 면면히 흘러오는 포스코의 DNA"라고 말했다.

목표 – 위기의식 공유… 민영화로 제2 신화 창조

포스코 DNA는 '제2의 창업' 이라고 할 수 있는 공기업 민영화로 이어졌다.

2000년 10월 완료된 포스코 민영화는 국내 공기업 민영화의 대표적인 성공모델로 평가받는다. 포스코는 민영화에 이어 2002년 3월 회사 이름을 포항제철에서 현재의 포스코로 변경해 '포항제철 신화' 에 이은 '포스코 신화' 에 도전하고 있다.

한 공기업의 임원은 "보통 공기업들은 일을 안 해도 되는, 오히려 일을 벌이면 튄다는 지적을 받는 구태가 남아 있는 게 사실"이라며 "포스코는 최고경영자CEO에서 갓 들어온 신입사원까지 뭔가 하려는 에너지가 충만한 역동적 조직이란 느낌이 강하다"고 털어놨다.

포스코 안에서는 과거 '포항제철' 의 조직문화가 '리더가 주도하는 일사불란함' 이었다면 민영화 이후 '포스코' 는 '모든 직원이 스스로 생각

32

하며 일하는 조직'으로 탈바꿈했다는 말이 들린다.

포스코 변신의 성공비결을 목표와 위기의식의 공유에서 찾기도 한다. 건전한 위기의식에서 비롯된 에너지를 단일한 목표에 몰입하는 방식으로 넘어섰다는 것.

민영화와 1995년 세계무역기구WTO 가입은 국내 열연강판 공급의 90%를 차지하는 포스코에 도전이었다. '철을 파는 게 아니라 배급해온' 포스코가 더는 내수시장의 독점적 지위에 안주하는 공급자 마인드로는 살아남을 수 없었기 때문이다.

1999년 도입한 프로세스 혁신PI과 2002년 도입한 식스시그마, 2006년부터 시행하고 있는 포스코형 식스시그마QSS 등 일련의 변신 노력은 이 같은 위기의식에서 비롯됐다.

포스코의 PI는 주문, 생산, 판매, 영업 등 제각각의 업무를 정보기술IT로 통합한 전산화 작업통합화로 IT를 가장 효과적으로 제조업과 접목한 사례로 평가받는다. 국내외 100여 개 업체가 벤치마킹했을 정도다.

식스시그마와 QSS는 일하는 방식의 변화를 가져왔다. 특히 QSS는 영업지원부서에서부터 현장 생산직에 이르는 전 사원이 회사가 설정한 목표에 따라 스스로 문제를 찾고 해결하는 '생각하는 집단'으로 만들었다.

최근 광양제철소 견학을 다녀온 대기업의 한 임원은 "현장 직원 누구에게 물어봐도 그들의 대답은 한결같았다"며 "'2008년까지 자동차 전용 강판 공장으로서 일본을 추월하겠다'는 회사 목표가 그들에게는 마치 신앙처럼 보였다"고 설명했다.

'인재 제일' '명품 복지' 포스코공화국

일각에서는 포스코인들의 일에 대한 놀라운 집중력의 비결을 '기업은 곧 사람'이라는 창업 이념에서 찾는다. 회사는 직원들이 일에만 전념할 수 있도록 '후생'을 책임지고 직원들은 '높은 충성심'으로 화답한다는 것.

실제로 포스코는 포항제철소와 광양제철소에 각각 169만 평과 92만 평에 이르는 대규모 주택단지를 조성해 미혼과 신혼부부 직원에게 1700여 채를 저렴하게 제공하고 있다.

주택단지 안에는 유치원 및 초중고 12개 학교와 각종 문화시설이 갖춰져 있다.

포스코의 '사람에 대한 투자'는 이 회사 평균 근속 연수가 19년으로 국내 대기업 중 단연 선두라는 점에서도 잘 드러난다.

엄정한 실력 위주의 인사원칙도 조직에 대한 높은 충성심을 이끌어냈다. 박 명예회장이 창업 초기에 고위층 인사로부터 받은 인사 청탁 쪽지를 사원들 앞에서 찢어버린 일화는 지금도 회사 안에서 자주 회자된다.

양병호 인력자원실 팀리더^{부장급}는 "포스코에는 고졸 생산직과 대졸 업무직 사원 간에 차별이 없다. 단일호봉제로 돼 있으며 고졸 생산직도 실력만 갖추면 공장장과 부장에 오를 수 있다"고 설명했다.

일부에서는 포스코의 장점으로 'CEO 내부발탁 승진 전통'을 꼽기도 한다. 오너가 없지만 직장 내 파벌이 거의 없고 조직도 건강하다는 평가를 받는다.

그러나 과거 공기업 문화를 완전히 탈피하지 못했고 정부 입김에서 자유롭지 않다는 지적도 있다. 포스코의 한 사외이사는 "포스코가 지속적인 성장을 하려면 철강 이외에도 제2, 제3의 성장 동력 발굴이 시급하다"면서 "꾸준히 하고는 있지만 진척 속도가 더딘 느낌"이라고 지적했다.

　포스코가 우수 기업이라는 것을 인정하면서도 재원, 인력 등 국가의 모든 에너지를 쏟아 부어 만든 국가기업임을 감안하면 선뜻 100점을 주기 어렵다는 반응도 있다.

　20년째 포스코 협력업체를 운영하는 한 중소기업인은 "포스코가 특히 민영화 이후 과거 공급자 중심의 마인드를 벗어나기 위해 노력을 해 왔지만 여전히 고압적인 공무원의 냄새를 느낄 때도 적지 않다"며 "좀 더 겸손한 자세로 거래처를 비롯한 고객과 대화하는 노력이 필요하다"고 지적했다.

평균 19년 근무 '근속 킹'

포스코 광양제철소에 근무하는 A[27세] 씨는 2006년 봄 행복한 고민에 빠졌다. 대학 졸업을 앞두고 초우량기업인 삼성전자와 포스코에 모두 합격했기 때문이다. 갈피를 잡지 못할 때 포스코에서 보낸 꽃다발이 도착했다. 어버이날에 맞춰 '아들을 잘 키워 줘서 고맙다' 는 이구택 회장의 편지도 함께 왔다. 감동한 부모는 아들을 설득했고 결국 A 씨는 포스코를 선택했다.

제2의 '이구택 신화'를 꿈꾸며

포스코의 평균 근속 연수는 19년으로 국내 기업 중 1위이다. 연봉도 제조업 가운데 상위권이다.

신입사원 연봉이 세전[稅前] 기준으로 3200만 원[기본급과 성과급 포함] 안팎이고 △5년차가 4300만~4800만 원 △10년차가 5300만~5800만 원으로 5년마다 1000만 원가량이 뛴다.

근속연수가 말해 주는 포스코의 직업 안정성은 취업생들에게 가장 큰 매력으로 꼽혔다.

실제로 이번 취재를 위해 동아일보 인턴기자를 거친 대학생들의 도움을 받아 서울시내 대학에 재학 중인 취업준비생 100명에게 설문조사한 결과 27명이 '포스코에 입사하고 싶은 이유' 로 '직업 안정성' 을 꼽았다.

서울대 경제학부 유진 씨는 "포스코는 세계적인 경쟁력을 갖춘 철강회사인 데다 공기업 이미지가 아직 남아 있어 안정감이 높다"고 말했다.

'이구택 신화' 는 직업 안정성과 높은 임금 못지않게 취업생들의 관심을 끄는 대목이다. 포스코 공채 1기 출신으로 2003년 최고경영자[CEO]에 오른 이 회장을 두고 하는 말이다. 포스코의 한 관계자는 "신입사원들의 80%는 장래 포부로 CEO를 적어낸다"고 귀띔했다.

입사는 하늘의 별 따기… 터프한 군대식 문화 여전

　장점이 많은 만큼 입사는 '하늘의 별 따기'다.

　일단 뽑는 인원이 기업 덩치에 비해 적다. 지난 6년간 대졸 공채 신입사원은 865명에 그쳤다. 연간 20조 원이 넘는 매출을 올리는 포스코가 연평균 144명을 고용한 셈이다. 기존 직원들이 좀처럼 퇴사하지 않기 때문이다. 이 때문에 일각에서는 '포스코 직원만의 리그' '철밥통'이란 비판도 받는다.

　영어는 물론 제2외국어가 '기본'이고 2006년 신입사원 평균 토익 점수는 879점이었다.

　포스코 임원은 이른바 명문대 출신이 많은 편이다. 이 회사 임원 47명 가운데 서울대12명 고려대7명 연세대2명 등 세칭 'SKY' 출신이 절반에 가깝다.

　공기업 시절부터 지속돼 온 인사 적체 현상이 2000년대 들어 다소 개선됐지만 과장과 부장까지 오르는 데 걸리는 평균 기간이 각각 10년, 20년으로 다른 대기업에 비해 긴 편이다.

　철강업종의 특성 등으로 포스코의 조직 문화는 상명하복이 상당히 강하다. '터프하다'는 말도 나온다. 지방 근무가 많고 조직 문화도 거칠어 여직원을 찾아보기가 어려웠지만 최근 꾸준히 늘고 있다. 현재 포스코의 여직원 비율은 12% 수준으로 다른 대기업보다는 낮은 편이다.

포스코 임직원의 연차별 평균 연봉 (2007년 기준)

	연봉(원)
1년차	3200만
5년차	4300만~4800만
10년차	5300만~5800만
15년차	6300만~6800만
20년차	7500만~8000만
임원	1억2000만~수 억

기본급과 성과급 포함한 세전 연봉. 포스코 임직원 인터뷰를 근거로 산출한 것임.

철만으론 "글쎄요…"
새 용광로는 연료전지?

"철강업으로 돈을 벌지 못하는 시기가 올지도 모릅니다." 2006년 9월 22일 포스코 신입사원들은 이구택 포스코 회장의 강연을 들을 때 손에서 땀이 났다. 이 회장은 이날 강연에서 포스코가 생산성과 기술력에서 세계적 경쟁력을 갖춘 철강업체라고 소개했다. 하지만 이어 세계 철강업계의 생존 경쟁이 갈수록 치열해지는 현실을 소개하면서 위기의식을 갖고 일해야 한다는 점을 강조했다. 2000년대 들어 세계 철강업계에는 인수합병(M&A)을 통한 구조조정 태풍이 불고 있다. 낮은 가격 경쟁력을 앞세운 중국 철강업체들이 급속히 생산량을 늘리면서 나타난 공급 과잉 현상도 만만치 않은 도전이다. 세계 철강업계 상황이 긴박하게 돌아가면서 안정적인 기업으로 여겨지던 포스코의 미래도 장밋빛만은 아니다. 이런 흐름 속에서 포스코 임직원들이 어떤 전략을 세워 대응하느냐가 앞으로의 승패를 좌우할 것이다.

M&A 위협 "세계 기업이 포스코를 노린다"

M&A로 덩치를 키워 온 세계 철강업계 1위 미탈이 지난해 6월 2위인 아르셀로마저 삼키면서 아르셀로미탈이라는 공룡 철강기업으로 거듭나자 세계 철강업계는 충격에 빠져 들었다. 이에 따라 주요 철강업체들은 모두 '먹히지 않기 위한' 안전장치 마련에 초미의 관심을 쏟고 있다.

포스코의 지분 구조도 안정적인 편은 아니다. 현재 외국인 지분이 60%에 이른다. 일부 증권 전문가도 포스코가 외국기업에 M&A될 가능성은 이제 가상이 아니라 현실일 수 있다는 분석을 내놓았다. 우리투자증권 이창목 연구위원은 "현재 포스코의 지분 구조로 볼 때 M&A 가능성을 배제할 수 없는 상황"이라고 설명했다.

이에 따라 포스코는 오랫동안 우호관계를 유지해 온 일본의 신일본제철과 주식을 맞교환하는 등 우호 지분 확보에 나섰다. 이 같은 제휴는 두 회사 모두에 도움이 될 것으로 예상된다.

앞으로 상황이 더 급박해지면 중국과 일본의 다른 업체들과 연대해 '아시아 철강산업'을 지켜 낼 계획도 세워 놓았다. 임직원들도 자발적으로 '포스코 주식 1주 더 갖기 캠페인'에 나섰다. 협력사 직원들의 동참도 늘고 있다.

글로벌 전략 적극 추진… 세계를 향해 전진 또 전진

우호 지분 확보가 적대적 M&A를 막기 위한 직접적이고 단기적인 대책이라면 글로벌화는 수익성 강화와 지속적인 사업 성과로 기존 해외주주를 우호세력으로 만드는 장기적인 전략이다.

1970년 4월 1일 포항제철소를 착공할 때부터 포스코는 '좌절'과 '실패'라는 단어를 사전에서 지워 버렸다. 그 결과 수직상승을 이뤘다. 창사 30년 만인 1998년 포스코는 철강생산량 세계 1위까지 올랐다. 그러나 그 영광은 오래가지 못했다. 1999년까지 2년간 1위 자리를 유지했지만 외국 철강업체들이 덩치를 계속 키워 나가면서 현재는 4위로 밀려났다.

다른 중화학공업과 마찬가지로 철강업체는 '규모의 경제'가 경쟁력을 좌우한다. 중국 업체의 덩치 불리기 공세는 포스코의 위치를 뒤흔드는 위협요소가 되고 있다.

포스코는 우선 '제강은 광산 근처에서, 압연롤링은 시장 근처에서'라는 실천 목표를 내걸었다. 이런 전략으로 원자재 확보와 생산원가 절감은 물론 판매 확대와 무역장벽 회피까지 기대하고 있다.

철광석이 풍부한 인도 오리사 지역에 연간생산 1200만 t 규모의 일관 제철소 건립을 추진하는 것도 이런 전략의 일환이다. 오리사 일관제철소에는 120억 달러가 투자된다. 이를 통해 포스코의 국내외 전체 생산량을 4700만 t까지 늘릴 계획이다.

기술만이 살 길이다

글로벌화와 함께 포스코의 미래를 책임지는 분야는 기술력이다.

세계에서 처음으로 추진하는 파이넥스 공법은 일본이나 유럽 등 선진 기술을 뛰어넘는 차세대 용광로다.

철강업계는 이 공법의 상용화에 성공하면 지난 100여 년간 유지돼 온 용광로 기법이 획기적으로 바뀌는 '제철혁명'이 일어날 것으로 보고 있다. 생산성 향상은 물론 대기오염 물질을 90% 이상 줄일 수 있기 때문이다.

포스코가 시험용 파이넥스를 운영한 결과 설비투자비는 기존 용광로

40

의 92%, 운영비는 83% 수준인 것으로 나타났다. 2007년 상반기1~6월에 완공 예정인 연산 150만 t 규모의 파이넥스 상용화 설비가 준공되면 인도제철소에도 적용할 계획이어서 세계 철강업계가 주목하고 있다.

또 제조공정을 줄일 첨단기술인 스트립캐스팅 공법도 도입해 시험라인을 2006년 6월 준공했다. 포스코는 철강생산량에선 세계 4위로 밀렸지만 기술력에서는 세계 1위라는 자부심을 갖고 있다.

포스코의 차세대 성장동력 '포스코파워'

'제철보국'이라는 깃발을 치켜든 포스코지만 이제는 철강사업 하나만으로 성장세를 유지하는 것은 사실상 불가능하다는 판단에 따라 다양한 분야로 사업을 확장하고 있다.

2008년 현재 포스코의 자회사는 포스코파워, 포스코건설, 포스틸 등 모두 20개. 계열사의 사업 분야는 특수강 분야가 가장 많고 건설 발전 정보통신 등으로 다양하다. 이들 사업은 수평적 나열이 아니라 철강의 경쟁력을 높이면서 동시에 수익을 극대화하기 위한 수직 계열화가 핵심이다.

특히 발전설비와 미래 에너지 분야를 담당하는 포스코파워는 포스코의 차세대 성장 동력으로 조명을 받고 있다.

포스코는 에너지 확보와 환경 문제라는 두 마리 토끼를 잡을 수 있는 연료전지사업에 특별한 애착을 갖고 있다. 2007년 3월 30일 경북도 및 포항시와 연료전지사업을 위한 양해각서MOU를 체결해 본격적인 투자에 들어갔다. 포스코파워는 2010년까지 2단계로 포항시 북구 신항만 일대에 연간 생산 100MW 규모의 연료전지 생산 공장을 건설할 계획이다. 이번 사업의 투자액은 공장 건설 650억 원, 연구개발 1200억 원 등 모두 2250억 원으로 국내 기업 가운데 가장 많다.

자전거 출근 "여유만만"

오전 5시 50분.

전남 광양시 포스코 광양제철소 화성부 이승재[29세] 대리는 자명종 소리를 듣고 잠에서 깨어났다. 회사가 아니라 수영장에 가기 위해서다.

아침형 인간이 되기 위해 2개월 전부터 새벽 수영을 시작했는데 처음엔 힘들었지만 요즘은 하루라도 거르면 몸이 근질거린다.

그의 출근 전 일정은 여기가 끝이 아니다. 오전 7시 10분 집으로 돌아와 30분간 회사에서 실시하는 사이버 일본어 강의를 들었다.

영어에는 자신이 있지만 제2외국어가 필수가 되어 가고 있는 시절이라 언젠가 꼭 필요할 것이라는 생각에 일본어를 배우기 시작했다.

오후 6시 반 퇴근… 회사 회식땐 가족까지 함께

그는 아침을 먹고 오전 8시쯤 출근하기 위해 집을 나섰다. 통근 수단은 자전거.

회사까지 연결된 7km 정도의 자전거도로 옆에는 바다가 펼쳐져 있고 은행나무 숲길도 나온다. 바다를 가로지르는 다리도 지날 수 있다.

서울이었다면 만원 전철에서 시달리며 스트레스를 받았겠지만 25분이 걸리는 출근길은 오히려 즐겁기까지 하다.

이날 퇴근은 평소처럼 오후 6시 반이었다. 작업복을 갈아입고 자전거로 집에 돌아가면 7시. 딸[4세]의 재롱도 보고 동화책도 읽어 주고 산책도 함께 할 수 있는 여유로운 시간이 주어졌다. 자녀 양육에 거의 신경을 쓰지 못하는 도시의 아빠들과는 딴판이다.

사회생활도 대도시와는 완전히 다르다. 일반 기업에서는 때로는 반강제적으로 폭음을 해야 하는 회식문화도 있지만 여기서는 모두들 근처에 모여

살기 때문에 가족동반 회식이 일반화돼 있다.

"가족적인 회사 분위기와 여유로운 시간, 각박하지 않은 생활 때문에 가정도 화목해지는 것 같아요. 지난 주말에는 집에서 멀지 않은 경남 하동 10리 벚꽃길을 다녀오기도 했죠."

2003년 포스텍포항공대 화학과를 졸업한 그는 동기 27명 가운데 유일하게 포스코에 입사했다.

"나머지 26명 중 10명은 대학원에 진학했고 16명은 유명 대기업과 은행에 입사해 서울로 갔는데 처음에는 연봉이 1000만 원가량 많은 친구들이 부러웠어요."

광양만 생활 만족… 그러나 때로는 외로움도

4년 전 그의 첫해 연봉은 2800만 원 정도로 대기업 상위권 수준은 아니었다. 그러나 서울로 간 친구 10명 중 7명은 첫 직장에 적응하지 못하고 다른 곳으로 옮겼다.

친구들의 이야기를 들었을 때 그는 포스코에 오기를 정말 잘했다는 생각이 들었다.

"욕심을 조금만 줄인다면 삶의 질에서 다른 직장과는 비교하기 힘든 것 같아요."

포스코는 포항과 광양에 유치원과 초중고교 12개를 짓고 최신 영화와 유명 뮤지컬 등을 무료로 볼 수 있는 문화관도 마련해 교육과 문화에 대한 직원들의 욕구를 해소시켜 주고 있다.

그렇다고 하더라도 대도시에 비해서는 교육 및 문화시설이 턱없이 부족할 수밖에 없다. 삶을 활기차게 하는 폭넓은 인적 네트워크 형성에도 불리하기는 마찬가지다.

포항제철소에서 근무하는 한 직원은 "학교 시설과 교사진도 좋기 때문에 자녀들 진학에 큰 걱정은 하지 않지만 그래도 대도시보다 학원도 부족하고 전반적인 교육 수준이 약간 떨어지는 것은 어쩔 수 없다"고 말했다.

광양제철소의 또 다른 직원은 "현지 생활은 그럭저럭 만족하지만 친구가 대부분 서울에 있어서 때로는 외로움을 느낀다"고 털어놨다.

포스코의 전체 대졸자 3500명 중 72%는 포항과 광양 등 지방에서 근무한다.

수직계열화를 위한 포스코 출자 회사

회사	사업 목적
포항강판	도금 및 도장강판 제조
포스코	특수강 특수강, 강관 제조
포스콘	전기제어기기 정비 제작
포스렉	축로 및 내화물 제조
포철산기	정비용역, 설비 제작
포철기연	정비용역, 설비 제작
포스코건설	엔지니어링, 건설
포스에이씨	설계, 종합감리, 건설사업 관리
포스틸	철강판매, 무역
포스데이타	정보통신 서비스
승광	체육시설 설치 운영
포스코	경영연구소 조사연구, 컨설팅업
포스텍기술투자	신기술사업, 금융
포스코터미날	대규모 물류기지(CTS) 영업
포스메이트	주택 및 시설물 유지관리
삼정피앤에이	알루미늄 제조 및 포장협력 작업
포스코	파워 발전사업
SNNC	니켈제련사업

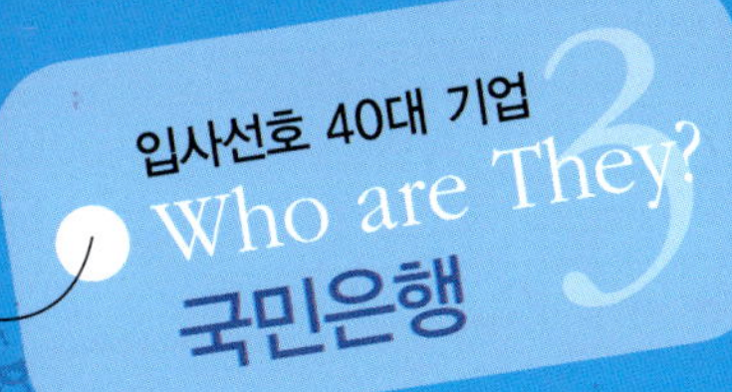

색깔 없다 말하지 마라
너희가 '오색 비빔밥'의
맛을 아느냐?

동아일보 취재팀은 은행업종 입사 선호 1위로 선정된 국민은행 취재를 위해 이 은행 임직원 60명에게 설문지를 돌리면서 '국민은행은 □이다'라는 문항의 네모 칸을 창의적으로 채워 달라고 부탁했다.

우선 임원들의 답변.

"국민은행은 대한민국이다. 왜? 한국을 대표하는 금융회사니까."

"국민은행은 가족이다. 가족처럼 친근한 조직이다."

그렇다면 20, 30대 신세대 행원들의 답변은?

"국민은행은 '잘 나간다', '서민적이다', '민첩하지 못하고 무겁다', '믿을 수 있는 오랜 친구다' …."

취재팀은 자녀가 입행하면 부모가 자랑스러워한다는 국민은행 직원들의 답변이 평이한 것에 의아심이 생겼다. 5개 은행이 합쳐진 이 은행을 '오색 비빔밥', '로또와 주택복권' 처럼 발랄하게 표현할 수도 있었을 텐데….

뛰는 게 미덕인 요즘 세상에 '친구 같은 서민은행' 직원들의 속내가 궁금해졌다.

친구처럼 편안한 '풀뿌리 은행'
돈 worry? Don't worry!
서민-중소기업의 돈줄

풀뿌리 서민은행이 된 까닭은…

그들의 답변이 튀지 않은 이유는 국민은행의 역사에서 단서를 찾을 수 있다.

국민은행의 모태는 1920년대에 생겨난 서민 상호금융기관 '무진無盡'이었다. 융자에 필요한 담보가 없어 은행 문턱이 높기만 한 서민들의 '금융 오아시스' 였다.

8·15광복 이후에도 국민 대다수는 서민이었다.

정부는 1962년 무진을 서민금융 전담기관으로 발전시키기 위해 국민은행법을 만들었고, 다음 해인 1963년 '한국무진' 의 자산을 인수한 옛 국민은행이 탄생했다.

1897년 국내 최초의 민간 상업은행으로 설립된 조흥은행을 시작으로 상업1899년, 제일1929년, 한일1932년, 서울1959년 등 5개 시중은행은 개발경제 시대를 거치면서 기업금융의 산파 역할을 했다.

1995년 국민은행법 폐지로 민영 시중은행이 된 국민은행은 1998년 국제결제은행BIS 기준 자기자본비율을 맞추지 못해 퇴출된 대동은행을 자산부채이전P&A 방식으로 인수하고, 당시 자금난을 겪던 장기신용은행과는 합병했다. 이어 국민은행은 동남은행을 인수한 주택은행과 2001년 합병했다. 5개 은행을 통합한 거대 시중은행으로 거듭 태어난 셈.

이달수 국민은행 부행장은 "서민의 푼돈을 맡는 금융기관 역할을 하면서 은행의 조직문화에도 서민적인 색채가 투영됐다"며 "일반 개인고객을 관리하는 비용이 많이 드는 것은 국민은행의 강점이자 약점"이라고 말했다.

우월감과 열등감, 안정과 경쟁 사이 '줄타기'

김승만 전국은행연합회 홍보부장은 이렇게 말한다.

"2000년 이전에는 은행 관계자들이 모여 회의를 할 때면 으레 조흥은행 직원이 한가운데 자리에 앉았죠. 그런데 2000년대 들어 국민은행에서 이런 관례에 '진지하게' 항의하더군요. 자산 규모로 보나 연합회에 내는 분담금으로 보나 국민은행이 리딩 뱅크 격인데 왜 끄트머리 자리냐는 거죠. 아차 싶어 회원사 의견을 모아 자리를 조정했습니다."

국민은행의 총자산은 2006년 말 현재 211조 원으로 국내 은행권 1위다. 1999년부터 8년째 수위를 지키고 있다.

동아일보는 국민은행 임직원을 대상으로 이 은행의 조직문화에 대해 심층 인터뷰했다. 이들의 목소리에는 우월감과 열등감, 안정과 경쟁 사이를 줄타기하는 국민은행의 현실과 고민이 녹아 있다.

"1988년 당시 국책 금융기관이던 국민은행에 입행했다. 은행 문 닫으면 일찍 퇴근하는 편한 직장인 줄로 잘못 알고 들어왔다. 예전의 국민은행은 개인의 맨 파워는 세지 않아도 똘똘 뭉치는 '꿀벌 문화'가 있었다. 통합 이후 은행 이미지는 50대에서 30대로 젊어진 듯하지만 꿀벌 문화란 말은 사라졌다." 김종란 국민은행 마케팅팀장 · 43세

"1995년 민영화 이전에는 국민은행법에 따라 총자산 50억 원 이하, 종업원 150명 이하인 중소기업에만 대출할 수 있었다. 우리는 서민금융을 책임진다는 자부심으로 열심히 일했다. 드라마틱한 스토리가 없는 게 국민은행의 힘이다. 슬라이딩해서 공을 잡는 선수는 빛이 나지만 사실 하수下手다. 먼저 가 있다가 공을 받는 게 진정한 고수高手 아닌가." 노영일 국민은행 미아동지점 팀장 · 45세

"국민은행은 '철밥통' 같은 공기업 분위기에서 외부 수혈을 통한 경쟁 체제로 이행하는 과도기에 있다. 고용 불안을 느끼는 차장급 이상 직원이 적지 않다. 하지만 여전히 보수적인 측면이 많다. 조직이 안정적이고 복지 혜택이 좋아 한 달에 한 번 보건휴가와 육아휴직을 눈치 안 보고 쓰는 것은 좋은 점이다." 30대 익명의 본점 전문계약직원

다른 기업에 비해 전문성 – 혁신성선 낮은 평가

통합 6년째인 국민은행은 외부 수혈을 통해 자기 정체성 찾기에 분주한 모습이다.

2007년 현재 국민은행은 임원 18명 가운데 강정원 행장을 포함해 11명이 외부에서 왔다. 대부분 외국계 은행, 대학 교수, 글로벌 회계법인 출신이다.

빅3 은행인 신한은행에는 외부 출신 임원이 단 한 명도 없고, 우리은

행도 행장과 감사만 외부에서 왔다. 물론 이 자체만으로 어느 쪽이 더 낫다고는 할 수 없다.

국민은행 임직원은 스스로 '특징이 없는 게 국민은행의 특징'이라고 말한다. 하지만 통합 국민은행은 옛 국민은행과 주택은행의 상이한 조직문화를 하나로 끌어 담을 '섹시한' 구심점을 아직 찾지 못하고 있다는 평가가 적지 않다.

국민은행의 가계대출과 기업대출 비중은 2006년 말 현재 64 대 36이고, 기업대출 중에는 중소기업 대출이 80%에 이른다.

통합 국민은행 초대 행장을 지낸 김정태 씨가 고소득 고객을 유치하기 위해 '서민은행 포기'를 선언했지만 현 강정원 행장은 "우리 기반은 서민"이라고 공언하고 있다.

2007년 2월 국민은행은 글로벌 기업 등과 비교한 '국민은행 이미지 조사'를 갤럽에 의뢰했다. 조사 결과 국민은행은 대중성56.6% 친근함35% 분야에서 다른 기업을 월등히 앞선 반면 전문성21.5%과 혁신성2.2% 분야에서는 현저히 낮은 평가를 받았다.

서민은행으로 출발한 국민은행이 글로벌 뱅크로 도약하기 위해서는 무엇이 필요한지를 짐작하게 한다.

국민은행에 대한 오해와 진실

Q 출퇴근 시간은….

A 대체로 오전 8시 반까지 출근한다. 퇴근 시간은 직무에 따라 다르다. 지점 직원 중 입출금 담당은 오후 7시, 상품판매 담당은 오후 8시, 대출 담당은 오후 9시쯤 일을 마친다. 본부 직원은 평균 오후 8시~8시 반에 퇴근한다.

Q 정규직도 창구 영업을 해야 하나.

A 정규직은 의무적으로 입사 첫해 1년 동안 창구에서 일한다. 이후에는 희망에 따라 지점에서 일할 수도 있고 본부로 올 수도 있다. 경쟁을 거쳐 20~30%가 본부로 온다.

Q 본부 근무와 지점 근무 중 어디가 더 대우를 받나.

A 전체 인원의 약 10%가 본부에서 일한다. 상대적으로 업무 강도가 낮은 본부 부서를 선호하는 경향이 있지만 지점 경력이 없으면 임원이 되기 힘들다. 보통 3년마다 한 번씩 직무나 지점을 바꾼다. 5년 동안 본부에서 근무하면 무조건 1년 동안 지점 근무를 해야 한다.

Q 성과급은 얼마나 나오나.

A 개인별로 성과급이 다른 것은 아니다. 전년도 지점·부서의 업무성과지표KPI에 따라 성과 연봉에 차등이 생긴다. 지점 직원은 월 기본 급여의 500~900%, 지점장 400~1000%, 본부부서 팀원 600~800%, 팀장 500~900%를 1년에 4번 나눠 받는다.

Q 퇴직률은….

2006년 정규직 퇴직률은 0.75%였다. 입사 후 1년 이내 퇴직률은 2005년 7월 입사자 4.58%, 2006년 1월 입사자 3.57%다.

Q 채용 시 모범생을 선호한다는데 사실인가.

돈을 다루기 때문에 올바른 가치관과 윤리의식이 가장 중요하다. 일에 대한 열정과 친화력도 본다. 규율을 잘 지킨다는 면에서 모범생이 높은 점수를 받을 수 있지만 적극성과 친화력이 없으면 뽑지 않는다. 너무 튀면 불리한 것은 사실이다.

Q 상경계열을 우대하는가.

아니다. 국민은행에는 250여 가지의 직무가 있기 때문에 다양한 전공이 필요하다. 2006년도 입사자를 보면 상경계 40%, 인문사회계 30%, 이공계 및 기타 30% 정도다. 개인금융 부문은 친화력이 중요하고 기업금융 부문은 회계 능력, 재무제표 분석 능력 등을 본다.

Q 취업 시 도움이 되는 자격증은….

세무사, 공인회계사 CPA, 국제재무분석사 CFA, 변호사, 미국공인회계사 AICPA, 재무설계사 FP 등이다. 서류심사에서 5% 안팎의 가산점을 받는다.

Q 서비스업이라 외모가 중요하다던데 사실인가.

고객에게 혐오감을 주지 않을 정도면 상관없다.

Q 은행 빚이 있으면 취업에 불리한가.

신용불량자만 아니면 된다.

국민은행 직급별 평균 연봉과 승진 연령

직급	평균 연봉	해당직급 승진 연령	
		평균	최소
임원	수억 원	54세	47세
지점장	1억700만 원	47세	43세
차장	8600만 원	42세	38세
과장	6700만 원	35세	32세
대리	5700만 원	30세	28세
계장	4000만 원	–	–

목표 수익 달성 시 지급되는 보로금(보상금과 위로금) 제외(2006년 300%.) 자료: 국민은행

급여… 복지… 톱 클래스
안정적이지만 답답하기도

이런 질문을 던져 보자.

'당신은 얼마나 자신의 업무에 몰입하고 있는가.'

놀랍게도 국민은행 직원들의 '성과 몰입도Employee Engagement'는 100점 만점에 80점으로 나타났다. 성과 몰입은 직원들이 회사의 경영 성과 향상을 위해 얼마나 지적, 정서적으로 몰입돼 있는지를 평가하는 지표다.

세계적인 인사관리 컨설팅회사인 휴잇이 2006년 9월부터 2007년 2월 까지 국민은행 삼성전자 포스코 등 10개 업체를 '한국 최고의 직장'으로 꼽은 조사에서 나온 결과였다.

이는 국민은행 직원 10명 중 8명이 주변에 '국민은행은 좋은 회사'라 고 말하고, 다른 회사의 스카우트 제안이 들어와도 이를 뿌리치는 의지가 있다는 뜻이다.

국내 기업의 성과 몰입도 평균 점수는 40점대. '한국 최고의 직장' 10곳의 평균 점수는 72점이었다.

도대체 무엇이 국민은행 직원들을 회사와 업무에 몰입하게 만드는 걸까.

1등 처우… 장례 지원단을 아시나요?

박혜영 휴잇 상무는 "이 조사를 위해 국민은행 직원 500명을 인터뷰하면서 밖에서 보는 것보다 구성원들이 느끼는 '1등 은행'의 자부심이 훨씬 강하다는 것을 느꼈다"고 말했다.

국민은행 임직원을 대상으로 한 동아일보 취재 결과 '1등 은행'으로서의 만족감을 '1등 처우'에서 찾는 직원이 많았다.

국민은행은 2005년 '직원만족부'란 부서를 신설했다. 당시 정규직 2000명이 조기 퇴직하면서 퇴직자 지원 등 직원 복지 프로그램의 필요성을 반영한 것이었다.

직원만족부는 장례 지원단을 둬 국민은행 직원과 가족의 장례 절차를 돕는 일도 한다.

국민은행 로고가 새겨진 부의록, 향, 양초, 장갑, 넥타이, 종이컵, 밥그릇 등 두 박스 분량의 장례물품을 지원하고 부장급 이상 조사에는 장례지도사도 파견한다.

'슬픔은 나누면 반이 되고, 기쁨은 나누면 배가 된다'는 우리 조상의 가르침을 따르는 것이리라.

국민은행은 본인 사망 시 2000만 원, 배우자 사망 시 800만 원의 조의금을 지원하고, 본인 결혼 시 100만 원, 자녀 출산 시 80만 원 등의 축의금도 지원한다.

국민은행의 한 부행장은 "국민은행은 여러 은행의 다양한 문화가 합쳐진 '용광로' 조직이기 때문에 최대한 직원들의 일과 생활의 균형을 찾아 주기 위해 노력하고 있다"고 말했다.

조직 글로벌화 - 국민은행이 이렇게 변할 줄 몰랐다

한 시중은행 부행장은 "국민은행이 이렇게 빠르게 변할 줄 몰랐다"고 말했다.

그는 국민은행의 직원 퇴출제도인 '후선역 제도'를 변화의 한 요인으로 꼽았다.

실적이 안 좋은 지점장을 본부 한직에 배치한 뒤 급여를 삭감하는 이 제도로 지금까지 100여 명이 후선 배치됐다고 한다. 한직으로 밀린 뒤 2년이 지나면 원래 받던 급여의 20% 수준밖에 못 받는 '살벌한' 제도다.

다른 은행들은 이 같은 성과제도를 도입하려고 해도 노조의 입김이 세여의치 않은 상황이다.

2005년 서울 영등포구 양평동 국민은행 오목교지점에서 터진 '오목교지점 횡령사건'은 국민은행에 '쓰지만 유용한 약'이 됐다.

국민은행은 당시 한 직원이 고객의 850억 원대 양도성예금증서[CD]를 횡령한 이 사건을 계기로 내부 통제시스템을 철저히 점검했다. 그리고 2006년 9월 국내 은행 중 처음으로 영업점 업무분리제도를 도입했다.

주택은행장 출신으로 통합 국민은행의 초대 행장을 지낸 김정태 씨가 성과주의로 조직에 긴장감을 불어넣었다면 강정원 현 행장은 조직의 글로벌 규범 확립에 공을 들이고 있다.

그는 2005년부터 국제적 최고관행[IBP]이란 이름의 임직원 의식교육 프로그램을 실시하고 있다. 행장부터 청원경찰에 이르기까지 전체 직원의 96.4%인 2만3424명이 이 프로그램에 참여해 국민은행의 현실과 비전을 공유했다.

'시스템의 힘으로 우직하게 움직이는 스타일'

동아일보 취재팀이 국민은행 임직원 60명을 대상으로 설문 조사한 결과 임원급의 10%만 '이직을 고려해 본 적이 있다'고 답했다. 이에 비해 부장급 이상 이직 고려 비율은 30%, 평사원은 42.5%로 올라갔다.

하지만 이직을 고려한 직원 중 직접 행동으로 옮기는 직원은 계속 줄고 있다.

최근 신입사원 중 입사 1년 이내 퇴직자 비율은 2005년 7월 입사자는 4.58%였으나 △2006년 1월 입사자는 3.57% △2006년 7월 입사자는 2.94%로 점점 떨어지는 추세다.

다른 시중은행의 한 부행장은 "국민은행은 여유가 있어서인지 다른 은행처럼 치열하게 영업하지 않는 측면이 있다"면서 "안정적이고 편하다는 느낌을 주기 때문에 취업준비생에게 인기가 있는 것 같다"고 풀이했다.

2006년 7월 입사한 한 신입사원은 "국민은행에 들어와 보니 생각한 것보다 일이 훨씬 많다"며 "다만 힘들거나 실수해 주눅이 들어 있을 때면 선배들이 돌아가며 '괜찮다'고 위로해 줘서 좋다"고 말했다.

국민은행에서 10년가량 근무하다 2005년 외국계 기업으로 이직한 김 모 씨는 "업무체계가 분명한 국민은행은 개인 역량이 다소 떨어져도 시스템의 힘으로 우직하게 움직이는 스타일"이라고 평했다.

하지만 일부 신세대 직원은 '큰 조직의 답답함'을 호소하기도 한다.

입사 4년차인 한 직원은 "조직이 크기 때문에 내가 얼마나 역량을 발휘할 여지가 있는지 의구심이 들 때도 있다"고 털어놨다.

'1등' 국민은행을 바라보는 다른 은행의 시선은 어떨까.

신한은행의 한 임원은 "주택은행을 인수하면서 자연스럽게 주택청약 고객을 끌어들인 국민은행이 부럽다"며 "국민은행이 외환은행 인수에 성공하면 취약한 기업부문에 날개를 달아 주는 격이 될 것"이라고 했다.

숫자로 보는 국민은행 2006년 기준

- **1007개** 전국 영업점수
- **6660만 원** 1인당 평균 연봉 (남자 7800만 원, 여자 5140만 원)
- **2만4854명** 직원수 (정규직 1만7172명, 계약직 7682명)
- **16만8000건** 1일 평균 콜센터로 걸려오는 전화건수
- **21만2000건** 1일 평균 공과금 처리건수
- **1942만4000건** 1일 평균 전산처리건수
- **45만5000명** 1일 평균 영업점 방문고객

부장 이상 75% "반대"

최근 전국금융산업노동조합이 추진해 논란이 되고 있는 은행 영업시간 단축 방안과 관련해 국민은행의 차장 이하 직원들은 찬반 의견이 비슷하게 나뉜 반면 부장 이상 직원들은 대체로 반대한다는 견해를 보였다.

국민은행 임직원 60명을 대상으로 설문 조사한 결과 차장 이하 직원은 10명 중 4명꼴로 영업시간 단축에 찬성했고, 반대한 사람도 비슷한 비율인 것으로 나타났다.

이와 달리 부장 이상 관리자급 직원 가운데 75%는 영업시간 단축에 반대했고 10%만이 찬성 의견을 보였다.

영업시간 단축에 찬성한 직원들은 "인터넷 등 다양한 방법으로 은행을 이용할 수 있는 데다 영업점을 직접 찾는 고객이 점점 줄고 있다"는 점을 이유로 들었다.

반대한 직원들은 "창구 이용 고객들의 불편이 예상되고 국민적 공감을 얻기 힘들다"고 봤다.

연봉과 관련해 차장 이하 직원들의 37.5%는 '적다'고 답한 반면 부장과 임원들은 대체로 지금의 연봉 수준에 만족하고 있었다.

한편 응답자들은 국민은행의 장점으로 점포가 많고 고객 기반이 탄탄하다는 점을 꼽았다. 단점으론 덩치가 너무 커 변화에 잘 대처하지 못하고 소액예금 고객이 너무 많아 수익률이 낮다는 점을 들었다.

정부 모범생? 리딩뱅크 사명?

국민은행은 2007년 1월 5000만 원 이상 주택담보대출에 대해 총부채상환비율 DTI 규제를 전국 주택에 적용키로 했다.

금융감독원이 DTI 관련 규제대책을 공식적으로 내놓은 건 이보다 1개월 뒤였다. 이에 앞서 2006년 말 국민은행은 부동산시장 안정대책이 나오기 전에 주택대출 가산금리를 올려 대출 관리에 나서기도 했다.

국민은행이 정부 의중을 읽고 위험관리를 선제적으로 한 것일까.

금융감독당국은 이에 대해 "리딩뱅크로서 다른 은행을 이끄는 역할을 하는 것은 당연하다"고 했다. 강정원 국민은행장도 "2006년 다른 은행이 주택대출을 과도하게 늘릴 때도 국민은행은 리딩뱅크의 사명을 생각해 자제했다"고 전했다.

이렇듯 총자산 1위인 국민은행이 금융시장에 미치는 영향을 감안해 자율적으로 대출 리스크를 관리하는 방향으로 대출정책을 펼쳤고, 그게 우연찮게 당국의 방침과 일치한 것일 수 있다.

반면 금융당국이 개인금융 비중이 가장 큰 국민은행에 대출규제를 강화하는 방향으로 정책협조를 요청하고, 국민은행이 동의하면서 대출 관련 정책이 국민은행을 통해 나오고 있다는 시각도 있다.

시중은행의 한 여신 담당자는 2006년 말 금감원을 다녀온 뒤 "당국이 은행 담당자를 차례로 불러 대출 축소를 요청하고 있는데, 국민은행과는 이미 협의를 마친 것 같았다"며 "곧 중요한 방침이 나올 것 같다"고 했다. 이 귀띔대로 다음 날 국민은행은 가산금리 인상 방침을 내놨다.

전임 김정태 행장이 감독당국의 중징계로 물러난 뒤 국민은행이 정부 방침을 많이 고려하는 것 아니냐는 시각도 있다.

국민은행 측은 "각종 정책을 선도적으로 내놓는 것은 금감원의 기대에 맞추려는 게 아니라 주택시장 안정 등 사회적 기대에 부응하기 위한 것"이라고 설명했다.

의사결정 빠르고
재량권 많은
내가 자랑스럽다
나는 SK텔레콤이다

서울 중구 을지로2가 SK텔레콤 사옥 'T-타워'의 아침에도 자유가 물씬 묻어난다. 정장 차림이나 넥타이를 맨 직원을 찾아볼 수 없다. 청바지 차림도 많아 일하러 오는지, 놀러 오는지 헷갈린다. 사장이나 임원들도 외부 공식 행사가 없으면 캐주얼하게 옷을 입는다. 양복 입은 외부 방문객들이 오히려 머쓱할 정도다.

매주 3차례 출근길을 흥겹게 하는 다양한 문화공연도 열린다. 코믹댄스와 캐릭터쇼 등이 하루를 열어 준다. 아침 일찍 출근해 근무하거나 어학 공부를 하는 사람을 위해서는 식사가 무료로 제공된다. 이른바 '일찍 일어난 새Early Bird' 제도다.

하지만 SK텔레콤의 자유로움은 기업 이익에서는 결코 자유롭지 않다. SK가 추구하는 '슈퍼 엑설런트Super Excellent·SUPEX'에 도달하기 위해 '관리되는 자유'란 의미다.

SK텔레콤은 자유롭다

잡종hybrid 문화가 낳은 자유와 수평

이렇게 자유로운 SK텔레콤도 예전에는 전형적인 상명하복의 대기업이었다.

"장기간 출장 때는 물론이고 당일 및 몇 시간의 시내 출장일 때도 출입에 대한 보고를 하는 것이 직장인의 행동 수칙입니다. 퇴근 시간이 되면 슬금슬금 꽁무니를 빼는 사람이 있습니다. 퇴근 보고는 필수입니다."
1997년 6월 사보

같은 해 9월 회사 내부의 의사소통 형태에 대한 사내社內 설문조사에서 직원의 63.8%가 '수직적'이라고 대답했다. '수평적'은 14.9%, '상호보완적'은 12.8%에 불과했다.

그러나 2006년의 비슷한 조사에서는 '우리 팀은 의사결정이 빠르다'

'우리 팀에서는 각 팀원에게 충분한 재량권을 부여한다'는 항목이 84점[100점 만점]이란 높은 점수를 받았다.

10년 세월이 SK텔레콤의 '조직문화 강산'을 어떻게 바꿔 놓은 것일까.

한 임원은 "1997년 개인휴대통신[PCS] 3사가 영업을 시작하면서 이동통신시장의 경쟁이 심화된 것이 결정적이었다"고 말했다. 업무량이 급증해 경력직과 신입사원이 한꺼번에 쏟아져 들어오면서 내부 융화가 중요해졌고 그를 위해 유연한 조직문화가 생겨났다는 것이다.

현재의 SK텔레콤 직원 4400명 중 무려 46%가 경력입사자다. 신규 직원 채용에서도 매년 경력직[53%]을 공채[47%]보다 많이 뽑는다. 한 팀장급 직원은 "나는 다른 분야에서 온 이른바 '낙하산 인사'다. 어느 정도의 텃세를 예상했는데 그런 것이 전혀 없어 놀랐다"고 말했다.

SK텔레콤은 2002년 이동통신업계 3위였던 신세기통신과 합병하면서 더 유연해졌다. 당시 통합 실무를 책임졌던 김신배 현 사장은 "그때 1년간 신세기 직원과 마신 소주가 그 이전 수십 년간 먹은 양보다 많았던 것 같다"고 말했다.

SK텔레콤은 2006년 10월 팀장을 제외한 모든 구성원들의 직급을 없애고 명칭을 '매니저'로 통일했다. 수평적 기업 문화를 아예 공식화한 것이다. 매니저는 '직위와 연공서열에 관계없이 자신의 업무에 대해 전문지식과 책임을 지닌 담당자'를 의미한다.

팀장이 팀 회식을 당일에 일방 통보하는 일은 꿈도 못 꾼다. 몇몇 팀장은 심지어 "가끔 직원들이 너무 자기 할 말을 다 해서 곤란할 때가 있을 정도"라고 말했다.

안에서는 따뜻하지만, 밖에서는 쌀쌀한 이유

SK텔레콤의 복지 혜택은 '아시아 최고 직장' 답다.

2006년 말 결혼한 채영훈^{37세} 매니저는 휴가로 3개월간이나 사무실을 비웠다. 10년 근속휴가를 이용해 유럽으로 3개월짜리 신혼여행을 다녀온 것이다. 사옥 지하 1층에는 헬스기구와 요가수련실은 물론 농구코트까지 갖춘 대형 체육시설 '엑티움'이 있다.

그러나 SK텔레콤의 자유는 철저히 기업의 이윤을 위한 자유란 측면이 강하다. 주어진 자유를 이용해 창의성을 발휘하되 그만큼의 가치 Value를 창출해야 한다는 것이다.

SK그룹의 '경영 바이블'인 SKMS^{SK 매니지먼트 시스템}는 "구성원의 두뇌 활용까지 관리하라"고 지침을 내리고 있다. 팀장급 이상의 '리더 교육'에서도 "팀원들 개개인의 심신상태, 컨디션까지 파악하고 문제를 해결해야 한다"고 지시한다.

즉 회사 발전을 위해서는 직원들의 자유, 기분, 느낌까지도 관리의 대상이 되는 것이다.

평가 제도가 상당히 세밀하고 엄격한 것도 이런 경영 방향과 직결된다. 평가는 보통 개인과 팀, 실·본부, 부문평가 등 4단계를 거친다. 개인 평가도 팀 내외 동료에 대한 평가와 팀장에 대한 평가 등 다면적으로 이뤄진다. 한 직원은 "인사평가를 하려면 거의 하루가 걸리는 경우도 있다"고 말했다.

이 때문에 자유로운 조직 문화가 기업의 성과에 직결될 때는 빡빡하게 느껴지게 된다는 불만도 나온다.

무선인터넷용 콘텐츠를 공급하는 협력사들 사이에서는 'SK텔레콤에 간다'는 말 대신 '청와대 들어간다'는 말을 쓰는 경우가 있다.

이에 대해 SK텔레콤의 한 직원은 "회사의 분위기가 그런 것이 아니라, 업무에서 성과를 내려다 보면 어쩔 수 없는 경우가 있다"고 말했다.

최근에는 고객들의 곱지 않은 시선도 있다. 2007년 4월에는 서비스에 불만을 품은 고객이 벤츠 승용차를 몰고 을지로 사옥에 돌진한 일이 있었다. 김신배 사장은 당시 사내 게시판을 통해 "미래 성장에 치중하고 1등의 오만한 자세를 가지다 보니 정작 고객에겐 소홀하지 않았는지 모르겠다"고 자책했다.

한 직원도 "회사 내부에서는 외부의 부정적인 시선에 대한 이해가 부족하다. 기업 이미지를 높이기 위한 광고 등 노력도 당연히 중요하지만, 진정으로 고객에게 다가가 그들이 원하는 것이 무엇인지도 좀 더 고민해야 할 것 같다"고 말했다.

SK는 SKY서울대 고려대 연세대만 뽑는다면서요?

Q 대기업 가운데서도 연봉이 높은 것으로 알려져 있다. 신입사원의 연봉은?
A 약 3000만~3400만 원이다.

Q 대졸 신입사원 공채 경쟁률은?
A 매년 100~150 대 1 정도다.

Q 모집 분야브랜드 마케팅, 고객 마케팅, 네트워크, 연구개발, 스태프별로 지원이 가능한 전공은?
A 전공보다는 해당 분야에 적합한 경험과 역량을 보유하고 있는지가 판단 기준이다. 다만 통상적으로 마케팅 및 스태프 분야는 인문 사회 상경 계열, 연구개발R&D 및 네트워크 분야는 이공계 학생들이 지원한다.

Q 고객마케팅과 네트워크 분야 지원자는 지역별 채용 방식으로 지원자가 희망 근무지를 선택해야 하는데 나중에 서울 본사로 올 수 있나?
A 지역별 채용은 해당 지역의 현장 전문가를 육성하기 위한 것이다. 그 지역에서 현장 경험을 충분히 쌓은 후 개인별 역량 및 경력에 따라 이동이 가능하다.

Q 최고의 스펙학벌 학점 영어점수 활동경력 자격증 등을 우대한다던데 스펙이 어느 정도 돼야 합격할 수 있나? SK는 'SKY서울대 고려대 연세대' 라는 말이 있을 정도로 학

벌을 중시한다는데?

A 오해가 있는 것 같다. SK텔레콤은 학벌 학점 등 외형적 지표보다는 도전정신 창의력 팀워크와 학창 시절의 다양한 경험^{사회봉사활동, 리더십활동, 인턴십 등}을 중시한다. 전형은 철저히 개인정보를 배제하는 블라인드 형식으로 진행된다.

Q 지원자가 이동통신 경쟁사인 KTF나 LG텔레콤 가입자일 때는 불이익이 있나?

A 전혀 그렇지 않다.

Q 자기소개서에서는 어떤 점을 주의 깊게 보나?

A 채용담당자가 꼼꼼히 읽어 본다는 것을 명심하라. 가장 중점적으로 보는 것은 SK텔레콤의 인재상^{도전정신 창의력 팀워크}과 지원자의 경험이나 삶에 대한 태도가 어느 정도 부합하느냐이다.

SK텔레콤 임직원들의 연봉

(단위: 원)

구분		평균 연봉
임원		2억~수십억
팀장		6600만~7700만
매니저	팀장 후보	5800만~7100만
	11~15년차	4800만~6000만
	6~10년차	3500만~4900만
	1~5년차	3000만~3700만

성과급이 포함되지 않은 연봉. 매니저의 연봉은 성과와 실적에 따라 비슷한 나이에서도 수백만~1000만 원 차이가 남. 등기이사(12명) 평균 연봉 12억1200만 원

자료: SK텔레콤

1등을 버려야 1등을 지킨다

SK텔레콤은 '눈물 젖은 빵'을 먹어 본 적이 없는 기업이란 얘기를 듣는다.

전신인 한국이동통신서비스는 1984년 태어날 때 경쟁자 없는 1위였다. SK텔레콤의 휴대전화 서비스는 경쟁사들보다 10년이나 빠른 1988년에 시작됐다.

SK텔레콤을 상징해 온 '011'에는 그런 1위의 프리미엄이 압축돼 있다. 누르기 쉽고 외우기 편한 011은 "SK텔레콤은 땅 짚고 헤엄치듯 사업을 해 왔다"는 비판도 낳았다.

눈물 젖은 빵을 먹어 본 적이 없는 SKT?

1999년 SK텔레콤은 어항이 갑자기 깨지면서 물고기가 공중에 날아다니는 '정말 이상한 TV 광고' ^{당시 조정남 사장의 표현}를 만든다. 무려 430억 원의 예산이 들어간 이 광고가 조 사장은 마음에 들지 않았다. 하지만 임원들은 "젊은 사람들이 하자는 대로 해보자"고 했다.

결과는 그야말로 대박이었다. SK텔레콤의 20대를 위한 브랜드 'TTL'은 이렇게 태어났다. 당시 젊은 세대들은 후속 광고가 방송 타는 날을 손꼽아 기다릴 정도로 열광했다.

SK텔레콤 내부에서도 젊은 직원들의 젊은 감각을 존중해 주는 'TTL식 경영'이란 신조어가 만들어졌다.

TTL은 국내 통신업계 최초의 연령대별 세분화 마케팅 ^{Segmentation Marketing}이었다. 뒤이어 나온 10대를 위한 서비스 'Ting'과 25~35세를 대상으로 하는 'UTO', 기혼 여성을 위한 'CARA' 까지 SK텔레콤의 세분화 마케팅 전략은 계속됐다.

SK텔레콤이 '그랜저 승용차' 에만 앉아 1위에 안주했다면 이런 공격적 마케팅은 나오지 않았을 것이다. 이를 두고 '승리는 저절로 반복되지 않는다' 는 의미의 전승불복 ^{戰勝不復} 정신에 따른 것이라고 사내 ^{社內} 교육 책자는 설명한다.

동국대 여준상 ^{경영학} 교수도 "SK텔레콤은 뛰어난 마케팅 기법으로 1등이라는 지위에 안주하지 않고 차별화를 통해 시장의 흐름을 바꾸고 지속적으로 확대해 왔다"고 평가했다.

SK텔레콤의 2006년 매출액은 10조6500억 원, 영업이익은 2조5800억 원에 이른다. 직원 1인당 영업이익이 6억 원으로 국내 기업 중 최고 수준.

양종인 한국투자증권 연구위원은 "특혜와 시장지배력이 곧바로 성과를 보장하는 것은 아니다. 주어진 1등을 사수하는 것도 만만치 않은 일"

이라고 말했다.

변화하고 또 변화하라… 승부는 세계시장이다

김신배 SK텔레콤 사장은 2006년 8월 주요 임원들과 함께 미국 팰로 앨토에 있는 아이데오사社를 방문했다. 아이데오는 1987년 마이크로소프트와 함께 최초의 인체공학적 마우스를 만든 세계적인 디자인 회사. 김 사장은 여기서 인간 중심의 디자인 접근 방법에 대한 공부를 했다. 같은 해 12월 SK텔레콤에는 '휴먼 센터드 이노베이션Human Centered Innovation · HCI · 인간중심혁신팀'이라는 낯선 조직이 만들어졌다.

정확한 규모조차 '대외비'인 HCI는 인류학적인 방법을 동원해 인간의 행동양식을 연구하고 그것을 토대로 소비자들이 필요로 하는 상품과 서비스를 개발하고 있다. SK텔레콤의 새로운 성장 동력을 찾고 있는 것이다.

김 사장의 최고성장책임자CGO · Chief Growth Officer라는 직함에도 '업종에 관계없이 변화하는 시대 흐름을 선도하는 SK텔레콤의 새로운 성장 동력을 찾겠다'는 의지가 담겨 있다. SK텔레콤에서는 이를 '변하는 세상에 맞춰 끊임없이 변화하라'는 의미인 응형무궁應形無窮의 전략이라고 부른다.

1999년부터 시작된 해외 사업도 글로벌 시대에 대처하기 위한 것이다.

베트남 합작 사업에서는 170만 명의 가입자를 모았다. 중국 제2의 이동통신업체 차이나유니컴의 지분 6.6%를 가지고 있다. 아시아 기업으로는 처음으로 미국 전역을 대상으로 하는 이동통신서비스 '힐리오'를 시작한 것도 SK텔레콤이다.

글로벌 이미지 확보는 SKT의 또다른 숙제

　SK텔레콤은 요즘 1위의 딜레마에 빠져 있는 모습이다. 화상통화가 가능한 3세대3G 이동통신시장에서 KTF의 거센 도전을 받고 있다.

　SK텔레콤이 3G 고객을 유치하려면 011 번호를 010으로 바꿔야 한다. 그러나 가입자당 평균수익ARPU이 높은 011 고객들을 놓치기가 너무 아까운 면이 있다. 반면 기존의 1위 프리미엄을 과감히 버리지 않으면 새로운 도전과 기회에서 뒤처질 우려도 없지 않다. 경쟁사에서는 "SK텔레콤은 3G 시장에 대해 '신 포도sour grape' 심보를 갖고 있는 것 같다"는 말도 한다. 당장 따먹을 수 없으니 맛이익이 없을 것이라고 폄훼하고 있다는 것이다.

　정승교 우리투자증권 연구위원은 "SK텔레콤이 앞으로도 이동통신시장에서 유력한 사업자로 남을 것이라는 데에는 이견이 없다"면서도 "유선과 무선이 결합한 서비스가 대세를 이루는 시대 흐름에 어떻게 대비하느냐가 중요한 과제"라고 말했다.

　'국내 소비자의 주머닛돈만 노리는 전형적 내수기업'이란 곱지 않은 시각을 불식시킬 정도의 해외 실적을 올리는 것도 SK텔레콤의 미래를 좌우할 주요 변수로 꼽힌다.

숫자로 보는 SK텔레콤 2006년 기준

- **225만5966시간** (257년 6개월) 발신 통화 시간(하루 평균)
- **약 2억4500만 건** 발신 통화 건수 (하루 평균)
- **1억 건** 발신 문자메시지(SMS) 건수 (하루 평균)
- **35만 건** 콜센터로 걸려오는 전화 건수(하루 평균)
- **2027만1000명** (전체 인구의 41.4%) 가입자 수
- **50.4%** 시장 점유율
- **4만5691원** 가입자 1인 당 월평균 휴대전화 요금

SKT, 아시아 최고 직장에 선정

SK텔레콤은 2007년 4월 세계적인 인사컨설팅 회사인 휴잇 어소시에이츠와 월스트리트저널아시아가 공동 주관한 조사에서 '아시아 최고의 직장 Best Employers in Asia' 20개 기업 중 하나로 선정됐다.

휴잇은 SK텔레콤을 선정한 이유로 △다양한 경력 개발 기회 제공 △수평적 직위체계와 성과 기반 보상체계 △역량 개발에 중점을 둔 육성형 평가 △구성원의 삶의 질 향상에 실질적인 도움을 주는 복리후생제도 등을 꼽았다.

SK텔레콤은 국내 조사 대상 64개 기업 중 유일하게 최고의 직장으로 선정됐으며 한국 최고의 직장 부문 조사에서도 수상 기업 10개 중 대상 Best of the Best Employers in Korea을 차지했다.

이번 조사는 아시아 7개국 750여 개 기업을 대상으로 실시됐다.

현대의 박력+삼성의 꾀…
배울 것 많은 얄미운 1등

부동의 1등을 바라보는 2, 3등의 기분은 어떨까.

SK텔레콤과 함께 한국 이동통신업계의 과점 체제를 형성하고 있는 2, 3위·업체 KTF와 LG텔레콤 관계자들은 "얄미운 1등"이라는 표현을 많이 썼다. 그러나 SK텔레콤에 대해 '현대의 박력과 삼성의 꾀를 함께 갖춘 회사'라는 부러움 섞인 평가도 내놓았다.

"선두주자로 특혜 많이 누렸죠"

LG텔레콤의 한 임원은 SK텔레콤이 국내 이동통신업계에서 꾸준히 1위 자리를 지켜 온 이유로 '선두주자로서의 특혜'를 먼저 들었다. SK텔레콤 외에 유일하게 '황금주파수'인 800MHz 대역을 사용했던 신세기통신을 2002년 합병해 주파수 부족을 해결한 것이 대표적인 예라고 했다.

KTF의 한 부장은 "당시 시장점유율 합계가 전체의 절반이 넘는 두 기업이 합병했다는 것 자체가 있을 수 없는 일이었다"고 말했다. 당시 공정거래위원회는 두 회사의 시장점유율 합계57.9%를 50% 이하로 낮추라는 조건을 내걸고 기업결합을 승인했다.

SK텔레콤은 이 난국을 '적과의 동침' 전략으로 해소했다. LG텔레콤 가입자를 대신 유치해 주며 자신의 시장점유율을 상대적으로 낮췄던 것이다. KTF와 LG텔레콤 간 '1위 견제 공조'의 빈틈을 비집고 들어간 셈이다.

SK텔레콤은 2002년 한일 월드컵 때도 '붉은 악마'와 제휴해 월드컵 공식 후원업체인 KTF보다 더 큰 마케팅 효과를 보기도 했다. '대~한민국'과 '오! 필승 코리아'로 상징되는 붉은 악마의 응원 장면을 TV 광고로 쏟아내면서 '월드컵=SK텔레콤'이란 인식을 만들어냈다. KTF 관계자들은 "당시 SK텔레콤이 너무 얄미웠다"고 회상했다.

LG텔레콤의 한 차장은 "SK텔레콤은 시장 리더로서의 '매너'가 더 필요하다. 콧대만 세다"고 비판했다. 그는 "1등의 프리미엄을 이용해 2, 3위 업체가 선점한 행사나 마케팅 기법을 결국 자기 것으로 만들어 버리는 경우가 적지 않다"고 말했다.

"현대의 박력+삼성의 꾀=SK텔레콤"

SK텔레콤은 위기 상황에서 종종 일반적인 예상을 뒤엎는 새로운 전술을 구사하곤 했다. 경쟁사들도 이에 대해서는 "허를 찔린 것 같을 때가 많다"고 평가한다.

SK텔레콤은 2004년 5월 신세기통신과의 합병인가 조건 이행을 심사받기 직전에 "2006년까지 시장점유율을 신세기통신과의 합병인가 시점 당시 수준인 52.3%로 지키겠다"고 깜짝 선언해 버렸다. 시장지배력 확대에 대한 외부의 우려와 공격을 미리 차단하겠다는 것. 이에 대해 김신배 SK텔레콤 사장은 "국내에서 소모적 싸움을 벌이기보다는 해외사업 등 신사업에 집중하기 위해서 그랬다"고 말했다. 당시는 합병인가 조건 이행 심사를 통과하지 못하면 2002년의 합병이 재검토될 상황이었다.

자회사였던 SK텔레텍의 휴대전화를 집중적으로 공급받아 단말기 제조업체 간의 공정한 경쟁을 저해하고 있다는 논란이 일자 2005년 5월 SK텔레텍을 팬택에 팔아버린 것도 과감한 결정이었다. 2007년 11월에는 유선 2위 기업인 하나로텔레콤을 전격 인수했다.

KTF의 한 마케팅 담당자는 "SK텔레콤은 지나치게 이윤만 추구한다는 느낌을 줄 때가 많지만 그 민첩한 전략들에 놀랄 때가 있다"고 말했다. 그는 "세계 시장에서 무선인터넷 부문을 따라 배울 수 있는 기업은 SK텔레콤이 유일하다. 어찌 보면 무척 고마운 존재"라고 덧붙였다.

질주 본능…
'돌쇠정신' 은 살아 있다

"군대식 상명하복. 어려울 때일수록 똘똘 뭉치는 결속력. 그리고 '돌격 앞으로' 식 돌쇠정신. 이들은 '특공대' 현대차를 세계의 차로 이끈 힘이다. 그러나 최근엔 변화의 바람이 불고 있다. 글로벌기업으로 거듭나기 위해 시스템 경영과 창의력, 다양성이 힘을 얻고 있다.
미완의 글로벌기업 현대차. 그래서 더 가능성이 있다. 미완의 여백에 그들은 무엇을 그릴까?"

포니서 베라크루즈까지…
그들만의 DNA

오전 7시 반 서울 서초구 양재동 현대자동차 본사 1층 로비.

출근하는 사원들은 약속이나 한 듯이 검은색 계열의 양복을 말끔하게 차려입고 현관문을 들어섰다.

엘리베이터 앞으로 우르르 몰려갈 것이라고 생각하면 오산이다. 현대차의 '넥타이 부대'는 로비에서부터 질서정연하게 줄을 서서 탑승 차례를 기다렸다. 줄이 휘어지거나 한두 명이 옆으로 삐져나오는 경우도 거의 없다. 다른 대기업 본사에서는 목격하기 힘든 모습이다.

현대차에선 자연스러운 모습이지만 이 광경을 지켜본 외부인들은 적지 않게 어색해한다.

현대차 조직문화에 대해 증권사 연구원들이나 자동차산업 전문가들이 언급하는 단어는 '추진력' '결집력' '군대식' '저돌적' '뚝심' '인간적'

등이었다.

그러나 최근 변화의 바람이 조금씩 불고 있다. 글로벌기업에 필요한 시스템 경영과 창의력, 다양성 등이 강조되는 추세다.

남들 10년에 할 일을 열 달이면 한다

현대차 직원들은 '돌격 앞으로'라는 명령에 언제든지 튀어나갈 준비가 돼 있다. 현대차가 짧은 시간에 세계시장에서 자리를 잡을 수 있었던 저력이다.

수출 자동차는 국적성이 강해 역동적으로 움직이는 데 큰 힘이 되고 있다.

고 정주영 현대그룹 창업주 때부터 내려온 상명하복과 군대식 문화의 전통은 지금도 현대차에 적지 않게 배어 있다.

정몽구 현대 · 기아자동차그룹 회장은 아버지의 성격을 빼닮았다는 평을 듣는다.

1999년 말 정 회장은 회장으로 취임한 직후 미국을 방문했는데 현대차가 품질 문제로 미국 언론의 조롱거리가 되고 있다는 사실을 알고 충격을 받았다. 미국 딜러들에게서는 "이대로는 차를 못 팔겠다. 품질을 개선해 달라"는 항의를 받았다.

자존심이 크게 상한 정 회장은 귀국한 뒤 곧바로 경영진 회의를 소집해 대책 마련에 나섰다. 미국 소비자 조사기관인 JD파워에서 컨설팅까지 받았다.

양재동 사옥 1층에 품질확보실을 마련해 수시로 품질회의를 주재했다. '품질 패스제'를 도입해 신차를 개발하는 단계마다 품질 수준을 평가해 합격점을 받지 못하면 다음 단계로 넘어가지 못하도록 했다.

미국시장에서는 10년 10만 마일 무상보증수리를 시작했다. 배수진을 친 것이다. 품질 개선을 위한 일련의 작업은 수개월 만에 일사천리로 진행됐다.

임원 A 씨는 "다른 회사 같으면 몇 년에 걸쳐 차근차근 진행될 일이었는데 현대차에서는 서너 달 만에 이뤄졌다. 전 직원이 미친 듯이 품질이라는 하나의 목표만 보고 움직였고 다른 것은 보지 않았다"고 당시를 회상했다.

정 회장부터 일반 직원까지 똘똘 뭉친 결과는 만족스러웠다. JD파워 조사결과에 따르면 현대차의 초기 품질지수[IQS] 업계 순위는 2001년 32위로 바닥 수준이었지만 2004년 7위, 2006년에는 3위로 뛰어올랐다.

미국 언론은 현대차의 품질 개선을 믿을 수 없는 일이라며 극찬했다. 미국 로스앤젤레스 현대차 딜러인 '콜미어 현대' 대표 존 피터슨 씨는 "몇 년 사이에 품질 문제로 시비를 거는 소비자가 거의 사라졌다. 현대차는 불가사의한 기업"이라고 말했다.

군대식의 상명하복과 어려울 때일수록 똘똘 뭉치는 결속력, 집중력이 이뤄낸 대표적인 사례다.

추진력 뛰어나지만 거칠고 투박하고…

2006년 현대차에 들어온 김모[29세] 씨는 회의시간에 충격을 받았다. 회의를 주재하던 부장이 욕설에 가까운 단어까지 섞어 가며 한 부하를 나무라는 것이었다.

친한 선후배끼리는 '자식' '인마' '××' 등의 호칭도 심심치 않게 등장했다. 한 전무가 사석에서 아이들을 다루듯 40대 중반인 차장의 뒤통수를 툭툭 치고 뺨을 꼬집는 모습도 목격했다.

그는 "모든 부서가 그런 것은 아니지만 일부 부서는 상급자의 개성에 따라 그런 문화가 통용되고 있다"며 "다른 10대 기업에 들어간 대학 동기들에게 말했더니 놀라는 눈치였다"고 말했다.

박모31세 대리는 "현대차는 외부에서 생각하는 것보다는 시스템으로 움직이는 편"이라면서도 "하지만 직원 간 친소 관계에 따라 업무 협조가 상당히 달라지는 것을 보면 시스템화가 미흡한 것 또한 사실"이라고 말했다.

비공식적인 업무계통이 묵인되고 시스템을 떠나 사람과의 관계에 따라 업무의 처리 과정과 결과가 달라지는 경우가 많다는 것.

의사 결정이 빠르고 추진력이 뛰어난 이면에 거칠고 정밀하지 못한 조직문화가 자리 잡고 있는 셈이다.

2006년 4월 비자금 사태와 2005년 초 노조의 채용비리 사건의 발생과 처리 과정에서 정밀하지 못했던 조직의 한계가 극명하게 드러났다.

이런 사실을 인식한 탓인지 정 회장은 2007년 신년사를 통해 시스템 경영의 중요성을 강조했다. 뒤집어 얘기하면 그동안 시스템 경영이 제대로 되지 않았다는 뜻이다.

창의력 다양성 갖춘 시스템 경영을 하라

도요타 IBM 등 자타가 공인하는 글로벌기업은 이미 완벽에 가까운 시스템 경영을 하고 있다.

시스템으로 더 짜내려고 해도 짜낼 곳이 거의 남아 있지 않다. 그 대신 창의력과 다양성 등으로 승부를 걸어야 한다.

그러나 미국, 슬로바키아, 중국, 인도, 터키 등 5개국에 공장을 갖고 있고 190개국으로 자동차를 수출하는 현대차는 이런 면에서 아직 허점이 많다.

현대차에 비해 상대적으로 부드러운 조직문화를 가진 기아차 출신 직원들을 무리 없이 소화하는 것도 과제다. 2008년으로 기아차를 흡수한 지 11년째지만 내부적으로 통합작업이 완료되지 못해 양사의 조직이 여러 차례 분리통합의 과정을 거듭하고 있다.

이 때문에 현대차는 2006년 맥킨지 등 일류 컨설팅회사에 경영혁신 방안을 의뢰했으며 최근에는 아예 컨설턴트를 3, 4명 영입하기도 했다.

현대차 관계자는 "컨설팅을 담당했던 컨설턴트들이 허술한 부분이 많은 상황에서 어떻게 지금 같은 성과를 이뤄냈는지 놀라워했다"며 "내부 혁신이 잘 진행되면 훨씬 좋은 기업으로 성장할 수 있다고 진단했다"고 전했다.

산업연구원 조철 연구위원은 "저돌적 추진력 등 기존 장점을 잃지 않으면서 고도의 시스템 경영을 갖추고 노조문제마저 해결한다면 글로벌화가 완결된 기업보다 발전 가능성이 높다"고 현대차를 진단했다.

너의 속살을 알고 싶다

Q 현대 · 기아자동차그룹으로 입사한 후 현대차와 기아차로 어떻게 나누어지나.

A 입사지원서 작성 시 지원자가 두 회사를 1지망, 2지망으로 나눠 적는다. 1지망을 우선 고려하지만 배치 인원이 맞지 않으면 무작위로 선발해 각 사로 나눈다.

Q 해외에서 근무할 수 있는 기회는….

A 일정 기간 국내 근무를 통해 역량을 쌓고 어학 능력을 향상시킨 뒤 사내社內 공모에 응모해 소정의 절차를 통과한 사람은 해외 주재원으로 근무할 수 있다. 통상적으로 과장 이상을 파견하고 있다. 해외 주재원 비율은 일반직과 연구직 전체 인원 중 5% 수준이다.

Q 현대차는 이른바 '군대문화' 가 여전하다던데….

A 현대차는 도전과 창의, 열정과 협력, 글로벌 정신을 중요시한다. 목표를 정하면 열정을 가지고 똘똘 뭉쳐 일하는 모습이 군대식으로 비칠 수도 있다. 하지만 현대차는 이제 글로벌기업으로 합리적이고 창의적인 글로벌 마인드를 중시한다.

Q 여성들이 근무하기에 힘들지 않나.

A 여성의 장점을 살릴 수 있는 마케팅과 기획, 홍보, 영업 등 직무가 다양하다.

산전·산후 휴가, 육아휴직, 보육시설 설치 등 모성보호를 위한 각종 복지제도도 시행되고 있어 여성의 근무 여건이 나아지고 있다. 공장 근로자 대다수가 남성이기 때문에 여성 직원은 전체 5만4700여 명의 4% 2200명로 다른 대기업에 비해 상대적으로 적은 편이다.

Q 입사 후 영업소에 반드시 근무해야 하나.

그렇지 않다. 부서는 전공에 따라 편차가 있지만 입사자 희망대로 적극 배치하고 있다.

Q 입사하려면 자동차에 대해 많이 알아야 하나.

기본적인 지식만 있으면 입사에는 문제가 없다. 입사 후 자동차에 관한 지식을 쌓을 수 있도록 다양한 교육프로그램을 운영하고 있다.

Q 직원이면 차를 싸게 살 수 있나.

근무 연수에 따라 할인율이 다르다. 신입사원은 차량 가격의 8%를 할인 받을 수 있고 2, 3년마다 할인율이 조금씩 상향된다. 차장 이상이 되면 최대 30%까지 할인 받을 수 있다.

Q 임원들에게는 어떤 차가 주어지나.

전무급 임원에게는 그랜저를 제공하고 부사장급 이상은 기사가 운전하는 에쿠스가 주어진다.

현대차 직급별 연봉 (2007년 기준)

직급	평균 연봉(원)
임원	1억~수십 억
부장	6300만~6800만
차장	5600만~6200만
과장	5100만~5600만
대리	3700만~3900만
사원	3100만~3300만

성과급 및 격려금을 제외한 일반직 대졸 사원 기준
성과급은 매년 경영실적에 따라 결정되며 통상 150~250% 수준

(자료: 현대자동차)

지금 필요한 건 뭐?… 스피드+α !

1960년대부터 본격화한 한국경제의 근대화 과정은 현대자동차 발전사와 궤를 같이한다.

현대차는 1968년 설립 이후 41년을 쉬지 않고 질주해 왔다. 현대차의 첫 승용차인 코티나에서 포니, 쏘나타, 그랜저로 이어지는 수출 신화는 한국 경제가 성장해 나가는 과정이기도 했다.

자동차는 부품 국산화율이 90%로 국내 전후방 산업에 미치는 효과가 막대하다. 고용 창출도 많다. 그래서 한국 자동차산업의 맏형인 현대차의 발전은 바로 한국경제의 미래라는 얘기까지 나온다.

현대차의 연간 자동차 생산대수는 창립 초기 614대_{매출액 5억2800만 원}에서 2006년에는 252만 대_{37조 원}로 비교가 안 된다.

그러나 현대차는 고질적 노사 분규에다 원화환율의 급등락과 고유가

82

로 어려움을 겪고 있다.

한국 산업계의 '대표 선수' 가운데 하나인 현대차가 휘청거리면 한국 경제도 흔들릴 수밖에 없다. 그래서 국민은 현대차의 경영 실적에 큰 관심을 보이고 있다. 현대차 노조가 파업을 벌일 때마다 국민은 조마조마한 심정으로 이 회사를 걱정한다.

브랜드가 희망이다… '현대만의 차'를 만들어라

2007년 들어 현대차에 대해 외국 언론과 자동차 평가기관에서 잇따라 칭찬이 쏟아졌다.

워싱턴포스트는 현대차가 2007년 3월 미국에 선보인 고급 스포츠유틸리티차량SUV인 베라크루즈에 대해 "일본 렉서스가 아니라 바로 현대차다"라며 높이 평가했다.

또 비즈니스위크는 "현대차가 미국에서 럭셔리 카로 발돋움하고 있다"고 칭찬했다.

현대차가 2008년에 선보인 프리미엄 세단 '제네시스' 프로젝트명 BH에 대해서도 해외에서 뜨거운 관심을 보이고 있다.

미국의 권위 있는 자동차잡지 '모터트렌드'는 2007년 5월호에서 "제네시스는 현대차를 럭셔리 메이커의 반열에 올릴 놀라운 차"라며 "GM 도요타 BMW 벤츠까지도 제네시스를 주목해야만 할 것"이라고 소개했다.

빠른 품질 개선과 함께 본격적인 글로벌화를 추진하고 있는 현대차의 성과가 속속 드러나고 있다.

현대차는 1997년 터키 공장 진출을 시작으로 인도 중국 미국 유럽에 9개의 공장을 지었거나 짓고 있다. 10년간 1년에 1개꼴로 공장을 지어 온 셈이다.

1996년 50만 대를 돌파한 현대차의 수출 대수^{해외 생산분 포함}는 6년 만에 인 2002년에 100만 대를 넘어섰고 2006년에는 190만 대를 웃돌았다. 최근 10년간 4배 이상의 양적 성장을 한 것이다.

이 회사의 '놀라운 스피드'는 세계 자동차업계에서 진기록을 남기기도 했다.

현대차가 2002년 3월 중국 베이징北京에 공장을 짓기 시작해 같은 해 12월 쏘나타를 생산한 것은 대표적인 사례. 당시 중국 내에서는 '현대속도現代速度'라는 조어造語가 유행어가 됐을 정도다.

현대차그룹 계열인 기아차 슬로바키아 공장이 2006년 말 양산에 들어가 공장 가동 3개월 만에 안정화 단계에 접어든 것도 유례없는 일이다.

기아차 장 샤를 리벤스 유럽법인 부사장은 "공장을 새로 지어 정상 가동을 하기까지는 보통 6개월 이상의 시행착오 과정을 거친다"면서 "현재 슬로바키아 공장의 월간 생산량은 당초 목표를 이미 초과 달성한 상태"라고 강조했다.

흥국증권 송상훈 기업분석팀장은 "현대차의 직관적이고 신속한 의사결정이나 추진력은 세계 어느 자동차 메이커도 흉내 내지 못한다"고 설명했다.

차를 팔아도 남기는 이익은 점점 줄고 있다

현대차의 급성장은 2005년을 정점으로 점차 둔화되고 있다. 기업의 대표적인 성과지표인 영업이익률이 2003년 9.0%에서 2004년 7.2%, 2005년 5.1%, 2006년 4.5%로 4년 연속 하락했다. 매출은 꾸준히 늘고 있지만 차를 팔아 남기는 이익은 오히려 줄어들고 있는 것이다.

일각에서는 환율 하락과 원자재 가격 상승 등 외부 변수의 변화에 따른 일시적 현상으로 설명한다.

그러나 적잖은 자동차산업 전문가는 현대차 성장 둔화에 '근본적 의문'이 있음을 지적한다. 그동안 쉼 없는 질주를 가능하게 했던 현대차 성장 전략에 '이상 신호'가 오기 시작했다는 것이다.

대우증권 박영호 연구위원은 "선두권을 추격하는 성장 국면에서는 현대차와 같은 돌격대식 경영시스템이 효율적이지만 선두권 진입 이후 넘버원이 되려면 '플러스알파'가 필요하다"고 지적했다.

현대차가 글로벌 기업 진입의 문턱을 넘기 위해서는 '질적 변화'가 있어야 한다는 설명이다.

노사분규 해결 안될 땐 선두권 진입 어려워

현대차의 원만하지 못한 노사관계로 생기는 낮은 생산성은 질적 변화를 위한 시급한 과제로 꼽힌다.

지난 20년 동안 두 해를 빼고 계속 파업을 벌인 자동차 회사 노조는 세계에서 유례를 찾기 힘들다. 노조가 회사를 '파트너'가 아닌 투쟁의 대상으로 여기는 것이 가장 큰 문제다. 회사 측의 미흡한 노사 관리도 현대차 노사문제를 곪아 터지게 하는 데 한몫했다.

미국 독일 일본 한국 등 주요 자동차 생산국이 치열한 경쟁을 벌이는 세계 자동차산업에서 주도권을 잡느냐 마느냐의 핵심 키워드는 생산성이다. 현대차가 획기적인 노사관계 개선으로 생산성을 높이지 못하면 선두권 진입은 물론 자리 보전도 힘들 것이라는 게 자동차 전문가들의 분석이다.

김기찬 가톨릭대 경영대학원장은 "현대차는 작업시간 조정이나 인력 전환배치 등을 할 때도 일일이 노조의 동의를 얻어야 한다"면서 "노조만

협조해 준다면 현대차의 경쟁력은 급신장할 수 있다"고 지적했다.

세계 자동차메이커 6위에서 5위 진입을 목표로 하고 있는 현대차그룹의 생산성은 도요타의 60%에 머물고 있다.

실제로 자동차 1대를 생산하는 데 필요한 조업시간을 토대로 한 노동생산성2004년 기준은 현대차가 33.1시간으로 혼다19.5시간와 도요타20.6시간는 물론 구조조정 등으로 여건이 안 좋은 GM23.1시간과 포드24.5시간에도 한참 뒤진다.

최근 김동진 현대차 부회장도 "노조만 도와준다면 환율과 고유가의 파고도 충분히 넘어갈 자신이 있다"고까지 말했다.

1980년대말 시장 개방… 1997년 외환위기…
그들, 바람불 때 더 강해졌다
뿌리 깊은 나무

"가장이 사망했을 때 가족의 행복을 지켜 주는 자산은 꼭 필요하다. 삼성생명은 이런 보험 본연의 가치를 강조하기 위해 보장자산 캠페인을 시작했다." 삼성생명 홍보 담당자

"삼성생명의 시장점유율이 계속 떨어지고 있다. 점유율을 만회하려면 리스크 측정이 힘든 연금보험이나 인기가 빠르게 식고 있는 저축성보험보다는 성장 여력이 큰 종신보험을 파는 게 유리하다. 이게 바로 보장자산 캠페인의 배경이다." 금융감독 당국 관계자 및 삼성생명 임원

2007년 보험업계 최대 화두로 떠오른 보장자산 캠페인은 위기상황을 기회로 활용하려는 삼성생명의 50년 역사를 압축적으로 보여 준다. 소속원들에게 '리딩 컴퍼니'로서의 책임감과 자부심을 각인시키는 과정을 통해 기업 이익을 극대화해 온 전통이 이번에도 재현되고 있는 셈이다.

점유율, 41.6→34.5→31%
다시 깜빡이는 위기의 신호

고故 이병철 회장의 눈은 정확했다

1957년 5월 5일 강의수, 전중윤 등 소상공인 7명이 현 삼성생명의 전신인 동방생명의 문을 열었다.

당시 창립 이념은 '후생 공제의 사명을 다하고 국민 이익에 봉사하자'였고, 지금도 이 정신은 면면히 이어져 내려오고 있다.

생명보험업의 불모지였던 한국에서 동방생명의 출범은 신선한 충격이었다. 직장인 대상 단체보험 분야에서 승승장구하면서 동방생명은 출범 1년 6개월여 만에 생보업계 1위로 올라섰다.

하지만 기쁨도 잠시, 첫 번째 위기가 찾아왔다.

1963년 강의수 초대 사장 사망으로 경영의 구심점이 사라진 동방생명은 여지없이 흔들리기 시작했다.

이때 동방생명을 주목해 온 이병철 삼성그룹 창업주는 사회보장이라는 공익적 기능으로 기업 이미지를 제고할 수 있을 뿐 아니라 수익성 면에서 성장 잠재력이 큰 업종이라는 점에 주목하면서 동방생명 인수를 지시했다. 그의 전망은 적중해 1970년대 초반 개인보험시장이 크게 성장했고, 1977년 종업원퇴직적립보험이 등장하면서 동방생명은 비약적으로 성장했다.

두 번째 위기는 1980년대 후반 생명보험시장의 진입장벽이 무너지고, 대외 개방이 이뤄지면서 찾아왔다.

동방 제일 교보 흥국 동아 대한생명 등 6개 생보사가 과점체제를 이루고 있던 시장구조가 국내외 33개사의 무한 경쟁체제로 급변했다. 신설 회사들이 동방생명 본사 직원과 보험설계사를 대거 스카우트하면서 영업 전략의 노출이 불가피한 상황이었다.

삼성그룹은 이런 위기상황에서 △브랜드명 변경 △톱 프라이드 운동 △뉴 웨이브 운동 등 3가지 전략을 추진했다.

우선 회사명을 동방생명에서 삼성생명으로 바꿔 삼성그룹 계열사라는 점을 분명히 했다.

톱 프라이드 운동과 뉴 웨이브 운동은 업무 효율성을 높이고 보험 계약의 질을 높이자는 취지로 시작됐다.

경쟁사가 많아진 상황을 다른 회사와의 차별성을 강조하는 기회로 활용한 것이다.

1997년 외환위기는 삼성생명의 유동성 위기를 초래했다. 보험 해약금으로 하루에만 1000억 원가량이 빠져나가는 날이 많았다. 평상시 하루 해약금100억 원의 10배에 이르는 규모였다.

이번에는 마케팅에 주력했다. 저축성보험과 연금보험 관련 상품 판매에 집중한 결과 1990년대 후반 시장점유율을 40%대로 높일 수 있었다.

인재는 교육과 복지로 키운다

예로부터 '보험업은 인지人紙산업' 이란 말이 있다.

영업하는 사람과 계약업무에 필요한 종이가 중요하다는 뜻이다. 하지만 최근 각종 업무가 전산화되는 추세여서 종이의 중요성은 반감된 반면 사람의 중요성은 이전보다 커지고 있다.

위기를 기회로 바꾸는 삼성생명의 역량은 인재 육성에서 나온다. 삼성생명의 인재 육성체계는 교육 및 복지라는 2개의 바퀴로 굴러가는 수레에 비유되곤 한다.

2006년 임직원 교육에 투입된 비용은 총 135억 원. 전체 임직원 6400여 명에게 연간 교육비로 1인당 평균 211만 원을 썼다는 얘기다.

연간 1인당 교육시간은 135시간, 1명이 이수하는 교육과정만 평균 6개에 이른다. 현재 삼성생명에는 1000개의 교육과정이 개설돼 있는데 과장급 이하 직원은 연간 80시간, 차장급 이상 직원은 연간 40시간 이상을 의무적으로 이수해야 한다.

이런 교육의 효과는 현장에서 자주 확인된다.

생보협회 소순영 홍보팀장의 말을 들어 보자.

"한미 자유무역협정FTA 협상 타결 이후 생보사 관계자들이 한자리에 모인 적이 있어요. 대부분 막연한 말만 하고 있었는데, 삼성생명 관계자가 각종 분석 자료를 꺼내 놓더니 달라질 보험 환경과 가능한 대응책을 조목조목 짚어 내더라고요. '역시 다르구나' 하는 생각이 들었어요."

복리후생체계에는 효율성을 중시하는 삼성의 조직문화가 배어 있다.

삼성생명은 2002년 7월까지 다른 회사처럼 콘도나 놀이시설 이용권을 제공했다.

하지만 지방에 근무하는 직원들의 불만이 쌓이자 같은 해 8월 '카페테리아 플랜'을 도입했다. 이 제도는 직급에 따라 복지 포인트를 450~1050포인트까지 준 뒤 이 포인트로 학원 수강, 책 구입, 놀이공원 이용 등을 할 수 있도록 하는 것이다.

2006년 회사 측이 직원들에게 제공한 총포인트는 392만 포인트로 약 39억 원에 해당한다.

삼성생명의 기본 급여는 근속연수 10년째인 과장 기준으로 평균 5300만 원 선. 금융권에선 그리 높은 편이 아니지만 금액으로 환산하기 힘든 복지 혜택 때문에 직원들의 근속 연수가 평균 11년에 이르고 있다.

보장자산 상품으로 '4차 위기' 대비

삼성생명 경영진은 최근 시장점유율의 하락세를 예의 주시하고 있다.

수입 보험료를 기준으로 한 점유율은 △2000년 41.6% △2002년 39.4% △2004년 34.5% △2006년 31.0%로 매년 떨어지고 있다. 이는 외국게 및 국내 보험사들이 공격적인 마케팅으로 저축성보험과 연금 보험시장을 잠식했기 때문으로 풀이된다.

몇 년간 누적돼 온 위험 요인도 있다.

삼성생명은 1998~2000년 여성의 요실금 치료비를 보장하는 '요실금 보험' 상품을 80만 건가량 판매했다. 그런데 여성들은 질 축소 수술을 받고서 요실금 치료비를 타 가는 경우가 많아 수익성을 떨어뜨리는 주요 원인으로 작용했다.

현재 남아 있는 요실금 보험상품은 40만 건. 요실금 수술은 건당 보험금이 500만 원에 이르러 회사로선 작지 않은 부담이다.

2003년 8월부터 은행에서 보험상품을 파는 은행연계보험^{방카쉬랑스}이 시행되면서 보험사가 은행 측에 지급하는 수수료가 증가한 점도 경영 부담을 가중시키고 있다.

실제 2006년 말 기준으로 삼성생명이 판매한 보험상품 가운데 방카쉬랑스 판매 비중이 6.8%로 2003년 9월^{1.5%}의 4.5배 수준으로 늘었다.

이수창 삼성생명 사장은 이런 위기상황을 타개하기 위해선 혁신적 전략이 필요하다고 판단했다. 이른바 '4차 위기'에 대한 대비책을 염두에 두고 있었던 것이다.

2006년 9월로 돌아가 보자.

"전장^{戰場}을 바꿔 봅시다. '보장자산' 어때요?"

이 사장은 이상용 개인영업본부 상무를 은밀히 사장실로 불러 이렇게 말했다.

이 상무는 "수십 년간 영업하면서 보험은 사망 후를 '보장'하는 '자산'의 성격이 강하다고 말해 왔지만 사장이 이걸 새로운 용어로 정리하는 걸 보고 머리가 띵했다"고 한다.

이어 "지금이 삼성생명 출범 이후 가장 중요한 전환점으로 보인다"고 덧붙였다.

생보업계는 위기를 기회로 삼아 온 삼성생명의 생존 전략이 이번에도 먹힐지 주목하고 있다.

한 생보사 관계자는 "최근 삼성은 상품 개발보다는 마케팅 힘으로 시장을 공략하는 형태를 띠고 있다"며 "외국계와 후발 주자들이 신상품을 대거 내놓는 상황에서 점유율을 높이기가 쉽지 않을 것"이라고 진단했다.

"의사 못지않은 전문직"
연 1억 이상 소득 2467명

"보험설계사도 의사 못지않은 전문직이에요."

가정의학과 의사 김상희44세·여 씨는 2006년 11월 삼성생명의 보험설계사로 변신했다.

김 씨는 "자기 분야에만 전문성을 가진 의사와 달리 설계사는 다양한 분야에서 폭넓은 지식을 가져야 한다"면서 "보험 관련 컨설팅을 준비하는 과정에서 많은 것을 배울 수 있어서 좋다"고 했다.

끊임없는 자기계발을 통해 보험에 관한 지식뿐 아니라 경제, 사회 전반의 흐름을 읽는 눈까지 겸비해야 비로소 고객들에게 재무 설계를 해 줄 수 있다는 설명이다.

실제 요즘 보험설계사 가운데 계약서만 달랑 들고 다니며 친인척에게 보험 가입을 강권하는 사람은 드물다.

고객들의 눈높이에 맞춰 재정상태를 진단하고 자산 컨설팅까지 해 주는 설계사들이 늘고 있다.

2006년 말 현재 삼성생명의 보험설계사는 총 3만210명에 이른다.

은행 대리점 등 판매 채널이 다양해지고 있지만 삼성생명의 경우 아직까지 설계사를 통한 보험 판매 비중이 82%에 달한다.

설계사 중 89%가 여성인데, 이들의 월평균 소득은 2006년 기준으로 399만 원이다. 연간 1억 원 이상 소득을 올린 고소득자도 2467명에 이른다.

정년이 없다는 점도 설계사라는 직업의 장점이다.

삼성생명 설계사 10명 중 3명꼴로 경력이 10년이 넘고, 만 55세 이상인 고령의 설계사도 전체의 6%를 차지하고 있다.

능력에 따라 고소득을 올릴 수 있다는 점이 알려지면서 설계사들의 학력도 높아지고 있다. 2005년 기준으로 학력이 대졸 이상 설계사가 22%라고 한다. 교수, 은행원, 의사 등 전통적인 고소득 직업을 버리고 설계사로 전업轉業한 사람도 있다.

삼성생명 설계사들의 실적은 다른 생보사 설계사보다 좋은 편이다.

연간 신新계약에 따른 수수료 수입이 6400만 원이 넘는 고소득 설계사들의 국제 모임인 '100만 달러 원탁회의MDRT · Million Dollar Round Table'에 가입한 삼성생명 소속 설계사는 모두 2649명으로 전 세계 보험사 중 가장 많다.

하지만 방카쉬랑스가 보장성 보험까지 확대되면 많은 설계사가 수입 감소로 어려움을 겪을 수 있다는 지적도 나온다.

주연훈 삼성생명 라이프케어연구소 상무는 "고령화 추세에 따른 '생존 리스크'를 충분히 이해한 상태에서 재무 컨설팅을 하는 설계사와 그렇지 못한 설계사 간의 실적 차이가 커질 수 있다"고 말했다.

삼성생명의 주력 상품 및 마케팅 전략

1980년대	저축성보험(특별적립보험), 사망보험(무지개보험)
1990년대	연금보험(노후설계보험), 암보험(홈닥터보험)
2000년~2006년	치명적질병 보험(리빙케어보험), 종신보험(삼성유니버셜종신보험)
2007년 상반기	'보장자산' 캠페인으로 종신보험 마케팅 강화
2007년 하반기	연금보험 마케팅 강화

50세 장년 기업의 꿈은 '지속 성장'
업계 1위의 무거운 숙제
"우리가 커야 시장도 큰다"

삼성생명은 2007년 '보장자산'이라는 유행어를 탄생시켰다. 종신보험과 치명적 질병CI보험 등 사망 시 지급되는 돈을 일컫는 보장자산은 이 회사의 적극적인 광고와 마케팅 파워에 힘입어 어느새 대중의 머릿속에 들어왔다.

삼성생명 보장성보험의 마케팅 서브 브랜드는 '퓨처 써티 플러스Future 30+'. 30대부터 앞날을 차근차근 대비하자는 의미다.

늘 한발 앞선 신상품을 내놓으며 생보업계를 선도해 온 삼성생명은 2007년 하반기7~12월에는 '프리덤 피프티 플러스Freedom 50+'라는 50대 이상을 타깃으로 한 연금보험 상품을 판매했다.

"보장자산이 뭔가요"라는 화두를 내놓은 뒤 고령화 사회에 걸맞은 연금 상품으로 또 다른 이슈를 국내 보험업계에 던진 것이다.

2032년 개봉 될 꿈은 뭘까

'도전, 꿈, 역사.'

2006년 5월 5일 창립 50주년을 맞는 삼성생명이 4일 서울 중구 태평로 2가 사옥에서 제막식을 가진 세 가지 타임캡슐의 이름이다.

타임캡슐은 땅에 묻는다는 고정관념을 깬 이 조형물은 마치 예술작품처럼 천장에 매달려 공중에 둥둥 떠 있다. 육면체의 타임캡슐에 설치된 액정표시장치LCD에는 이 회사 50년의 발자취가 영상물로 방영된다.

특히 앞으로 25년 후인 2032년에 개봉될 '꿈' 이란 이름의 캡슐엔 최근 입사한 젊은 사원들의 포부와 비전이 담겨 있다.

'1957년 동방생명으로 창립, 1963년 삼성에 인수, 1989년 삼성생명으로 사명社名 변경, 2006년 자산 100조 원 달성….'

신입사원이 임원이 될 이 무렵에도 삼성생명은 지금처럼 부동의 국내 '1등 회사'를 지키고 있을까. 쟁쟁한 해외 생명보험회사들과 겨루며 글로벌 시장에 우뚝 서 있을까.

브랜드 파워는 삼성 그룹에서 나온다?

삼성그룹 내에서 매출로나 중요도에서 삼성전자 바로 다음인 삼성생명 직원들의 자부심은 매우 강하다. 외환위기의 와중에도 건재했던 삼성생명에 대해 다른 생보사들은 부러운 눈길을 보낸다.

한 생보회사 관계자의 말이다.

"삼성생명의 브랜드 파워는 상당 부분 막강한 정보력과 조직력을 가진 삼성그룹에서 나온다. 삼성은 새로운 트렌드를 빠르게 읽어 낸 뒤 전략적으로 활용하기 때문에 그룹 내 금융 계열사의 시너지 효과가 극대화될 수 있다. '관리의 삼성' 이란 말처럼 직원들을 관리하고 사람을 키우는 역량도 탁월하다. 문제는 변화하는 경영환경 속에서 삼성생명이 얼마나 지속적으로 성장할 수 있는가이다."

상장 땐 시가총액 14조원 '금융 공룡' 탄생

찬란한 미래를 꿈꾸는 삼성생명의 당면 과제는 바로 '지속 가능한 성장'이다.

한미 자유무역협정FTA 협상이 타결되고 자본시장통합법 시행을 앞두고 있는 등 삼성생명을 둘러싼 국내와 금융시장 환경은 빠르게 변화하고 있다. 사실상 '글로벌 시장의 무한 경쟁 체제'에 놓이게 된 셈이다.

특히 2007년 4월 말 금융감독위원회(현 금융위원회)가 '유가증권시장 상장규정 개정안'을 승인하면서 18년 묵은 생보사 상장上場 논란이 마침표를 찍는 등 우호적 분위기도 형성되고 있다. 삼성생명이 상장돼 주당 70만 원 선에서 공모가가 결정되면 시가총액 14조 원의 '금융 공룡'이 탄생하게 된다.

하지만 삼성생명 상장은 그룹 내 순환출자형 지배구조에 어떤 형태로든 변화를 주게 돼 쉽게 결론이 날 사안은 아니라는 분석이 지배적이다.

즉 삼성생명 상장으로 이 회사 지분 13.34%를 보유한 삼성에버랜드가 금융지주회사로 바뀌는데, 금융지주회사는 제조업체 지분을 가질 수 없어 삼성전자 지분을 처분해야 한다는 것이다.

사정이 이렇다 보니 삼성생명 임원조차 상장 문제에 대해선 민감한 반응을 보인다.

박준현 삼성생명 부사장기획관리실장의 말이다.

"우리는 우리의 갈 길을 갈 뿐이다. 국내 시장은 이미 성숙해 과거에 비해 성장세가 둔화됐다. 위험 부담을 안으면서까지 외형 성장을 추구하지는 않겠다. 자본시장통합법으로 금융영역 간 장벽이 허물어지면 사업 다각화에 대한 전략적 고민이 절실해진다.”

이수창 삼성생명 사장은 창립 50주년을 맞아 ‘재정적 안정을 보장하는 글로벌 선도기업’을 새 비전으로 정했다. 보장성보험과 연금을 두 핵심 역량으로 정하고 지속적으로 경영 체질을 혁신하겠다는 것이다.

그는 또 기업이 100년을 지속하려면 인적 물적 자본만으로는 부족하며 사회와 끊임없이 교류하는 ‘사회적 자본’을 갖춰야 한다고 강조했다. 그는 기업이 속한 사회 구성원들에게서 받는 신뢰와 존경을 사회적 자본으로 정의했다.

“삼성전자와 같은 글로벌 기업이 되겠다”

국내 보험업계의 한 관계자는 “삼성생명은 생보업계 1위, 즉 리더 역할을 비교적 잘하고 있다”고 말했다.

시장의 파이를 키우는 일은 1등 회사의 몫인데, 최근 보장자산 캠페인을 공격적으로 펼치는 삼성생명은 일단 파이를 키우는 데는 성공했다는 평가다.

이 점에서 이 회사가 주력하겠다는 연금보험 상품은 또 다른 의미를 지닌다.

일반인의 평균 수명이 길어지면서 리스크 헤지^{회피}가 없는 연금 운용 회사는 경영 부실로 이어질 수 있는 위험이 커졌기 때문이다.

삼성생명이 선보일 ‘수명 리스크_{longevity risk}’ 관리기법은 다른 금융 업종에까지 큰 영향을 미칠 것으로 전망된다.

삼성생명은 종신까지 지급하는 연금보험 상품을 줄여 나가고, 연금 지급 시점에 쌓인 적립금을 지급하는 형태로 상품 포트폴리오를 정비할 계획이다. 힘겹게 시장을 만들어야 했던 보장자산과 달리 연금은 고령화 사회에 자발적 수요가 생겨난다는 분석이다.

'물에는 물고기가 있고 땅에는 쌀이 있다'

파이를 살찌우는 또 다른 방법은 글로벌 시장 개척이다.

삼성생명은 1997년 태국에 '시암 삼성', 2005년 중국에 '중항삼성' 등 합작법인을 세우면서 글로벌 경영의 초석을 다졌다.

강연희 삼성생명 태국법인장은 동아일보와의 국제 통화에서 "태국의 생명보험 시장은 인도 필리핀 등과 같이 이제 막 태동 단계"라면서 "'삼성'이라는 브랜드 파워에 끈질긴 한국식 보험설계사 영업방식으로 2006년 28만3000달러의 당기 순이익을 올렸다"고 말했다.

삼성생명 측은 태국 합작법인 진출 사례를 소개하며 '물에는 물고기가 있고, 땅에는 쌀이 있다'는 태국 속담을 인용했다. 무슨 의미인지 물었더니 도처에 자원이 풍부하다는 뜻이란다. 글로벌 경쟁사회에서 '뭐든 도전해 이루겠다'는 삼성생명의 강한 의지를 보여 주는 대목이다.

숫자로 보는 삼성생명의 모습 총 자산은 2007년 3월 말, 나머지는 2008년 말 기준 자료 : 삼성생명

- **6400명** (본사 1000명, 사업부 및 지점 5400명) 임직원
- **3만210명** 설계사
- **11년** 평균 근속연수
- **84개** 지점
- **1017개** 영업소
- **108조9000억 원** 총 자산
- **1914만5154건** (480조 원) 보유계약
- **31%** 시장점유율(수입보험료 연간기준)

상장 땐 직원들도
대박 맛 좀 보나요

Q 본사 근무와 지사 근무는 어떻게 나뉘나.

A 입사한 직군에 따라 나뉜다. 보험영업관리직군은 전원 지사에서 근무를 시작한다. 삼성생명 지사는 전국에 지역사업부 7곳, 지점 84곳, 영업소 1017곳이 있다. 입사 후 약 5년이 지나면 영업소장BM·브랜치 매니저을 맡고 이후 지점, 지역사업부에서 일을 하게 된다. 반면 상품개발직군과 금융직군은 본사에서 근무를 시작한다.

Q 지사에서 본사로 옮길 수 있나.

A 본인 및 회사의 필요에 따라 직원들의 순환 근무가 이뤄진다. 현재 전체 임직원 6400명 중 본사에서 일하는 직원은 1000명 정도다.

Q 정규직으로 입사해도 영업을 해야 하나.

A 아니다. 보험영업관리직군은 현장에서 보험설계사들을 관리하는 업무를 맡을 뿐 직접 영업을 하지는 않는다.

Q 원하는 인재상은….

A 보험업은 상품을 개발하고 영업을 하는 서비스업이기 때문에 적극성과 열정을 가장 중요하게 생각한다. 금융업인 만큼 직무에 대한 이해도와 전문성을 그 다음으로 본다.

Q 입사에 학점과 영어실력이 차지하는 비중은….

A 학점 평점 3.0 이상이고 토익 성적이 직군에 따라 620~730점 이상이어야 지원할 수 있다. 학점과 토익 성적은 지원 자격을 판단하는 자료로만 사용되며 채용 과정에서 별도의 가중치는 부여되지 않는다.

Q 여성 비율은….

A 1980년대에는 여성을 한 명도 뽑지 않은 적도 많았다. 하지만 1990년대 중반부터 바뀌어 지금은 채용 인원의 약 30%가 여성이다. 연령대별로 보면 30대 직원의 44.3%, 40대의 17.6%, 50대의 48.2%가 여성이다.

Q 평균 근속 연수와 퇴사율은….

A "남성 12년, 여성 11년으로 평균 11년 5개월이다. 퇴사율은 3% 내외다."

Q 복리 후생 수준은….

A 주 5일제와 출산 및 육아 휴가 1년이 보장된다. 또 '카페테리아 플랜'이라는 제도를 통해 포인트 형태로 복지 혜택을 제공한다. 신입사원은 1년에 45만 원어치의 도서 구입, 영화 관람, 의료비 보조, 학원비 보조 등을 받을 수 있다.

Q 입사하면 보험 혜택이 있나.

A 회사에서 사망 시 사원은 최대 2억 원, 임원은 최대 5억 원이 지급되는 단체보험을 들어 준다. 입사 10년 후에는 회사에서 연봉의 2~3%를 별도로 지원해 연금보험을 들어 준다.

Q 입사 후 의무적으로 보험에 가입해야 하나.

A 아니다. 하지만 보험의 중요성을 잘 알기 때문에 자발적으로 보험 가입을 많이 한다. 삼성생명 임직원의 1인당 평균 보험 가입 건수는 7.4건이다.

Q 성과급 체계는….

A 조직성과급과 개인성과급이 있다. 조직성과급은 소속 부서 및 회사의 성과에

따라 차등 지급된다. 2006년에는 평균적으로 급여의 400~450%를 받았다. 개인성과급은 고과에 따라 차등 지급되며 1000만 원까지 차이가 난다. 보험 영업관리직은 그 외 별도로 최대 수천만 원의 영업 인센티브를 받는다.

Q 상장되면 직원에게 혜택이 돌아오나.

A 구체적인 내용은 확정되지 않았다. 하지만 우리사주조합에 주식의 일부가 추가 배정되면 조합에서 내부 규정에 따라 직원들에게 배분할 수 있다.

Q 2008년 채용 계획은….

A 3월에 상반기[1~6월] 채용 공고를 내서 현재 최종 면접을 진행 중이다. 최종 선발 인원은 55명 정도다. 하반기[7~12월]는 9월에 채용 공고를 내고 10월에 면접을 거쳐 100여 명을 뽑을 생각이다.

삼성생명 임직원의 직급별 초임 연봉과 평균 재직기간

구분	직급별 초임 연봉	평균 재직기간
임원	수억 원	–
부장	8000만 원	–
차장	6600만 원	6년
과장	5300만 원	6년
대리	4200만 원	5년
사원	3300만 원	4년

세전 금액. 조직성과급 및 개인성과급 별도　　　　　　　　　　자료: 삼성생명

가족 같은 행복 주유소

"2007년 4월 24일은 우리 회사의 주가가 시장에서 종가 기쥰으로 처음 주당 10만 원을 넘어선 날입니다. 정말 반드시 기억해야 할 기념비적인 날입니다." 2007년 4월 27일 당시 신헌철 SK(주)사장현 SK에너지 부회장은 중국 베이징北京 출장에서 돌아오자마자 회사 인트라넷에 이런 내용의 글을 올렸다. 2003년 3월 6100원 대까지 떨어졌던 주가가 4년 만에 10만 원을 돌파한 감격을 표현한 것이다.

한국의 '대표 에너지 기업' 인 SK에너지의 자존심은 2003년 SK글로벌현 SK네트웍스 분식회계 사건으로 여지없이 무너져 내렸다. 시장은 등을 돌렸지만 좌절하지 않았다. 탄탄한 사업구조와 임직원의 노력으로 시장의 평가를 바꿔 놓았다. 재계는 이것이 'SK에너지의 힘' 이라고 분석하고 있다.

면바지가 잘 어울리는 회사
그래도 상사엔 90도 인사

#1. 서울 종로구 서린동 SK에너지 본사 로비. 어두운 색 정장 차림 직원이 대부분인 여느 대기업과는 달리 면바지와 남방셔츠 차림의 직원이 많이 눈에 띄었다. 이 회사에서는 경쾌한 캐주얼 재킷을 입은 부장급 중간 간부들의 모습도 자주 볼 수 있다.

#2. SK에너지 울산콤플렉스 구내식당. 지원부서의 모 부장이 식당 안으로 들어서자 마주 오던 한 직원이 잠시 걸음을 멈추고는 차렷 자세로 깍듯이 인사를 했다. 가벼운 목례와는 확연히 구분됐다.

보수적이지만 인간적인

SK에너지의 기업 문화를 엿볼 수 있는 장면들이다. 겉으로는 자유롭고 세련된 이미지로 보이지만 속내는 위계질서가 강하고 보수적인 모습이라는 건 SK에너지 임직원들도 인정하고 있는 사실이다.

5269명의 직원이 1년에 23조6515억 원2006년의 매출을 올린 회사. 끊임없는 변화와 혁신을 강조해도 생존하기 어려운 기업 경쟁에서 이런 거대한 기업이 과연 보수적인 기업 문화로 살아남을 수 있을까. 해답은 인화人和에 있었다. 이 회사를 지탱해 온 힘은 끈끈한 인간관계와 팀워크라는 것이 회사 안팎의 평가다.

SK에너지에 2007년 1월 입사한 신입사원에게 'SK에너지 입사 후 느낀 점'을 물었다. 주제를 한정하지 않은 주관식 질문의 대답에 유난히 '기업 문화'와 '인간적'이라는 단어가 많이 포함돼 있었다. 보수적인 문화는 과거 공기업 출신이라는 배경이, 그리고 팀워크를 강조하는 문화는 공장 전체가 파이프라인으로 연결돼 24시간 쉬지 않고 돌아가는 석유화학 사업의 특성에 기인한 것이라는 분석이 지배적이다.

새로운 성장 엔진을 찾아

팀워크만을 강조하는 집단적인 문화는 '21세기 글로벌 기업'에는 걸맞지 않다는 지적도 있다. SK에너지도 이런 사실을 자각하고 변화를 모색하고 있다. 종종 자기주장과 개성이 강한 신입사원들이 입사 초기에 불만을 느끼는 경우가 있기 때문이다.

SK에너지 김영태 탑팀코디네이션실장전무은 "회사도 보수적이고 집단적인 문화가 조직의 활력에 해가 될 수 있다는 판단 아래 1998년부터 출근 복장을 자율화했고, 업무를 벗어나 격의 없이 토의하는 회의 방식을 적극적으로 권장하고 있다"며 "최근에는 신세대 사원을 위해 술자리 대신 공연을 함께 보는 모임도 늘고 있다"고 강조했다.

변화의 바람은 기업 문화뿐 아니라 사업 영역에도 불고 있다. SK에너지는 주유소로 유명하다. 실제로 이 회사 매출의 3분의 2가 석유사업에서 나온다. SK에너지가 2006년 정제해 판매한 석유제품은 2억4000만 배럴에 이른다.

1962년부터 시작한 석유사업이 SK에너지의 '간판 사업'인 것은 맞지만 '알짜 사업'은 따로 있다는 것이 이 회사를 아는 사람들의 설명이다. 석유 사업이 2007년 1분기1~3월 4조844억 원의 매출을 올린 데 비해 영업이익은 1370억 원에 그친 반면, 매출 1조5637억 원인 화학 사업은 2276억 원의 영업이익을 올렸다. 매출이 2490억 원인 윤활유 사업은 677억 원을 이익으로 남겼다.

SK에너지는 이 외에도 석유개발, 아스팔트, 석탄 사업을 진행하면서 OK캐쉬백, 네이트 드라이브 등 서비스 사업도 병행하고 있다. 최근에는 간질 치료제, 우울증 치료제를 개발하는 생명과학으로까지 사업 영역을 확장하고 있다. 수소연료 등 대체에너지 개발에도 열심이다.

이런 신규 사업 개발은 SK에너지의 미래와 직결된다. 현재 '한국의 에너지 리더' 자리에 안주할 수 없다는 뜻이다. 신헌철 SK에너지 부회장은 최근 "2010년에서 2015년이면 화석化石 에너지 소비가 줄어들 것"이라며 "그때를 대비해야 한다"고 말했다.

변하지 않는 DNA는 '자부심'

SK에너지에 변하지 않는 것이 있다면 자부심이다. 1962년 대한석유공사 창립 이후 단 한 차례도 '정유업계 1등'을 놓친 적이 없다는 자부심은 이 회사의 'DNA'로 남아 있다.

특히 석유화학 공장으로는 세계 최대 규모인 250만 평의 울산 콤플렉스에 근무하는 직원들의 자부심이 강하다. 울산 콤플렉스의 한 직원은 "SK에너지 직원들은 울산 최초의 현대적 공장 직원이라는 긍지가 상당하다"고 말했다.

그는 "전국적으로는 삼성전자가 가장 규모가 큰 기업일지 몰라도 적어도 울산에서는 SK에너지가 현대자동차, 현대중공업과 함께 '빅 3'로 꼽힌다"며 "최근 회사가 1000억 원을 투자해 조성한 울산대공원을 울산시에 무상으로 기부한 것을 자랑스러워하는 직원도 많다"고 덧붙였다.

다른 직원은 "예전에는 울산에서 신랑감으로 SK에너지에 다니는 직원이 의사보다 인기가 좋았다는 말도 있다"며 웃었다.

회사도 이런 직원들의 자부심을 지키기 위해 노력하고 있다. 경조금, 의료비 지원, 건강검진 등 각종 복지 혜택과 급여는 대기업 최고 수준으로 알려져 있다. 이 회사의 이모 과장은 "친구들에게 급여와 복리 후생 제도에 대해 이야기하면 '부럽다'고들 한다"고 했다.

신입사원들이 말하는 "SK에너지는 [　　　]다"

'초코파이' 다 = 정(情)과 우애가 돈독하기 때문에
'든든한 친구' 다 = 따뜻한 마음을 나눌 수 있어서
'정신 없' 다 = 항상 새로운 도전을 시도하므로
'투명유리' 다 = 안과 밖에서 보는 모습이 같아서
'동그라미' 다 = 기업 분위기가 원만해서
'호랑이' 다 = 신규 사업에 꾸준히 진출하는 것을 보면 몸집도 크면서 날렵한 맹수와 비슷해서
'양파' 다 = 껍질을 벗길 때마다 새 모습이 나와서
'내 거' 다 = 임직원들의 회사에 대한 자부심과 애정이 크기 때문에

SK에너지 인력담당 차화엽 상무는 "대우와 복리후생 문제는 이미 충족되고 있다는 판단 아래 최근에는 직원 개개인의 글로벌 역량을 키울 수 있도록 어학교육 등의 지원에 힘을 쏟고 있다"며 "이런 회사의 지원이 직원들의 자부심과도 연결되는 것 같다"고 설명했다.

숫자로 보는 SK에너지 참여광구와 임직원수는 2007년 4월 기준, 나머지는 2006년 말 기준

- **25개** 참여 광구 수
- **32%** 석유사업 내수시장 점유율
- **4145곳** 주유소 수
- **5269명** 임직원 수
- **84만 배럴** 일일 원유 정제 능력
- **408억 원** 연간 사회공헌 금액
- **4조3874억 원** 연간 세금 납부액
- **23조6515억300만 원** 연간 매출액

11년 근무 일산 사는
38세 김과장

평균 'SK 맨'은 어떤 사람일까. 전체 직원 5269명 가운데 나이와 직급, 근무 연차, 거주지 등을 고려해 SK에너지의 '표준 사원'을 산정해 봤다.

SK에너지에 따르면 서울 본사 임직원의 평균 나이는 38세, 평균 근속 연수는 10년이었다. 직급별로는 사원이 1020명으로 가장 많았다. 거주지는 경기 고양시가 157명으로 가장 많고 서울 강남구와 서초구가 각각 113명과 107명으로 뒤를 이었다. 울산 콤플렉스 임직원의 평균 나이는 42세, 평균 근속연수는 16년. 대리급이 가장 많은 1865명이었다. 울산 남구 거주 직원이 1772명으로 가장 많았다.

SK에너지는 이런 조건을 감안해 서울 캐쉬백 사업부 사업개발팀의 김진성38세 과장을 '평균 SK맨'으로 꼽았다. 이 회사에 11년째 근무하고 있는 그는 경기 고양시 일산서구에 거주하고 있다. 이 회사의 중국어 열풍을 반영하듯 '평균 SK맨'인 김 과장은 매일 오전 5시 40분에 일어나 출근해 7시 20분부터 회사에서 중국어 강의를 듣는 것으로 하루 일과를 시작하고 있었다.

매출 50%가 해외 부문
1년차 직원도 외국서 근무

Q 신입사원 초봉은….

A 성과급을 제외하고 3300만 원 정도다.

Q SK에너지에는 이른바 SKY서울대, 고려대, 연세대로 불리는 특정 대학 출신이 많다는데…. 대학별 차등점수제가 있는가.

A 특정 대학 출신 지원자에게 가점을 부여한다는 것은 잘못된 소문이다. 지원자의 학업 성취도, 자기소개서, 전공, 외국어 구사능력 등을 종합적으로 고려해 선발한다.

Q 입사 후 해외에서 근무할 기회는 있는가.

A SK에너지는 2007년 1분기1~3월 매출의 50% 이상이 해외에서 이루어지는 수출 기업이다. 해외사업을 확대하고 있으므로 해외 근무 기회는 늘어나는 추세이다. 1년차 직원이 해외로 나가는 경우도 있다.

Q 모집 직무별로 지원할 수 있는 전공이 정해져 있나.

A 직무별로 지원 가능한 전공이 정해져 있지는 않다. 그러나 해당 직무에 적합한 역량을 갖춘 지원자를 뽑기 때문에 관련 전공자가 더 유리한 것은 사실이다.

Q 제2 외국어 우수자는 지원 시 가산점이 주어지는가. 회사가 선호하는 외국어가 있다면….

A 제2 외국어 구사능력에 따라 가산점이 주어질 수 있다. 중국어, 러시아어 등이 대표적인 예다.

Q SK에너지 또는 다른 SK그룹 계열사에 한 번 지원했다가 떨어졌다면, 다시 지원할 때 불이익이 있는가.

A 불이익은 없다.

Q 이공계 출신은 울산과 대전에서 근무를 시작한다던데, 서울 본사에서 근무할 기회도 있나.

A 전공 활용도를 높이기 위해 이공계 학사는 울산 콤플렉스에서, 이공계 석사는 대덕 기술원에서 근무를 시작한다. 이후 회사의 인력관리계획에 따라 본사 및 타 사업장으로 이동할 수 있는 기회가 주어진다.

Q 연구개발R&D 분야에는 학사 출신 지원이 불가능한가.

A 원칙적으로는 이공계 석·박사 학위 소지자들을 선발한다. 다만, 지원자의 역량을 검토해 R&D 분야에 적합하다고 판단되면 학사 출신도 선발할 수 있다.

SK에너지의 직급별 연봉

직급	연봉(원)
사원	3300만~4400만
과장	4500만~5500만
부장	5600만~8700만
임원	1억 이상

SK에너지는 연봉제 실시. 연봉은 대졸 사원 기준으로 특별상여금 제외한 세전 연봉　　자료: SK에너지

활발한 해외 자원개발 경쟁력
보수적 기업문화는 넘어서야

시대 앞선 똑 소리 나는 사업구조

국내 석유화학업종을 담당하는 주요 증권사 연구원들에게 SK에너지의 강점을 물었다. 응답자 9명 가운데 8명이 해외 유전 개발부터 석유 정제, 석유화학 제품의 생산과 판매로 이어지는 '수직계열화' 된 사업구조를 꼽았다.

고故 최종현 SK그룹 회장은 1975년 '사보社報 선경' 1월호를 통해 '석유에서 섬유까지' 라는 수직계열화의 청사진을 천명했다. 당시 수직계열화라는 용어를 이해하지 못해 당황한 임원까지 있었다는 후문이다. 그만큼 시대를 앞선 결단이었다.

1980년 ㈜선경의 대한석유공사유공 인수는 최 회장이 제시한 청사진을 실현하기 위한 첫 걸음이었다. 유공은 이후 화학, 윤활유 등으로 사업을 넓혀 가다 1991년 울산콤플렉스에 9개 공장을 새로 지으면서 수직계열화를 완성했다. 2006년 SK에너지의 매출액은 23조6515억 원. 1980년 유공 매출액 1조9676억 원의 11배 규모다.

활발한 해외자원개발 참여도 경쟁력이다. SK에너지는 현재 14개국 25개 광구에서 유전 개발, 탐사, 생산 활동을 벌이고 있다. 2006년 말 기준으로 하루 평균 2만2000배럴 이상의 원유와 가스를 해외에서 생산하고 있다. 이 회사는 2010년까지 생산량을 하루 평균 10만 배럴로 늘릴 계획이다.

경직된 조직 문화가 '아킬레스건'

동아일보는 '유공을 선경에 넘겨 민영화' 라는 1980년 11월 29일자 기사에서 "국영기업의 관료적인 경영 자세나 '공사 체질' 로는 정세 변화에 적응이 어렵다"고 민영화 배경을 설명했다.

민영화 이후 27년이 지났지만 위계질서를 강조하고 실패를 두려워하는 보수적인 기업 문화가 여전히 발목을 잡고 있다는 분석도 있다. 정유업계의 한 관계자는 SK에너지를 '크렘린' 에 비유하기도 했다.

SK에너지의 한 과장급 사원은 이 회사에서 유행하는 농담을 진했다.

"사무실에 쥐가 나타나면 A그룹은 맨 아래 후배가 바로 뛰어가 쥐를 잡는다. B그룹은 쥐가 나타난 원인과 잡는 방법을 치밀하게 분석한 보고서를 상부에 올린 뒤 쥐잡기에 나선다. SK그룹도 꼼꼼히 분석한 보고서를 올린다. 그런데 아무도 쥐를 잡지 않는다."

상급자 비율이 상대적으로 높은 역삼각형 조직 구조, 그리고 여전히 낮은 여성 간부 직원의 비율도 넘어야 할 벽이다. 이 회사 임원 105명 가운데 여성 임원은 1명이다. 또 774명의 부장 가운데 여성은 6명0.8%에 불과하다. 신입사원 중에는 여성 엔지니어가 늘어나는 추세지만 회사의 대응은 더딘 편이다. 한 울산공장 여사원은 "작업복에 여성용이 없다"고 하소연했다.

지주회사 전환과 '글로벌 SK'의 비전

SK에너지의 지주회사 전환은 기업 투명성을 높이고 취약한 지배구조를 개선했다는 점에서 긍정적인 평가가 많다. 순환 출자 형태의 불안한 지배구조가 경영권 위기 상황을 맞은 경험이 있기 때문이다. 2004년 이후 사외 이사 비중을 70%로 확대하고 2007년 7월 지주회사 체제로 전환하면서 이같은 시장의 우려는 기대로 바뀌었다.

반면 불안정한 유가 상황과 석유화학 경기 변화는 SK에너지에 위협 요인이다.

한 증권사 연구원은 "중동과 중국 지역의 석유화학 설비 증설로 1~2년 후 석유화학 경기가 침체돼 수익성이 악화될 수 있다"고 분석했다.

'대표적인 내수기업'으로 불리던 SK에너지는 2006년 매출액의 47%를 수출로 올렸을 정도로 해외로 눈을 돌리고 있다. 이 회사의 2015년 비전은 '한국의 SK에너지'가 아니라 '아시아 태평양 지역의 메이저 플레이어'가 되는 것이다.

SK에너지는 이를 위한 첫 단계로 중국 공략을 서두르고 있다. 2005년부터 사내 중국어 강의를 수강한 인원이 1600여 명에 이른다. 2007년 1월 임원으로 승진한 16명 가운데 5명이 중국 본부에서 나왔다.

'섬세함+α'
삼성보다 더 삼성스러운

"신세계는 정말 놀라운 기업이다. 압도적인 시장 지배력, 현명한 전략 등 어느 하나 부족한 것이 없다." 워런 버핏이 운영하는 투자회사인 '버크셔 해서웨이'의 찰리 멍거 부회장이 2007년 5월 6일 미국 네브래스카 주 오마하에서 열린 '버크셔 해서웨이' 주총을 취재하던 한국 기자들에게 한 말이다.

2007년 4월 17일 주식시장에서 큰 이변이 연출됐다. 대표적인 내수內需 기업인 신세계 주가가 국내 최고 글로벌 기업인 삼성전자 주가를 추월한 것. 이날 주가는 신세계 60만9000원, 삼성전자 59만3000원이었다.

'제2 전성기' 맞은 유통 종가

'한국형 할인매장' 승부수
월마트 등 콧대 꺾어

선택과 집중

요즘 신세계는 이른바 '잘나가는' 기업이다. 실적이 좋아 주가가 많이 올랐고, 해외 유명 투자가들에게서도 호평을 받는다. 국내외에 새 점포를 내고, 명품 아웃렛 등 신규 사업을 추진하는 데도 거침이 없다. 1960, 70년대 '유통 종가宗家'로 군림하다가 1980년대 이후 롯데와 현대백화점에 밀려 유통업계 3위로 떨어졌던 신세계가 요즘 '제2의 전성기'를 맞고 있다.

신세계는 1990년대 초 경쟁사인 롯데가 백화점에만 치중하고 있을 때 '할인점'이라는 새로운 시장을 개척했다.

신세계가 할인점 사업에 뛰어든 데는 불가피한 측면도 있었다.

1980년대 이후 롯데가 그룹 차원에서 백화점을 주력 사업으로 키웠던

116

것에 비해 삼성그룹 계열사였던 신세계는 사정이 달랐다. 그룹 내부 투자 우선순위에서 밀려 백화점 투자가 여의치 않았다.

그 결과 신세계는 롯데는 물론 후발 주자였던 현대백화점에까지 밀리는 '치욕'을 맛보기도 했다.

그러던 중 신세계가 부활의 발판을 마련할 수 있는 계기가 생겼다. 1991년 11월 삼성그룹에서 신세계가 사실상 분리되면서 각종 사업에 투자할 수 있는 여지가 생긴 것.

투자가 자유로워진 신세계는 1992년 12월 서울 천호점을 열고, 신규 점포용 용지도 많이 마련했다. 하지만 투자가 미진했던 1970년대에 이미 공격적으로 사업 확장을 했던 경쟁사를 따라잡기에는 역부족이었다.

그래서 내놓은 '승부수'가 할인점.

첫 작품은 1993년 11월 서울 도봉구 창동에서 문을 연 '이마트 창동점'이었다.

창동점의 성공으로 할인점 사업에 자신을 얻은 신세계는 곧바로 주력 사업을 백화점에서 할인점으로 바꿨다. 경기 군포시 산본, 대구 성서, 전북 전주, 충북 충주 등에 마련한 백화점 터에 백화점 대신 이마트를 지은 것이 대표적인 사례.

여기에다 기존 중소유통업체의 점포나 땅을 인수해 매년 10여 개의 할인점 점포를 확보했다. 그 결과 신세계는 현재 전국적으로 영업 중인 이마트 점포 118개를 통해 국내 할인점 시장을 사실상 석권했다.

신세계는 국제 유통업계에서 고객 눈높이에 맞춰 '한국형 할인점'을 사실상 새로 만든 기업으로 자리 잡았다.

월마트나 까르푸 등 외국 할인점이 추구하는 창고형 매장을 과감히 바꿔 진열집기 높이를 낮추고, 매장 환경을 밝게 하는 등 백화점식 인테리어로 승부를 걸었다. '싸면서도 쾌적한 쇼핑 환경'을 좋아하는 한국인의 심리를 꿰뚫은 것.

그 결과 창고형 매장이 '글로벌 스탠더드'라며 변신을 소홀히 했던 월마트나 까르푸 등 외국계 할인점들은 국내에서 맥을 추지 못한 채 짐을 싸야 했다.

신세계의 차별성은 중국 시장에서도 빛을 발했다.

신세계는 1997년 2월 중국 상하이上海에 이마트 단독 점포인 취양曲陽점을 내면서 중국 진출을 시작해 현재까지 상하이에 9개, 텐진天津에 2개 등 모두 11개의 이마트 매장을 운영 중이다.

이 과정에서 신세계는 중국 문화를 적극적으로 받아들였다. 거북, 개구리, 양고기, 생선머리 등 이색상품을 고객이 직접 만져 보고 원하는 부위를 골라 살 수 있도록 해 호평을 받고 있다.

뿌리는 삼성… 관리 중시하는 기업 문화

신세계 본점 1층 로비에 가면 고 이병철 삼성그룹 창업주의 흉상이 있다. 이 창업주가 1963년 7월 동화백화점을 인수해 신세계백화점을 출범시킨 것을 기념하기 위한 것.

이 창업주 흉상이 말해 주듯 신세계의 뿌리는 삼성그룹이다. 이명희 회장은 이 창업주의 딸이고, 구학서 부회장은 삼성전자 출신이다. 임원은 물론 부장급 이상 간부들도 대부분 삼성그룹 공채를 거쳐 신세계에 둥지를 틀었다. 이 때문에 신세계 기업 문화는 '관리'를 중시하는 삼성그룹과 비슷하다는 평가를 받았다.

하지만 최근 들어 재계에서는 신세계가 '삼성보다 더 삼성스럽다'라는 말이 나오고 있다. 삼성 특유의 완벽함에 유통업계의 섬세함까지 더

118

해져 삼성보다 더 세련되게 일처리를 한다는 평가다.

정용진 신세계 부회장과 여동생인 정유경 조선호텔 상무 남매가 최근 아버지인 정재은 명예회장에게서 물려받은 신세계 주식에 대한 증여세를 깔끔하게 내 '편법 증여' 시비를 원천적으로 없앤 것은 대표적인 사례다.

하지만 때로는 이런 '깔끔함'이 지나쳐 "신세계 임직원들은 인간미가 없다"는 비판을 받기도 한다. 또 짜여진 틀 속에서만 업무를 하다 보니까 융통성이 없고 큰일이 터졌을 때 대처 능력이 떨어질 수 있는 약점이 있다는 지적도 나온다.

새로운 성장 동력 찾기가 과제

신세계가 지금은 잘나가고 있지만 앞으로도 이런 추세가 지속될지는 판단하기 쉽지 않다. 무엇보다 신세계 성장의 원동력이었던 국내 '할인점' 시장이 포화상태에 이르렀기 때문. 실제로 연도별 전년 대비 할인점 시장 증가율은 2002년 26.2%에서 2006년에는 8.3%로 떨어졌다.

여기에다 롯데나 현대백화점 등 경쟁업체들이 보유한 홈쇼핑 업체가 없다는 점도 약점으로 꼽힌다. 상대적으로 상품 유통 채널이 적어 급변하는 미래 시장에서 한계가 있을 수 있다는 것.

나홍석 굿모닝신한증권 수석연구원은 "신세계가 그야말로 눈부시게 성장해 왔지만 앞으로도 이 같은 추세를 유지하기란 쉽지 않을 것"이라며 "새로운 동력을 찾아야 할 것"이라고 말했다.

신세계가 힘을 쏟고 있는 중국 시장 개척과 미국 첼시와 합작으로 2007년 6월 1일 경기 여주군에 문을 연 고급의류 할인판매점 '여주 프리미엄 아웃렛'도 이런 새로운 동력 찾기의 하나로 꼽힌다.

짐 나르는 일 많이 한다던데…
매니저 역할해요… 걱정 마세요

Q 인턴십 과정을 거쳐야 신입사원 채용에 지원할 수 있나.

A 2005년 하반기부터 신세계 인턴십을 거친 사람에게만 지원 자격이 주어졌다. 그러나 회사의 필요에 따라 수시채용^{공채}을 하기도 한다. 인턴사원은 백화점과 이마트 각각 50명 내외로 뽑으며 통상 경쟁률은 100 대 1 정도다. 인턴십 수료자의 80%가 신입사원으로 채용된다.

Q 백화점과 이마트는 채용을 따로 하나.

A 공고 모집시기 면접 등 채용 일정은 함께 진행한다. 단 지원할 때 백화점과 이마트를 구분해 지원한다.

Q 본사와 매장 근무자의 비율은….

A 본사의 관리사무와 매장관리로 나누어 모집하며 직원 비율은 본사 30%, 매장 70% 정도다. 연봉 및 대우는 동일하다.

Q 매장에서는 짐을 나르는 등 육체적인 일을 많이 한다던데….

A 유통업에 대한 가장 큰 오해다. 매장에 근무하는 직원들은 매출 및 상품을 관리하는 매니저 역할을 한다.

Q 매장에서도 주5일 근무가 가능한가.

A 매장도 주5일 근무를 하며 직책과 팀 상황에 따라 개인별로 휴무일을 정한다.

Q 입사 시 어떤 자격증이 있어야 유리하나.

A 유통관리사 물류관리사 등 유통업 관련 자격증이 있으면 도움이 된다. 단 자격증의 개수보다는 유통업에 대한 관심과 성실성, 다양한 경험이 더 중요하다. 윤리경영 이념을 강조하는 회사인 만큼 사회봉사활동 경험이 있으면 유리하다.

Q 토익 토플 등 외국어 성적이 없어도 지원할 수 있나.

A 외국어 성적이 없어도 지원은 가능하지만 서류전형 시 외국어 성적이 있는게 유리하다. 영어 외에 일본어와 중국어는 공인기관에서 받은 성적표를 제출하면 서류전형에서 영어와 동등하게 반영된다.

신세계 직원 연봉
(단위: 원)

구분	연봉
사원	3000만~3800만
주임	3700만~5200만
대리	4500만~6200만
과장	6000만~8500만
부장	8200만~1억3400만
수석부장	1억400만~1억4100만

세전 기준, 상여금 포함
(자료: 신세계)

신세계 '최초'의 기록들

1930년 일본 미쓰코시三越 백화점의 경성지점이 현재 신세계 자리인 서울 충무로에서 개점했다. 한반도 최초의 백화점이다. 광복 직후 동화백화점으로 이름이 바뀌었고 여러 차례 소유자가 바뀌다가 1963년 삼성이 인수하면서 현재 이름인 신세계가 됐다.

신세계는 미쓰코시 백화점 경성지점의 개점일인 10월 24일을 공식 개점일로 삼고 있으며 2007년을 창립 77주년으로 헤아리고 있다.

바겐세일의 원조

1967년 10월 국내 최초로 바겐세일을 실시했다. 당시 현수막 문안은 '철 지난 재고 상품을 반값에 판다'였다.

첫 직영 백화점

1969년 4월 1일 직영 백화점으로 새 출발을 했다. 이전에는 상인들이 개별적으로 백화점 안에서 점포를 얻어 영업을 하는 임대상가 수준이었다.

신용판매 시대 열어

1969년 7월 1일 국내 최초로 백화점 신용카드를 도입했다. 신세계 백화점 신용카드는 1996년 5월 한국기네스협회로부터 한국 최초 신용카드로 인정돼 기네스북에 오르기도 했다.

해외 브랜드 제품 첫선

1974년 2월 22일 미국 의류 브랜드인 '맥그리거'와 기술 및 상표 도입 계약을 하고 해외 브랜드 제품을 신세계백화점에 선보였다.

주부들에게 일자리

1983년 9월 28일 유통업계 최초로 주부 사원을 뽑았다.

최저가격보상제 도입

1998년 5월부터 이마트 전 매장에서 '최저가격 2배 보상제'를 실시했다. 동일 상권에 있는 다른 할인점보다 이마트 가격이 비쌀 경우 그 차액의 2배를 보상해 주기로 해 할인점 간 가격 경쟁을 촉발시켰다.

"유통업엔 천재가 필요없다"
성실이 제1 덕목

신세계백화점에서 남성 캐주얼 정장 매입을 담당하는 이지혜26세 씨는 '유통의 꽃'이라 불리는 바이어로 3년째 일하고 있다. 2004년 입사해 1년 동안 점포에서 세일즈 매니저SM와 VIP 고객 관리 등 매장 관리직을 맡으며 현장 감각을 익혔다.

이 씨가 관리하는 브랜드는 16개. 삼촌뻘 되는 제조 협력회사의 팀장이나 임원에게 때로는 목소리도 높여야 하고 수억 원어치의 상품을 책임지고 기획하고 판매해야 한다.

2006년에는 고참 바이어와 함께 두 명이 3억 원어치 규모의 캐주얼 정장을 신세계 단독 상품으로 기획했다. 고객의 목소리에 귀 기울이고 매출을 높이기 위해 현장에서 직접 판매에 뛰어들기도 한다.

어떤 일들을 하나

이처럼 유통업은 입사 4년차 직원이 소비자의 트렌드를 분석해 수억 원의 상품을 개발하고 협력회사와 함께 일할 만큼 권한과 책임이 크다. 이 때문에 신세계는 회사가 필요로 하는 인재상으로 '윤리의식'과 '성실성'을 갖춘 직원을 꼽는다.

이 씨와 같은 바이어들은 국내뿐만 아니라 미국이나 일본, 홍콩 등 세계 각지를 돌며 새로운 상품을 개발하고 발굴하는 일을 한다. 최근 백화점이 차별화를 위해 직매입 상품 비중을 높이면서 해외로 향하는 발길이 더 바빠졌다.

이마트 해외상품팀의 이병길바이어 팀장은 "할인점 바이어도 생활용품, 농수산물 등 품목을 가리지 않고 해외에서 직접 상품을 기획하고 개발하는 글로벌 소싱을 늘리고 있다"며 "2006년 이마트 해외 소싱 규모만 1100억 원"이라고 말했다.

SM은 매장을 관리하는 판매 책임자다. 영업 전략을 짜고 상품의 품질과 위생 상태를 점검한다. 판매 직원 및 협력업체 사원들과 유대 관계를 형성하고 이들을 관리하는 것도 SM의 몫.

한 남성 SM은 "30대 초반인 나를 20대 초반의 판매직 여사원들이 아버지처럼 따른다"며 "신입 사원이 수십 명의 직원을 관리하며 조직을 이끌어갈 수 있는 데가 흔치 않을 것"이라고 말했다.

영업 현장을 총괄하는 '야전사령관' 이마트 점장은 지방에서 유명 인사로 대접받는다.

이마트 점포 1곳이 연평균 매출 1000억 원을 올리고 600여 명의 직원이 근무하는 등 국내 중소기업 규모와 맞먹는 수준인 덕분이다.

한 임원은 "고객, 상품, 매장 환경 등을 일일이 체크하며 매장을 하루 종일 돌아다니기 때문에 점장 1년만 하면 몸무게 10kg이 자연스럽게 빠진다”고 말했다.

신세계는 부장급인 점장에게 SM5 차량을 지원하고 지방 근무 시 32평짜리 사택을 제공하는 등 각종 지원을 아끼지 않는다.

어떤 인재를 원하나

점장에서부터 바이어, 판매 직원까지 유통맨은 소비자를 최전선에서 만난다.

이런 업종 특성상 매장 직원 1명의 실수나 불친절이 회사 전체의 이미지와 신뢰도를 무너뜨린다.

구학서 신세계 부회장이 ‘유통업엔 천재가 필요 없다’고 강조하는 것도 이 때문이다.

한 사람의 천재가 수백 명을 먹여 살릴 수 있는 제조업과 달리 유통업은 어느 한 사람이 잘해서 되는 일이 아니라 주어진 자리에서 모든 직원이 각자의 임무를 충실히 해야 하는 ‘종합예술’이라는 설명이다. 따라서 신세계는 풍부한 상상력과 창조력을 가진 천재보다 ‘성실’하고 ‘윤리’적인 사람을 최우선으로 여긴다.

구 부회장이 기회 있을 때마다 “억지로 돋보이려 하지 마라”, “부부자자父父子子 군군신신君君臣臣 처럼 사원은 사원답게, 과장은 과장답게 주어진 일에 충실하는 게 가장 중요하다”고 언급한 대목도 이러한 신세계의 독특한 인재상을 보여 준다.

통상 ‘갑과 을’의 관계로 비유되는 유통업체와 제조 협력회사 간의 구조도 이런 인재상을 우선시하도록 만들었다.

신세계가 1999년 국내 기업 최초로 도입한 ‘윤리경영’을 지금까지 경영이념으로 내세우고 있는 것도 같은 맥락이다.

최근 들어서는 이마트가 중국 시장에 진출하고 세계적인 유통 대기업과 어깨를 겨루는 위치가 되면서 글로벌 역량과 감각을 요구하고 있다.

인재육성 전략

"이병철 삼성 창업주께서 가장 힘쓴 것은 인재 육성이었다. 신세계에도 매년 더 좋은 인재들이 입사를 희망하고 있다. 그러나 좋은 사람을 뽑는 것보다 더 중요한 것은 뽑힌 인재들을 어떻게 육성하느냐다."

이명희 신세계 회장의 인재 육성 방침이다.

기본 품성을 갖춘 '제너럴리스트'를 뽑아서 유통의 '스페셜리스트'로 키우자는 게 신세계의 인재 전략이다. 이 때문에 신세계는 전통적으로 '유통사관학교'로 통한다.

이철우 롯데쇼핑 사장, 장경작 롯데호텔 사장, 권국주 농심가 사장 등이 신세계를 거쳐 갔으며 임원뿐만 아니라 팀장급 등 신세계 출신 인력들이 다른 유통기업과 패션기업 등에 두루 포진해 있다.

숫자로 보는 신세계

- **1억9000만 명** 이마트 구매 고객(2006년 누계)
- **1600만 명** 이마트 월평균 구매 고객(누계)
- **1000만 명** 신세포인트 카드 회원
- **10조 1028억 원** 2007년 총매출
- **63만2000원** 주식가격(2007년 5월 17일 종가기준)
- **12만 개** 이마트 취급 상품 종류
- **136개** 점포(이마트 118개, 백화점 7개, 중국 이마트 11개)
- **34%** 이마트의 국내 할인점 시장점유율
- **32%** 여성 인력 비중

126

눈에 띄지 않아도
언제나 곁에 있는

• • • • •

퀴즈. 다음 중 LG화학에서 생산된 소재가 쓰이는 제품은?
①노트북 컴퓨터 ②MP3 플레이어 ③주방용 싱크대 ④자동차.
답은 ①②③④번 모두다.
노트북 컴퓨터의 초박막 트랜지스터 액정표시장치TFT-LCD에는 편광판이
사용되고, MP3 플레이어에는 리튬이온 전지가 쓰인다. 모두 LG화학 제
품이다.
주방용 싱크대를 만드는 LG화학의 인조 대리석은 최근 '짝퉁' 제품이 적
발됐을 정도로 품질을 인정받고 있다. 이 회사가 만드는 소재는 자동차의
범퍼와 라디에이터, 차체의 천장과 내부, 운전대, 헤드라이트 등에도 사용
된다.

1947년 창사 이후
한 해도 거르지 않고 흑자 행진

보이지 않는 곳에서 빛난다

LG화학의 제품은 주로 '보이지 않는 곳'에서 빛난다.

LG화학 ABS/EP 사업부의 4년차 사원인 양상원 씨는 한 달에 한두 차례 중국 출장을 떠난다. 해외영업팀에서 중국 지역을 담당하는 그는 중국 기업과 다국적 기업을 상대로 치열한 영업전을 펼치고 있다.

하지만 그가 판매하는 상품을 중국 소비자가 직접 사용하는 것은 아니다. ABS는 전자제품이나 자동차 부품에 사용되는 플라스틱 원료다. 양 씨는 "우리 브랜드를 단 제품이 나오는 것은 아니지만 우리 제품이 최종 인증을 거쳐 세계 유명 회사의 핵심 소재로 사용되는 것을 보면서 희열을 느낀다"고 말했다.

흔히 LG화학이 생산하는 대표적인 상품은 '지인Z:IN'의 인테리어 용

128

품으로 알려져 있다. 물론 창호, 마루 등의 인테리어 용품이 LG화학이 내세울 만한 제품인 것은 맞지만, 인테리어 용품이 포함된 산업재 부문의 매출은 이 회사 전체 매출의 20% 정도에 불과하다. LG화학의 생산품이 완제품보다는 소재가 대부분인 까닭이다.

LG화학에서 가장 사업 규모가 큰 곳은 석유화학 부문이다. 2006년 매출 9조3000억 원 가운데 5조8800억 원을 석유화학 부문에서 올렸다. 전남 여수공장, 충남 대산공장 등 국내뿐 아니라 톈진天津과 닝보寧波, 광저우廣州 등 중국과 인도, 베트남에도 공장이 있다. 국내외에서 100만 t을 생산하는 ABS는 세계시장 점유율 1위다.

떠들썩하기보다 성실하게

소재 기업의 이런 특성은 LG화학의 기업문화에도 고스란히 반영된다. '떠들썩' 하다기보다는 '묵묵한' 편이라는 것이 LG화학 임직원 스스로가 내린 평가다. LG화학의 난징南京 법인인 LGCE의 법인장 박현식 상무는 "묵묵히 열심히 일하는 엔지니어가 LG화학의 강점"이라고 말했다. 다른 한 임원은 "보이지 않는 곳에서 자기 업무를 성실히 수행하는 임직원이 많은 것이 가장 큰 무형자산"이라고 말했다.

2006년 각종 채용정보 사이트의 조사 자료에 따르면 LG화학은 정유사를 제외한 석유화학 기업 가운데 입사 선호 1순위 기업이었다.

동아일보 취재팀은 2007년 채용정보업체 인크루트에 의뢰해 LG화학에 입사하고 싶다는 구직자들을 대상으로 'LG화학에 들어가고 싶은 이유'를 조사해 봤다. 574명이 응답한 결과 '만족스러운 급여와 투명하고 공정한 보상제도' 16.0%라는 대답이 가장 많았다. 이어 '동종업계와 지역사회에서 선도 기업의 이미지' 15.3%와 '구성원으로서의 자부심' 15.2% 등이었다.

하지만 LG화학 임직원이 실제로 겪고 느낀 LG화학은 구직자들의 생각과 좀 차이가 났다. 임직원을 대상으로 'LG화학의 장점'을 물었더니 설문조사에 참여한 1675명 중 가장 많은 448명26.7%이 '동종업계와 지역사회에서 선도 기업의 이미지'를 꼽았다. 그 다음이 '인간적인 기업문화'22.3%와 '구성원으로서의 자부심'15.0% 순. 급여를 LG화학의 장점으로 꼽은 임직원은 0.3%에 불과했다.

이승만 대통령도 사용한 빗

LG화학은 LG그룹의 모기업이다. 1947년 창사 이후 2006년까지 60년 연속 흑자를 기록했다. 이 회사의 한 직원은 "이 두 가지가 LG화학 임직원의 로열티가 다른 기업에 비해 높은 이유"라고 설명했다.

60년 연속 흑자의 배경에는 끊임없는 도전이 있다. LG화학은 1952년 국내에서 처음으로 빗과 비눗갑 등 플라스틱 제품을 생산한 회사다. 당시 락희화학공업사LG화학의 옛 이름에서 만든 빗은 이승만 대통령과 이재형 상공부 장관도 사용했다.

이후에도 '최초의 역사'는 계속됐다. 1957년 '비닐 장판' 생산과 대졸 사원 공채, 1969년 민간기업의 기업 공개, 1976년 PVC 창호 생산, 1999년 리튬이온 전지 대량 생산, 2000년 TFT-LCD용 편광판 개발 등이 모두 LG화학이 국내 최초로 도전해 이뤄 낸 업적이다. 2003년 2400mAh급 원통형 리튬이온 전지 개발 및 양산과 저빛샘용 TFT-LCD 편광판 개발은 세계 최초다.

LG화학은 석유화학 기업에서 첨단 정보전자 소재 기업으로 변모한다는 새로운 과제를 설정했다. 2004년 충북 청원군에 준공한 '오창 테크

130

노파크'에서는 현재 1267명이 2차 전지, 편광판 등을 생산하고 있다.

2010년까지 6000억 원 규모의 2단계 투자가 마무리되면 정보전자 소재 사업 부문 매출은 2006년 1조6100억 원에서 4조 원으로 늘어난다. LG화학은 현재 17%인 정보전자 소재 사업 비중을 2010년까지 30%로 끌어올려 세계적인 정보전자 소재 기업으로 도약한다는 청사진을 마련했다.

희망 근무지 밝히면 최대한 반영

Q LG화학은 서울 이외 전국 각지에 사업장이 있는데 입사 직후에는 어디서 일하게 되나.

A 입사 지원서에 희망 직무와 근무지를 표시할 수 있다. 이를 최대한 반영해 근무지를 배치한다.

Q 집이 수도권인데 지방 근무를 하게 되면 주거비 보조금이 있나.

A 지방 사업장에 근무하게 되면 미혼 직원에게는 기숙사를, 기혼 직원에게는 사택을 지원한다. 또 전 사업장에서 통근버스가 운행된다.

Q LG화학이나 LG그룹 계열사에 지원했다 떨어지면 다시 지원할 수 있는가. 불이익은 없나.

A 지원할 수 있다. 이전의 전형 결과는 채용에 영향을 미치지 않는다.

Q 직무별로 지원 가능한 전공이 정해져 있나.

A 직무별로 전공을 제한하지는 않는다. 전공에 상관없이 해당 직무에 필요한 역량을 갖췄는지를 평가해 채용한다.

Q 전체 대졸 직원 중 여성 비율은….

A LG화학 사무직 직원 가운데 여성 비율은 18%이다. 기술연구원의 조혜성 상

무가 첫 여성 임원으로 2007년 발탁됐다.

Q 해외근무 기회는 많은 편인가.

A 해외 법인 및 지사 28곳이 있어 해외근무 기회가 많은 편이다. 주로 어학능력과 해당 분야의 전문 역량을 지닌 대리급 이상 직원을 해외주재원으로 선발한다.

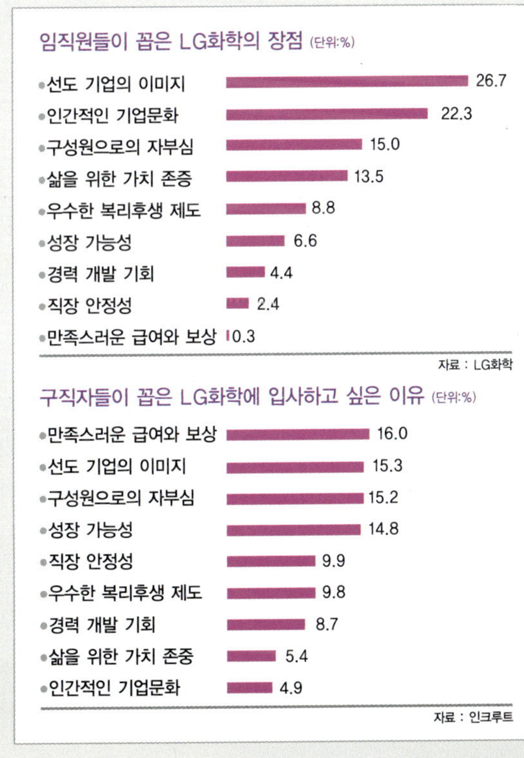

업무 성과 두드러지면
연봉 100%까지 보너스

LG화학 산업재 사업본부 이승구 대리는 2005년 미국 현지에서 채용됐다. LG화학 최고경영진이 해외 유명 대학을 직접 방문해 채용설명회와 인터뷰를 진행하는 '글로벌 리크루팅'을 통해 입사한 것. 당시 미국 뉴욕대에서 마케팅 석사과정을 밟고 있었던 그는 "외국까지 와서 인재를 뽑는 모습을 보며 인재를 중시하는 기업이라는 인상을 받았다"고 말했다.

LG화학은 신입사원 공채를 포함해 국내외에서 인재를 채용하는 방법이 11가지나 된다. 업무의 특성별로 적합한 능력을 지닌 인재를 뽑기 위해 다양한 채용 방법을 도입한 것이다.

공채는 직무별 채용으로 진행된다. 구직자가 희망 직무를 적어 내면 직무별로 면접을 치르는 형식이다.

2005년부터 임원진이 해외로 나가 직접 우수한 인재를 뽑는 글로벌 리크루팅을 시행하고 있다. 글로벌 리크루팅은 경영학 전공자를 대상으로 한 'BC Business & Campus 투어'와 연구개발 R&D 인력을 채용하는 '테크 페어 Tech Fair'로 나뉜다. 2007년까지 50여 명이 글로벌 리크루팅을 통해 입사했다.

LG화학은 국내 대학 3, 4학년생과 석박사 과정 학생을 대상으로 장학금을 지급하고 졸업 후 입사 기회를 주는 '산학장학생' 제도도 운영하고 있다.

이 회사는 이런 채용 과정을 '구입한다 buy'고 표현한다. 충분한 보상을 주고 인재를 영입한다는 뜻.

입사한 인재들은 '만들어지는 make' 과정을 거친다.

LG화학은 각종 인센티브 제도를 통해 직원들의 업무 능력을 향상시키고 있다.

뛰어난 업무 성과를 보인 직원에게 기본 연봉의 20~100%를 인센티브로 지급하는 '골든 칼라 인센티브'가 대표적이다. 국내외 경영전문대학원 과정, 지역 전문가 과정, 연구 개발 박사학위 취득 과정 등으로 교육을 시키기도 한다.

LG화학 최고 인사책임자CHO 육근열 부사장은 "LG화학이 바라는 인재는 지속적인 노력을 기울여 차별화된 역량으로 차별화된 성과를 창출하는 사람"이라며 "역량은 물론 조직 구성원과 어울릴 수 있는 인성과 태도도 중요하게 여긴다"고 말했다.

LG화학 임직원 연봉
(단위: 원)

직급	연봉
사원	3060만~3590만
대리	3410만~4080만
과장	4230만~5230만
차장	4820만~6470만
부장	5500만~9630만
임원	수억 원 이상

LG화학은 연봉제를 실시하고 있음. 위 금액은 성과급 및 인센티브를 제외한 세전 연봉. (자료: LG화학)

"속도가 2배면 성과는 4배"

묵묵히 그러나 빠르게

'스피드 경영'… 조직은 보수적

'우리 회사 위기의 실체는 무엇인가?'

LG화학 사보社報 'LG화학 패밀리'는 2007년 '회사 위기의 실체 공유'라는 주제를 내걸고 연중 기획 연재물을 실었다.

이 회사는 2006년 9조3000억 원의 매출을 올렸다. 영업이익과 순이익도 각각 3340억 원과 3290억 원이나 됐다.

그러나 영업이익과 순이익이 전년 대비 각각 21%, 18% 줄어든 것에서 위기 의식을 느낀 것.

회사는 즉각 해결책을 찾아 나섰다. 사업부별로 원인을 진단하고 극복 방안을 찾기로 했다. 사보의 연재 기사도 이런 맥락에서 나왔다. '스피드 경영'을 내세운 LG화학의 대응법이다.

136

'우수한 연구 역량'과 '1등 자부심'이 강점

LG화학 임원 13명과 과장, 차장급 직원 23명에게 이 회사의 강점을 물었다.

이들은 주로 '화학 산업의 기술 발전을 선도하는 우수한 연구개발 인력과 시설' '다양한 사업 포트폴리오 전개 능력' '연구개발 역량' '수직 계열화된 사업구조와 과정별로 교차 활용되면서 시너지 효과를 발휘하는 공정 지식' 등 '기술력'을 앞세웠다.

기술력 확보는 고객의 요구에 발 빠르게 대응할 수 있다는 점에서 소재 기업에 특히 유리하다. 여수공장 공무공장장 안태성 상무는 "고객의 요구를 선도한다는 점이 LG화학의 강점"이라고 말했다.

김반석 부회장이 2005년 말 취임 직후부터 줄곧 강조해 온 '스피드 경영'도 이런 기술력을 바탕으로 추진됐다. 김 부회장은 "속도가 2배면 성과는 4배로 급증하지만 속도가 절반이면 성과는 4분의 1로 떨어진다"며 속도의 중요성을 강조했다. 시장 변화를 먼저 감지하고 고객 요구에 신속하게 대응하라는 주문이었다.

임직원의 대답 가운데는 'LG그룹의 모태로서 갖는 높은 애사심' '훌륭한 전통' '국내 1위 화학회사라는 자부심' 등을 꼽은 사람도 많았다. 한 직원은 "LG화학은 지난 60년 동안 국내 화학업체를 선도해 온 업체"라며 "1위 화학회사라는 자부심이 여러 가지 형태로 느껴진다"고 말했다.

한편 외부 전문가들은 최고경영자CEO의 경쟁력에도 후한 점수를 줬다. 동아일보는 국내 증권사 석유화학 담당 애널리스트를 대상으로 LG화학의 강점을 조사했다.

조사에 응한 애널리스트 8명 가운데 6명이 김 사장의 스피드 경영 등 리더십을 강점의 하나로 꼽았다.

'생산자 중심의 뻣뻣한 몸통'은 약점

2007년으로 창립 60주년을 맞은 LG화학의 전신은 락희화학공업사.

1947년 부산에 90평 규모의 공장을 차려 20명 정도의 직원이 '럭키크림'을 생산한 것이 LG화학의 시작이자, LG그룹의 시작이다. 현재 LG화학의 직원은 1만428명. 직원 수만 따져도 500배 이상 성장한 셈이다.

이런 오랜 역사와 전통은 LG화학의 자긍심이면서 반대로 회사의 발목을 잡는 약점이기도 하다. LG화학 임직원들은 이 회사의 약점으로 '보수적인 의사결정 구조' '오랜 기간 불황을 겪지 않고 몸집을 불려 유연성이 떨어지는 뻣뻣한 몸통' '국내 전투에 강하지만 국제 전쟁에 대한 전략과 전술은 부진한 점' '만들면 팔린다는 생산자 중심적인 사고' 등을 꼽았다. 내부 고객의 날선 지적이다.

고객에게 대응하는 '스피드'는 어느 정도 갖춰졌을지 몰라도 내부 변혁은 기대만큼 빠르지 않다는 뜻이다. 한 임원은 "장치산업의 특성인 시장 경쟁력과 변화에 대한 적응 속도가 빠르지 못한 것이 약점"이라고 말했다.

한 증권사 애널리스트는 익명을 전제로 "1등을 유지하려면 효율성을 추구하는 조직문화를 갖춰야 하는데 LG화학은 이런 측면에서 변화를 따라가지 못하고 있다"고 꼬집었다.

기회도, 위기도 될 수 있는 사업구조

석유화학, 산업재, 정보전자소재 등 3개 분야를 아우르는 사업 구조는 전문가들 사이에서도 논란의 중심이다.

안정적인 현금 창출원석유화학 사업, 산업재 사업과 미래 성장 동력정보전자 소재 사업이 적절하게 더해진 사업구조를 강점으로 꼽은 임직원과 애널리스트가 많았다.

반면 '석유화학 사업에 대한 높은 의존도'가 LG화학의 약점이라는 의견도 있었다. 실제로 고高유가로 발생하는 원가상승 압력, 중국과 중동 지역의 석유화학 설비 증설로 인한 공급량 증가는 LG화학의 위협 요인이다. 석유화학 사업 부문의 매출 비중이 60%가 넘는 사업 구조 때문이다. 생산품의 대부분이 경쟁이 치열한 중간 소재에 집중돼 있다는 점도 약점으로 지적됐다.

생산설비에 비해 수요처가 적어 고전하는 2차 전지사업이나 LG필립스LCD에 대한 의존도가 높은 편광판 사업도 불안 요인으로 꼽힌다. 그러나 전지 생산라인의 가동률이 높아지고 해외 경쟁사 제품의 기술적 결함이 발견되면서 2007년부터는 수요처가 꾸준히 늘어날 것이라는 기대가 있다. 편광판 사업도 시장 개척에 힘쓰고 있다.

한 증권사 연구위원은 "2004년과 2005년 '배터리 리콜 사태' 후 LG화학 전지의 대외인지도가 약화돼 어려움을 겪었다"며 "그러나 이런 부진은 앞으로 개선의 여지가 있다는 점에서 위기 요인이면서 기회 요인으로 볼 수 있다"고 말했다.

숫자로 보는 LG화학

- **11.08년** 직원 평균 근속 연수
- **28개** 해외법인 및 지사 수
- **60년** 연속 흑자 기간
- **8172건** 특허 출원 건수 (소명특허 제외)
- **1만428명** 임직원 수 (2007년 5월)
- **140만 km** 창호 생산 길이 (2006년 누계)
- **9조3021억 원** 연간 매출 (2006년)
- **26조원** 수출 금액 (1970~2006년 누계)

내 손 안의 에이스

"삼성증권과 경쟁사인 A, B증권사에 모두 합격한 입사 지원자의 최종 '선택'을 봐라. 거의 대부분은 삼성증권이다."A증권사 사장

삼성증권을 국내 증권업종을 선도하는 1등 회사라고 딱히 말하기 어렵다. 그럼에도 불구하고 삼성증권은 대학생들이 입사하고 싶은 1위 증권사로 꼽힌다. 이직移職이 보편화된 증권업계에서도 "삼성증권 출신에겐 프리미엄이 있다"고 인정하는 분위기다. 삼성증권에 어떤 강점이 있기에 그럴까.

'삼성의 날개' 달고 날아오르다
든든한 브랜드 파워 바탕
외환위기 딛고 고속성장

동아일보 취재팀은 삼성증권 임직원 40명과 다른 3개 증권사 직원 60명 등 모두 100명에게 '타 증권사와 비교한 삼성증권의 강점은 □다'라는 간단한 질문을 던졌다.

삼성증권 소속 18명45%은 '우수한 인력과 시스템'을, 타 증권사 43명72%은 '브랜드와 이미지'를 각각 첫손에 꼽았다.

"삼성의 채권 삼성증권이 팔면 안심"

삼성증권의 급성장에는 삼성의 '이름'이 큰 힘이 됐다.

1992년 국제증권을 인수해 출범한 삼성증권은 1997년 외환위기를 급성장의 기회로 활용했다.

투자자는 절대 망할 것 같지 않았던 은행 증권 등 금융회사들이 줄줄이 무너지는 것을 보면서 안정성을 선택의 최우선 순위로 삼았다.

삼성증권의 위상도 외환위기를 거치며 눈에 띄게 격상됐다. 주식약정 금액 기준 시장점유율은 1997년 8위3.6%에서 2000년엔 1위10.35%로 뛰어올랐다.

삼성증권은 "안정성의 가치가 부각된 가운데 '삼성' 브랜드 파워와 영업력으로 8년 만에 소형 증권사에서 업계 1위로 도약했다"고 인정했다.

다른 증권사에서 2년 근무하다 삼성증권에 신입사원으로 들어간 A 차장도 "삼성그룹의 일원으로 일하고 싶었다"고 했다.

"외환위기 직후엔 건실한 기업이 연 20~30%의 금리를 주고 회사채를 발행해도 고객들은 불안해했다. 하지만 삼성그룹이 발행한 채권은 달리 대했다. '삼성'이라는 기업의 채권을 '삼성증권'이 팔면 더더욱 그랬다."A 차장

삼성증권 정동원 영업부 차장은 "지점에서 일하다 보면 브랜드를 따지는 고객이 상당히 많다는 것을 알 수 있다"며 "'삼성' 브랜드를 갖고 일을 하는 게 든든하다"고 말했다.

한 증권업계 관계자는 "삼성증권의 급성장에는 그룹 계열사가 삼성증권을 통해 자사주自社株를 매입하고, 임직원들이 자산을 예탁하는 등 직간접 지원도 적지 않았다"고 말했다.

'영업사원 없는 증권사?'

삼성증권은 2001년 이러한 '입지'를 바탕으로 새로운 승부수를 던졌다. 국내 증권업계에선 처음 주식 약정이 아닌 종합자산관리로 승부를 거는 모험을 시도했다.

약정 수수료가 증권사 수익의 60~80%를 차지하는 현실에서 약정 경

쟁을 포기하는 모험에 나선 이유가 무엇일까.

"고객의 매매 횟수를 늘리는 데 치중하면 증권사는 수수료를 챙기지만, 고객은 손해를 본다. 고객의 신뢰를 잃으면 증권사는 생존하기 어렵다. 다양한 금융상품으로 고객자산을 운용해 수익이 나면 고객도 살고 증권사도 산다."배호원 전 삼성증권 사장

이후 삼성증권은 지점을 자산관리를 위한 프라이빗뱅킹PB센터로 바꾸고 직원을 교육시키는 등 '수술'에 들어갔다. 2005년 4월엔 '모든 지점의 PB센터화, 모든 영업직원의 PB화'를 선언했다.

'형식'만 달라진 것이 아니었다.

삼성증권 측은 "영업직 신입사원은 지점에서 2년간 각종 교육을 받은 뒤 영업할 수 있다"며 "영업직원의 주요 업무는 주식 약정이지만, PB는 고객자산의 분석과 관리"라고 강조했다.

2006년 1월 증권업계 처음으로 '펀드 판매 자격제'도 도입했다. 펀드를 투자위험 난이도 등에 따라 3등급으로 나누고 일정 기간의 교육과 단계별 시험을 통과한 PB에게만 펀드 판매의 자격을 줬다. PB가 잘 알지 못하는 상품을 고객에게 권하는 '불완전 판매'를 사전에 차단하기 위해서다.

메리츠증권 박석현 연구위원은 "대부분의 증권사들은 증시 시황에 좌우되는 수익 기반을 바꿔야 한다는 걸 알면서도 수익성 악화 우려 때문에 행동에 나서지 못 한다"며 "이에 반해 삼성은 치밀히 전략을 세우고 꾸준히 밀고 나가고 있다"고 지적했다.

'제조 중심인 삼성과의 선긋기 필요'

2006년 삼성증권 수익 중 약정 수수료 비중은 증권업계 최저 수준인

46%이고, 자산관리 부문은 최고 수준인 21%였다. 간접투자시장이 활성화되면서 자산관리 시장을 선점한 삼성증권의 수혜가 커질 것이란 분석도 있다.

삼성증권의 '고객과 증권사의 윈윈전략'은 '고객으로부터 신뢰받는 증권사'로서의 위상도 공고히 했다. 금융감독원이 2002년부터 고객의 민원 건수와 불만, 그리고 해당 금융회사의 처리 등으로 평가하는 '민원평가'에서 삼성증권은 총 10차례^{연간 2회} 중 1위를 다섯 번 차지했다.

한국투자증권 이철호 연구원은 "삼성그룹의 보수적인 문화가 지배적인 삼성증권은 고객신뢰, 안정, 사회공헌 등을 강조하고 있다"고 말했다.

하지만 삼성그룹의 후광은 떼어낼 수 없는 그림자라는 지적도 나온다.

삼성증권의 한 직원은 "삼성증권이 2004년 2월 도입한 '6시그마'^{생산의 각 단계를 세밀히 분석해 불량률을 떨어뜨리는 경영혁신 기법}는 사실 제조업체에 적합한 경영기법"이라며 "증권업에 필요 없는 각종 보고서 작성 등 비효율이 적지 않다는 지적이 있다"고 했다.

전직 삼성증권 애널리스트는 "몇 해 전 연말 해외 현지법인의 직원을 포함해 해외영업을 담당하는 모든 직원이 본사에 모였다"며 "'교육받고 보신각 타종을 함께 듣는', 개인 능력을 중시하는 증권업과는 어울리지 않는 모임이었다"고 털어놓았다.

최고급 양복… 여유로운 삶?

고급 양복을 깔끔하게 차려입고 전망이 멋진 사무실에 앉아 각종 자료를 분석해 보고서를 쓴다.

'증권사 애널리스트' 하면 일반적으로 떠오르는 이미지다. 하지만 실제 애널리스트의 생활은 이와 상당히 거리가 있다. 삼성증권 애널리스트들에게서 그들의 생활에 대한 솔직한 이야기를 익명으로 들어봤다.

입사 후 애널리스트에 대해 가장 먼저 '깬' 환상은 순수 연구직이 아니라는 점이다.

"보고서 작성이 전체 업무에서 차지하는 비중은 3분의 1 정도다. 종목을 분석하는 동시에 투자자 미팅, 기업 방문, 프레젠테이션 참석 등 다양한 활동을 통해 고객을 설득하고 관리해야 한다."A 씨

"결국 애널리스트도 주식을 파는 세일즈맨이기 때문에 고객과 커뮤니케이션하는 능력이 중요하다."B 씨

주어진 업무만 열심히 해서는 뛰어난 애널리스트가 될 수 없다. 매일 달라지는 주가를 보고 끊임없이 고민해 새로운 아이디어를 만늘어 내고 시징에 대한 생각을 자신만의 표현으로 설명해야 한다. 실력이 뛰어나면 높은 연봉을 받지만 정작 자신의 재테크에는 능하지 않다고 한다.

"업무량이 너무 많아 오히려 재테크의 사각지대에 놓여 있다. 주식 투자는커녕 펀드 계좌를 만들 시간도 없다"C 씨

또 예상보다 노동 강도가 훨씬 높다. 며칠씩 밤을 새우는 건 물론 주말 출근도 잦다.

"헝클어진 머리, 잠이 부족해 푸석해진 얼굴의 애널리스트가 적지 않습니다. 요즘처럼 경쟁이 치열할 때는 체력적인 조건도 애널리스트가 갖춰야 할 중요한 덕목입니다."D 씨

개인별 평가시스템 잘 돼 있어
단기적 성과 스트레스 적어

Q 삼성증권은 삼성그룹 관계사 중 삼성직무적성검사SSAT 커트라인이 가장 높다고 하던데….

A 삼성그룹 계열사별 커트라인은 큰 차이가 없지만 삼성증권은 그중 다소 높은 수준이다.

Q 경영학이나 경제학을 전공하지 않은 지원자는 입사 시 불리한가.

A 특정 분야 전공자에게 가점을 주지는 않는다. 다만 금융시장 전반에 대한 이해도가 높고 관심이 많은 지원자가 면접 전형에서 유리하다.

Q 삼성증권은 명문대 출신이면서 학점, 토익, 자격증 등 다방면에서 유능한 지원자만 합격할 수 있다던데, 사실인가.

A 지원자의 출신 학교는 상관이 없다. 토익, 학점은 요구하는 수준만 충족하면 된다. 토익 점수, 학점이 높다거나 금융 관련 자격증이 있다고 해서 가점을 주지는 않는다.

Q 증권사는 지원자의 가정형편을 많이 본다는 말이 있다.

A 채용전형의 어느 단계에서도 평가자가 지원자의 가정형편을 알 수 있는 자료를 제공하지 않는다. 삼성증권은 연봉제와 성과급제가 잘 돼 있어 성취욕이 높은 지원자에게 잘 맞는 직장이다.

Q 삼성증권은 '증권사'라는 업종 고유의 특성과 '삼성'이라는 조직 문화가 결합
돼 영업 실적에 대한 압박이 매우 심하다고 하던데….

A 개인별 성과에 따른 평가와 성과급 체계가 정착돼 있어 영업성과에 대해 별
도의 압박을 주지는 않는다. 자산관리형 증권사를 지향하기 때문에 단기적인
주식 약정 실적에 따른 스트레스는 오히려 적은 편이다.

Q 증권사는 일반 기업에 비해 재직기간이 짧고, 이른바 '스타'로 뜨지 못하면 빨
리 회사를 그만둬야 한다는 게 사실인가.

A 과거 주식매매 위주의 영업을 할 때는 높은 수익을 내야 한다는 유혹에 빠져
단명하는 사례가 많았다. 하지만 삼성증권은 자산관리영업이 정착단계에 있
어 자산관리자인 프라이빗뱅커PB가 안정적인 고객 기반을 확보하면 정년까
지 일하는 것이 가능할 것으로 전망된다.

삼성증권 직급별 연봉

직급	연봉	직급별 평균 재직기간
임원	수억 원	–
부장	7200만~1억4900만 원	–
차장	6200만~1억2300만 원	5년
과장	5200만~1억 원	5년
대리	4000만~7500만 원	4년
주임	2900만~5700만 원	4년

2006년 기준, 성과급 포함. 성과에 따라 매년 변동　　　　　　　　　　　(자료: 삼성증권)

독하게… '똑' 소리 나게…
"소중한 당신 위해"

"삼성증권은 '잠재력'이 엄청난 회사라는 생각이 든다. 예를 들어 삼성생명의 금융자산이 120조 원에 이르는데, 주식에 일부 투자하는 변액보험이 활성화되면 주식 주문을 어느 창구로 내겠는가? 수많은 그룹 계열사가 사는 자사주自社株 규모는 또 어떤가. 대부분은 삼성증권 창구를 통해 살 것이다."

한 펀드매니저의 지적처럼 자산영업에 강점이 있는 삼성증권은 고령화시대 및 자본시장통합법자통법 실시 등을 앞둔 금융환경에서 몇 단계 더 도약할 수 있는 기반을 충분히 갖췄다는 평가가 많다. 다만 "글로벌 투자은행IB 등 다른 분야에서도 우위를 차지하려면 지금보다 더 공격적인 경영 전략이 필요할 것"이라는 지적도 나온다.

성장 잠재력은 충분

삼성증권의 고객예탁자산은 개인과 법인을 합해 108조 원^{2006년 말 기준}으로, 국내 증권업계 전체 예탁자산의 5분의 1에 이른다. 1억 원 이상 고액 고객만도 5만3883명이다.

부유층을 대상으로 한 전략적인 자산관리영업이 적중한 것이다. 향후 자산관리 시장의 급속한 확대가 예상되면서 삼성증권의 경쟁력은 더욱 빛을 발할 게 분명하다.

또 자통법 도입 등을 계기로 대형 금융투자회사로 성장할 가능성도 높아진다.

삼성생명이 상장^{上場}되면 삼성그룹 내 금융 계열사 간의 고객, 상품 공유 등 시너지 효과도 기대된다.

'글로벌 경쟁력을 갖춘 한국대표 투자은행'을 목표로 하는 삼성증권은 자산관리^{PB}와 IB를 비전 달성의 양대 축으로 꼽고 있다.

현재의 삼성증권은 PB영업 중심의 증권사다.

삼성증권의 수익구조는 주식위탁 46%, 자산관리가 21%를 차지하고 있는 반면 IB영업은 3%에 불과하다. IB영업만으로 한해 수익의 20~30%를 벌어들이는 골드만삭스, 모건스탠리 등 글로벌 IB와 비교하면 초라한 수준이다.

하지만 배호원 전 삼성증권 사장은 2007년 IB사업을 전략적으로 강화하겠다고 선언했다. IB분야에서 앞으로 10~15년 내 골드만삭스와 같은 대형 투자은행과 대등하게 맞서겠다는 것이다.

이를 위해 차근차근 단계를 밟아 나가고 있다.

임춘수^{법인영업팀장} 전무는 "2006년 말부터 자기자본 직접투자^{PI}를 준비해 왔는데 2008년 안에 가시적인 성과가 나올 것"이라고 했다.

삼성증권은 그동안 자기자본 직접투자가 없었으나 2007년 2000억 원가량의 '실탄'을 준비하고 본격적인 투자에 나섰다.

경쟁력 원천은 강력한 '맨 파워'

삼성증권의 '맨 파워'는 동종업계에서 소문나 있다.

인재들이 모이고, 일도 지독하게 해, '맨 파워만큼은 국내 증권사 중 최강'이라는 평가를 받고 있다.

2006년 12월 입사한 한경은 연구원은 "삼성증권 애널리스트가 되고 싶었는데 실제 와보니 업무량이 예상했던 것보다 훨씬 더 많다. 정말 다들 열심히 일한다. 기업실적 나올 때는 누가 시키지 않아도 밤을 새워 가며 일하는 모습에 놀랐다"고 말했다.

한 영업파트 직원도 "노동 강도가 정말 장난이 아니다"라고 했다.

다양한 인재육성 제도 등을 갖췄지만 이직이 심한 증권업종의 특성상 삼성증권 역시 '인력 유출' 문제로 고민이 많다.

특히 리서치센터는 이직이 잦은 편이라고 한다. 국내외 영업을 같이 해야 하는 과중한 업무 부담에다 외국계 증권사의 스카우트 유혹에 노출된 때문이다.

하지만 자통법 실시 등으로 금융환경이 우호적으로 바뀌면 이직이 현저히 줄어들 것으로 삼성증권 측은 기대하고 있다.

서태호 인사파트 부장은 "2007년 79명이 입사했는데 퇴사한 사원은 아직 한 명도 없다"고 했다.

'위험 떠안고 공격적인 전략 펴야'

"삼성증권에 '삼성'이라는 브랜드는 동전의 양면과 같은 것이다. 삼성이라는 프리미엄으로 성장해 왔지만 미래에는 오히려 발목을 잡는 족쇄가 될 수도 있다."

한국투자증권 이철호 연구원의 말이다.

그동안 삼성증권은 돌다리도 두드려 보는 조심스러운 경영전략을 펼친 것으로 평가받고 있다.

여기엔 몇 가지 그럴 만한 이유가 있다.

1999년 '대우채 사태' 때 삼성증권이 물린 돈이 1조6000억 원에 이른다. 당시 대우채권을 편입한 펀드를 판 증권사들이 투자자들의 환매 요청으로 대규모 손실을 떠안던 시점이었다.

방영민 삼성증권 전략기획팀 상무는 "최근 몇 년간 난 수익은 이 손실을 메우는 데 다 들어갔다"며 "다른 투자에 신경 쓸 여력이 전혀 없었다"고 설명했다.

게다가 삼성증권은 2004년 씨티그룹의 한미은행 공개매수 당시 주간사회사를 맡았지만 한미은행 주식을 337억 원어치 산 뒤 씨티그룹 공개매수에 응해서 시세차익을 남긴 사실이 적발돼 금융감독원으로부터 임직원 3명이 징계를 받은 적이 있다.

공개 매수 주간사회사는 해당 종목의 공개 매수에 응할 수 없도록 돼

숫자로 보는 삼성증권 자료:삼성증권

- **108조 원** 고객예탁자산 (2007년 3월)
- **5만3883명** 잔액 1억 원 이상 개인 고객 (2007년 3월)
- **2039명** 임직원수 (2007년 3월)
- **11억 원** 마스터 프라이빗뱅커(PB) 1인당 연간 수익 (2006년)
- **1조2221억 원** 매출 (2006년)
- **86개** 지점 수
- **4개** 해외법인 수

있는 증권거래법을 어긴 것이다.

이 사건 이후 삼성증권은 전 임원이 매년 한 차례씩 증권거래법 등 증권관련 법규교육을 의무적으로 받고 있다.

한누리투자증권 조병문 리서치센터장은 "IB사업은 '벼락치기'가 안 되는 과목이다. 골드만삭스, 모건스탠리 같은 회사는 수십 년 동안 '노하우+글로벌 네트워크+자본력'을 쌓아 왔다"며 "리스크위험를 감수하고 좀 더 공격적인 경영전략을 펼쳐야 IB로서의 위상을 갖출 수 있을 것"이라고 지적했다.

누구나 하루 한 번은
'CJ'를 먹는다

"진짜 강한 칼은 딱딱하고 잘 드는 칼이 아닙니다. 유연해서 마음껏 휘어지지만 부러지지 않고, 그러면서도 힘을 발휘하는 칼이 21세기에 필요한 진짜 강한 칼입니다." 이재현 CJ그룹 회장이 2007년 1월 신입사원들과 나눈 대화 가운데 한 토막이다.

이 그룹의 주력 계열사인 CJ제일제당이 추구하는 기업 문화와 인재상이 이 말 속에 담겨 있다. 외유내강外柔內剛. 부드럽지만 도전적이고 경쟁에서 반드시 이기는 조직 문화, 생각과 행동이 유연하면서 책임감이 강한 사람. CJ제일제당의 기업 문화와 인재상은 한마디로 이렇게 요약된다.

삼성그룹 핵심 경영진 상당수
제일제당서 잔뼈 굵어

아침에 일어나 식초 음료인 '미초'를 마신다. 그 다음에는 간단히 데워 먹을 수 있는 '햇반'과 '백설 북어국' 등으로 아침 식사를 한다. 예전에는 출근 시간에 쫓겨 아침을 거르는 경우가 많았지만 최근 들어서는 건강을 생각해서 꼭 챙겨 먹는다.

출근 후 매일 갖는 회의 시간에는 '백설 설탕'이 들어간 커피를 마신다. 퇴근 후에도 '백설 밀가루'로 만든 칼국수를 먹은 뒤 이어지는 술자리를 대비해 숙취해소음료인 '컨디션'을 마셔둔다.

직장인 백모32세·여 씨가 얼마 전 겪은 하루 일과이지만 한국인이라면 누구에게나 흔히 있을 수 있는 일이다.

이처럼 CJ제일제당은 한국인에게 '생활 속의 기업'이다. 1953년 8월 제일제당으로 출발해 설탕, 밀가루, 조미료 등으로 반세기 이상 한국인의 식탁을 주름잡고 있다. 한국에서 살면서 CJ제품을 접하지 않고 사는 것이 사실상 불가능하다는 평가가 나올 정도다.

삼성 '제일주의'의 원조… 시장 1위 제품 20여 개

CJ제일제당은 삼성그룹 최초의 제조업체였던 '제일제당'이 전신.

이병철 삼성그룹 창업주가 '삼성'이라는 이름 대신 '제일'을 붙인 것은 다른 기업이 따라 올 수 없을 정도로 차별화된 제품과 서비스로 1등을 해야 한다는 '제일주의' 성향 때문이었다. '1등 제품이나 1등 회사만 살아남을 수 있다' '1등 인재를 잡아라' '직원 대우도 1등으로 해 줘라'라는 삼성그룹의 창업 이념이 여기에서 나왔다.

이 때문에 CJ제일제당은 일단 사업에 뛰어들면 모든 역량을 집중해 업계 1위에 올라선다. 1970년대 국내 조미료 시장을 석권하던 미원현 대상을 물리친 것이 대표적인 사례. 당시 CJ제일제당은 발효조미료로는 도저히 미원을 따라잡기 힘들었다. 그래서 1975년부터 천연조미료 '다시다'를 선보였다. 인기 탤런트 김혜자 씨를 광고모델로 기용하는 등 물량 공세를 펼쳐 1989년 조미료 시장 점유율 1위에 올랐다.

이런 공격적인 마케팅 덕분에 CJ제일제당이 생산하는 세품 중 국내 시장 점유율이 1위인 제품은 20여 개나 된다. 특히 '다시다'와 '햇반'은 국내 시장 점유율이 각각 82.9%와 65.8%에 이를 정도로 압도적인 우위를 지키고 있다.

'제일주의'가 지배하는 CJ제일제당이지만 무조건 물량 공세를 펼치지는 않는다. 1등이 될 가능성이 없는 사업은 과감히 포기한다. 2001년 11월 음료사업을 롯데칠성음료에, 2004년 8월 생활용품 사업을 일본 라이온에 각각 매각한 것이 대표적인 사례.

제일제당서 번 돈으로 삼성전자 등 키워

CJ제일제당 임직원은 자신의 기업이 국내 굴지의 삼성그룹과 CJ그룹을 만들었다는 자부심이 대단하다. 제일제당에서 번 돈이 삼성전자, 삼성생명 등 쟁쟁한 회사를 키워 오늘날의 삼성그룹이 있게 한 밑거름이 됐다. CJ그룹이 1993년 7월 삼성에서 계열분리된 후에는 엔터테인먼트, 홈쇼핑 사업 등으로 사업을 확장하는 기틀이 됐다는 얘기다.

신동휘 CJ그룹 홍보담당 상무는 "두 그룹을 만드는 데 자금 외에 제일제당 출신 인재들이 큰 역할을 했다"며 "CJ그룹은 물론 현재 삼성그룹에서 중추적인 역할을 하는 최고경영자 중 상당수가 제일제당에서 잔뼈가 굵었다"고 설명했다.

실제로 이수빈 삼성생명 회장, 이학수 삼성그룹 전 부회장, 박노빈 삼성에버랜드 사장 등이 CJ제일제당의 전신인 제일제당 출신이다.

이들은 매년 6억 달러가량의 곡물을 수입해 국제 곡물 시장에서 '큰 손'으로 통하는 CJ제일제당에서 무역과 재무 분야 등을 맡아 국제적 경영 감각을 키웠다.

새로운 키워드 '글로벌 기업'

손경식 CJ그룹 회장은 2007년 신년사를 통해 "국내에 고정된 안목과 시각에서 모든 것을 생각하는 잘못을 버려야 한다"고 밝혔다. 내수 시장을 벗어나 해외로 뻗어가는 글로벌 기업이 되겠다는 의지를 천명했다.

이를 위해 CJ제일제당은 2013년 매출 목표 10조 원 가운데 절반 이상을 해외 시장에서 거둔다는 목표를 세웠다. 효과적인 글로벌 경영을 위해 2006년 이미 해외사업부를 미국 본사, 중국 본사 등 각기 본사 체제로 개편하는 작업을 끝냈다. 또 인도네시아, 중국, 베트남, 필리핀, 터키

국내시장 점유율 1위인 CJ제일제당 주요 제품

품목	브랜드	점유율(%)
설탕	백설 설탕	48.0
밀가루	백설 밀가루	25.0
조미료	다시다	82.9
식용유	백설 식용유	48.0
올리브유	백설 올리브유	38.9
포도씨유	백설 포도씨유	28.9
즉석 밥	햇반	65.8
캔햄	스팸	53.0
고기 양념장	백설 양념장	49.2
군만두	백설 군만두	35.8
냉장 우동	가쓰오 우동	55.8
저염 소금	팬솔트	60.8
쌈장	해찬들 쌈장	40.8
된장	해찬들 된장	43.7
액젓	하선정 액젓	50.0
숙취해소음료	컨디션	56.3
베이컨	햄스빌 베이컨	70.2
디저트류	쁘띠첼	70.4

2006년 말 현재 자료: CJ㈜

등 5개국에 흩어져 있는 해외 사료사업부문을 통합 관리할 수 있는 지주 회사도 홍콩에 세웠다.

특히 1989년 설립한 인도네시아 현지법인인 'PT. CJI'는 고부가가치 바이오 제품인 라이신사료첨가제, 핵산 등에서 세계 1, 2위를 다투는 생산량과 경쟁력을 확보하고 있어 글로벌 경영의 전초기지로 활용할 계획이다. PT. CJI는 현재 인도네시아 대학생들이 가장 입사하고 싶어 하는 기업으로 꼽히고 있다.

빠르게 변신하지만…

CJ제일제당은 빠른 속도로 사업 영역을 넓혀 가기 때문에 변신에 능한 기업으로 통한다.

설탕을 시작으로 밀가루, 조미료, 식용유, 햄, 김치, 두부 등 식품 분야에서는 손을 대지 않는 곳이 거의 없다. 사료나 아미노산, 의약품 등 첨단 바이오산업도 세계적 경쟁력을 갖고 있다.

특히 삼성그룹에서 계열 분리된 후에는 별도 법인을 만들거나 다른 기업을 인수하는 방법으로 홈쇼핑이나 엔터테인먼트 등으로 사업 영역을 확대해 국내외 계열사가 120여 개에 이른다. 국내외 경영대학에서 '기업의 변신'이라는 주제로 강의할 때 단골로 소개될 정도다. 하지만 그 속도가 너무 빨라 '무리한 영토 확장'이라는 시각도 적지 않다.

대우증권 백운목 연구위원은 "CJ제일제당은 식품 분야 경쟁력은 뛰어나지만 미디어나 엔터테인먼트 사업의 투자 성과에 대한 평가는 좋지 않다"며 "현재로서는 사업 영역 확장보다는 내실을 기하는 것이 바람직하다"고 말했다.

인턴 90% 이상 정규직으로 채용

Q 인턴십 수료 후 정규직원으로 채용될 확률은….

A 인턴사원은 여름방학 때 6주 동안 일하는 과정에서 평가가 매겨지며 90% 이상이 공채와는 별도로 정규직원으로 채용된다.

Q 입사에 도움이 되는 자격증은….

A 특별히 자격증을 요구하진 않지만 자신이 지원한 직무에 도움이 되는 자격증이 있으면 유리하다. 예를 들어 제약 연구개발 분야에는 약사 자격증, 재무 경리 분야에는 회계 관련 자격증이 있으면 유리하다.

Q 입사 후 직무 배치는 어떻게 이뤄지나.

A 입사 지원할 때 국내영업, 해외영업 식으로 구체적으로 본인의 희망 직군을 써낸다. 대부분 희망 직군에 맞춰 입사 후 직무 배치가 된다. 입사 후 해당 직군이 마음에 들지 않을 때는 직무 전환 신청을 할 수 있다.

CJ제일제당 직원 연봉 (단위: 원)

직급(근무 기간)	연봉
사원	3100만~4500만
대리(약 5~8년)	4100만~5300만
과장(약 9~12년)	4900만~7600만
부장(약 13~16년)	6100만~1억1000만

세전 기준, 성과급 포함 　　자료: CJ제일제당

Q CJ가 내세울 만한 복리후생제도는….

A CJ멤버스카드 제도. 임직원이면 누구나 발급받는 카드로 CGV 영화관, 베이커리 뚜레쥬르, 패밀리레스토랑 빕스, 헬스 뷰티 전문 매장 올리브영 등 그룹 계열사 이용 시 35% 할인해 준다.

제품 개발력–마케팅 탁월
젊고 세련된 이미지 부러워

국내 최대 식품업체인 CJ제일제당을 경쟁사들은 어떻게 평가할까.

대다수 경쟁업체가 CJ제일제당에 대해 내린 평가는 뛰어난 제품 개발력과 마케팅 능력을 갖춘 기업이라는 것이다.

시장을 선도하는 히트 상품을 연이어 내놓는 순발력이나 세련된 광고로 소비자들의 눈을 끄는 마케팅 경쟁력은 동종업체들이 쉽게 따라가기 힘들 정도라고 입을 모으고 있다.

밥을 인스턴트 식품화한 '햇반'이나 체지방 분해 음료인 '팻다운'이 대표적인 사례다.

농심의 한 과장은 "CJ제일제당은 식품업계에서 연구개발이 가장 강한 기업으로 알려져 있다"면서 "연구와 마케팅이 조직적으로 강력하게 결합돼 있다는 느낌을 받는다"고 말했다.

좋은 기업 이미지를 구축하는 측면에서 배울 점이 많다는 평가도 많았다.

CJ제일제당과 생산 제품이 가장 많이 겹치는 대상㈜의 한 차장급 직원은 "CJ제일제당이 광고를 통해 세련된 기업 이미지를 만들어 대학생들에게 입사 선호 기업으로 자리 잡은 점은 솔직히 부럽다"고 말했다.

CJ제일제당은 2002년 제일제당에서 CJ㈜로 이름을 바꾸며 '즐기세요, CJ'라는 광고 문구를 널리 퍼뜨렸다. 이 광고로 CJ제일제당은 제일제당의 낡은 이미지를 벗고 현대적인 이미지로 변신했다. 2007년 9월 CJ(주)가 지주회사로 전환하면서 사업회사는 CJ제일제당이 됐다.

중견 식품기업인 P사의 한 임원은 "CJ제일제당이 역사는 오래됐지만 다양한 사회공헌활동과 스포츠 마케팅을 통해 젊고 밝은 이미지를 쌓는 데 성공했다"고 평가했다.

오리온의 차장급 인사는 "CJ제일제당은 '식품업계의 삼성'이라는 이미지

때문에 요즘 대학생들이 선호하는 직장"이라고 언급했다.

하지만 CJ제일제당이 실제보다 외부에 알려진 이미지가 더 좋다는 '쓴소리' 도 적지 않았다.

동원F&B의 한 부장은 "CJ제일제당은 '개인 플레이' 문화가 있어 결속력이 낮아 능력 있는 직원 가운데 상당수가 다른 직장으로 옮기는 것으로 알고 있다"면서 "자유로운 기업문화를 자랑하는 것도 좋지만 내부 결속력을 다질 필요가 있다"고 귀띔했다.

식품업계에서는 오랜 기간 1등 회사 자리를 유지하면서 소비자들을 대하는 임직원들의 태도에 알게 모르게 '거만함' 이 묻어나 쉽게 해결할 수 있는 문제를 복잡하게 만드는 사례도 있다는 지적도 나왔다.

'이재현 회장님'은 없다…
'재현 님'만 있다

54년 역사지만 조직 문화는 젊은 기업

CJ제일제당은 50년 이상의 역사를 가진 장수長壽 기업. 1953년 탄생해 밀가루, 설탕 등 소재 산업을 기반으로 성장한 전통적인 굴뚝 기업이다.

하지만 굴뚝 기업이 갖고 있는 보수적인 이미지, 고리타분한 이미지를 찾아보기 힘들다. 국내 어느 기업보다도 '젊은 기업'으로 밝고 세련된 이미지가 강하다.

동아일보 취재팀이 입사 2, 3년차 직원들을 대상으로 '입사 전 밖에서 본 CJ의 이미지'를 조사한 결과에서 확인됐다. 대부분이 '젊다' '자유분방하다' '창조적이다' '활기차다'라고 답했다. 대학생들이 CJ제일제당을 입사 선호 기업으로 꼽은 것도 이런 이미지 때문이다.

이는 CJ가 삼성그룹에서 분리된 뒤 1996년 제일제당 그룹으로 출범

하면서 '유연하고 창의적이며 도전적' 인 기업 문화를 표방하면서 비롯
됐다.

CJ그룹은 1999년 대기업 최초로 '자율 복장제' 를 도입해 넥타이와 정
장 일색이던 직원들의 복장에 개성을 불어넣었다. 또 출퇴근 시간을 자
유롭게 조정할 수 있는 '플렉시블 타임Flexible Time 제도' 를 최초로 시행
했다.

수평적 문화… 유연함을 만들다

탈脫권위적이고 유연한 조직 문화가 정착하는 데에는 무엇보다 2000
년 초부터 시작된 수평적 호칭 체계인 '님 호칭 제도' 가 큰 영향을 줬다
고 임직원들은 말한다.

CJ의 모든 임직원은 직위에 따른 존대를 없애고 'ㅇㅇ 님' 으로 서로
를 부른다. '이재현 회장님' 대신 '재현 님' 만 있을 뿐이다. 사장, 부장,
과장도 직장 내에서는 모두 'ㅇㅇㅇ 님' 이다.

CJ제일제당 미디어팀의 이원재 과장은 "서로 '님' 으로 부르면서 직급
의 벽이 허물어지고 자유롭고 수평적인 커뮤니케이션이 활발해졌다"며
"이를 통해 대기업이면서도 벤처기업과 같은 자율성과 창의성이 심어질
수 있었다"고 강조했다.

CJ그룹이 식품 제조 기업에서 출발해 미디어, 엔터테인먼트, 유통 등
을 아우르는 생활문화그룹으로 자리 잡을 수 있었던 원동력도 이러한 조
직 문화 덕분이다.

한 신입사원은 "다른 대기업에 비해 수평적이고 젊은 문화가 앞서 있
는 건 사실이지만 계열사인 미디어나 엔터테인먼트 분야 때문에 자유분
방하고 창조적 이미지가 부풀려진 면도 있다"며 "우리 회사는 보수적인

문화와 도전적인 문화가 공존하는 것 같다"고 말했다.

입사 3년차의 한 사원은 "이런 조직 문화 때문에 기존 구성원과 경력직 등으로 들어온 신규 구성원 간 충돌도 다소 있다"며 "탈권위적인 분위기 때문에 팀워크로 뭉치기보다는 개인주의로 흐르는 경향은 주의해야 할 점"이라고 전했다.

외유내강… 온리 원only one을 만든다

이재현 회장은 기회가 있을 때마다 "부드럽지만 경쟁에서는 분명히 이겨야 한다"고 강조한다.

"부드럽다는 건 조직 내 커뮤니케이션을 자유롭게 하기 위함이고 새로운 것에 도전하기 위해서 사업이든 제도든 그때그때 변신할 수 있어야 한다"는 게 이 회장의 지론이다.

CJ의 '온리 원only one' 정신도 이런 기업 철학을 바탕으로 탄생했다.

임직원들은 아무도 뛰어들지 않은 분야에 도전해 새로운 시장을 개척하는 '온리 원' 정신이 CJ의 경쟁력이라고 말한다.

'밥을 누가 사 먹느냐' 는 고정관념을 깨뜨리고 즉석 밥 시장이라는 블루오션을 연 '햇반', 숙취 해소 음료를 처음 선보인 '컨디션', 다이어트 드링크라는 신조어를 만든 '팻다운', 참살이 간식 분야를 개척한 '맛밤' 등이 온리 원 정신으로 탄생된 제품들.

창의적이고 책임감 있는 인재 양성

CJ제일제당이 원하는 인재상도 이런 기업 문화와 일맥상통한다. CJ그룹은 2001년 '창의, 도전, 정직, 팀워크, 존중, 고객' 이라는 'CJ 식스 밸류Six Value' 를 세웠다.

인사팀 이종기 부장은 "CJ의 인재는 식스 밸류를 공유하면서 생각과 행동이 유연하고, 오픈마인드를 가졌으며 끝까지 임무를 완수하는 책임감 있는 사람"이라고 밝혔다.

이 회사는 또 2003년 서울 중구 필동에 '인재원'을 열고 어학, 직무 등에 관한 인재 양성 프로그램을 다양하게 실시하고 있다.

최근에는 해외 사업 비중이 커지면서 글로벌 인재 육성에 힘을 쏟고 있다.

'글로벌 파이어니어Pioneer'가 대표적이다. CJ제일제당이 진출할 가능성이 높은 국가에 대리, 과장급 직원을 1년간 파견해 직원이 자유롭게 현지 문화를 체험하고 시장조사 등을 할 수 있도록 지원하는 프로그램이다.

매년 그룹 차원에서 60명을 선발해 어학 등을 교육시키는 '글로벌 풀Pool 제도'와 해외 출장 시 현지 문화를 체험할 수 있도록 정규 일정 외에 출장 기간을 3~5일 더 늘려 주는 '이異문화 체험 제도'도 CJ가 내세우는 글로벌 인재 육성책이다.

숫자로 보는 CJ제일제당 자료 : CJ제일제당

- **약 147억4236만 봉지** 지금까지 생산한 설탕의 양 (1kg제품 기준)
- **약 18억144만 봉지** 지금까지 생산한 다시다의 양(300g 제품 기준)
- **설탕 약 43만** 지난해 CJ에서 가장 많이 팔린 제품(약 3100억 원어치)
- **1550개** 현재 판매 중인 제품의 종류
- **2조6504억2800만원** 2006년 매출액
- **4372명** 지원수 (2007년 1분기 기준)
- **10.4년** 평균 근속연수

'해봤어? 정신'이
결국 해냈다

"여기에 초대형유조선VLCC을 지을 수 있는 독 2개를 지으시오."
1993년 8월 고故 정주영 현대그룹 창업주당시 명예회장는 울산 현대중공업 공장의 북쪽 끝을 가리키며 이같이 지시했다. 난데없는 '왕회장'의 추상 같은 명령에 회사에 비상이 걸렸다.
당시는 해외 조선업계의 불황으로 정부가 직접 나서 조선소 신증설을 규제하고 있던 차였다. 자칫 정부에 대드는 모습으로 비칠 수도 있었다. 세계 해운업계의 불황으로 조선업계 시황도 비관적이었다. 임원들은 '득보다 실이 많다'며 난색을 표했다. 하지만 '왕회장'의 고집을 꺾을 수는 없었다.

얕은 꾀 부리지 않고 '한우물'만

그로부터 14년이 흐른 지금 제8, 9독이 있는 제2야드는 현대중공업의 '보배'가 됐다.

폭 70m, 길이 360m의 세계 최대 규모의 독에서는 VLCC 등 초대형 부가가치 선박이 쉴 새 없이 쏟아져 나오고 있다.

당시 실무부장을 맡았던 황병국 상무는 "조선 시황이 불투명한 상황에서 연매출액의 3분의 1에 이르는 5000억 원을 투자하는 것은 쉽지 않은 결단이었다"며 "당시는 무모한 도전이었을지 모르지만 이 같은 도전이 결국 세계 1위를 키운 것"이라고 설명했다.

불굴의 도전 정신 역사를 만들다

현대중공업은 출발부터 세계 조선업계에 숱한 화제를 뿌렸다.

정주영 창업주가 1972년 조선소도 짓지 않은 상황에서 조선소가 들어설 땅의 사진과 설계도만 달랑 들고 26만 t급 초대형 유조선 2척을 수주한 사실은 익히 알려진 사실이다.

현대중공업의 진기록 행진은 이후에도 멈추질 않았다.

조선 인력과 기술이 전무했던 울산 미포만 허허벌판에서 2년여 만에 초대형 선박 2척을 성공적으로 진수한 데 이어 회사 설립 10년 만인 1983년에는 누적 건조량이 1000만 t을 넘어 최단기간 내 세계 1위 업체_{수주 및 건조량 기준}에 올랐다.

당시 울산공장을 방문한 일본 조선업체 관계자들이 조선소 터 공사와 선박 건조가 동시에 진행되는 현장을 보고 경악을 금치 못하고 돌아간 사실은 지금도 회자되고 있다.

현대중공업의 전직 고위 임원은 "당시 휴일도 없이 일하던 현대중공업의 업무 스타일을 빗대 '월화수목금금금'이라는 농담까지 생겼을 정도"라고 회고했다.

현대중공업은 유럽과 일본의 쟁쟁한 조선업체를 제치고 세계 1위에 오를 수 있었던 비결을 이 회사 특유의 '불도저식 업무방식'이라고 설명한다.

공사 마감날짜부터 미리 잡아놓고 장비와 인원을 집중 투입해 한달음에 해내는 이른바 '공기역산 돌관突貫공사'가 현대중공업의 DNA로 자리 잡았다는 것.

일각에서는 이 같은 기업 문화를 '해봤어' 정신으로 풀이하기도 한다. 남들이 '노NO'라고 할 때 '해보고 그런 말을 하느냐'고 되받아치는 '정주영식 화법'을 빗댄 말이다.

그러나 일각에서는 "현대중공업의 '밀어붙이기식 업무 방식'이 '오늘의 현대'를 만들었지만 '내일의 현대'를 만들어 가는 데는 한계가 있지 않느냐"는 지적도 나온다.

세계 경제가 촘촘한 그물망으로 얽혀 있는 글로벌 경제체제에서 '정신력'만을 강조하는 문화는 진부하다는 점을 꼬집는 말이다.

기업문화 현대와 닮았지만 다르다

'시행착오를 위대한 유산'으로 여기는 현대중공업의 기업문화는 옛 현대그룹 '형제사'들과 닮은꼴이다. 그러나 현대중공업에는 형제사들과 다른 점도 적지 않다.

가장 눈에 띄는 대목은 정주영 창업주의 6남으로 대주주인 정몽준 의원이 1990년 회장에서 고문으로 물러나면서 일찌감치 '전문경영인 체제'를 정착시켰다는 점이다.

2002년에는 정 의원이 대선 출마를 위해 아예 고문직에서 물러나고 현대중공업도 현대그룹에서 계열분리되면서 이 회사의 경영 투명성은 한층 높아졌다는 평을 듣는다.

해마다 엄청난 수익을 올리면서도 '전통 제조업' 외길을 걷는 것도 차이점 중 하나다. 대부분의 제조 대기업들이 금융업이나 골프장 사업 등 서비스업으로 업무영역을 확장한 것과 달리 현대중공업은 오로지 '한우물'만을 파 왔다.

현대중공업의 '용인술'이 변동성보다는 안정성을 우선하고 있다는 점도 주목할 부분이다. 전임자에게 많은 책임과 권한을 부여하고 대과가 없으면 현상을 유지하는 예측 가능한 인사원칙이 조직의 안정에 큰 도움이 되고 있다는 평가다.

권오갑 홍보담당 부사장은 "현대중공업에는 특정 학연이나 인맥이 득세하는 줄서기 인사가 없다"면서 "다소 느리더라도 얕은 꾀를 부리지 않고 성실하게 일하는 사람은 언젠가 빛을 보는 게 우리 회사의 미덕"이라고 강조했다.

부부싸움은 하되 이혼하지 않는다

현대중공업의 노사 화합은 국내 기업들의 부러움의 대상이다. 1995년부터 2006년까지 12년 연속 무분규 사업장으로 한국 노사관계의 모범 사례로 손꼽힌다.

하지만 이 회사는 1987년 6·29민주화선언 이후 노사분규가 극심했던 사업장 중 하나였다. 1987년 7월부터 9월까지 석 달 동안 혹독한 노사분규와 원화가치 상승원화환율 하락까지 겹치면서 현대중공업은 최악의 위기에 몰리기도 했다.

하지만 현대중공업은 '한번 맺은 인연은 끝까지 간다' 는 '당근' 과 '무노동 무임금' 이라는 '채찍' 전략을 적절히 조화시키면서 위기를 기회로 반전시켰다.

실제로 이 회사는 외환위기 당시 직원을 한 명도 해고하지 않아 직원들의 두터운 신뢰를 얻었고 노조는 이에 '무분규' 로 화답했다.

김종욱 노무담당 상무는 "우리 회사 노사는 '부부싸움은 하되 이혼은 하지 않는다' 는 불문율을 지켜오고 있다"면서 "서로를 파트너로 인정하고 신뢰하는 분위기가 이 같은 문화를 정착시켰다"고 설명했다.

평균 근속 18.4년 대기업중 최고 부장급만 1600여 명

현대중공업 울산 본사 문화부에서 근무하는 윤승주26세 씨. 2007년 3월 입사한 그는 친구들이 있는 서울을 떠나야 해 섭섭했다. 하지만 요즘엔 주말에도 서울에 잘 올라가지 않는다.

등산동호회 활동에다 헬스 및 영어 강좌를 듣느라 바쁘기 때문이다. 게다가 회사 내 천연 잔디구장에서 진행 중인 부서별 축구경기에 선수로 참가하고 있다. 협력 업체 외국인 친구들과 공연 관람 약속도 잡았다. 당구장과 아이스링크도 서울의 절반 가격으로 즐길 수 있다.

현대중공업의 복지 제도는 국내 최고 수준으로 꼽힌다. 복지 수준의 한 척도인 주택 보유율은 95%에 이른다. 직원들을 위해 1만6000채의 아파트를 분양해 준 덕분이다. 미혼 직원들을 위해서는 3000개 객실이 있는 6개의 호텔급 기숙사를 마련했다.

교육비 걱정도 없다. 두 자녀에 한해 중고교는 물론 대학교까지 학비를 전액 지급한다. 2006년까지 지급한 장학금이 모두 4500억 원으로 26만 명의 자녀들이 혜택을 봤다. 2007년에는 1만6000명에게 500억 원의 장학금이 지원된다.

문화시설도 다양하다. 사내에 7곳의 천연 잔디 축구장과 체육관, 수영장 등이 갖춰져 있다. 인공암벽과 볼링장은 물론 380평 규모의 건강증진센터도 설립했다. 이 밖에도 영화와 공연을 볼 수 있는 대형 문화예술센터 6곳과 8000평 크기의 주말농장도 직원들에게 제공했다.

복지 혜택이 풍성하다 보니 자연히 직원들은 회사를 오래 다닌다. 평균 근속연수가 18.4년으로 대기업 중 포스코와 1, 2위를 다툰다. 부장 직급의 직원들만 1600여 명에 이를 정도다. 이는 전체 직원 2만5000여 명의 6.4%에 이른다.

　2006년에는 노사 합의로 정년을 58세에서 59세까지 1년 연장하기도 했다. 이 때문에 일각에서는 인건비 부담을 우려하는 목소리도 높다.

　노진율 인력개발부 부장은 "고령 직원들은 해당 분야 최고의 숙련도를 자랑하는 고급인력이다. 이들을 잡지 않으면 경쟁업체나 외국회사에 빼앗길 우려도 있다. 생산성 향상에 큰 도움이 되기 때문에 부담은 오히려 적다"고 말했다.

요트 수중사진 스킨스쿠버…
다이내믹한 동아리 활동은 덤

Q 입사 후 부서 배치는 어떻게 이뤄지나.

A 신입사원들은 희망하는 사업본부와 직무를 1, 2지망으로 신청할 수 있다. 희망 직무를 우선적으로 고려하고, 인원이 맞지 않으면 상담을 거쳐 유사 직무 부서에서 근무할 수 있도록 한다.

Q 사업장이 대부분 지방에 있다. 입사 후 주로 어디서 일하게 되나.

A 업종 특성상 바다에 접한 울산에 본사를 두고 있다. 2만4000여 명이 본사에 근무하고 있다. 재경, 영업, 홍보 등을 맡는 서울사무소와 경기 용인시의 기계전기연구소 등에도 600여 명이 근무하고 있다.

Q 채용 시 유리한 전공은 있나.

A 직무별로 전공을 제한하지 않는다.

Q 해외근무 기회는…

A 전 세계 14개 지사와 25개 공사 현장에서 500여 명이 파견 근무 중이다. 주로 국내에서 외국어 및 해당 분야의 전문능력을 키워 온 과장급 이상 직원들이 해외에서 2~4년간 일한다. 사원부터 부장으로 승진할 때까지 5, 6회, 임원은 연간 1회 이상, 본부장급은 연간 2회 이상 해외연수 및 출장을 의무화하고 있다.

Q 중공업 회사라 여성 직원이 생활하기 힘들 것 같은데….

전체 직원 중 여직원은 1400여 명으로 약 5%를 차지한다. 여성의 장점을 살릴 수 있는 영업, 기획, 홍보 등 다양한 직무에서 활동하고 있다. 특유의 섬세함으로 사내 연구소와 용접 분야 등에서도 남다른 실력을 발휘하기도 한다. 미혼 여성을 위한 기숙사 시설과 기혼자를 위한 출산휴가, 육아휴직, 보육시설 설치 등을 시행하고 있다.

Q 울산 본사 근무 시 숙식은 어떻게 하나.

미혼 사원 3000여 명을 수용할 수 있는 기숙사를 갖추고 있다. 1인실과 2인실이 있으며 월 2만~3만 원에 이용 가능하다. 식사는 한 끼에 750원이다.

Q 사내 동아리 활동에는 어떤 것이 있나.

6개 문화예술회관 등 각종 시설에서 500여 개 동아리가 활동하고 있다. 현재 요트회, 수중사진동우회, 스킨스쿠버회 등이 인기다. 동아리 외에도 건강과 예술, 어학 등 수백 개의 강좌가 개설돼 있다.

현대중공업 직급별 연봉 (2007년 기준)

임원	1억 원 이상
부장	7000만~8000만 원
차장	5800만~6700만 원
과장	5000만~5800만 원
대리	4300만~5000만 원
대졸 초임	3900만 원

성과급과 격려금을 포함한 세전 연봉   자료: 현대중공업

"가벼운 건 NO… 우린 무거울 중重

'우리는 배만 만드는 회사가 아닙니다.'

현대중공업은 회사 명칭 속에 있는 '중重'의 의미를 강조한다. 선박뿐만 아니라 무거운 대형 장비나 기계류도 만든다는 이야기다.

실제로 현대중공업의 2006년 매출액 중 절반은 선박이 아니라 다른 사업 분야에서 나왔다.

뒤집어 얘기하면 가벼운 제품은 취급하지 않는다. 창업 35년간 한번도 '가벼운' 사업에는 눈길을 주지 않았고 '무겁게' 움직여 왔다.

그 결과 현대중공업은 선박뿐만 아니라 대형 엔진, 선박용 프로펠러, 부유식 원유생산저장설비FPSO, 이동식발전설비PPS 등 5가지 상품이 세계 1위를 달리고 있다. 그것도 2위와는 현격한 차가 난다.

'오일쇼크 시련' 딛고 새로운 도약

조선사업을 시작한 지 2년 만인 1974년 오일쇼크가 발생했다. 갓난아기와도 같던 현대중공업에는 엄청난 시련이었다.

세계 경제가 얼어붙으면서 선박시장도 움츠러들어 제대로 시작하기도 전에 사업을 접어야 하는 것 아니냐는 위기감이 감돌았다. 이 때문에 화물선과 유조선에 의존하는 조선사업을 다각화해야 할 필요성을 일찍부터 느꼈다. '외발 자전거보다는 여러 개의 바퀴가 달린 자동차가 안정적'이라는 신념 아래 시너지효과를 낼 수 있는 사업 분야를 차근차근 개발해 나가기 시작했다.

가장 먼저 눈을 돌린 쪽이 선박엔진. 전체 선박가격의 10%를 차지하는 주요 부품으로 1976년 엔진사업본부를 발족했다. 1977년에는 중전기사업부^{현 전기전자시스템사업부}와 플랜트사업본부를 만들었다.

1978년 2차 오일쇼크로 다시 경영 압박을 받자 이번에는 사명_{社名}을 아예 현대조선에서 현대중공업으로 바꾸었다. 같은 해 해양사업부도 신설했다.

이어 1993년에는 현대중전기, 현대중장비, 현대로봇, 현대철탑 등 4개 계열사를 합병해 조선분야 비중을 더욱 낮추고 경기 대응력을 갖춘 '종합중공업' 체제를 확립하면서 최근 시너지효과를 극대화하고 있다. 실제로 현대중공업의 2006년 매출액은 12조5500억 원으로 2005년보다 21.6% 늘었으며 순이익은 7128억 원으로 388% 증가하는 등 급성장세를 보였다.

5가지 상품 세계 1위… 안정적 사업구조

현재 현대중공업의 사업본부는 △조선 △엔진기계 △건설장비 △전기

전자시스템 △해양 △플랜트 등 모두 6가지다.

2006년 매출액 12조5500억 원 중 48.5%인 6조1072억 원이 비非조선 사업본부에서 나왔다.

이들 비조선 부문 각 사업본부의 매출은 플랜트를 제외하고는 모두 1조 원을 넘어서는 등 웬만한 개별 기업 못지않은 외형을 갖추고 있다.

특히 엔진기계사업본부의 활약은 조선만큼이나 눈부시다.

2006년 현대중공업에서 생산한 선박엔진이 세계 시장의 35%를 차지하며 독보적인 지위를 누리고 있다. 2006년 한해 생산한 엔진의 합계 출력이 6000만 마력을 달성했으며 2007년에는 7000만 마력에 이른다. 배기량 2000cc급 중형 승용차 50만 대의 출력과 맞먹는 수치다.

또 이동식 발전설비는 사실상 독점이나 다름없다.

최근에는 쿠바에서 7억2000만 달러544기 규모의 발전설비PPS를 수주했는데 그 나라 국민의 삶의 질을 높여주는 데 큰 역할을 담당하자 쿠바 중앙은행은 올해 발행한 10페소 지폐에 이 설비의 이미지를 넣어 화제가 되기도 했다.

이 사업본부는 산업용 로봇 분야에서도 두각을 나타내고 있다.

2007년 3월 현대자동차 체코 공장 및 베이징 공장에서 각각 287대와 272대의 로봇 및 주변 시스템을 수주했으며 2007년에는 사상 최대인 1800대의 로봇을 판매할 수 있을 것으로 기대하고 있다.

중국이 최대 라이벌

현대중공업은 현재 동종 업계에서 최대 규모인 1300여 명의 설계 인력을 보유하고 있다. 국내 4곳, 해외 2곳 등 모두 6곳의 연구소에 500여 명의 연구 인력도 확보했다.

이 같은 투자로 현재의 부가가치를 창출할 뿐만 아니라 미래를 대비하고 있다.

특히 전기전자시스템사업본부는 현대중공업의 미래를 볼 수 있는 곳이다. 이 본부는 전동기 배전반과 변압기 등 각종 대형 전기제품을 생산해 왔지만 최근에는 태양광 발전, 디지털 전력변환, 하이브리드 버스 등 미래형 사업에 진출해 현대중공업의 차세대 성장사업을 담당하고 있다.

울산에 연간 15만 장30MW급 생산 규모의 태양열전지 모듈 공장을 설립했으며 2008년 2월부터 태양전지를 본격 생산할 계획이다. 또 충북 음성군에도 30MW 규모의 발전설비 공장을 건설할 계획이다. 미국 캘리포니아 연구소를 통해 전기자동차용 전장품을 집중적으로 연구해 왔으며 2007년 초 대우버스와 공동으로 친환경 하이브리드 버스를 개발하는 데 성공했다.

지난 10년간 세계 1위를 유지해 온 조선사업에서 중국이 무섭게 치고 올라오고 있기 때문에 벌크선 등 저부가가치 선박은 중국에 내 줄 각오를 하고 있다. 대신 초고속·초대형 컨테이너선과 유조선, 액화천연가스LNG선, 액화석유가스LPG선 등 고부가가치 선박에서는 격차를 벌려 매

출과 수주량 기술 등 모든 면에서 확고한 1위를 지켜 나갈 계획을 갖고
있다.

그러나 송재학 우리투자증권 기업분석팀장은 "2010년 초반까지 현대
중공업은 상당한 수익을 올릴 것으로 예상되지만 2015년 이후 중국의
성장에 대비한 새로운 성장 동력이 뚜렷하게 나타나지 않았다"며 "잘나
갈 때 확고한 토대를 만들어 놓지 않으면 10년 뒤에는 힘들어질 수도 있
다"고 말했다.

나와 세상의 '반올림'
꿈을 짓는 사람들

2002년 3월 포스코건설이 아파트 브랜드를 처음 만들 때다. 회사 경영진은 직원들이 투표로 결정한 '더 샵(#)'이 영 마뜩지 않았다. "귀에 익숙지 않으니 다른 걸로 해 봅시다." 관련 실무자들은 좌불안석이었지만 대부분은 덤덤했다. 그리고 1주일 뒤 포스코건설은 재투표를 실시했다. 결론은 다시 '더 샵'이었다.

찬성률은 처음보다 오히려 높았다. 경영진은 이를 수용했다. '회사의 1차 고객은 직원들'이라는 교과서적인 가르침 때문만은 아니었다. 사내社內의 사결정 과정을 존중하는 이 회사의 전통 때문에 이 모든 것이 자연스럽게 이뤄졌다.

신입사원 연봉 대기업중 최고…
56세까지 정년보장

"허 참, 몇 년 전만 해도 경쟁업체로 안 봤던 회사였는데….."

한 대형 건설사의 임원은 포스코건설이 대학생들이 취업하길 원하는 건설업계 1위 기업이라고 하자 담배부터 꺼내 물었다. 격세지감隔世之感을 느낀다는 것이다.

대학생들이 선호하는 이유를 대자 그는 더욱 당황했다. 포스코건설 하면 떠오르는 이미지로 '선도 기업', '고용 안정성', '만족스러운 급여와 보상' 이라는 응답이 나왔기 때문이다.

하지만 포스코건설은 시공능력평가액 기준으로 아직까지 7위에 불과하다. 삼성물산 건설부문삼성건설이나 GS건설 등은 포스코건설의 연봉이 건설업계 1위라는 데 대해 "사실과 다르다"며 자존심이 상한다는 눈치다.

182

2007년으로 창립된 지 13년밖에 안 된 포스코건설이 주목받는 이유는 과연 무엇일까. 포스코건설의 이미지는 윤색됐을까, 실제일까.

연봉 4100만원의 진실

한 임금 정보회사가 2007년 3월 내놓은 주요 기업의 대졸 신입사원 초임연봉 기준이 건설업계에서 화제가 됐다. 포스코건설이 4100만 원으로 전 업종을 통틀어 최고 수준이었기 때문이다. 이 때문에 연봉이 부풀려졌다는 소문도 나돌았다.

직급별 연봉 (2007년 기준)

직급	근속연수(년)	연봉(원)	
		내근	현장 근무
대졸 입사	—	3329만	3641만
대리	4	4060만	4372만
과장	9~10	4867만	5239만
차장	13~14	5686만	6058만
부장	20~21	7005만	7437만
이사보	20~22	8412만	8844만
임원	20~22	수억 원	

연봉은 직급별 초임 기준이며 성과급은 제외. 근속연수는 진급 첫해 기준. 부장 이상부터는 발탁 인사이기 때문에 근속연수가 비슷함.

다른 기업들의 연봉이 과소평가됐는지는 모르겠지만 포스코건설이 동아일보에 공개한 임금표를 보면 '4100만 원'은 사실이다. 단, 내근이 아닌 현장 근무 신입사원이 연말 성과급약 500만 원을 받는다는 조건이다. 성과급은 매년 수주 실적에 따라 조금씩 달라진다.

그러나 포스코건설의 연봉이 전 직급에서 최고 수준인 것은 아니다. 대리 초임은 4372만 원현장직 기준으로 상여금을 뺀 금액, 과장 초임은 5239만 원이다. 입사 20년차인 이사보도 8800만 원가량을 받는다. 다른 건설사와 비교하면 '하후상박下厚上薄' 형에 가까운 셈이다.

실제로 포스코건설 내부 직원들이 꼽은 자사自社의 장점 가운데 '만족스러운 급여와 보상' 항목은 6위에 그쳤다.

하지만 '생애 소득'으로 따지면 포스코건설이 업계 1위에 오를 가능성은 충분하다. '직급 정년'이 없기 때문이다. 승진을 못해도 옷을 벗지 않는다. 예우 차원에서 임원으로 승진시켜 내보내지도 않지만 정년만 56세까지 부장으로 지내기에도 불편함이 없다. 포스코건설을 두고 '신神이 내린 민간기업'이라고 하는 이유도 이 때문이다.

호가호위? 청출어람!

흔히 포스코건설은 짱짱한 모母기업인 포스코의 후광後光을 입고 있다고 한다. 포스코가 발주하는 공사만 수행해도 기본은 한다는 것이다.

대학생들이 포스코건설을 '선도 기업'으로 보는 것은 포스코의 이미지가 오버랩됐기 때문이라는 분석도 있다. 옳다고도, 틀렸다고도 할 수 있다.

현재 포스코건설의 최대주주는 전체 지분의 91%를 갖고 있는 포스코다. 모기업이 버티고 있는 덕분에 기업어음 신용등급A1도 건설업계 최고다.

임직원2007년 5월 말 현재 2359명 중에서 포스코 출신도 14%328명나 된다. 포스코에서 임원으로 있다 포스코건설로 온 임원도 전체의 25%11명다.

이처럼 포스코건설에 포스코는 특별한 의미를 갖고 있다. 하지만 포스코건설의 강점은 다른 데 있다. 모기업의 틀 안에서 안주하지 않는 '젊은 도전'이다.

2007년 초 한수양 사장은 신년사에서 '독자생존 능력'을 제1의 과제로 제시했다.

　실제로 포스코의 수주 잔액 8조1500억 원[310건] 중 포스코 발주 공사는 7300억 원[70건]으로 금액 기준 8.9%에 그친다. 나머지는 국내외에서 독자적으로 따낸 공사들이다.

　2007년 6월 11일 착공한 칠레의 석탄화력발전소[3조7000억 달러]는 포스코건설이 발전發電 분야를 주력사업으로 안착시키고 있음을 보여 준 성과다. 또 인천 송도국제업무단지에 독자적으로 참여했고 100억 달러 규모의 나이지리아 철도 현대화 프로젝트에서도 사업우선권을 따냈다.

　포스코건설 직원들이 자사의 장점으로 가장 많이 꼽은 것은 바로 '성장 가능성'이다. 모기업만 믿고 호가호위狐假虎威하면 살아남을 수 없다는 것이다. 언젠간 포스코보다 나은 기업이 돼 청출어람靑出於藍이라는 평가를 받겠다는 자신감이다.

6차례 면접 관문 거쳐야

　대졸자 신규 채용은 3단계로 구성된다.

　우선 서류전형으로 3~3.5배수를 뽑는다. 학점과 어학, 자격증 등을 본다. 2006년 서류전형 통과자의 평균 토익TOEIC 점수는 880점. 사무직은 930점, 기술직도 870점이나 됐다.

　다음은 사실상의 본선 라운드인 직무역량 평가. 면접관들에게는 나이, 출신학교 등 인적사항에 대한 정보가 일절 제공되지 않는다. 전공이나 지식보다는 실제 직무를 수행할 수 있는 잠재력을 보겠다는 것이다.

　특정 과제를 주고 90분 동안 분석한 뒤 10분간 발표하거나 조를 짜 문제를 해결하는 집단토론이 기다리고 있다. 영어회화 테스트도 거쳐야 한다. 이 과정에서 2배수로 좁혀진다.

　마지막은 가치역량 평가. 임원급 3명이 지원자의 인성이나 가치관을 평가한다. 여기까지 오려면 총 6번의 면접을 거쳐야 한다.

나는 이래서 포스코건설을 좋아한다

대학생 구직자	선호 이유	포스코건설 직원
23.6%(1)	선도기업의 이미지	10.4%(3)
15.4%(2)	고용 안정	23.7%(2)
13.1%(3)	만족스러운 급여와 보상	7.2%(6)
12.5%(4)	성장 가능성	33.4%(1)
11.9%(5)	구성원으로서의 자부심	9.3%(4)
8.2%(6)	우수한 복리후생 제도	3.0%(7)
7.1%(7)	삶을 위한 가치 존중	2.7%(8)
5.1%(8)	경력 개발 기회	2.0%(9)
3.1%(9)	인간적인 기업 문화	8.3%(5)

대학생 구직자 352명, 포스코건설 직원 1429명 대상 설문조사 결과. 괄호 안은 응답 순위

자료: 인크루트, 포스코건설

포스코 출신-경력-공채 융화
원만한 성격 진솔한 자세 중시

"인재는 회사의 근간으로, 어떤 자산보다 소중합니다. 여러분의 감정, 신념과 같은 정서적 자본이야말로 포스코건설의 으뜸 가치입니다. 여러분 스스로를 먼저 아끼고 존경하십시오. 그것이 회사를 키우는 지름길입니다."

한수양 포스코건설 사장은 2006년 9월 신입 및 경력 사원들을 대상으로 인재육성을 중시하는 포스코건설의 경영방침을 이같이 말했다.

그렇다면 포스코건설은 어떤 사람을 인재로 받아들일까.

포스코건설의 인재상은 회사가 정한 비전인 'Smart Global E&C Company'에 그대로 투영돼 있다.

기존의 관행과 인식에서 벗어나 전문성과 도덕성, 적극성을 기반으로 계속 혁신해 최고의 성과를 추구함으로써 E&C엔지니어링과 시공 분야의 글로벌 기업을 지향한다는 의미다.

최홍길 포스코건설 인력개발담당 상무는 인재의 조건으로 △글로벌 경쟁을 헤쳐 나갈 수 있는 어학능력과 지식 △유연하고 창의적인 사고 △원만한 인간관계를 맺을 수 있는 진솔한 자세 등 3가지를 꼽았다.

'진실하고 솔직한 자세'가 인재를 평가하는 주요 기준이 된 것은 3개의 이질적인 그룹으로 이뤄진 포스코건설의 인적 구조와 연관이 있다.

포스코건설은 1994년 창립 이후 포스코 출신과 다른 건설사에서 온 경력직, 공채출신 등 3개의 그룹이 절묘하게 결합해 시너지 효과를 극대화했다는 평가를 회사 안팎에서 받고 있기 때문이다.

한 사장도 2006년 12월 창립기념사를 통해 "포스코건설이라는 울타리 안에서 우리 모두는 한 가족"이라며 화합을 강조했다.

제철소 건설 밑천 삼아 출발
도시개발 – 아파트서도 두각

포스코건설이 출범하게 된 것은 모기업인 포스코의 고민 때문이었다.

1970년 4월 포항제철소 건립 첫 삽을 뜬 포스코는 그로부터 22년 만인 1992년 10월 광양제철소 4기를 준공해 조강 생산능력 2100만 t 체제를 달성했다.

기쁨도 잠시. '확장의 시대'를 마감한 회사는 22년간 제철 플랜트 공사를 통해 확보한 엔지니어링건설 기술과 수많은 인력을 새롭게 활용해야 할 과제를 안게 됐다.

신일본제철 등 해외 제철사 사례를 분석해 내린 결론이 1994년 12월 포스코건설당시 회사명은 포스코개발 창사創社였다.

포스코건설은 세계 수준의 제철소를 건설했던 경험을 바탕으로 출범 초기 제철 플랜트 및 철강재를 활용한 교량, 터널, 철골조 아파트를 짓는 쪽으로 핵심사업 분야를 특화해 나갔다.

국내 최초의 민자民資사업인 인천공항고속도로, 국내 최대의 해상 교량인 부산 광안대교 건설 등이 이 시기의 대표적인 사업. 수주액도 1995년 1조 6000억 원, 1996년 2조1000억 원으로 신생 회사로서는 성공적인 출발이었다.

그러나 1997년 말 닥친 외환위기는 포스코건설에 엄청난 시련을 안겼다. 모기업 의존형 사업이다 보니 포스코의 투자 축소가 포스코건설의 경영난으로 이어졌던 것이다.

포스코건설은 독자적인 경쟁력을 확보하기 위해 1998년 대대적인 구조조정을 단행해 직원 수를 2000여 명에서 1227명으로 줄였다.

이후 민자사업, 개발사업에 적극 나서면서 자체사업 역량을 강화했다. 특히 100대 건설사 가운데 34곳이 부도난 상황에서 튼튼한 재무구조는 '탄

알이 됐다. 우수한 인력 확보에도 적극 나섰다.

포스코건설은 2001년 3월 경기 성남시 분당파크뷰 분양 성공을 계기로 아파트 등 일반 건설사업에서도 확고한 입지를 다지게 됐다.

2002년 3월 미국의 부동산개발회사인 게일 인터내셔널과 손잡고 2014년까지 24조 원을 들여 인천 송도매립지 173만 평에 국제업무단지를 짓는 국내 최대 규모의 도시개발 프로젝트를 진행하고 있다.

포스코건설이 실질적인 본사 역할을 하는 서울사무소를 2012년까지 송도로 옮기기로 한 것은 송도 프로젝트에 얼마나 공을 들이는지 짐작하게 하는 대목이다.

"직원들의 선택을 믿습니다"

육중한 그룹의 혈기 방장한 계열사

수평적인 기업문화와 윤리경영. 많은 회사가 이런 원칙을 표방하지만 겉돌기 쉬운 것이기도 하다. 하지만 포스코건설은 고지식하리만큼 이를 지키려 노력한다. 수평적 기업문화와 윤리경영은 또한 오너가 없는 민영화된 공기업의 생존방식이기도 하다.

"포스코가 절간이라면 우린 시장판입니다."

토목환경사업본부 성홍준36세 과장은 모母기업인 포스코와의 기업문화 차이를 이렇게 비유했다. 포스코는 중후장대重厚長大한 장치산업의 특성상 업무 환경이 정적靜的이지만 건설업은 인허가 단계부터 준공까지 돌발 변수가 많아 늘 시끌벅적하다는 것이다.

포스코는 초기 성장과정에서 군 출신 인사가 많이 참여했다. 그래서 엄격하고 딱딱하다. 하지만 포스코건설은 엔지니어 위주로 설립돼 상대적으로 틀에 얽매이지 않는 편이다.

실제로 포스코건설에선 임원들이 실무 직원과 '스탠딩 회의'를 하는 모습을 어디서나 볼 수 있다. 사장이 직접 담당자를 찾아 얘기를 나눌 때도 많다. 필요하면 언제든지 의사소통이 가능한 문화다.

2006년 입사한 새내기 양기혁28세 기사대졸 신입사원은 모두 기사로 부른다는 "5월 열린 '포스코그룹 합동 MT'에서 각종 게임이나 뮤지컬 행사의 리더를 100명에 불과했던 포스코건설 신입 직원들이 도맡아 '너무 튄다'라는 평가를 받기도 했다"고 말했다. 엄격한 기수 문화가 없고, 자유로운 분위기를 보여 주는 대목이다.

포스코건설의 수평적 기업문화를 잘 보여 주는 또 하나의 사례가 '챌린지 보드'다.

입사 5년 이하 대리급 직원 10여 명으로 구성된 챌린지 보드는 매달 사장에게 경영전략 등을 e메일로 건의한다. 실제로 챌린지 보드는 조직개편 과정에서 업무성격별로 묶인 각 그룹의 인원을 다시 조정해 달라는 요구를 해 관철하는 등 경영에 적잖은 영향력을 행사하고 있다.

성과에 따라 포상금 최대 3000만원

모기업 포스코와 닮은 점도 많다. 특히 결과보다는 과정을 중시하고 티끌만 한 흠도 허용치 않는 업무 스타일이 포스코를 똑 닮았다고 한다.

박태준 포스코 명예회장이 포항제철 공장을 지을 때 볼트가 제대로 조여지지 않았다는 이유로 다 끝나가던 공사 현장을 다이너마이트로 날려 버린 얘기는 지금도 포스코건설 직원들 사이에서 회자된다.

과정을 중시하는 기업문화는 포스코건설에선 '윤리경영'에 대한 고집으로 이어지고 있다.

이 회사 사규에 따르면 포스코건설 임직원들은 협력업체 측과 10만 원이상의 경조금을 주고받으면 안 된다. 선물은 상대 회사 로고가 박힌 5만 원 이하의 기념품만 받을 수 있다.

단순히 말로만 끝내지 않는다. 감사실 내에 설치된 기업윤리 그룹에이 같은 사규 위반이 적발되면 사안에 따라 경고, 감봉, 면직까지 각오해야 한다.

에너지사업본부 김지욱[36세] 대리는 "다른 건설사가 술판을 벌일 때, 우린 현장을 뛴다는 각오로 일하고 있다"며 "솔직히 영업을 할 때 불리한 면도 있지만 품질로 승부하는 게 장기적으로는 이익이라고 생각한다"고 말했다.

과정을 중시하지만 성과에 대한 보상은 철저하다. 매달 운영회의를 열어 실적이 좋은 직원에게는 사례 발표와 함께 최대 3000만 원에 이르는 포상금을 준다. 연봉도 직무평가에 따라 같은 직급이라도 최고 1000만 원까지 차가 난다. 성과급 때문이다.

토목환경사업본부 성 과장은 "성과에 대한 압박이 의외로 크다"며 "고용 안정만을 바라보고 지원한 신입사원들은 큰 코 다칠 수 있다"고 말했다.

여직원에 대한 배려는 아직…

포스코건설의 기업문화에서 여직원에 대한 배려가 '걸음마 단계' 라는 것은 아쉽다. 전체 직원 가운데 여성이 차지하는 비중이 아직까진 적기 때문이다.

한 예로 2006년 신입 공채를 통과한 직원 54명 중 여성은 3명에 그쳤다. 2007년 5월 말 기준으로 전체 직원 2359명 가운데 여성은 119명이다. 직급별로는 차장 1명, 과장 7명 등으로 공채 여직원 중 최고위직은 해외 구매계약 담당 차장이다.

수적으로 열세다 보니 출산휴가, 육아휴직 제도가 뿌리를 내렸다고 보긴 힘들다.

한 여직원은 "법적으로 보장된 출산휴가, 육아휴직을 쓸 때도 눈치가 보이는 게 현실"이라고 말했다. 2006년 탁아시설을 만들려 했지만 기혼 여성이 10명도 채 안 돼 무기한 연기되기도 했다.

하지만 업무 영역에서만큼은 차별 없이 일할 분위기가 조성돼 있다고 한다.

최근에는 본사 총무그룹뿐만 아니라 화성 동탄신도시 등 지방 현장과 설계, 상품기획 분야에도 여성 기사를 적극적으로 보내고 있다.

숫자로 보는 포스코건설

- **7위** 2006년 건설업계 순위(시공능력평가액 기준)
- **10.74년** 2005년 현재 임직원 평균 근속연수
- **2359명** 임직원 수 (계약직 포함) 2007년 기준
- **1만7690채** 아파트 건립 물량(주상복합아파트 포함)
- **3조6704억 원** 2006년 매출액
- **8조1500억 원** 수주 잔액(2007년 6월 현재)

80년 한결같이 '올곧은 나무'

2007년 입사한 유한양행의 새내기 사원들은 왜 이 회사를 선택했을까.
유한양행 사보(社報) 유한소식은 2007년 봄호에서 신입사원을 대상으로
실시한 설문조사 결과를 발표했다.
가장 많은 37%의 사원이 '긍정적인 기업 이미지'를 그 이유로 꼽았다. 창
업주 유일한 박사의 설립 이념과 기업철학을 이유로 꼽은 사원도 16%나
됐다. 유한양행이라는 이름이 우리 사회에서 어떤 이미지를 구축하고 있
는지를 드러내는 단면이다.

한국 1세대 글로벌 기업
'종업원 지주제'도 1937년 처음 도입

유한양행은 2007년 오래된 자사自社 제품 자료를 중국에서 입수했다. 1936년 당시 이 회사의 톈진天津 지사에서 발행한 제품 카탈로그다. 이 낡은 책지에는 '안티프라민' 등 유한양행이 중국에서 판매한 의약품의 그림과 효능이 상세하게 실려 있다.

1926년 설립된 유한양행은 1930년대 중국에 판매지사와 물류창고를 세우고 미국 로스앤젤레스에 출장소를 두었던 '한국의 1세대 글로벌 기업'이다.

다른 대기업들이 성장하면서 글로벌 기업으로서의 유한양행의 위상은 예전만큼 견고하고 화려하지는 않다. 하지만 81년 역사를 통해 면면히 내려온 선진적인 경영철학은 '100년 기업'으로 나아가는 든든한 밑천이 되고 있다.

재산 사회 환원… 경영권도 전문 경영인에게 물려줘

유한양행은 한국 기업사의 첫 페이지를 숱하게 장식했다. 창업주인 고 유일한 박사의 경영 철학이 그만큼 시대를 앞섰다는 증거다.

이 회사는 제약업계에서는 처음으로 1936년 주식회사로 전환했다. 2006년까지 71년간 연속으로 흑자를 냈다. 1930년대에 이미 중국인, 일본인, 러시아인 등이 근무하는 다국적 기업이기도 했다.

유한양행은 또 주식 일부를 종업원에게 나눠주는 '종업원 지주제'를 1937년 국내 최초로 도입했다. 1998년에는 상장회사로는 처음으로 임원은 물론 일반 직원에게도 스톡옵션을 나눠주기로 결정해 이 전통을 이어갔다. 직원도 회사의 성과를 나누는 회사의 주인이라는 인식을 심어 주기 위한 것이다.

1971년 타계한 유일한 박사는 경영권을 자녀가 아닌 전문경영인에게 물려줬다. 회사 지분도 유한재단과 유한학원 등의 공익법인에 넘겼다. 재산을 사회에 환원하고 소유와 경영을 분리한 경영시스템을 구축한 것이다. 현재 1400여 명의 직원 가운데 유 박사의 친인척은 없다.

1966년 유 박사의 장남 유일선 씨가 부사장을 맡기도 했으나 '국가와 사회'를 중요시한 유 박사의 가치관과 기업 경영의 효율성을 중시한 유일선 씨의 경영 철학이 달라 유일선 씨는 1969년 부사장 직에서 물러났다.

누구나 사장 될 수 있지만 아무나 될 수는 없다

유한양행에서는 "누구나 최고경영자CEO가 될 수 있다"는 말이 있다. 1969년 이후 공채 출신 CEO가 경영을 맡는 '전문 경영인체제'가 유지되고 있기 때문이다.

하지만 아무나 CEO가 될 수는 없다. 외부에 알려지지 않은 유한양행만의 독특한 후계자 검증 시스템이 있기 때문이다.

모든 직원은 직급별로 정해진 교육 학점을 이수해야 한다. 학점이 미달되면 승진도 할 수 없다. 임원으로 승진하면 후계자 후보에 오른다. 유한양행의 모든 임원은 경영학석사MBA과정을 이수해야 한다.

사장은 임원들이 여러 부서를 경험할 수 있도록 경력을 관리하고 업적과 역량을 기준으로 매년 두 차례 평가해 후계자를 길러낸다. 임원 평가에서 가장 비중이 큰 항목은 '정직, 성실, 신용'의 '유한 정신'이다.

차중근 사장은 "업무 실적이 부진한 임원은 재도전의 기회를 주지만 '유한 정신'과 맞지 않는다는 평가를 받으면 회사를 떠나야 한다"고 말했다.

단기 실적으로 CEO를 평가하지 않는 것도 유한양행의 특징이다. 재임 중 실적을 내는 것도 중요하지만 장기적인 성장 기반을 훼손하지 않고 회사를 후임자에게 물려주는 게 오랜 전통이다. 2003년 취임한 차 사장을 포함해 1969년부터 7명의 공채 출신 사장이 선임됐지만 3년 임기를 마치지 못하고 중도 하차한 CEO는 없다.

창업 이후 노사분규 한 번도 없어

유한양행은 창업 이후 노사분규를 한 번도 겪지 않았다. 노동조합이 있지만 '노사 관계'라는 말은 이 회사에 없다. 전문경영인 사장도 똑같은 직원이기 때문에 '노노 관계'라는 것이다. 경영진은 분기마다 경영 실적과 향후 계획을 노조에 설명한다.

이 같은 조직 문화를 엿볼 수 있는 사례가 2~4년차 사원이 참가하는 '사원운영위원회'다. 이 위원회의 위원장은 사장이 맡는다. 젊은 사원과 사장은 분기마다 위원회를 통해 각종 경영 현안을 토론한다. 2007년 1분기1~3월에는 사원들이 '스톡옵션 부여 계획'을 사장에게 질문하기도 했다.

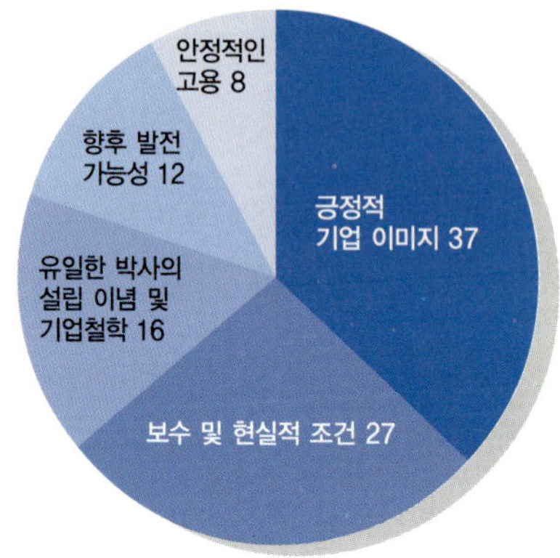

경영진과 사원 간의 인간적인 유대감도 유한양행만의 경쟁력이다. 차 사장은 회사에 중요한 일이 있을 때마다 전 직원에게 e메일 메시지를 보낸다. 직원의 40%가 답장을 보낸다는 게 차 사장의 설명이다.

종업원 중시 경영은 직원 만족도로 나타난다. 2004년부터 2006년까지 이 회사의 3년간 평균 이직률은 0.9%다.

'굿 컴퍼니, 굿 피플'… '100년 기업'이 목표

유한양행은 '100년 기업'을 향해 다시 허리띠를 바짝 죄고 있다. 주주와 종업원 가치, 사회적 책임 분야에서는 업계 최고지만 성장성에서 뒤처지고 있다는 뼈아픈 현실 인식 때문이다.

2006년 매출액은 4117억 원으로 전년 대비 5% 늘어나는 데 그쳤다. 영업이익은 560억 원으로 전년 대비 9.4% 줄었다. 매출액 기준으로 업계 순위도 동아제약, 한미약품에 이어 3위다.

"국내 최고 제약회사"라는 자존심에도 큰 상처가 났다. 최근 보수적인 기업 문화를 바꾸고 성장성을 확보하기 위한 변화와 혁신 바람이 일고 있다.

유한양행이 최근 단행한 대대적인 투자가 이 같은 변화의 한 단면이다.

이 회사는 2005년 12월 경기 용인시에 400억 원을 들여 국내 제약업계 최대 규모의 첨단 연구소를 지었다. 2006년에는 1300억 원을 투자해 충북 오창산업단지에 국제적 품질기준인 'cGMP^{의약품 제조관리 기준}' 에 부합하는 첨단 공장도 완공했다. "앞으로 뛸 일만 남았다"는 게 요즘 유한양행의 분위기다.

영업직 전국 순환근무 원칙
사무직은 영업사원 중에서 뽑아

Q 신입사원 초봉은….

A 대졸 사원 기준으로 3400만 원 수준이다.

Q 제약회사에 입사하면 주로 영업사원으로 일하게 되는가. 사무직으로 일할 수 있는 길은 없는가.

A 유한양행은 영업과 연구개발(R&D) 분야의 직원을 정기적으로 모집하고 있다. 사무직은 빈 자리가 생길 경우 회사 측에서 영업사원 중에서 자체적으로 선발하고 있다.

Q 해외 근무 기회가 있는가.

A 인도에 합작투자법인이 있지만 현지 파견근무자는 없다.

Q R&D 분야의 경우 학사 출신은 지원이 불가능한가.

A 유한양행의 R&D는 중앙연구소의 연구 분야, 본사의 임상실험 분야, 공장의 품질관리 분야 등으로 나뉜다. 이 중 중앙연구소의 연구원은 석사 이상의 학위 소지자만 지원 가능하며, 그 외의 분야는 학사출신도 지원할 수 있다.

Q 입사 후 근무지는….

A 지원분야에 따라 서울 본사, 경기도 중앙연구소, 충북 청원 공장 등에 근무하

게 된다. 영업직은 본사와 전국 지점 순환근무가 원칙이다.

Q 한 번 지원했다가 떨어진 경우 재지원시 불이익이 있는가.

기존 지원자들에 관한 데이터는 있지만 재지원자에 대한 불이익은 없다.

Q 승진 연한은 어떻게 되나.

직위체계는 '사원-주임-과장대리-과장-차장-부장'이며 최소 승진 연한은 2, 3년이다.

유한양행 임직원 연봉

직급	연봉
임원	1억5000만 원 이상
부장	6800만~8500만 원
차장	5800만~7200만 원
과장	5100만~6500만 원
주임, 대리	4000만~6000만 원
사원	3300만~4000만 원

대졸 사원 기준으로 기본급과 성과급을 포함한 세전 연봉

"건강한 국민만이
주권 되찾을 수 있다"
1925년 미美서 귀국

1930년 10월 30일자 동아일보에 '의사는 당신의 친우(親友)'라는 제목의 광고가 실렸다. 이 광고는 '병든 사람을 위해 가장 적합한 약을 선택할 수 있는 사람은 의사이니 반드시 신뢰할 만한 의사의 설명을 듣고 약을 구입하라'는 내용이다.

이 광고를 낸 회사는 '유한양행'이었다. 신문광고를 통해 자사의 약을 홍보하기보다 약의 정확한 사용법을 알린 데에서 창업주인 고 유일한(1895~1971) 박사의 경영철학을 읽을 수 있다.

유 박사는 회사 직원들에게 "항상 국민 보건을 위해서 일해야 한다, 유한은 사회를 위해서 있는 것이다"라고 수시로 강조했다. 회사를 운영하면서 국가와 사회를 생각한 그의 경영철학은 지금도 면면히 이어지고 있다.

아홉 살 때인 1904년 미국으로 건너간 유 박사는 1922년 미국인 동업자와 숙주나물 통조림을 만드는 '라·초이 식품회사'를 세웠다. 식품회사는 전도가 유망했지만 1925년 돌연 제약사업에 뛰어들기로 결심했다. 그해 귀국한 길에 질병과 가난으로 고통받는 한국인의 모습을 보고 "건강한 국민만이 잃었던 주권을 되찾을 수 있다"는 생각을 했기 때문이다.

유 박사가 제약회사를 세운다고 하자 서재필 박사는 "한국인임을 잊지 마시오"라는 말을 건네며 버드나무가 새겨진 목각화를 선물했다. 이 버드나무 그림은 이후 유한양행의 로고로 사용되고 있다.

유 박사가 강조한 사회공헌의 전통은 여전히 유한양행을 받치고 있는 버팀목이다. 1930년대에 유한양행의 한 직원이 그에게 "국내 마약 중독자가 늘고 있으니 우리도 헤로인과 모르핀을 생산해 돈을 벌자"고 하자 "나는 사회에 유익한 일을 하고자 제약업을 시작했다"며 화를 냈다는 일화도 있다.

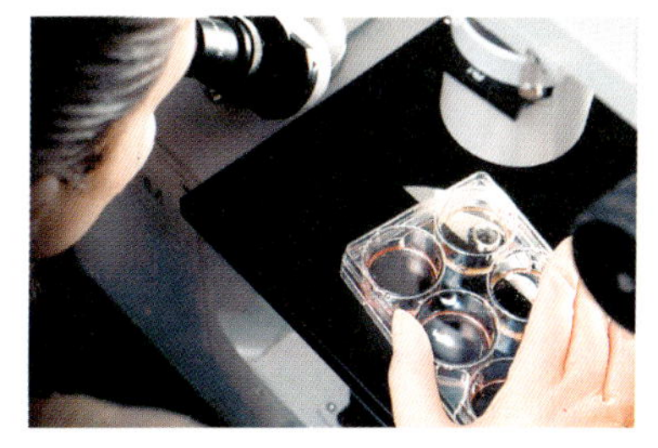

'노 vs 사'는 없다…
소유–경영 분리해 사장도 직원

매출이나 이익으로 볼 때 유한양행의 현주소는 제약업계 3위다. 하지만 80년 이상 쌓아온 기업의 이미지는 단기적인 회사의 영업 실적이나 기술적 성과가 따라오기 어려운 유한양행의 가장 큰 자산이다.

뿌리 내린 '사회 공헌 기업'의 이미지

사회에 공헌하는 기업이라는 유한양행의 이미지는 유일한 박사에게서 비롯됐다. 유 박사는 1926년 유한양행을 설립하면서 다음과 같은 기업 이념을 강조했다.

'정성껏 좋은 상품을 만들어 국가와 동포에 봉사하고 정직, 성실하고 양심적인 인재를 양성 배출하며, 기업이익은 첫째는 기업을 키워 일자리를 만들고, 둘째는 정직하게 납세하며, 셋째는 그리고 남은 것은 기업을 키워준 사회에 환원한다'.

이런 기업 이념은 여전히 유한양행의 경영 체계에 고스란히 녹아 있다. 유한양행에 따르면 이 회사는 최대주주인 유한재단이 15.6%, 유한학원이 7.7%의 지분을 보유하는 등 공익법인의 지분이 30%가량을 차지하고 있다.

즉, 유한양행의 수익이 배당 형태로 유한재단과 유한학원으로 흘러들어가 교육사업과 사회사업에 쓰이는 지배 체계를 유지하고 있는 셈이다. 한시적인 기부금 출연에서 그치는 것이 아니라 수입을 자연스럽게 사회에 환원하는 회사로 명실상부하게 자리매김한 것이다.

이 회사의 한 임원은 "유한양행은 태생적으로 공익을 우선하는 기업으로 생겨났다"며 "창업자의 창업정신을 지켜온 결과 현재의 기업이미지와 사회에 공헌하는 기업 구조를 가지게 됐다"고 말했다.

또 다른 임원은 "창업자를 존경하는 기업문화가 긍지와 일체감을 형성한다"고 설명했다.

보수적 조직 문화는 개선해야

유한양행 임직원을 대상으로 '회사가 가지고 있는 약점'을 설문조사했다. 응답자들은 '정체된 조직문화' '수구守舊적 이미지' '올드old함' '느림' '보수적 이미지' '보수적 기업문화' 등의 단어로 회사의 약점을 규정했다.

회사의 약점이 '느림'이라고 밝힌 한 직원은 "의사 결정이 빠르지 못하다"고 지적했다. 다른 직원은 "보수적 기업문화 때문에 자산 활용도가 낮다"며 "규모에 비해 낮은 매출과 이익은 저성장과 저생산성을 의미한다"고 비판했다. 변화에 인색하다는 지적도 여럿 있었다.

이처럼 유한양행의 조직문화가 내부적으로 보수적이라는 평가를 받는 이유는 전문 경영인 체제의 전통과도 연관이 있다. '오너' 위주의 다른 기업과 달리 일찍부터 전문 경영인 체제가 자리 잡으면서 신중하고 건실한 경영은 가능했던 대신 변화의 속도를 쫓아가는 데 필요한 결정은 늦어졌다는 것이 회사 안팎의 견해다.

유한양행의 한 임원은 "유한양행은 대주주가 공익재단이기 때문에 보수적이면서 안전 위주의 경영을 할 수밖에 없다"며 "이 점을 구조적인 한계로 볼 수 있다"고 말했다.

한 증권사 애널리스트는 "오너가 운영하는 제약회사들에 비해 강력한 드라이브가 부족한 것이 사실"이라고 밝혔다.

성장잠재력 큰 제약업계 '팔방미인'

유한양행은 제약업계의 '팔방미인'으로 꼽힌다. 균형 잡힌 사업 포트폴리오로 딱히 흠잡을 만한 약점이 보이지 않는다는 것이다.

대우증권 임진균 애널리스트는 "cGMP 규정을 충족하는 생산라인과 신약 원료 생산 능력, 우량한 자회사 등 포트폴리오 면에서 균형이 잡혀 있다"며 "꾸준히 성장할 수 있는 잠재력을 갖췄다"고 말했다.

성장 가능성에 주목한 분석도 있다. 삼성증권 조은아 연구위원은 2006년 6월 초 발표한 보고서에서 "위염, 위궤양 치료제인 신약新藥 레바넥스가 2007년 말까지 매출 150억 원 달성이 가능할 것으로 보인다"면서 레바넥스의 2008년과 2009년 매출액을 각각 300억 원과 400억 원으로 예상했다. 그는 "앞으로 유한양행의 강점은 레바넥스가 주도하는 성장 가능성"이라고 말했다.

유한양행이 한국 최고의 제약회사라는 명성을 되찾기 위해서는 국내 제약사는 물론 해외 제약사와 경쟁할 수 있는 신약 개발이 필수적이라는 게 회사 안팎의 지적이다.

신약 레바넥스도 국내에서는 반응이 좋은 편이지만 앞으로 해외 시장에 진출하려면 해외임상시험과 마케팅 등 글로벌 경쟁력을 갖춰야 한다.

회사 안팎에서 좀 더 적극적이고 공격적인 전략이 필요하다는 지적이 나오는 것도 이 때문이다.

유한양행 이태오 상무 R&D 전략본부실장은 "레바넥스가 발매 첫해인 2007년 120억 원 어치 이상이 팔렸다. 일선 병원에서 호응이 좋은 편"이라며 "앞으로 국내뿐 아니라 세계 시장에 적극적으로 진출하기 위해 회사 차원에서 노력하고 있다"고 말했다.

숫자로 보는 유한양행

- **0** 1975년 노조가 생긴 이래 노사분규 횟수
- **71** 무적자 기록 연수(2006년 말 기준)
- **1366명** 직원(2007년 3월 말 기준)
- **1809명** 유한재단의 장학금 지급 연 인원(2006년 말 기준)
- **3053일** 무재해 연속 일수(2007년 6월 29일 기준)
- **4117억 원** 연 매출액(2006년 기준)
- **2억2407만5000정** 1년간 생산되는 '삐콤씨'의 양(2005년 기준)

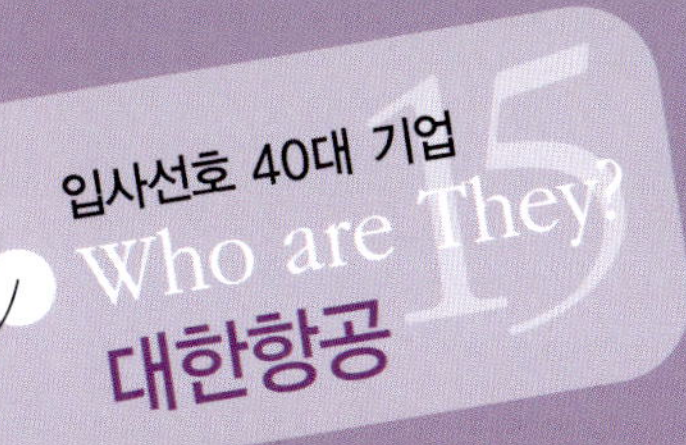

서비스의 오케스트라
"고객 만족" 화음

"서비스에서 100-1=99가 아니라 '0'입니다. 1%라도 소홀하면 고객들은 떠납니다."

2007년 6월 25일 오후 7시 인천공항 활주로 옆 객실승무원운영센터COC. 최덕진 객실승무본부 국제3그룹장은 이날 오후 9시 베트남 하노이로 떠나는 6명의 승무원과 승무원 체험에 나선 동아일보 기자를 상대로 브리핑을 시작했다. 정신교육이 끝나자 이향정 선임 사무장은 하노이 비행 시 유의점에 대한 토의를 진행했다. 그러곤 또 정신교육이 이어졌다. 이번엔 구호까지 외쳤다. "우리의 최선이 우리를 최고로 만듭니다."

엄격한 승무원 훈련과 왕복 8시간의 실제 승무원 체험을 통해 대한항공의 한 지붕 4가족의 삶을 가깝게 지켜볼 수 있었다.

객실 승무원과 운항 승무원, 기술직, 일반 사무직은 저마다 업무는 다르지만 가슴엔 모두 태극마크를 달고 대한민국 '간판선수'라는 자부심과 책임감을 느끼고 있었다.

우리의 최선이 우리를 최고로 만듭니다
1%라도 소홀하면
고객들은 떠납니다

"손님 입 대는 곳에 손 대서는 안 됩니다"

대한항공은 2007년 3월 항공 분야의 오스카상으로 불리는 '머큐리 어워드'에서 기내 서비스 부문 최우수상을 받는 등 2006년부터 항공 관련 상을 휩쓸고 있다.

서비스가 세계 최고 수준인 비결은 무엇일까.

승무원 체험을 해 본 결과 엄격한 교육, 까다로운 한국 손님, 불만컴플레인 카드 등 세 가지가 눈에 띄었다.

2007년 6월 25일 오전 10시 서울 강서구 대한항공 교육원 모형 비행기 실습장에서 승무원 교육을 받았다. 첫 수업은 음료 서비스. 무심코 컵을 들자 유희재 객실훈련원 과장의 불호령이 떨어졌다. "손님이 입을 대는 곳엔 절대 손을 대서는 안 됩니다. 승무원은 일사일언一事一言. 먼저 손

208

님과 눈을 맞추고 말을 끝낸 뒤 행동하세요.”

기본교육과 COC브리핑이 끝난 뒤 이륙 1시간 전 비행기에 올랐다. 객실과 화장실 정리 후 갤리주방 업무를 도왔다. 갤리 안은 잔칫집 부엌처럼 분주했다.

손님 탑승 시간이 다가오자 승무원들은 옷매무시를 가다듬고 언제 바빴냐는 듯 단아하게 손님을 맞았다.

150명의 손님 중 시끄럽게 탑승하는 남성 단체 손님들이 걱정스러웠다. 아니나 다를까 비행 중 계속 술을 요구하며 미니어처 위스키를 연방 들이켰다. 더는 통제가 안 되자 이향정 사무장이 나섰다.

이 사무장은 우선 자세를 낮추고 눈을 맞췄다. 아이를 달래듯 기내 규정을 설명했고 손님은 이내 흥분을 가라앉히고 잠이 들었다.

이 사무장은 “손님께 양해를 구할 땐 가급적 몸을 낮춰 눈을 맞추며 얘기하는 게 중요한데 예절을 중시하는 한국 손님들은 더욱 조심스럽다”고 말했다.

대한항공 승무원이 가장 꺼리는 것 중 하나는 ‘불만 카드’ 다. 다른 항공사들은 이 카드를 사무징이 갖고 있다가 고객이 원할 때 내어 주지만 대한항공은 객실에 항상 비치돼 있다.

이에 대해 이강훈 객실승무원 담당 상무는 “불만 사항이 접수되면 고객 관점에서 꼼꼼히 처리하는 것은 사실이지만 2006년 600건의 불만 접수 중 6%인 36건만이 징계 처리될 만큼 실제 징계 사례는 많지 않다”고 밝혔다.

승무원 비행 시간 세계적 항공사와 비슷한 수준

운항 승무원은 국내 대표적인 로열블루칼라로 통한다. 운항의 전문성과 스트레스가 높은 만큼 임금수준이 높기 때문이다.

대한항공 운항 승무원들의 비행시간은 연간 1000시간 이내로 묶여 있다.

황석일 조종사노조 조직부장은 "과거에는 연간 비행시간이 1800시간에 달할 정도로 과도한 적도 있었지만 2000년 단체협상을 통해 세계적인 항공사와 비슷한 수준으로 낮췄다"고 말했다.

운항 승무원들은 요즘 건강 및 테스트와의 전쟁 중이다. 회사 측이 안전 운항에 모든 것을 걸면서 승무원들의 건강과 운항능력 기준을 꾸준히 높이고 있기 때문이다.

실제로 1년에 한 차례 하는 건강검진에서 불합격 판정을 받아 운항을 못하는 비율이 5%나 된다. 매년 2번씩 치러지는 기종별 운항 테스트도 2000년대 들어 합격기준이 갈수록 엄격해지고 있다.

김종오 보잉737 기장은 "해외 체류 때에도 헬스클럽에서 운동하거나 신新기종에 대해 연구할 때가 많다"고 했다.

국가 자격증 따면 회사서 수당으로 보상

일반 사무직과 기술직을 포함한 2006년 공채 입사자는 173명으로 75대 1의 경쟁을 뚫은 인재들이다. 일반직의 경우 입사 후 1~3년 동안 공항 수속팀과 영업 현장 등에서 고된 일을 맡는다. 예전 같으면 이 기간을 참지 못해 그만두는 사원도 속출했지만 2006년 입사자 중에는 한 명도 없다. 대한항공의 최근 인기를 실감할 수 있는 부분이다.

취업준비생이 대한항공을 좋아하는 이유는 △기업의 안정성 △세련된 기업이미지 △해외 근무 경험 가능 등으로 꼽을 수 있다.

미국 대학에서 호텔경영을 전공한 뒤 2006년 입사한 공태균29세 씨는

"미국에서도 대한항공은 아시아를 대표하는 항공사로 위상이 높아졌다" 고 말했다.

기술직들도 해외 교육 참가 등 장점이 많다.

원동기기술팀 이성욱 과장은 "2005년 1년간 미국 뉴욕에서 엔지니어 교육을 받고 왔다"며 "항공 관련 국가 자격증을 따면 회사에서 그만큼 수당으로 보상해 주고 있어 최근엔 자격증 취득 열풍도 불고 있다"고 했다.

숫자로 보는 대한항공

- **세계 1위** (2006년 86억8000만 t-km) 항공 화물 운송 (t-km : 항공편당 수송량(t)에 비행거리(km)를 곱한 값)
- **111곳** (국내 14곳 해외 97곳) 취항 도시 (2007년 기준)
- **129대** 항공기 운항 대수 (2007년 기준)
- **1만7309명** 임직원 (2007년 기준)
- **2235만 명** (2006년) 연간수송 인원
- **3억3010만4414km** (지구 9002바퀴) 연간 수송 거리
- **44억5516만9000L** 연간 연료 사용량 (2007년 기준)

일반직 입사 뒤엔?
3지망까지 희망 부서 신청

Q 해외에서 근무할 수 있는 기회는….

A 단기파견은 1년으로 어학연수와 해외지점 근무를 병행한다. 주재원은 단기 파견 등으로 양성한 인력을 대상으로 과장급 이상에서 주로 선발하며 4년간 근무한다. 일반적으로 재직 중 단기파견 1회, 해외주재 1·2회의 근무 기회를 가질 수 있다.

Q 일반직 입사 후 승무원 전직은 가능하나.

A 사내 직원 중 서비스마인드 등 객실승무원의 기본 요건을 갖춘 직원에 대해 전직의 기회를 부여하고 있다. 남성 객실 승무원은 공채로 뽑지 않고 이 같은 승무원 전직자를 통해 충원한다.

Q 객실 승무원의 자격 요건과 선발 기준은….

A 여성 신입 승무원의 경우 전공 제한은 없고 2년제 이상 대학 졸업자면 지원 가능하다. 자격 요건은 신장 162cm 이상, 교정시력 1.0 이상, 토익 550점 이상 등이다.

Q 일반직 입사 후 직무 배치는 어떻게 이뤄지나.

A 입사교육을 마친 뒤 3지망까지 희망 부서 신청이 가능하다. 일반직 신입사원은 부서 배치 전 서비스 현장 부서공항, 예약, 영업 등에서 1~3년간 의무적으로

근무하게 된다.

Q 사내 교육 프로그램은….

A 신입 직원들을 대상으로 매년 80여 명씩 해외 단기파견 및 해외 어학연수1년를 실시하고 있다. 과장급 이상 직원들 중 매년 10명을 선발해 서울대와 MIT 등 국내외 경영학석사과정에 보내 준다. 임원들은 매년 20~30명씩 3개월간 서울대 경영대학이 마련한 임원경영능력 향상과정KEDP을 필수적으로 들어야 한다.

Q 일반직 채용 시 선호하는 전공, 자격증 있나.

A 특별한 자격 및 전공을 필요로 하진 않는다. 어학 능력이 뛰어나고 국제적 감각이 있는 사람은 우대받는다.

Q 주요 직종별 채용 절차는….

A 일반적인 채용 절차는 원서접수인터넷, 서류심사, 1차 면접, 인성·직무능력검사, 2차 면접, 건강검진 등으로 진행된다. 일반직 및 기술직 대졸 공채의 경우 영어 면접 및 집단토론 면접을 병행하고 있다.

대한항공 직급별 연봉 (2007년 기준)

구분	금액(단위: 원)
임원	1억1000만~수억
부장	6900만~8100만
차장	5700만~6400만
과장	4900만~5300만
대리	4100만~4500만
사원	3200만~3400만

일반직과 기술직 기준 세전 연봉으로 성과급(0~300%)은 제외된 금액　　　　자료: 대한항공

매달 5000원 내면 병원비 지원
부부의 경우 연^年 1000만 원까지

대한항공 운항승무원인 최모59세 기장은 아들 두 명이 최근 미국 매사추세츠공대MIT 경영학 석사과정에 입학했다. 두 명 합쳐 한 학기에 4만2434달러약 3903만 원를 내야 하지만 절반은 회사 측이 부담해 주기로 해 학비 걱정은 줄었다. 대한항공의 학자금 지원 제도 덕분이다. 그는 "대한항공은 넉넉한 복지제도 때문에 가족들이 더 좋아하는 회사"라고 말했다.

대한항공은 자녀 수 제한 없이 중고교 학자금 및 대학 등록금 전액을 지원한다. 자녀가 MIT 등 해외 29개 명문 대학에 입학하면 수업료의 절반을 보조해 준다. 그 외의 해외 대학은 한진그룹 산하인 인하대 등록금과 같은 수준에서 학비를 지급한다.

해외 주재원의 자녀들에게도 1인당 연간 1만2000달러 한도 내에서 교육비를 제공한다.

대한항공이 가장 자랑하는 복지제도는 '자가 보험'이다. 매달 직원과 회사가 각각 5000원만 부담하면 의료비 걱정을 덜 수 있다.

직원 본인이 치료받을 때 5만 원을 초과하는 병원비에 대해 연간 500만 원을, 배우자는 50만 원 초과분에 대해 연간 500만 원을 지원받는다. 또 직원 사망 시 가족들에게 1억5000만 원을 지원한다. 배우자가 암에 걸려도 매년 2500만 원까지 치료비를 대준다.

대한항공 신욱 복지운영팀장은 "이 정도의 혜택을 받으려면 매월 18만7000원가량의 보험료를 내야 한다는 계산이 나온다"며 "다른 회사들이 배워 가는 제도"라고 설명했다.

항공권 지원도 큰 혜택이다. 직원 본인은 물론 배우자와 자녀, 부모, 배우자 부모는 정상 항공권의 5% 가격으로 여객기를 이용할 수 있다. 가족당 연간 35장까지 사용이 가능하다. 단, 성수기에는 사용에 제한이 있다.

이대규 노조위원장은 "2007년 임금협상의 전권을 사측에 백지위임한 결과 4%의 임금인상과 고용안정에 대한 약속을 받아냈다"며 "노조가 회사의 발전을 위해 양보하는 만큼 사측도 사원 복지 향상을 위해 성실하게 대응해 주면서 노사간 좋은 전통을 만들 수 있었다"고 말했다.

하늘 위의 '영토 1번지'
"우린 유니폼 입었을 때 가장 뿌듯"

'안정적이고 보수적으로 사업하는 알짜 회사.'

대기업 임원들에게 대한항공에 대한 이미지를 물었을 때 돌아온 대답이었다. '조용히 실속 있게 돈을 버는 회사'라는 평가도 많았다.

일각에서는 대한항공에 대해 '반에서는 1등이지만 전교 석차는 다소 뒤처지는 내수 기업'이라는 지적도 나온다. 세계를 지향하는 항공사임에도 한국인 승객이 대부분이어서 아직 세계무대에서는 크게 두각을 나타내지 못하고 있음을 지적하는 말이다.

'조용하던' 대한항공에 최근 '혁신의 바람'이 불고 있다. 변화하려는 에너지가 경영 간부부터 일반 사원에 이르기까지 충만해 있다.

조양호 회장은 "무한경쟁 시대에 돌입한 항공업계에서 변화는 선택이 아니라 생존을 위한 절실한 과제"라며 직접 나서 다그치고 있다. 2014

년까지 10조 원을 넘게 투자해 세계 10위권의 '명품 항공사'로 거듭나
겠다는 다부진 목표도 세웠다.

깔끔–세련 이미지 뒤엔 '보수적' 지적도

'하늘을 나는 대한민국 영토 1번지.' '민간 외교관이자 한국의 첫인
상.'

대한항공 직원들의 가슴 속에 담겨 있는 자부심이자 부담감이다.

멋진 제복과 잦은 해외여행, 세련된 매너 등 외부에 비친 그들의 모습
은 화려하다.

하지만 이 같은 화려함 뒤에는 싱크로나이즈드스위밍 선수의 바쁜 물
밑 발놀림처럼 고단한 땀방울이 있다.

그래서인지 대한항공 직원들은 직업에 대한 자부심과 회사에 대한 로
열티가 다른 기업에 비해 높은 편이다.

스튜어디스 임유원25세 씨는 "회사원이라면 보통 유니폼보다 평상복
을 선호하겠지만 우리는 유니폼을 입었을 때 가장 뿌듯하다"고 말했다.

대한항공은 '깔끔하고 세련됐다'는 기업 이미지를 갖고 있지만 직원
들 사이에서는 기업 문화가 보수적이고 다소 고지식하다는 지적도 나
온다.

이는 '모르는 분야는 절대 손대지 않는다' 며 수송 외길을 고집해온 고
故 조중훈 창업주의 기업경영 원칙에서 비롯된 것이기도 하다.

대한항공의 보수적 기업문화를 안전 운항을 최우선해야 하는 항공 산
업의 특수성에서 찾기도 한다. 고객의 안전과 십인십색의 다양한 고객들
을 꼼꼼하게 챙기려면 기준과 원칙을 지키지 않으면 불가능하다는 것.

이 때문에 대한항공은 튀는 인재보다 모나지 않은 조직형 인간을 선호

한다.

　서용원 인재개발본부장은 "항공 산업은 정비와 운항 고객서비스 등 각 부분이 톱니바퀴처럼 맞물려 돌아가야 하는 '거대한 오케스트라'와 같다"면서 "스타보다는 정직하고 성실한 사람을 원하는 게 사실"이라고 말했다.

미美−불佛 항공사와 '스카이팀' 동맹

　1969년 국영 대한항공공사를 인수해 민영 항공사로 거듭난 대한항공은 눈부신 발전을 해왔다. 인수 당시 부채 27억 원으로 동아시아 11개국 항공사 가운데 꼴찌였던 이 회사는 현재 항공기 129대를 운영하고 있는 세계 17위 항공사로 성장했다.

　비약적인 성장을 하는 과정에서 대한항공은 좌절과 시련도 맛봐야 했다.

　국내 유일의 항공사로 독점 지위를 누려 오던 대한항공은 1988년 아시아나항공이 설립되고 외국 항공사와의 경쟁이 치열해지면서 글로벌 경쟁체제에 직면했다. 또 1990년대 들어서는 잇단 사고로 기업 신뢰도에 타격을 입기도 했다.

　하지만 대한항공은 이 같은 시련을 변화의 계기로 삼았다.

　2000년 6월 대한항공 주도로 델타, 에어프랑스 등과 함께 '스카이팀'이라는 항공 동맹을 맺어 좁은 내수시장을 벗어나 세계적인 항공사로 도약하는 발판을 마련했다.

　이어 2004년에는 향후 10년간 10조6000억 원을 투자하는 내용의 비전 선포식을 발표하고 기업로고와 승무원 유니폼, 기내 시트와 색상 등 기내환경을 대대적으로 혁신해 좋은 반응을 얻고 있다.

2009년부터는 세계 최대의 항공기 B787 10대와 A380 5대 등 모두 40대의 최첨단 차세대 항공기들을 대거 도입할 계획이다.

이 같은 변신의 노력에 힘입어 대한항공은 2006년 2월 세계적으로 권위 있는 항공월간지 ATW로부터 '21세기 들어 가장 성공적인 변신을 이룩한 항공사'로 꼽히기도 했다.

저가 항공-정유업으로 영공 확장

대한항공의 '변화 에너지'는 최근 사업다각화로 분출하고 있다.

대한항공은 2, 3년 내에 별도의 브랜드를 도입한 저가低價 항공사업 진출 계획을 밝혔다.

우후죽순처럼 생겨나는 저가항공사의 공세에 밀리지 않고 '대한항공'은 명품 브랜드로 고급 비즈니스용 고객을 맡고 신설되는 저가항공사는 관광노선을 중심으로 한 여행고객을 잡겠다는 전략이다.

이 회사는 최근 에쓰오일의 자사주지분 28.41%를 인수해 정유업까지 사업영역을 확장했다. 수송외길을 걸어온 대한항공으로서는 '외도'를 하는 셈이지만 운영비용의 30%에 이르는 항공유를 안정적으로 조달하겠다는 뜻이 깔려 있다.

비바람 딛고 활짝 핀
'카드 꽃'

......

"너희가 삼성을 다 말아먹으려고 그래?"
삼성카드의 전신인 위너스카드가 막 출범한 1988년.
전산 장애가 되풀이돼 카드를 못 쓰는 횟수가 늘어나자 삼성그룹의 한 간부가 삼성카드를 찾아왔다. 당시 삼성카드는 그룹 계열사 직원들에게 가장 먼저 카드를 발급했는데 이 간부는 삼성카드 직원들이 보는 앞에서 카드를 잘라버렸다.

전산장애 넘고 카드대란 건너
2006년 2719억 원 흑자 달성

삼성카드의 19년 역사는 삼성그룹의 트레이드마크와도 같은 '완벽함' 대신 잦은 시행착오와 위기로 점철됐다. 항상 그룹의 눈치를 봐야 했고, 이른바 '카드 대란大亂' 때는 그룹의 골칫덩이로 전락해 다른 계열사들에 손을 벌려야 했다.

하지만 삼성카드는 이런 시련을 통해 체질을 다졌다. 2007년 6월엔 민간 기업 공모 사상 가장 많은 금액5조9567억 원이 몰리는 인기를 과시하며 꿈에도 그리던 증시 상장을 성사시켰다.

"크리스마스도 멀었는데 웬 카드?"

1988년 초 코카카드를 인수해 출범한 삼성신용카드는 당초 위너스카드라는 브랜드로 같은 해 12월 영업을 시작할 계획이었다.

그러나 그해 5월 이건희 그룹 회장과 이승영 대표이사의 면담 후 영업 개시 시기가 9월로 당겨졌다. 직원들은 3개월 동안 밤을 새우다시피하며 시스템을 구축했다. 9월 1일 오전 4시에 첫 번째 카드가 만들어져 이 회장에게 전달됐다.

우여곡절 끝에 카드는 나왔지만 은행계 카드에 비해 수수료가 비싼 데다 카드 발급 시스템은 툭하면 고장을 일으켰다. 고객이 현금서비스를 받으러 객장을 방문하면 1시간 반이 지나야 돈을 내줄 수 있을 정도로 열악한 환경이었다.

첫해 영업을 시작하기 전에 회원도 없이 가맹점을 모으러 다니다 보니 사기꾼 취급을 당하는 일도 다반사였다. 고급 음식점에 50여 번 찾아가 식탁을 닦아 준 끝에 가맹점 계약을 체결한 직원, 비가 오면 영업이 잘된다는 말에 장맛비를 맞으며 돌아다녀 가맹점을 확보한 직원도 있었다.

고객 모집도 쉽지 않았다. 위수복 마케팅전략팀장은 "신용카드에 대한 인지도가 낮아 카드 가입을 권유하면 '크리스마스도 멀었는데 무슨 카드냐'고 반문하는 고객이 많았다"며 "그래도 다들 눈에 불을 켜고 덤빈 덕택에 첫해 말까지 회원 20만 명과 가맹점 3만5000곳을 확보할 수 있었다"고 회상했다.

삼성캐피탈과 합병… 뼈 깎는 구조조정

'사자가 나타났다'는 광고로 인지도를 높인 위너스카드는 1995년 삼성카드로 이름을 바꿨다. 고객들의 혼동을 줄이고 그룹의 기업이미지에 맞추기 위해서였다. 하지만 시련은 그치지 않았다.

1994년에는 편법 대출과 허위 매출 작성 사실이 드러나 6개월간 회사채 발행이 중지됐다. 외환위기 때는 조달금리가 연 30%에 육박했고 정

상적으로 입금되는 비율이 70% 이하로 떨어졌지만 새로 개발한 신용평
가 시스템을 가동해 간신히 위기를 넘겼다.

2002년 3월에는 미성년자 등 자격이 미달하는 사람들에게 카드를 발
급하고 길거리에서 회원을 모집했다는 이유로 2개월 동안 영업정지를
당했다.

이 사건이 카드 대란의 징조였다.

2003년에는 회원이 100만 명 줄었고 1조3000억 원 적자가 났다. 정
부는 대주주인 삼성전자, 삼성생명 등이 부실 책임을 지고 증자에 나서
라고 압박했다. 완강히 버티던 삼성 계열사들은 두 차례에 걸쳐 2조
7000억 원을 증자했다.

삼성그룹의 한 임원은 "2002년 이후 그룹 계열사 회의가 있을 때면
삼성카드 임원은 죄인처럼 고개를 숙인 채 앉아 있곤 했다"고 말했다.

2004년 삼성캐피탈과 합병한 뒤에는 4300명의 직원 중 1000여 명을
내보냈다.

한 직원은 "떠나는 동료들을 보면서 그룹 공채로 입사한 뒤 삼성카드
를 택한 것을 후회하는 이도 적지 않았다"고 말했다.

2007년 6월 공모주 청약 6조 원 자금 몰려

뼈를 깎는 구조조정 끝에 경영이 정상화된 삼성카드는 2006년 2719
억 원의 흑자를 달성하며 다시 일어섰다.

2003년 이후 동결됐던 임금이 인상됐고 경영실적에 따라 지급되는
보너스도 4년 만에 나왔다. 2007년 6월 공모주 청약에는 6조 원에 가
까운 자금이 몰렸고 삼성카드 지분을 보유한 계열사들의 주가도 함께
올랐다.

삼성카드 직원들은 "창립 때부터 한 해도 위기가 아닌 해가 없었다"고 말한다.

삼성카드가 위기를 이겨내고 살아남은 힘은 어디서 나온 것일까.

박세훈 홍보담당 상무는 "삼성카드의 역사는 도전과 응전"이라고 요약했다. 열악한 환경에서도 삼성이라는 브랜드에 어울리는 회사로 도약하고자 했던 집념 덕분에 위기와 더불어 성장할 수 있었다는 것이다.

삼성의 '세련됨'에 '신뢰'를 더한 마케팅 전략도 삼성카드가 '누구나 갖고 싶은 고품격 카드'로 자리 잡는 데 큰 역할을 했다.

하지만 일각에서는 지나치게 안정성을 추구하느라 혁신적인 서비스를 개발하지 못한다는 지적도 나오고 있다. 낮은 조달금리가 강점인 은행계 카드사와의 경쟁에서 상대를 압도할 만한 전략이 없다는 것이다.

이에 대해 유석렬 사장은 "전문 인력과 인프라를 바탕으로 고객들이 생활 속에서 누릴 수 있는 다양한 서비스를 강화할 계획"이라고 말했다.

숫자로 보는 삼성카드 자료 : 삼성카드

- **2900명** 임직원
- **970만 명** 가입 회원
- **67종** 카드 종류
- **1만 건** 하루 카드 발급
- **750억 원** 1일 승인 금액
- **월 130만 건** 콜 센터 문의
- **약 130억 포인트** 월 적립 포인트
- **10조8551억 원** 자산
- **2719억 원** 당기순익(2006년)

육아에서 유학까지 한자리서

삼성카드의 목표는 '글로벌 일류 생활금융 서비스'를 제공하는 카드사가 되는 것이다.

2007년 6월 선보인 'Shallwe' shallwe.samsungcard.co.kr 는 이 같은 삼성카드의 비전이 구현된 생활편의 서비스 통합 브랜드다.

이 사이트에서 삼성카드 고객들은 쇼핑, 여행, 웨딩, 유학 등 다양한 서비스를 받을 수 있다. 옥션, 신세계몰, 인터파크 등 대형 온라인 쇼핑몰이 입점해 할인 및 포인트 구매 기회를 제공한다.

여행센터에서는 온라인으로 항공편을 검색한 뒤 예약할 수 있고, 해외여행 상품과 호텔 숙박 예약도 가능하다. 삼성카드는 앞으로 육아, 의료, 애견 등의 생활 서비스를 추가할 계획이다.

삼성카드는 회원 서비스의 폭을 넓히기 위해 미래의 카드 환경과 사회 트렌드를 분석한 뒤 5년마다 단계를 구분해 시대 변화에 맞는 새로운 서비스를 내놓을 계획이다. 싱글족 확산, 고령화 등 신용카드 시장에 영향을 미칠 요소들을 파악해 삼성카드만의 생활 밀착형 서비스를 발굴하겠다는 것이다.

정규직 입사자도 영업?
카드 연체자 취업 불리? No!

Q 정규직으로 입사해도 영업을 해야 하나.

A 아니다. 영업직군 직원은 현장에서 모집인들을 관리하는 업무를 맡을 뿐 직접 영업을 하지는 않는다.

Q 직원 중 여성 비율은….

A 전체 직원 중 41%가 여성이다. 여성 신입사원 비율은 2006년 46%, 2007년 44%로 삼성의 다른 금융 계열사보다 10~15%포인트 높다.

Q 평균 근속 연수와 직급별 퇴직률은….

A 평균 근속 연수는 9년이며 2006년 기준으로 연간 퇴직률은 3.6%다.

Q 성과급 체계는….

A 개인별로 지급되는 생산성격려금PI과 회사가 이익을 내면 받는 초과이익분배금PS이 있다. PI는 월 기본급의 최대 150%이며 1년에 두 번, 상반기와 하반기에 받는다. PS는 회사의 수익이 목표를 넘으면 초과분의 20%를 직원에게 나눠주는 제도다. 연봉의 최대 50%까지 나오는데 2006년에 4년 만에 지급됐다. 영업직군은 이와 별도로 최대 월 60만 원까지 영업 인센티브를 받는다.

Q 정규직 사원도 카드 회원을 유치하면 수당을 받나.

카드 모집인의 절반 정도인 2만~3만 원^{건당}을 지급한다.

Q 입사에서 학점과 영어 실력이 차지하는 비중은….

학점이 3.0 이상이고 토익 성적이 620점 이상이면 지원할 수 있다. 학점과 토익 성적은 지원 자격을 판단하는 자료로만 사용되며 채용 과정에서 별도의 가중치는 부여되지 않는다.

Q 신용카드 연체 기록이 있으면 취업에 불리한가. 삼성카드 우량고객이면 유리한가.

둘 다 상관없다.

Q 우대받는 자격증이 있나.

한자 자격증이 있거나 원어민 수준의 영어 실력이면 약간 가점을 받는다. 금융 관련 자격증은 가점을 받지는 않지만 입사 후 부서 배치할 때 고려 대상이 된다.

Q 2007년 채용 계획과 절차는….

9월에 채용 공고를 내고 10월에 면접을 거쳐 60여 명을 뽑을 계획이다. 서류 전형에서 기본 자격만 충족되면 삼성직무적성검사^{SSAT} 시험의 응시 기회를 준다. SSAT로 모집인원의 2~3배를 선발한 뒤 면접전형을 치른다. 면접전형은 임원 면접, 프레젠테이션, 토론, 영어회화의 4단계로 이뤄진다.

삼성카드 직원의 직급별 연봉과 평균 재직기간

직급	연봉	평균 재직기간
부장	7700만~8200만 원	6년
차장	6300만~6900만 원	6년
과장	5200만~5700만 원	6년
대리	4100만~4600만 원	5년
주임	3000만~3300만 원	4년

세전 금액. 조직성과급 및 개인성과급 별도　　　　　　자료: 삼성카드

"카드를 보면 '사람'이 보인다"

신용카드는 현대인의 라이프사이클과 밀접한 관계를 맺고 있다.

금융업종 가운데 카드 사업은 고객관계관리[CRM] 기법이 가장 발달한 것으로 알려져 있다.

고객관계관리란 고객과 관련된 정보를 분석 통합해 고객 특성에 맞는 마케팅 활동을 계획하고 평가하는 과정. 신용카드 회사는 고객의 소비 성향을 실시간으로 파악할 수 있기 때문에 CRM에 남다른 강점을 갖고 있다. 따라서 카드회사의 경쟁력은 고객 분석 및 특성별 세분화 능력에 좌우될 수밖에 없다.

삼성카드는 고객의 라이프사이클에 맞는 생활금융 서비스를 제공하는 데 뛰어나다는 평가를 받고 있다. 그 비결은 뭘까.

12가지 라이프스타일로 고객 분류 - 분석

유석렬 삼성카드 사장은 평소 "삼성카드는 '플랫폼'"이라고 말한다. 삼성카드를 기반으로 상품, 서비스 등 다양한 결제를 할 수 있어서 생활의 플랫폼 역할을 한다는 의미다.

유 사장은 "삼성카드의 목표는 생활과 밀착된 마케팅을 통해 회원들에게 폭넓고 수준 높은 생활편의 서비스를 제공하는 것"이라고 강조했다.

고객 생활에 밀착된 생활편의 서비스를 제공하려면 먼저 고객의 라이프스타일을 제대로 파악해야 한다.

그래서 삼성카드는 고객의 카드 사용에 관한 정보를 분석해 고객을 '구분'하는 작업에 공을 들인다. '유행선호 백조' '적극적 소비' '안정된 중산층' '알뜰살뜰 주부' 등 12가지 라이프스타일로 고객을 나누고 주 사용 요일과 시간대, 주 사용 지역 등을 분류한다.

이런 식으로 분류된 고객별로 어떤 가치를 어떻게 제공하는가가 카드사 마케팅의 관건이다.

물론 고객의 소비성향을 정확하게 예측하는 것이 쉬운 일은 아니다. 삼성카드도 제대로 파악하지 못해 곤경에 빠진 경험이 있다.

임남훈 삼성카드 포인트연구소장은 "휴대전화에 대해 '선 할인'을 해주고 포인트로 갚게 하는 서비스를 제공했는데 나중에 포인트로 다 갚지 못한 고객이 많아 돈으로 받는 바람에 엄청난 항의가 쏟아졌다"고 털어놓았다. 삼성카드는 당시 휴대전화를 고객들이 최소 2년은 쓸 것이라고 판단했는데 실제로는 8개월 주기로 바꾼 고객이 많았던 것.

당시의 뼈아픈 실수를 계기로 삼성카드는 과학적인 고객관계 마케팅을 위해 '포인트연구소'를 만들었다.

포인트연구소, 생활밀착형 서비스 제공에 주력

2005년 5월 설립된 삼성카드 포인트연구소는 4명의 연구원이 순수하게 포인트 연구만 하는 조직이다.

포인트연구소의 고민이자 핵심 연구과제는 '포인트가 고객들에게 어떤 작용을 할 수 있느냐'는 것.

신용카드의 포인트는 크게 4개의 세대를 거쳤다.

1세대는 고객이 포인트를 받아서 선물로 바꾸던 시기. 1998년 이전에 신용카드 회사들은 카탈로그를 배포한 뒤 식기 등으로 바꿔 주곤 했다.

2세대는 1998~2000년으로 포인트를 사용할 수 있는 가맹점이 생겼던 시기. 삼성카드는 이런 추세에 맞춰 1998년에 빅보너스포인트카드를 내놓았다.

3세대는 항공 포인트처럼 교통수단에 특화된 포인트가 나오던 시기다. 마일리지가 대표적인 예다.

4세대는 '선先 포인트 할인 서비스'로 경쟁업체인 현대카드의 M카드가 선도했다.

포인트연구소 측은 "2007 하반기에는 새로운 개념의 포인트 서비스를 제공하기 시작했다"며 "삼성카드가 국내 신용카드 업계의 5세대 포인트를 이끌 것"이라고 장담했다.

삼성카드는 전국 3만5000여 개 가맹점에서 포인트가 적립되고, 이들 가맹점에선 모두 포인트를 쓸 수 있다는 점을 자랑으로 내세운다. 대부분 카드의 포인트가 적립은 여러 곳에서 되지만 사용처가 한정된 것과 차별화된다.

삼성카드의 포인트 소진율은 85%에 이른다. 100원을 적립하면 85원을 쓰는 셈이다. 포인트를 자유롭게 쓸 수 있도록 1원만 있어도 포인트 사용이 가능하고 연회비도 포인트로 결제할 수 있게 했다. 이렇게 쌓이는 포인트가 1년에 1600억 포인트에 이르는 점을 감안할 때 85% 소진율은 대단한 수치라는 게 삼성카드 측의 설명이다.

화장품 구입 시작한 남자는 '곧 결혼할 사람'

삼성카드를 가장 많이 쓰는 계층은 30, 40대 여성. 임 소장은 "30세를 전후로 포인트를 쓰는 경향이 달라진다"고 말한다.

카드는 유효기간이 5년이다. 이 기간의 소비 성향을 분석하면 일반적인 생활 패턴이 나오는데 여성은 30~32세가 지나면 출산과 함께 원하는 혜택이 바뀐다는 것. 이때 맞춤형 카드로 변경해 주는 것이 요령이다.

남자들도 포인트를 영화 보는 데 쓰다가 화장품 구입하는 것으로 바뀌면 '곧 결혼할 사람'이라는 것을 알 수 있다. 이런 정보는 영업부서에 전달이 되고 카드를 맞춤형으로 바꾸는 데 활용한다.

고객의 제안을 적극적으로 받아들이는 자세도 중요하다.

실제로 삼성카드는 2004년 포인트 소멸 시기를 미리 알려주면 좋겠다는 고객의 요청을 받아들여 소멸 2개월 전에 안내하는 시스템을 도입했다. 이 제도는 금융감독원이 전 카드사에 포인트제도 개선 방안의 하나로 권고했을 정도로 성공적인 사례로 통한다.

삼성카드는 2007년 7월 초 서울대에 '금융 마케팅 아카데미' 과정을 열었다.

6주 동안 진행되는 이 과정은 전문 지식을 갖춘 삼성카드 실무진과 서울대 교수들이 토의를 통해 교과 내용을 결정한 산학협동 코스다. 이곳에 삼성카드는 대리급 이상의 중간 간부들을 파견할 계획이다.

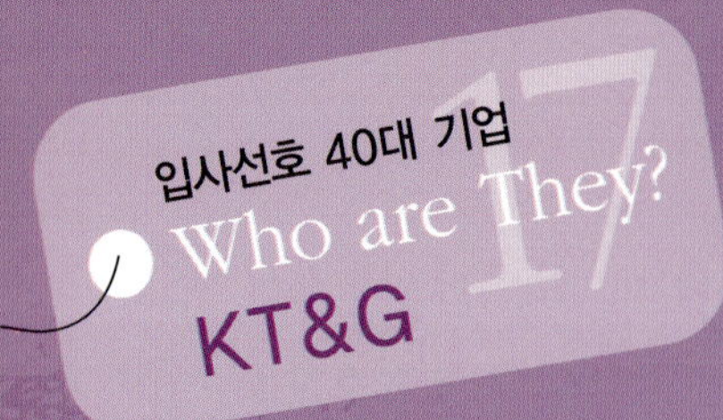

'공公→ 민民'
성공적 변신 A+++

2007년으로 33년째 KT&G에서 일하고 있는 최성관[54세] 자산개발실장은 입사 이후 신분이 3번 바뀌었다. 그는 1974년 9급 공무원으로 전매청에 들어갔다. 이어 1987년 한국전매공사, 1989년 한국담배인삼공사로 회사 형태가 바뀌면서 공기업 직원으로 변신했다. 2002년부터는 자산 규모 4조 원의 '민간기업' KT&G의 직원이다.

최 실장의 경력에서 알 수 있듯이 KT&G는 최근 20년간 정부기관에서 공기업으로, 다시 민간기업으로 바뀌는 급격한 변화를 겪었다. 1988년에는 외국 담배 수입이 전면 허용되면서 국내 시장의 독점도 깨졌다.

KT&G는 '민영화의 성장통成長痛'을 이기고 모범적인 지배구조를 갖춘 우량 기업으로 도약하고 있다.

"브리티시아메리칸타바코[BAT], 저팬타바코[JT], 필립모리스[PM] 등 세계 최대 규모의 담배회사와 경쟁해 높은 시장 점유율을 확보하고 있는 경쟁력 있는 회사다." 세계적인 온라인 백과사전 '위키피디아'는 KT&G를 이같이 설명하고 있다. KT&G는 국내 담배시장의 약 70%를 차지하고 있다.

'기업지배구조 최우수' 3년 연속 선정

전매청→전매공사→담배인삼공사→ 2002년 민영기업으로

20년간 3번 변신… "공무원 체질 벗자"

KT&G의 모태는 1899년 담배 및 홍삼을 전매하는 궁내성 내장원 삼정과다. '정부기관-공기업-민간기업'의 순으로 이어지는 민영화 과정에서 구조조정과 경영혁신을 통해 고高비용 저효율의 '공무원 체질'을 바꿨다. 이 과정을 통해 여러 측면에서 민간기업의 장점이 엿보이고 있다.

공기업으로 전환된 1987년 이후 본격적인 인력 구조조정과 조직 개편이 진행됐다. 독점 시장에 안주하던 관행으로 경쟁에서 살아남을 수 없다는 판단 때문이었다. 1987년 1만3082명이던 직원은 1997년 7680명으로 줄었다. 511개에 이르던 부서도 471개로 통폐합됐다.

KT&G의 직원은 2006년 현재 4235명이다. 국내 담배 제조공장은 1987년 8개에서 현재 4개로, 원료공장은 9개에서 2개로 각각 줄었다.

지난 3년 평균 배당성향 49.25%

민영화 과정이 순탄치만은 않았다. 노동조합이 1995년 이후 분할 매각이나 해외 매각 방식의 민영화에 반대해 거리로 나서기도 했다.

이 과정에서 KT&G의 노사관계는 한층 성숙됐다. '회사발전=고용안정'이라는 인식이 싹튼 것이다. KT&G 노조는 민영화 첫해인 2003년 회사 경쟁력 확보를 위해 임금협상과 단체협약 갱신을 회사에 위임하는 결정을 내렸다.

전영길50세 KT&G 노조위원장은 "외국 담배와의 경쟁, 담배에 대한 사회적 규제 분위기 등에 따른 위기감이 조직을 하나로 뭉치게 하는 요인이 됐다"고 설명했다.

민영화를 통해 소유와 경영이 분리된 선진국형 지배구조도 갖췄다. 2007년 8월 16일 현재 최대주주는 6.63% 지분을 갖고 있는 기업은행이다. 프랭클린뮤추얼 등 외국인은 전체 지분의 50.91%를 보유하고 있다.

이사 12명 중 75%인 9명이 사외이사다. 전문경영인 체제가 도입되면서 공기업 시절의 낙하산 인사 시비도 사라졌다. 최고경영자CEO는 이사회와 경영계약을 하고 목표를 달성하지 못하면 해임까지 감수해야 한다.

KT&G는 2004년부터 2006년까지 한국증권선물거래소와 한국기업지배구조개선센터가 주관하는 기업지배구조 최우수기업으로 3년 연속 선정됐다. 2006년까지 3년간 평균 배당성향배당총액을 순이익으로 나눈 것이 49.25%에 이른다. 논란도 있지만 번 돈의 절반 가까이를 주주에게 배당으로 나눠 준 셈이다.

하지만 공무원 시절의 관행과 분산된 지배구조는 '주인 없는 회사'라는 보수적인 조직문화의 그늘도 만들었다. 2001년 신新 인사제도를 도입해 성과 중심의 직원 평가를 강화한 것도 이 때문이다.

234

경영권 위협도 여전하다. 2006년에는 미국의 '기업 사냥꾼' 칼 아이칸에 맞서 주주총회 표 대결까지 벌이는 시련도 겪었다.

"주주 – 직원 – 사회 함께 성장"

KT&G의 민영화 실험은 '현재진행형'이다. 민영화 과정을 거치면서 조직의 정체성이 흔들렸다. 회사 내부에서 조직 문화가 '무색무취'라는 평가가 나오는 것도 이 때문이다. 미래를 개척할 핵심 인재를 확보하는 것도 앞으로 풀어야 할 과제다.

KT&G의 고위 관계자가 "담배회사라는 부정적 이미지 때문인지 글로벌 감각을 갖춘 우수한 젊은 인재들이 기대만큼 지원하지 않아서 고민"이라고 말할 정도다.

이 때문에 교육 기회 제공 의무를 단체협약에 규정하고, 승진에 교육 학점을 반영하는 교육이수제와 1인당 150만 원 한도 내에서 교육비를 지원하는 등 인재 육성에 공을 들이고 있다.

'담배회사'라는 기업 이미지는 회사의 발목을 잡는 '족쇄'이기도 하다.

KT&G는 2007년 사회 공헌 전담부서를 설립하고 2010년까지 4년간 모두 2162억 원을 사회공헌 활동에 쓰겠다고 밝혔다. KT&G의 사회 공헌 투자비는 매출액의 2% 정도다. 2006년 국내 상장사의 평균 매출액 대비 사회공헌비는 0.21%였다.

KT&G 관계자는 "주주에게 이익을, 구성원에게는 보람을 주고 사회로부터 신뢰받는 기업이 되는 게 앞으로 목표"라고 강조했다.

Korea Tabacco & Ginseng, 아닙니다
Korea Tomorrow & Global, 맞습니다!

"KT&G가 공기업인가요, 민간기업인가요?"

국내 포털 사이트에서 'KT&G'를 검색해 보면 누리꾼들의 이런 질문을 쉽게 찾아볼 수 있다.

KT&G는 2002년 정부 지분을 완전 매각해 민영화됐지만 아직도 '공기업'이라는 인식이 강하다.

1899년 담배와 홍삼을 전매하는 궁내성 내장원 삼정과로 시작해 1989년에 정부투자기관, 1997년에는 정부출자회사가 되는 등 100년 이상 정부기관 또는 공기업으로서 명맥이 유지됐기 때문이다.

사명社名과 관련된 오해도 많다.

우선 KT&G를 'Korea Tobacco & Ginseng'의 약자로 잘못 이해하는 사람이 많다. KT&G는 'Korea Tomorrow & Global'의 약자가 맞다.

이는 옛 한국담배인삼공사 시절 영문으로 'KTG Corp'Korea Tobacco & Ginseng Corporation를 사용한 영향이 크다. 담배회사로서 회사 홍보에 적잖은 고충이 있음을 엿볼 수 있다.

또 "KT, KTF, KT&G가 무슨 관계죠?"라는 질문도 종종 올라온다. KTF는 KT의 계열사이지만 KT&G는 이들과 아무 관련이 없다.

회사 측은 "2002년에 민영화되면서 영문 사명을 바꿨다"며 "현재의 사명이 사업 다각화를 추진하고 수출을 늘려나가는 회사의 전략에 더 적합하다고 판단하고 있다"고 설명했다.

KT&G가 100% 지분을 보유하고 있는 '한국인삼공사'도 당연히 공기업이 아닌 민간기업이다.

KT&G 고위 관계자는 "인삼공사의 회사이름 변경을 고민하고 있다"며 "KT&G와 인삼공사, 영진약품 등 자회사들 간에 브랜드 통합을 해야 할

것"이라고 했다.

　회사 내 흡연 문화와 관련된 오해도 많다. 담배회사인 만큼 서울 강남구 대치동 본사에선 어디나 흡연이 가능할 것으로 여기기 쉽다. 그러나 이 건물은 전체 20개 층 가운데 5개 층만 '흡연' 구역이다.

　그렇다면 비흡연자는 입사할 때 불이익이 있을까? 답은 '없다' 이다.

미-중-터키-몽골 등에도 진출
신입사원 주재원 파견 기회도

Q 신입사원 초봉은….

A 대졸 남자 사원을 기준으로, 기본급과 상여금이 포함된 세전^{稅前} 연봉이 3800만 원 선이다.

Q 입사 후 해외 근무 기회가 많나.

A 미국, 중국, 터키, 인도네시아, 몽골 등에 현지법인 및 해외 사무소가 있고 앞으로 진출 국가를 늘릴 계획이다. 해당 국가의 언어에 능통하고 직무 능력이 우수하면 신입사원도 해외 주재원으로 근무할 수 있다.

Q 여사원 비율은 어느 정도이며, 여성 임원이 있나.

A 1989년 한국담배인삼공사로 전환한 뒤 채용한 대졸 사원 중 여사원 비율은 7%다. 현재 여성 임원은 없다.

Q KT&G 인턴사원 출신은 입사할 때 혜택이 있나.

A 2007년 여름 처음 시작한 인턴 프로그램의 경쟁률은 134 대 1이었다. 인턴 출신이 신입사원으로 지원하면 서류전형 때 가산점 등 혜택을 줄 예정이다.

Q 모집 직무별로 지원할 수 있는 전공이 정해져 있는가.

A 직무별로 지원할 수 있는 전공이 있다. 예를 들어 일반 사무직은 인문·사회

계열, 원료 관리직은 농학·생명공학 계열이 지원할 수 있다. 해마다 조금씩 달라지는 만큼 채용공고에서 직접 확인해야 한다.

Q 입사 후 근무지는….

직무별로 근무하는 곳이 다르다. 예를 들어 일반 사무직은 서울·대전 본사와 전국 지역본부 및 지역본부 산하 168개 지점에서 일한다. 원료 관리직은 대전 본사와 남원, 김천의 원료 공장, 연구직은 대전의 중앙연구소에서 근무하게 된다.

Q 승진 연한은 어떻게 되는가.

4년제 대졸사원 기준으로 6급 사원부터 시작해 1급 사원까지 승진할 수 있고, 그 이후에는 임원대우 상무보 상무 전무 전무이사 대표이사 순서다. 대체로 승진 후 3년이 지나면 다음 직급으로 승진할 기회를 얻지만, 최근엔 근무 기간과 상관없이 발탁 승진이 늘고 있다.

Q 서류전형에서 중점을 두는 평가요소는 무엇인가.

역량 기술서, 지원 분야와 전공의 관련성, 학점, 외국어 능력, 자격증 등의 순서로 가중치를 부여한다.

KT&G 직급별 연봉

직급	연봉
임원급(1급과 임원)	1억1000만 원 이상
부장급(2급)	7100만~8400만 원
차장급(3급)	6000만~6500만 원
과장급(4급)	4900만~5600만 원
대리급(5급)	4000만~4600만 원
사원급(6~8급)	3000만~3800만 원

기본급과 상여금을 포함한 세전 연봉. 2급 이상은 연봉제   자료: KT&G

시장개방이라는 위기를
체질 개선의 기회로

서울 서초구 양재동 경부고속도로 부산 방향 쪽의 '서울 만남의 광장'. 이곳 휴게소 계산대 위 벽면에는 여느 슈퍼마켓처럼 담배가 가득 진열돼 있지만 외국 브랜드의 담배는 눈에 띄지 않는다.

만남의 광장 휴게소의 상품 담당 직원은 "'만남의 광장' 휴게소에서 외국 브랜드의 담배를 판 적은 없다"며 "외국 담배를 찾는 소비자가 적지 않지만 '저희는 국산 담배만 팔고 있다'고 양해를 구한다"고 말했다.

만남의 광장에서만 외국 브랜드 담배를 살 수 없는 것은 아니다. 전국 147개 고속도로 휴게소 중 외국 브랜드 담배를 파는 곳은 단 한 곳도 없다.

한 외국계 담배회사 관계자는 "1988년 한국의 담배 시장이 개방된 지 20년 가까이 지났지만 KT&G의 시장 지배력은 철옹성같이 느껴진다"고 했다.

KT&G의 국내 담배시장 점유율은 몇 년째 70% 안팎에 이른다.

물론 2000년 90.6%와 비교하면 급격히 시장을 내주는 듯이 보이지만, 담배 시장이 개방된 나라에서 자국自國 담배 회사가 이처럼 높은 지배력을 유지하기는 쉽지 않다는 평가가 많다.

세계적 담배회사를 보유한 영국 미국 일본 등을 제외하면 2005년 말 현재 자국 담배 브랜드의 국가별 점유율은 △대만 38% △프랑스 26.8% △스페인 34.4% 등에 그친다.

외국 담배 몰려왔어도… 점유율 70% 유지

KT&G의 시장 점유율은 최근 5년 동안 20%포인트 가까이 떨어졌지만 영업이익은 연평균 12%씩 성장했다.

전문가들은 '탄탄한' 시장 지배력뿐 아니라 시장 개방이라는 위기를 체질 개선의 기회로 삼은 덕분이라고 평가한다.

KT&G는 고가高價 담배로 시장을 잠식해 오는 외국 브랜드의 공격에 값비싼 담배를 내놓은 '맞불 작전'으로 응수했다.

그 결과 KT&G의 내수시장 평균 판매 단가는 2001년 379.6원에서 2007년 상반기1~6월엔 612원으로 61% 높아졌다. 영업이익률이 무려 33%에 이르는 이유다.

또 다른 성장동력은 참살이웰빙 바람으로 급성장하는 홍삼, 인삼사업이다.

KT&G가 지분 100%를 보유한 한국인삼공사의 매출은 매년 30% 가까이 늘어나고 있다. 이 회사 홍삼과 인삼의 시장 점유율은 2007년 3월 말 현재 각각 80%, 47%에 이른다.

푸르덴셜투자증권 이정인 연구원은 "인삼공사는 국내에서 생산되는 홍삼 원료 '6년근 인삼'의 약 80%를 사실상 배타적으로 공급받고 있다"
며 "또 국내 최대인 680여 개 판매망을 보유하는 등 탄탄한 시장 경쟁력
이 강점"이라고 말했다.

급변하는 영업 환경… 흔들리는 아성

하지만 이런 KT&G도 담배 산업이 가지는 '태생적인 경영 위험'으로
부터 벗어날 수 없다는 지적이 많다.

실제 정부가 세금을 인상해 담배 가격을 올리거나 금연 구역을 넓히는
등 강력한 금연 정책을 펴면서 흡연 인구가 감소하고 담배 시장도 위축
되고 있다.

성인 남성의 흡연 비율은 2000년 말 67.6%에서 2006년 말엔 44.1%
로 23.5%포인트나 급감했다. 이에 따라 연간 담배소비량은 2001년 989
억 개비에서 지난해엔 877억 개비로 줄었다.

외국 담배 회사들의 맹공에도 불구하고 KT&G가 마지노선으로 여기
며 몇 년째 지켜온 '내수 시장 점유율 70%'도 2007년 2분기4~6월에
69.4%로 주저앉으며 처음 무너졌다.

하루빨리 담배와 인삼에 편중된 사업 구조에서 탈피해야 한다는 지적
이 나오는 것도 이런 이유 때문이다. 핵심 사업 부문이 위기에 몰릴 경우
기업이 존폐 위기에 놓일 가능성이 높다는 것이다.

KT&G 고위 관계자는 "사업 안정성이 좋다는 것은 그만큼 변화를 이
끌어내기 힘들다는 뜻이기도 하다"며 "수익성이 높은 사업에 치중하다
보니 이를 대체할 만한 사업을 찾기 어려운 측면도 있다"고 말했다.

KT&G는 새로운 돌파구를 해외시장에서 찾고 있다.

실제로 처음 담배를 수출한 1999년 전체 생산량의 2.82%에 그쳤던

242

수출 비중이 지난해 33.3%로 빠르게 증가하고 있다.

몽골 중국 인도네시아 등에 해외법인 등을 설립한 데 이어 2008년 4월 러시아 시장을 겨냥해 연간 20억 개비 규모의 터키 현지 공장을 준공했다.

증권업계 관계자는 "수출 지역을 다양화하고, 국내 가격의 37% 수준에 그치는 수출 담배의 평균 단가를 높이는 고급화 전략이 필요하다"고 지적했다.

'바이오 – 제약' 등 새 동력 찾기 한창

KT&G의 부문별 매출 비중은 2001년 담배 90%, 인삼 9%에서 지난해엔 담배 78%, 인삼 15%, 영진약품 4% 등으로 큰 차이가 없다.

이 때문에 사업 다각화를 위해 2001년 진입한 '바이오 · 제약' 사업도 조금 더 속도를 내야 한다는 지적이 나온다.

현재까지 KT&G의 바이오 제약사업 투자는 2002년 미국 바이오벤처 기업인 백스젠과 공동투자한 셀트리온212억 원, 영진약품 인수326억 원, 바이오벤처 투자165억 원, 신약개발 프로젝트약 200억 원 등에 머물러 다소 소

숫자로 보는 KT&G

- **3년** 3년 연속 기업지배구조 '최우수기업' 선정
- **32년 8개월** 최장수 담배 '화랑' 판매 기간
- **35.27%** 전체 판매량 중 수출 비중
- **108년** 회사 역사(1899년 설립)
- **4188명** 직원 수 (2007년 7월 현재)
- **937억 6643만9700개비** KT&G가 2006년 국내외서 판매한 담배 수량
- **4조1765억6459만8567원** KT&G의 세금 및 부담금 납부액(2006년 기준)

극적이라는 평가가 있다.

KT&G 관계자는 "몇 년 전부터 진행해온 사업 다각화 작업이 다소 더디게 느껴질 수 있지만 그만큼 신규 사업 결정에 신중을 기하는 것으로 볼 수 있다"고 말했다.

'안전한 한전'의 빛과 그림자

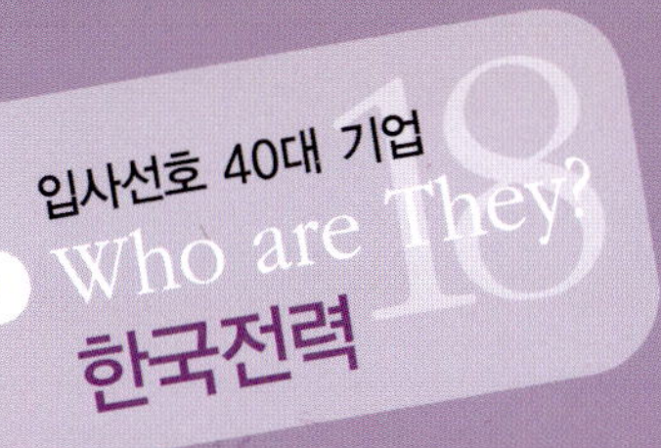

"미국 현지에서 연 기업설명회ℝ에 가 보면 해외 투자자들은 한국전력공사를 글로벌 기업으로 대접합니다. 하지만 국내로 돌아오면 상황이 180도 달라지죠." 전직 한전 고위 임원은 한전을 보는 국내외의 시각차를 이같이 전했다.

해외에선 한국을 대표하는 기업으로 인정받지만 국내에서는 '공룡 공기업'으로 평가 절하된다는 것. 실제 한전은 미국 포천지誌가 선정한 2006년 매출액 기준 세계 500대 기업 중 228위에 오른 '글로벌 기업'이다.

세계적 신용평가회사인 무디스는 한전의 신용등급을 국가한국보다도 한 단계 높은 'A1'으로 평가했다. 하지만 기업의 효율성과 성장성 측면에서는 독점적인 국내 전력시장의 공기업이 가지는 한계를 극복해야 하는 과제를 안고 있다. 한전의 미래 고민도 여기서 출발한다.

'왜 입사하고 싶은가'
정년보장 안정성이 41%

'전력계 노벨상' 에디슨 대상 두 차례나 받아

한전의 가장 큰 강점은 국내 전력시장을 사실상 독점하고 있다는 점이다. 이 때문에 한전에는 '절대 망하지 않을 회사' 라는 꼬리표가 따라다닌다.

6개 자회사로 분리된 발전 부문과 전력의 최종 수요자에 전력을 파는 모든 과정을 수직 계열화한 덕분에 누리는 '규모의 경제' 도 크다.

안정적인 발전소 운영과 전력 관리 능력은 세계 시장에 내놓아도 손색이 없다는 평가를 받고 있다. 한전은 세계 전력 산업계의 노벨상으로 불리는 에디슨대상을 1997년과 2006년에 걸쳐 두 차례 받았다.

권오형 한전 경영관리본부장은 "한전은 전력손실률 4.5%, 가구당 정전시간 18.8분 등 세계 최고의 전기 품질을 유지하면서도 전기요금은 경제협력개발기구OECD 국가 중 가장 낮은 편"이라고 말했다.

하지만 경쟁이 없는 시장에서 오래 안주한 공기업의 '태생적 한계'는 한전의 발목을 잡는 요인이다.

증권업계의 한 관계자는 "정부가 전기요금을 통제하며 연 6% 정도의 수익률을 보장하는 상황에서 굳이 경영의 효율화를 통해 이익을 키우고 새로운 수익원을 찾을 인센티브가 작을 수밖에 없다"고 말했다.

전체 매출 99.7%는 국내서 올린 것

2006년 한전의 전체 매출의 99.7%26조9006억 원는 국내 시장의 전기 판매였다. 해외사업 등 부대사업의 매출액은 0.3%784억 원에 불과했다.

전력 사용량이 늘거나 전기요금이 올라야 수익이 느는 사업구조는 안정적인 전력 공급에만 매달리는 보수적인 조직 문화를 낳았다는 분석이 적지 않다.

한전 역대 사장 16명 중 한전 내부 출신은 2명이며 정치인 관료 군인 출신이 14명일 만큼 정부의 '입김'에서 자유롭지 못했다. 한전 직원들이 자신의 분야에 대한 전문성과 사명감은 뛰어나지만 변화와 혁신에 둔감하다는 평가가 나오는 이유다.

한전은 2006년 사업부별로 권한과 책임을 분산해 경쟁을 유도하는 독립사업부제를 도입하는 등 조직문화의 변화를 시도하고 있다.

2007년 4월 취임한 이원걸 한전 사장은 최근 동아일보 기자와 만나 "한전의 주요 수익원이 전기요금인 상황에서는 늘 피동적일 수밖에 없다"며 "글로벌 전력기술 회사로 도약하지 못한 채 10년 이상을 더 간다면 구조조정에 들어갈 수밖에 없다"고 말했다.

국내 전력 사용량 증가율은 1990년대 연간 10%대였지만 2000년대 들어 한 자릿수로 떨어졌다. 2015년 이후에는 1%대로 하락할 것이라는 전망이 나오고 있다. 전력 사용 증가율이 마이너스로 떨어진다면 한전의 안정적인 수익구조가 흔들리게 된다.

원가 인상 요인을 전력판매 가격에 반영하기 어려운 상황에서 최근 유연탄 우라늄 등 발전용 연료의 가격 상승으로 원가 인상 압박까지 높아지고 있다. 이 때문에 한전의 당기 순이익은 2005년 2조4486억 원에서 2006년 2조705억 원으로 줄었다.

"해외시장서 미래 동력 찾는다"

기업으로서 한전에 대한 평가는 주가에도 나타난다. 한전의 시가총액은 회사의 순純자산가치의 70%PBR · 주가순자산배율 0.7에 불과해 국내 시가총액 상위 100대 기업 중 최하위 수준이다. 자산가치에 비해 주가가 저低평가된 셈이다. 역으로 자산의 효율성을 높이면 성장 가능성도 크다고 볼 수 있다.

한전은 신新 · 재생 에너지 등 신규 수익원 발굴과 발전소 건설 플랜트 수출과 연계한 해외자원 개발 등 해외사업에서 미래 성장 동력을 찾고 있다. 해외사업 매출을 2007년 2345억 원에서 2015년 3조8000억 원매출의 8~10%으로 끌어올리고 세계 최고의 글로벌 종합 에너지그룹으로 도약하겠다는 포부다.

한전은 필리핀 중국 등의 발전소 건설과 운영, 나이지리아 석유가스 탐사 등 해외 자원개발, 중국 풍력발전 사업 등을 추진하고 있다. 최근 미국 아프리카 전력시장 진출에 나서고 포스코와 손을 잡고 발전용 연료전지 개발사업에 본격적으로 뛰어든 것도 같은 맥락이다.

한편 여러 측면에서 정부의 눈치를 볼 수밖에 없는 공기업의 태생적

한계가 있긴 하지만 글로벌 인재 육성과 보수적이고 관료적인 조직문화를 벗어나기 위해 속도를 더 내야 한다는 지적도 적지 않다.

한전을 퇴직한 한 사원은 한전의 조직문화에 대해 묻자 '한전식 코끼리 냉장고 넣기'라는 말로 대신했다.

"사장이 한전 간부에게 코끼리를 냉장고에 넣으라고 하면? 답은 '과장을 찾아 지시한다'예요."

숫자로 보는 한전

- **5위** 세계 5위 전력회사(2004년 전력 판매량 기준)
- **2만609명** 직원(2007년 6월)
- **760만8000개** 전봇대
- **1762만 가구** 고객
- **3487억 kWh** 2006년 전력 판매량
- **1조 원** 해외 사업 누적 수익
- **26조9709억 원** 2006년 매출액

1887년 경복궁에 첫 전등

'1887년 3월 해질녘 어스름이 짙게 깔린 경복궁 내 건청궁. 작은 불빛이 깜빡깜빡하다 갑자기 밝아지자, 주위에 모인 이들이 모두 '와' 하며 감탄을 터뜨렸다.'

한국전력공사 사사 社史는 조선에 처음 전기가 들어온 장면을 이처럼 묘사했다. 당시 조선 정부는 미국의 전기회사인 에디슨에 의뢰해 경복궁 향원정 연못가에 발전 설비를 세웠다. 당시 사람들은 난생 처음 본 전깃불을 보고 '연못물을 먹고 불이 켜졌다' 며 '물불' 이라고 불렀다 .

전기에 관심이 많았던 고종은 1898년 황실 자본을 투자해 국영 기업인 한성전기회사를 설립하며 본격적으로 전력사업에 뛰어들었다. 이것이 한전의 모태 母胎다. 이후 100년이 넘게 이어진 우리나라 전력의 역사는 한전의 역사와 맥을 같이 한다 .

한성전기회사는 1900년 4월 10일 종로 거리에 3개의 가로등을 세우며 거리를 비췄다. 정부는 처음으로 길거리에 전깃불이 들어온 이날을 '전기의 날' 로 정해 기념하고 있다 .

국내 최대의 전력위기는 광복 이후 찾아왔다. 당시 발전량의 90%를 생산하던 북한이 남한에 대한 전기 공급을 중단했다. 심각한 전력난에 시달리던 남한은 1961년 조선전업, 경성전기, 남선전기 등 전기회사 3곳을 통합해 '한국전력주식회사' 를 만들었다.

경제 개발이 본격화된 1970년대부터 국내 전력 산업도 빠르게 발전했다. 1978년 '고리 원자력 1호기' 가 준공되고 원자력 발전 시대도 열었다.

'한국전력주식회사' 는 1982년 한국전력공사로 개편됐다. 이어 1989년 8월 국내 주식시장에도 상장했다 .

한전의 해외 진출은 1995년 필리핀 말라야 화력발전소의 성능복구사업 수주로 시작했다. 지난해 기준으로 해외사업 누적 수익이 1조원을 넘어 글로벌 에너지 기업으로 도약을 시도하고 있다 .

외환위기 이후 독점 산업인 전력 산업에 경쟁 체제를 도입해야 한다는 여론이 높아지면서 한전 민영화에 대한 논의가 촉발됐다. 한전의 지분은 2006년 말 현재 정부와 산업은행이 각각 지분의 21%, 30%를 보유하고 있다.

정부는 전력산업 구조개편 방안을 마련하고 2001년 한전의 발전 부문을 한국남동발전, 한국중부발전, 한국서부발전, 한국남부발전, 한국동서발전, 한국수력원자력 등 6개 자회사로 분리했다 .

이어 발전자회사의 민영화를 위해 2003년 한국남동발전의 매각을 추진했다가 무산된 바 있다. 2004년에는 배전 부문의 분리계획도 중단돼 현재 민영화 논의는 수면 밑으로 가라앉은 상태다 .

한전 민영화와 관련해서는 현재도 "전력산업은 국가 기간산업이므로 민영화해서는 안 된다"는 주장과 "민영화를 통해 경영 효율화를 이뤄야 한다"는 의견이 팽팽히 맞서고 있다.

전기 120년사^史

1887 경복궁에서 국내 최초의 전등 점화
1898 한국전력의 모태 '한성전기회사' 설립
1899 서울시내에 첫 전차 운행
1900 종로에 첫 가로등
1948 북한으로부터 단전 斷電
1961 한국전력주식회사 탄생
1982 한국전력공사 체제로 전환
1994 한전 주식 뉴욕증권거래소 상장
2001 한전 발전부문을 6개 자회사로 분리
2005 개성공단에 전기 공급 시작

공익성과 수익성
피할 수 없는 줄타기

'코스는 다양하지만, 누구나 완주 가능한 마라톤.' 한국전력의 한 직원은 "우리 회사는 입사 때와 정년 퇴임식의 직원이 가장 일치하는 회사일 것"이라며 자신의 일터를 마라톤에 비유했다.

취업 준비생이 가장 입사하고 싶은 공기업으로 한전을 꼽는 이유도 이와 비슷하다.

동아일보가 취업정보전문업체인 커리어와 함께 대학생 구직자 155명을 대상으로 벌인 설문조사에서 '미래의 직장으로 한전을 선호하는 이유'는 '정년 보장'이 41.6%로 가장 많았으며 다음은 △뛰어난 복리후생 32.1% △높은 연봉 17.5% 등이었다. 한전 측은 "공기업이어서 직업 안정성이 높은 것은 맞지만 연봉 복리후생 등 모든 조건이 우월하지는 않다"고 말했다.

평균근속 17.5년…100대기업 중 6위

한전은 직원의 평균 근속연수가 높은 회사로 꼽힌다.

최근 한 취업정보업체의 조사 결과 한전 직원의 평균 근속연수는 2006년 현재 17.5년남성 18.3년, 여성 12.1년으로 국내 매출액 기준 상위 100대 기업 중 6위로 나타났다.

만 58세까지 정년이 보장되는 데다 일정 기간이 지나기 전에 승진해야 하는 '직급 정년제'가 1급처장과 2급부처장에만 있기 때문이다.

한전은 2006년 정년 연장 방안을 2009년까지 도입하기로 노동조합과 원칙적으로 합의하고 세부 사안을 협의 중이다.

기획예산처가 발표한 '2006년 공공기관 경영 정보'에 따르면 한전의 평균 임금은 5898만 원으로 297개 공공기관의 평균인 5050만 원보다 많았다.

물론 1위인 산업은행8758만 원과 2위인 증권예탁결제원8036만 원 등에 비하면 크게 낮다.

기업별 직원 평균 근속연수

순위	기업	기간(년)
1	포스코	19.0
2	KT	18.6
3	중소기업은행	18.4
4	현대중공업	18.4
5	KT&G	18.2
6	한국전력공사	17.5
7	여천NCC	17.4
8	SC제일은행	17.1
9	국민은행	16.7
10	두산인프라코어	16.6

2006년 기준 매출액 상위 100대 기업 대상 (자료: 잡코리아)

연 100여만 원 복지혜택 항목 직원이 선택

한전은 직원의 만족도를 높이기 위해 복리후생과 자기계발 지원에도 적극적이다.

2006년 회사에서 전액 지원을 받아 핀란드 헬싱키경제대의 경영학석사MBA 과정을 마친 이모33·여 과장은 "다른 직장에 비해 대학원 진학 등 외부 교육의 기회가 열려 있다"고 말했다.

회사 측은 "2000년 공기업 중 최초로 문화, 건강, 교육 등 다양한 부문을 선택해 지원받을 수 있는 '선택적 복지제도'를 도입했다"며 "직원별로 연평균 100만 원 정도를 복지제도에 지원하고 있다"고 말했다.

한전 공채에 지원할 예정이라는 유모23세·여·서울 S대 4년 씨는 공기업 중에서도 한전을 가장 들어가고 싶은 회사로 꼽았다. 한전이 여성이 일하기 좋은 직장으로 손꼽히기 때문이라는 것.

한전의 출산과 육아 등에 대한 지원은 후한 편이다. 둘째 자녀부터 출산 지원금 50만 원을 주고 자녀가 태어나면 초등학교에 입학하기 전까지 자녀 1인당 연 70만~100만 원의 양육비를 지원한다.

그러나 한전 전체 직원 중 여성 비율은 2006년 말 현재 12.6%에 불과하고 여성 간부 비율도 낮은 편이어서 여성에 대한 '유리천장'이 있다는 지적도 나온다.

실제로 과장급 이상 여성은 37명으로 전체 과장의 1.1%, 부장급 이상도 875명 중 2명에 불과하다. 임원은 물론 1직급인 처장128명 중에는 여성이 아예 없다. 한전의 한 여성 직원은 "과거엔 초급 간부과장급 승진시험에 합격해도 몇 개월 동안 보직을 받지 못할 정도로 여성 차별이 적지 않았다"고 말했다.

그러나 한전 측은 "과거엔 군대 가산점이 있는 등 남성 사원이 취업에 다소 유리했지만 2007년 상반기 공채에선 여성이 전체 합격자[194명]의 25.3%에 이를 만큼 차별이 사라졌다"고 강조했다.

한편 한전 내부에서는 예정대로 본사가 2012년 전남 나주시로 이전하면 한전에 대한 입사 선호도가 떨어질 것이라는 우려도 있다.

한전의 한 직원은 "순환 근무가 원칙이지만 본사를 지방으로 이전하면 자녀의 교육 문제 등을 감안해 그만두겠다는 동료가 있을 정도"라며 "우수 인재를 확보하는 데 걸림돌이 될까 걱정"이라고 말했다.

일정 기간 지방 근무 뒤 본사 배치

Q 신입사원 초봉은?

A 기본급과 성과급을 포함한 세전^{稅前} 금액이 약 3200만 원이다.

Q 한국전력은 2004년에는 학력 제한을, 2005년에는 연령 제한을 폐지한 것으로 알고 있다. 합격자의 성별 학력별 비율은?

A 2007년 상반기^{1~6월} 공채 합격자 중 여성이 25.3%이다. 고졸 출신은 없으며 전문대 졸업자는 1%이다. 나머지는 4년제 대졸자다.

Q 한국전력 합격자들의 토익^{TOEIC} 평균 점수는?

A 서류전형 통과자들의 평균 점수는 878점이다. 일단 서류전형을 통과한 뒤에는 토익 점수가 다음 평가 단계에 반영되지 않는다.

Q 대학 재학 중에 합격한 뒤 입사를 졸업 이후로 미룰 수 있나?

A 신입사원 모집 요강에 '최종 합격자 결정 이후 즉시 근무가 가능한 자'로 기준이 명시돼 있다. 합격자 중 재학생의 경우, 졸업 때까지 입사를 미루는 것은 가능하지 않다.

Q 입사 경쟁률은?

A 2007년 상반기^{1~6월} 공채의 전체 평균 경쟁률은 56.7 대 1이었다. 7개의 직

군 중 특수직인 전산직이 180.3 대 1로 가장 높았다.

Q 입사 후 근무지는?

신입사원은 원칙적으로 지방 사업소에 배치된다. 일정 기간 뒤 본사의 인력 수급 상황에 따라 본사로 올 수 있다. 지방 근무지 배치 때는 본인의 희망, 연고지, 전공 등을 다각도로 고려해 결정한다. 회사 상황과 직급에 따라 한 사업소에 머무는 기간이 다르며 일반 사원6급은 한 사업소에서 최대 11년까지 머물 수 있다.

Q 입사 후 해외 연수 기회는 많은가?

미국 에너지전문기관에서 배우는 단기 해외관리자 과정, 장기 지역전문가 과정 등 해외 연수 프로그램이 다양하다. 입사 후 1년이 지나면 지원할 수 있다.

직급별 평균 연봉

직급	평균 연봉
1직급(처장)	1억253만1000원
2직급(부처장)	9534만6000원
3직급(부장)	8773만9000원
4직급(과장)	6706만5000원
6직급(사원)	4760만2000원

기본급과 성과급, 복리후생비를 포함한 세전 연봉이며 3직급 이상은 연봉제

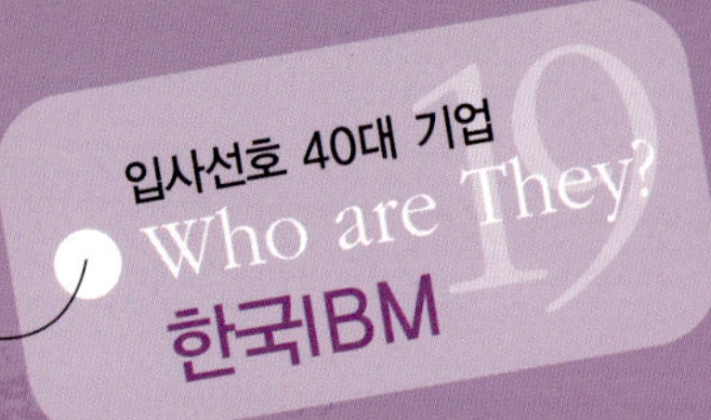

책임&권리 뚜렷…
"2700명 직원 모두 CEO"

"당신의 개인 계발 계획IDP · Individual Development Plan을 실행에 옮기셨나요? 기억하세요. IDP를 실천하면 당신은 더욱 특별해집니다."

서울 강남구 도곡동 한국IBM 본사에는 이 회사의 상징색인 파란색의 꼬마 괴물 캐릭터가 나와 이렇게 외치는 포스터가 층마다 붙어 있다. IDP는 전 세계의 모든 IBM 직원들이 매년 회사에 제출하는 '자기 발전 계획서'. 자신의 역량을 얼마만큼 어떻게 높이겠다는 목표와 방법을 적어 내면 회사는 그에 맞는 교육 등 각종 지원을 제공한다. 해당 성과의 달성 여부는 연말의 개인 인사고과에 반영된다.

IDP는 직원 개인의 역량과 발전을 존중하고 지원하며, 그 결과물을 다시 회사의 경쟁력으로 연결시키는 IBM의 독특한 조직 문화를 함축한다.

"PC 안 팝니다" 2005년 사업 매각
서비스–컨설팅사로 변신

누구나 알고 있지만, 아무도 제대로 알지 못하는 회사.

IBM을 일컫는 말이다. 아직도 'IBM' 하면 많은 사람이 PC를 떠올리지만 지금의 IBM은 PC를 생산하지 않는다. 2005년 중국 레노버에 PC 사업을 매각했기 때문이다. 2007년 들어 프린터 부문마저 사업 분리를 선언했다.

그런데도 'IBM=노트북PC 제조업체'로 오해하고 한국IBM에 입사하는 신입사원이 적지 않다.

한국IBM 유비쿼터스컴퓨팅연구소 강종현 과장은 "지금도 'IBM PC를 좀 싸게 살 수 없느냐'는 친지나 친구의 부탁을 종종 받는다"고 했다.

사업적 통찰력과 정보기술IT을 접목한 '통합 컨설팅 회사'인 IBM에 대한 이런 오해와 무지無知는 역설적이게도 끊임없는 변신과 혁신 때문이라는 분석이 많다.

"이제 컴퓨터 회사가 아니다"

"IBM은 10년 전과는 근본적으로 다른 기업이 됐다."

2006년 새뮤얼 팔미사노 IBM 회장은 이렇게 말했다. PC 제조 기업의 명성을 버리고 컨설팅과 IT 서비스 회사로 변신하는 데 성공했다는 선언이었다.

1980, 90년대 가정과 기업의 책상 위에 놓여 있던 PC는 IBM의 상징이었다.

하지만 21세기의 IBM은 책상 위의 PC 대신 △제품 △서비스 △비즈니스 모델 △경영 및 조직문화 등과 관련한 다양한 '혁신이노베이션제품'을 고객에게 판다.

일본 소니의 게임기 플레이스테이션3의 성능이 크게 향상되고 인도 통신회사인 바르티가 비즈니스 모델을 개선해 가입자를 3배로 증가시킨 것은 모두 'IBM 혁신'을 구매한 결과다.

IBM이 2006년 세계 760여 명의 주요 최고경영자CEO를 대상으로 조사한 결과 3명 중 2명은 '앞으로 2년 안에 비즈니스를 근본적으로 변화시켜야 한다'고 대답했다.

IBM의 변신은 이런 변화를 앞서 읽었기 때문이다. 지금은 보편화된 'e비즈니스'란 말을 처음 쓴 것도 IBM이었다.

한국IBM도 IBM을 따라 근본적으로 변했다. 회계학을 전공했고 글로벌서비스 분야에서 주로 근무한 이휘성 사장이 2005년 44세의 '젊은 나이'에 선임되자, 당시 IT 업계에서는 "한국IBM은 이제 컴퓨터 회사가 아니다"라는 반응이 나왔다.

기업 전산화 – 정보화 전도사

"우리나라로서는 처음으로 경제기획원 통계국에 설치된 IBM 전자계산기가 24일 낮 12시 30분부터 시동되었다. 1966년의 인구조사 결과를 분석하려면 통계국 직원 460명과 2억1000만 원, 그리고 14년 반의 시간이 걸리는데, 이 기계를 쓰면 9000만 원과 1년 반으로 단축할 수 있다."

1967년 6월 24일자 동아일보 기사의 일부다. 이처럼 한국 컴퓨터와 IT의 역사는 한국IBM과 함께 시작됐다.

한국 기업의 전산화 정보화에도 항상 한국IBM이 있었다. 1969년 락희그룹^{현 LG그룹}에 우리나라 최초의 민간기업 전산 시스템을 설치한 것도, 1974년 대한항공의 첫 온라인 국제 항공 예약시스템을 구축한 것도 한국IBM이었다.

또 1977년 국민은행의 예금 온라인 시스템 첫 가동도, 1988년 서울 올림픽의 전산 시스템 운영도 한국IBM이 맡았다.

한국IBM에 근무했던 이용식 메트라이프생명 상무는 2000년 '한국IBM의 기업문화 발전과정' 이란 논문에서 "IBM은 한국에 뿌리내린 최고 글로벌 정보기술회사이자 e비즈니스를 선도하는 정보산업의 명실상부한 리더"라고 자부했다.

세계 어느 곳에서도 IBM의 역사는 곧 정보화의 역사였다.

1914년 펀치카드, 1935년 최초의 전동 타자기부터 시작한 IBM의 기술 개발은 1946년 최초의 소형 전자계산기, 1957년 컴퓨터 프로그래밍 언어 '포트란', 1968년 D램^{RAM}, 1971년 플로피 디스크 등으로 이어졌다.

뇌물 – 비자금 홍역… "한국에 지나치게 적응?"

신재철 LG CNS 사장, 정태수 LG엔시스 사장, 변보경 코오롱아이넷 사장, 홍순만 하나로텔레콤 부사장, 이강태 삼성테스코 부사장, 손영진 시스코코리아 사장, 한의녕 SAP코리아 사장, 서주석 이루넷 사장 등 등….

한국 IT 업계를 주도하는 이들의 공통점은 한국IBM 출신이라는 점이다.

1967년 출범한 한국IBM은 IT뿐만 아니라 한국의 기업문화에도 일부 영향을 미쳤다는 평가가 나온다.

전국경제인연합회가 2003년 4월 주최한 '기업윤리학교'에는 당시 한국IBM의 상임 법률고문이 강사로 나와 IBM을 모범 사례로 들며 기업윤리의 중요성을 역설했다. 이 가운데 "IBM은 스스로 혹은 타인을 통해 뇌물을 주거나 받지 아니한다"는 윤리의식을 특히 강조했다.

하지만 한국IBM은 '제 도끼'가 썩어 가고 있음을 깨닫지 못했다.

같은 해 말 한국IBM은 정부의 서버와 PC 납품권을 따내기 위해 2001년부터 국세청 정보통신부 검찰의 관련 직원들에게 2억9000여만 원의 뇌물을 준 사실이 검찰조사에서 드러나 큰 파문이 일었다. 30억 원의 비자금을 조성한 사실도 밝혀졌다.

이 사건 이후 대표적인 외국계 기업인 한국IBM은 "한국 사회에 지나치게 잘 적응하고 있다"는 비아냥을 한동안 들어야 했다.

하지만 한국IBM은 이 사건을 투명경영을 다잡는 계기로 삼아 예전의 신뢰를 하나씩 회복하고 있다. 모든 업무에 글로벌 윤리규정을 엄격히 적용하는 한국IBM의 기업문화는 이때 더욱 견고해졌다.

성과따라 연봉 서너 배 인센티브
직원이 사장보다 많이 받을 수도

한국IBM의 연봉은 3000만 원부터 수억 원까지 천차만별이다.

신입사원 초봉은 약 3000만 원. 이후엔 개인별로 차이가 크게 벌어진다. 과장은 얼마, 부장은 얼마 식의 구분이 무의미하다. 직무별 임금체계, 철저한 개인 성과주의를 강조하기 때문이다.

한국IBM은 개인의 성과를 업적평가제도PBC·Personal Business Commitment 를 통해 평가한 뒤 이를 '세일즈 인센티브' '서비스 인센티브' 등으로 연봉에 반영한다. 인센티브의 기본 가이드라인이 기본 연봉의 100%를 훨씬 웃돌 만큼 비중이 크다.

개인 성과가 월등히 좋을 경우 '액셀러레이터 제도'가 반영돼 연봉의 세 배, 네 배 이상의 인센티브가 부여된다. 예를 들어 연봉 3000만 원인 사원이 성과에 따라 9000만 원, 1억2000만 원까지 받을 수 있다는 얘기다.

일반적으로 과장, 부장이 4000만~9000만 원대를 받는 것으로 알려졌지만 비밀이 철저하게 보장돼 실제 그런지는 확인할 수 없다. 일반 직원이 사장보다 많은 연봉을 받더라도 이는 일급 비밀사항이라는 것.

홍순옥 인사부 실상은 "기본적으로 직급에 따라 임금이 일정액씩 상승하게 돼 있지만 개인별 성과별로 연봉 차등이 심해 무의미하다"고 설명했다.

입사자 절반 이상이 비非IT전공자
영어로 업무관련 소통 가능해야

Q 채용은 어떻게 이뤄지나.

A 매년 하반기 공개채용과 연중 수시채용이 있다. 신입 채용은 대부분 공채를 통해 이뤄지지만 필요시 수시채용을 통해 뽑기도 한다. 전체 채용인원의 절반 이상은 신입사원으로 하는 게 원칙이다.

Q 대학생 인턴제도도 운영한다는데….

A 2006년부터 시작했다. 여름과 겨울방학에 맞춰 주요 대학의 교수들에게서 추천을 받아 선발한다. 인턴들은 8주간 IBM의 각 부서에 배치돼 현장을 경험한다. 지금까지 1기 인턴 40명 가운데 5명, 2기 인턴 45명 가운데 1명이 공채를 거쳐 IBM 직원이 됐다. 인턴 출신 공채 합격 비율은 앞으로 더 늘려갈 방침이다.

Q 정보기술IT 전공자에게 더 많은 입사 기회가 있나.

A 아니다. IBM의 사업은 기업 전략 컨설팅부터 IT 시스템의 구축 유지 관리까지 전 영역에 걸쳐 있다. 2006년해에도 입사자의 절반 이상이 비IT전공자였다.

Q 신입 입사 전형은….

A 서류전형, 필기시험, 면접 및 신체검사의 순으로 이뤄진다.

Q 필기시험이란…

IBM 미국 본사가 지원자의 논리력과 사고력 측정을 위해 개발한 직무적성검사를 의미한다. 문제는 영어로 돼 있으며, 1시간 30분 정도 걸린다. 장애인 및 국가보훈대상자에게는 가산점을 주고 있다.

Q 면접은 어떻게 진행되나.

개별, 그룹, 영어면접의 3단계로 구성돼 있으며 경우에 따라 임원 면접이 추가되기도 한다. 영어면접 외 별도의 영어시험은 없다.

Q 어느 정도의 영어 수준을 요구하나.

직군별 차이가 있긴 하지만 IBM의 업무는 해외와 협업할 일이 많기 때문에 업무와 관련한 의사소통을 영어로 할 수 있을 정도는 돼야 한다.

Q 해외 근무 기회는 많은가.

다양한 장단기 해외 근무 기회가 있다. 현재 한국IBM 출신으로 해외 본부에서 일하는 직원은 60명 정도이다. 특히 2007년 10월부터는 'GOM Global Opportunity Marketplace' 이라는 글로벌 인력 통합관리 시스템이 가동되기 때문에 IBM 직원이라면 누구나 세계 170여 개국, IBM의 개방된 직무에 지원할 수 있다.

프로젝트에 따라 '오너십' 보장
"성과가 가장 중요
동료끼리도 경쟁적"

1인당 연간 250만 원 교육비 투자

2005년 한국IBM에 입사해 영업기획관리부에서 일하고 있는 천혜미 26세·여 씨는 "(IBM에서 상사와의 관계는) 부하직원이라기보다 동료라는 느낌이 강하다"며 "신입사원이더라도 업무에서 늘 존중받는 분위기"라고 말했다.

이 회사 직원들은 자신이 맡은 프로젝트에 대해서는 직급을 막론하고 상사의 간섭을 거의 받지 않는 확실한 '오너십'을 갖는다고 한다.

회사의 미래도 직원들의 토론을 통해 결정하는 것이 IBM의 전통이다.

2003년 세계 160여 개국, 32만 명의 IBM 직원들은 온라인 토론회를 열어 'IBM은 어떤 가치를 지향해야 하는가'라는 주제로 72시간의 '끝장토론'을 벌였다. 이 토론회에서 △고객의 성공을 위한 헌신 △회사와 세상을 위한 혁신 △모든 관계에서의 신뢰와 책임이라는 'IBM의 3대 가치'가 정립됐다.

한국IBM은 모두가 최고경영자CEO라는 책임감으로 무장한 직원들에게 1인당 연간 250만 원의 교육비를 투자하고 있다.

모 팀장은 최근 한 임원에게서 "팀원 중 한 명이 지금까지도 휴가를 가지 않았던데, 어떻게 된 거냐. 팀장이 빨리 재촉해서 보내라"는 내용의 질책성 e메일을 받았다.

'일과 삶의 조화'는 IBM 조직 문화의 핵심 가치다. 회사는 휴가마저도 직원들에게 '권리'가 아닌 '의무'라는 의식을 심어 직원 개개인이 사생활을 보장받을 수 있도록 하고 있다.

외근 직원 책상 대신 노트북-휴대전화 지급

한국IBM은 선도적인 정보기술IT 회사답게 시간과 공간으로부터 자유롭다.

1995년부터 실시한 '움직이는 사무실모바일 오피스' 제도가 대표적이다. 전체 조직의 60%에 이르는 외근 직원들의 책상을 없애고, 대신 최고급 노트북과 휴대전화 등 1인당 총 500만 원 상당의 IT 기기를 지급했다.

이 제도 도입을 주도했던 한 임원은 "당시에는 '책상을 치운다'는 부정적 인상 때문에 직원들의 저항이 매우 심했다"고 말했다.

그러나 효과를 확인하는 데는 오랜 시간이 걸리지 않았다. 사무실 공간이 20개 층에서 11개 층으로 줄어들면서 연간 22억 원의 경비 절감 효과가 발생했다.

직원들도 어디를 가든 회사의 업무 시스템과 연결할 수 있는 '가상 사무실'을 갖게 되면서 출퇴근 시간의 낭비가 사라졌다. 시행 5년 만에 회사는 초기 투자비용 100억 원을 모두 회수했고 초창기 50%를 밑돌던 직원들의 만족도도 84%까지 높아졌다.

2007년 초 한 직원은 개인사정 때문에 부산으로 이사 가게 돼 사직을 고려하던 중 "그게 한국IBM을 그만둘 이유가 되느냐. 집에서 일하면 되지 않느냐"는 제안을 받았다고 한다.

그는 지금 부산에 살면서 서울 본사 소속 직원으로 계속 일하고 있다. 이처럼 재택근무를 하고 있는 직원은 2005년 이후 20여 명에 이른다.

"한국식 팀워크엔 다소 한계" 지적도

미국 뉴욕타임스의 칼럼니스트인 토머스 프리드먼 씨는 IT 덕분에 시간과 공간의 제약이 사라진 '평평한 지구'는 무한 경쟁의 세계라고 했다.

한국IBM도 마찬가지다. 성과로 말하지 않으면 견디기 힘든 분위기다.

최근 사내社內 설문 조사에서 '한국IBM에서는 성과가 가장 중요하다. 그래서 직원들도 경쟁적이다'는 항목에 10명 중 8명이 "그렇다"고 답했다.

연봉에 대한 철저한 비밀주의 때문에 상사나 동료가 얼마를 받고 일하는지 알 수 없지만 "사장보다 월급을 많이 받는 직원도 있다"는 말이 공공연히 나돈다.

신재철 전 한국IBM 사장은 한 기고문에서 "고급인력 15%는 특별 관리를 통해 (다른 회사로) 스카우트되는 것을 방지하고 있다"고 밝혔다.

한 팀장은 "내가 데리고 있는 팀원 중에 나보다 돈을 더 많이 받는 후배도 있을 것이란 생각을 하면 '자극'이 되기보다는 적지 않은 '스트레스'가 된다"고 털어놨다.

한국IBM은 '토착화에 가장 성공한 외국계 기업'이란 평가를 받고 있지만, 한편으로는 한국식의 팀워크로 시너지를 높이는 데는 여전히 한계를 보인다는 지적도 회사 안팎에서 나오고 있다.

"팀 회식을 해도 직원들이 잘 안 와요. 팀워크를 다지자는 자리인데도 불참하는 것에 대해 눈치를 보지도 않고, 부담을 느끼지도 않아요."김모 차장

숫자로 보는 IBM

- **1967년** 설립연도
- **255억 원** 자본금
- **2700명** 직원
- **약 300개** 거래기업
- **20%** 여성직원 비율
- **6%** 평균 이직률
- **약 50억 달러** (약 4조7000억 원) 글로벌 IBM 연간 R&D 투자비

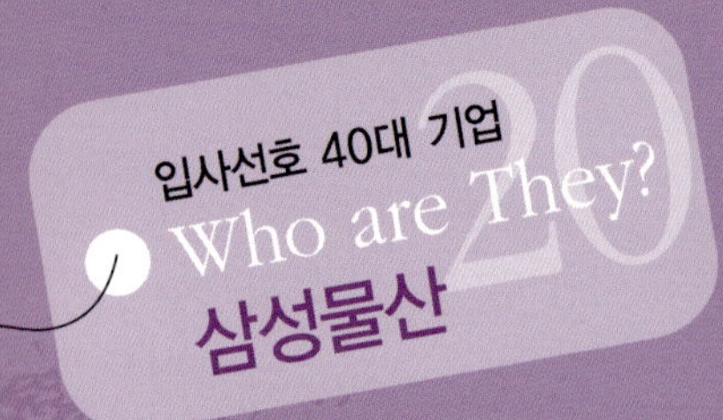

'수출 신화'를 넘어

'삼성그룹의 종가宗家, 국내 종합상사 1호….'
삼성물산에 훈장처럼 따라다니는 수식어다. 1938년 설립된 삼성상회가 모태母胎인 삼성물산은 국내 종합상사 1호로 1970년대 중반 이후 '수출 역군'으로 활약했다. 군복부터 TV 비디오 등 우리 손으로 만든 각종 '메이드 인 코리아' 제품이 삼성물산의 해외 영업망을 타고 수출 길에 올랐다.
지성하 삼성물산 상사부문 사장은 2007년 4월 기자 간담회에서 "미국 제너럴일렉트릭GE과 같은 회사가 됐으면 한다"면서 '글로벌 가치창조 기업'이라는 새로운 도전 목표를 제시했다. 과거 전성기를 이끌었던 수출입 중심의 무역사업에서 탈피하겠다는 선언이었다.
최근 회사 내부에서 '변화와 혁신'이라는 말이 어느 때보다 강조되는 배경이기도 하다.

무역 비중 줄어
해외 자원개발 등 신사업 박차

1975년 국내 종합상사 1호 지정

정부는 1975년 5월 19일 삼성물산을 국내 종합상사 1호로 지정했다. 중동전쟁과 '1차 석유파동'으로 수출 증가세가 둔화되자 해외시장 개척을 위해 종합상사 육성에 나선 것이다.

정부의 기대는 어긋나지 않았다. 삼성물산은 1994년 116억 달러의 수출 실적을 올려 국내 기업 최초로 수출 100억 달러를 넘어섰다. 1998년 '150억 달러 수출 탑'도 탔다.

국내 종합상사들의 성장세에 '브레이크'가 걸리기 시작한 것은 1990년대 중반 이후였다. 제조업체들이 직접 수출에 나서면서 종합상사의 입지가 흔들리기 시작했다.

실제로 2006년 국내 종합상사의 수출 실적은 189억7000만 달러로 국내 총수출의 5.7%에 그쳤다. 삼성물산은 18억9100만 달러의 수출 실적을 올려 SK네트웍스, 대우인터내셔널, 효성, LG상사에 이어 다섯 번째를 차지했다.

삼성물산은 1996년 삼성건설과 합병하고 상사부문과 건설부문의 2개 사업 영역을 가진 회사로 바뀌었다. 최근 무역 사업의 전반적인 위축은 회사의 성격에도 변화를 불러왔다.

상사부문 매출액은 2004년 4조8817억 원에서 2006년 4조4796억 원으로 줄었고, 같은 기간 전체 매출에서 차지하는 비중도 49.65%에서 46.05%로 하락했다. 반면 건설부문의 비중은 2006년 53.95%로 높아졌다.

"해외 유망기업 M&A 적극 추진"

삼성물산 상사부문은 최근 대대적인 사업구조 혁신에 나섰다. 해외자원 개발, 신재생에너지, 청정개발체제CDM 등 다양한 신사업 발굴을 통해 무역사업의 빈자리를 메우고 새로운 수익원을 찾겠다는 것이다.

삼성물산은 2007년 7월 그리스에 1억2000만여 원을 들여 태양광 발전업체 'SOLECO'를 설립했고, 2006년 1500만 달러를 투자해 GE와 첨단 물류보안 사업에 진출하는 등 미래 성장동력 발굴에 나섰다.

이를 통해 에너지 자원 등의 자체 사업 비중을 현재 38%에서 50%로 끌어올려 2012년 무역과 사업 매출이 절반씩 차지하는 사업구조를 만든다는 게 회사의 구상이다. 해외 석유가스 유전 탐사 및 개발 광구 15곳, 생산 광구 5곳 등 모두 20개 광구를 확보할 계획이다.

삼성물산 측은 "생활 물자, 소재 부품, 미래 신사업 분야 해외 유망기업 인수합병M&A에도 적극 나설 것"이라고 말했다.

하지만 미래 성장동력 확보를 위해서는 지금보다 신사업 진출에 속도를 더 내야 한다는 지적이 많다.

삼성물산의 A 부장은 "외환위기 이후 보수적인 투자 운용을 한 결과, 안정적인 수익원이 될 수 있는 사업이 부족한 상황"이라고 말했다.

삼성물산이 글로벌 기업 GE를 눈여겨보고 있는 것도 이 때문이다. GE의 선진 경영기법과 성장전략을 도입해 회사의 체질을 바꾸겠다는 뜻이다.

GE코리아의 한 관계자는 "삼성물산은 상사의 사업 종합 능력, 금융 조달 기능, 자원 개발 경험, 해외 영업망 등을 갖추고 있기 때문에 GE의 성장 전략과도 맥이 닿는 부분이 많다"고 설명했다.

삼성물산은 과거 회의실에 모래시계를 놓고 회의시간을 통제할 정도로 업무와 시간을 철저히 관리하는 경영 시스템으로 잘 알려져 있다. 특히 '일' '현장' '시간' '고객' 등을 중시하는 조직 문화의 전통은 지금도 남아 있다.

'절제 – 세련미' 에서 '창조적 도전' 으로

국내 종합상사의 한 임원은 "과거 ㈜대우^{현 대우인터내셔널}는 일만 잘하면 인정해 주는 문화가 있었고, 현대종합상사는 우직하게 밀어붙이는 뚝심이 장기였다"며 "삼성물산은 치밀한 경영 관리와 일정한 선을 넘지 않는 직원들의 절제되고 세련된 이미지가 생생하다"고 말했다.

하지만 산이 높으면 골도 깊은 법. 치밀한 경영 시스템 뒤에는 조직의 활력을 떨어뜨리는 통제의 부작용도 나타났다.

삼성물산이 2007년 3월 '신문화 웨이브'를 선포하고 창조적 도전에 나설 수 있는 조직 문화 만들기에 나선 것도 이와 무관하지 않다.

당장 삼성물산의 금요일 풍경이 달라졌다. 임직원들은 매주 금요일 넥타이를 풀고 비즈니스 캐주얼 차림으로 출근한다.

삼성물산이 펴낸 '종합상사 20년사' 는 1979년 11월 리비아 현지 병원에서 주사 쇼크로 사망한 고 고영규 트리폴리 지점장을 통해 '상사맨의 열정' 을 뭉클하게 전하고 있다.

고 지점장은 눈을 감기 전까지도 거래처와 한 약속을 떠올리며 "미안합니다. 미안합니다. 오후 4시, 오후 4시에 약속이 있는데…"라며 '일과 현장' 을 챙겨 주위를 숙연하게 했다고 한다. 삼성물산은 '창의와 열정' 을 가진 또 다른 '삼성물산인' 의 등장을 기다리고 있다.

"이름도 몰랐던 나라서
우리 제품 팔릴 때 가장 보람"

"사무실이 세계의 축소판 같아요."

2004년 국내 종합상사 최초의 여성 해외주재원으로 선발됐던 삼성물산 네덜란드 로테르담 지점의 윤현숙 과장. 현재 유럽 시장에서 삼성물산의 PC 주변기기 브랜드인 '플레오맥스' 판매를 총괄 책임지고 있다.

윤 과장은 "로테르담 지점에서 일하는 직원은 8명에 불과하지만 국적은 프랑스 독일 보스니아 브라질 등으로 다양하다"며 이렇게 말했다.

그의 하루는 오전 8시 사무실에 도착해 e메일을 열어 보는 것으로 시작된다. 한국 본사와 거래처에서 하루 100여 통의 e메일이 쏟아지기 때문이다.

"시차 때문에 본사와의 연락은 오전에 끝내야 합니다. 보통 2시간 정도 통화하면서 본사에 유럽의 판매 현황을 전하고 지시를 받아요."

오후에는 거래처 담당자들을 만나 어려움을 듣거나 새로운 계약을 성사시키기 위해 발로 뛰어야 한다.

오후 8시 퇴근 시간을 지키는 날은 1년 중 손에 꼽을 정도다. 본사에서 출장 온 직원을 만나는 등 약속이 잦기 때문이다.

게다가 1년의 절반은 유럽 각 나라의 대형 유통매장을 둘러보면서 플레오맥스의 판매 현황을 직접 챙기고 거래처 담당자도 만나야 한다.

"주재원은 다양한 국적의 사람들과 잘 어울릴 수 있어야 합니다. 주재원 생활에서 가장 보람을 느끼는 순간은 한국에서는 국가명도 낯설었던 몰타, 몬테네그로 등의 나라에서 한국 제품이 날개 돋친 듯 팔려 나갈 때고요."

면접할 때 관상 안 봅니다
외국어-토론 실력 봅니다

Q 신입사원 초봉은….

A 대졸사원 기준으로 3400만 원 선이다. 기본급과 일부 상여금이 포함된 금액이다.

Q 해외에서 근무할 기회는 많은가.

A 42개국에 진출해 있어 해외에서 일할 기회가 많다. 현재 부장급 직원의 거의 100%가 해외에서 일한 경험을 갖고 있다. 다만 해외 근무는 과장급 이상부터 가능하며 신입사원은 해외 출장이나 지역전문가 과정을 통해 해외 경험을 쌓게 된다.

Q 면접할 때 지원자의 관상을 본다는 소문이 있다.

A 입사를 위해서는 임원면접, 집단토론, 외국어 프레젠테이션 등 3단계를 거쳐야 한다. 단계별로 4명의 심사위원이 있다. 관상을 본다는 것은 사실이 아니다.

Q 종합상사 직원은 영어를 잘해야 하나.

A 실생활에서 사용할 수 있는 영어 능력이 중요하다. 또 영어 이외의 '제2외국어'를 공부하는 것이 오히려 도움이 될 수도 있다.

Q 삼성물산 전체 직원 중 여성의 비율과 신입사원 공채에서 여성 합격자의 비율
은….

현재 삼성물산 상사부문 전체 직원 중 여성은 22%이다. 공채 때마다 전체의
30%를 여성으로 선발하려고 한다.

Q 채용 시 선호하는 전공이 있나.

삼성물산은 화학, 철강, 자원, 전자재료 등 사업 분야가 다양하다. 따라서 특
정 전공을 선호하기보다 이공계 어문계 인문계 등 다양한 전공자를 선발하고
있다.

Q 삼성물산 인턴십 프로그램에 참가하면 입사할 때 우대해 주나.

인턴십 수행 결과가 좋은 인턴은 면접 때 가산점을 받을 수 있다.

Q '외국어 프레젠테이션 면접'은 어떻게 진행되나.

지원자는 실제 업무 수행 중 일어날 수 있는 상황을 듣고, 한 시간 뒤 해결 방
안을 영어로 설명해야 한다. 제2외국어 전공자는 전공 언어로 설명하면 된
다.

삼성물산 직급별 연봉

(단위: 원)

직급	연봉
임원	수억
부장	6700만~1억1100만
차장	5800만~9300만
과장	5000만~7700만
대리	4500만~6100만
사원	3400만~5100만

성과급 포함, 성과에 따라 매년 변동

자료: 삼성물산

CEO 사관학교를 넘어…

CEO 사관학교를 넘어…
삼성그룹 사장단 68명중
19명이 '물산' 출신

"2007년 9월 현재 삼성그룹의 59개 계열사 사장단 68명 중 19명이 삼성물산 출신이다. 23명을 배출한 삼성전자에 이어 두 번째로 많다."

삼성물산은 "전체 직원이 삼성전자 관리직 직원의 10%에 불과한 것을 감안하면 삼성물산 출신의 '약진'을 알 수 있을 것"이라며 이같이 소개했다.

삼성물산 출신이 삼성그룹 내에서만 인정받는 것은 아니다.

이채욱 GE헬스케어 아시아총괄 사장을 비롯해 장경작 롯데호텔 대표, 이금룡 KR얼라이언스 대표 등 삼성물산을 거쳐 간 현직 최고경영자 CEO만도 줄잡아 20여 명에 이른다.

회사 측은 "'CEO가 필요하면 삼성물산에 가라'는 말이 있다"며

“1990년대까지 삼성그룹의 ‘간판’이던 삼성물산 출신이 재계에 포진한 것은 어쩌면 당연한 일”이라고 했다.

“1980년대엔 ‘물산’과 ‘비물산’ 뿐이었다”

삼성물산은 1938년 설립된 삼성그룹의 모태母胎로서 70년 가까이 삼성의 인재 양성과 그룹의 성장을 이끌어 왔다. 하지만 1990년대 들어 삼성전자 등으로 그룹의 주력사 위치를 넘겨주면서 그룹 내 위상이 예전만 못하다는 평가도 나온다.

지성하 삼성물산 사장은 2007년 4월 기자간담회에서 “1978년 그룹 공채에 합격한 뒤 1~3지망 모두 삼성물산으로 썼다”며 “하지만 삼성물산 입사 경쟁이 워낙 치열해 결국 다른 계열사로 배치됐다”고 말했다.

삼성물산 출신의 한 대기업 임원도 “1980년대만 해도 삼성그룹에는 ‘삼성물산과 비非삼성물산이 있다’는 말까지 나왔다”며 “그룹 공채에 합격한 뒤 삼성물산을 희망했다가 삼성전자 등 다른 계열사로 발령이 나자 사표를 내고 나간 직원도 있었다”고 회고했다.

“외환위기 겪으며 그룹 내 입지 다소 약화”

정부가 수출 드라이브를 걸었던 1970, 80년대에는 특히 삼성물산 등 수출종합상사에 인재가 몰린 측면이 있다.

삼성물산 측은 “세계를 무대로 다양한 업무를 체험하며, 상사 특유의 빠른 상황 대처 능력과 사업 추진력을 익힐 수 있다는 점 때문에 선호도가 높았던 것”이라고 설명했다.

하지만 1990년대 들어 외환위기 및 국내 영업환경의 변화 속에서 상사의 입지가 많이 약화됐다는 평가가 많다.

삼성물산도 외환위기를 거치면서 삼성 본관을 포함한 주요 자산을 매각하고 인력을 줄이는 등 대규모 구조조정을 했다.

다른 종합상사의 한 관계자는 "삼성물산에 인재가 많다는 것은 과거 전성기 시절의 얘기"라며 "그룹 내에서 인재를 키우고 배출하는 기능도 많이 줄었다"고 지적했다.

삼성물산은 1938년 3월 고 이병철 삼성그룹 창업주가 대구 수동^{현 인교동}에 세운 '삼성상회'에서 시작됐다.

1960년까지 삼성물산의 대표이사를 지냈던 이 창업주는 삼성상회를 창업한 뒤 대구 특산물인 사과 밤 등을 만주와 중국에 수출했다. 무역업의 첫발을 내디딘 셈이다.

이후 그는 6·25전쟁 때 피란을 갔던 부산에서 '삼성물산주식회사'라는 새로운 간판을 내걸었다. 전쟁이 끝나면서 삼성물산은 서울로 이전했고, 부산 사무소에는 '제일제당주식회사'^{현 CJ}라는 간판이 내걸렸다.

그룹 관계자는 "삼성물산은 외환위기 전까지 유통 영상사업 자동차판매 등 그룹이 진출하려는 새로운 성장사업을 인큐베이팅하는 역할도 주도했다"고 설명했다.

실제 삼성물산은 그룹의 '뿌리'로서 삼성전자 제일기획 삼성종합화학 삼성석유화학 삼성SDS 등 계열사의 주요 주주로 참여해 왔다. 삼성물산이 보유한 삼성그룹 계열사의 주식가치만도 2007년 8월말 현재 약 6조 원에 이른다.

"지배구조 개편 땐 핵심역할 맡을 듯"

2008년 4월 삼성그룹이 그룹 쇄신안을 발표한 이후 삼성그룹의 지배구조 개편 문제가 수면 위로 떠오르고 있다.

특히 주요 계열사 지분을 보유한 삼성물산의 역할에 관심이 쏠리고 있다.

현대증권 이상구 연구위원은 "2007년 들어 삼성물산 주가가 시장평균보다 더 오른 것은 건설사업 부문의 호조 외에도 앞으로 그룹 지배구조 개편 문제가 논의될 때 삼성물산이 핵심 역할을 하게 될 것으로 보는 전망도 일부 영향을 미쳤다"고 분석했다.

2007년 7월 13일 삼성물산이 상장上場 이후 처음 상한가를 기록한 것도 '삼성물산이 삼성전자의 2대 주주'라는 점이 호재로 작용한 때문이라는 지적도 있다. 삼성전자가 적대적 인수합병M&A의 위협에 놓였다는 소문이 돌자, 그룹에서 경영권 방어를 위해 상대적으로 주가가 싼 삼성물산 지분을 늘릴 것이라는 관측이 나왔다는 것이다.

증권업계에서는 삼성그룹이 지주회사 체제로 개편될 경우 삼성전자 중심의 정보통신 지주회사, 삼성생명을 축으로 한 금융 지주회사, 그리고 나머지 일반 제조업 계열의 지주회사로 삼성물산을 선택할 것이란 분석이 조심스럽게 나오고 있다.

이에 대해 삼성물산 측은 "지주회사 전환 요건을 충족할 만큼 자회사 지분을 사들일 만한 자금 여력이 없다"며 지주회사로서의 가능성을 부인하고 있다.

숫사로 보는 삼성물산

- **27일** 임직원의 연간 평균 해외 출장일수(2006년 기준)
- **35개** 삼성물산 국내외 임직원이 업무 중 사용하는 언어의 가짓수
- **42개국** 해외 현지법인 진출 국가 수
- **150명** 해외 주재원(2007년 5월 기준)
- **지구 470바퀴** 임직원의 항공사 누적 마일리지
- **2934명** 임직원(2007년 7월 기준)
- **9조7279억 원** 2006년 매출액(상사부문 4조4795억 원)

"영원한 1등 없다"
다시 부활의 노래

'영원한 1등은 없다.'

LG전자가 '1등 LG'를 표방하며 2004년 선정한 이 캐치프레이즈는 두 개의 의미로 풀이된다.

LG전자가 1등인 사업의 경쟁 우위를 지켜 나가자는 의미뿐 아니라 현재 1등인 다른 기업도 언제든지 선두 자리에서 밀려날 수 있다는 '게임의 룰'을 담고 있다.

이 회사 고위 관계자는 "LG전자 스스로가 국내에서 확고한 1위를 차지했다가 2위로 밀려난 경험이 있기 때문에 '영원한 1등은 없다'는 캐치프레이즈는 남다른 의미가 있다"고 말했다.

"30여년전 '최초 – 최고' 자리 되찾자" 삼성 추월하기 나서

1989년 36일간의 장기파업으로 타격

"삼성전자의 첫째 꿈은 대한민국에서 가전 3사라고 할 때 금성^{현 LG전자}, 삼성, 대한전선^{현 대우일렉}의 순서를 바꿔서 삼성을 먼저 부르게 하는 일입니다."

김태경 전 삼성전자 부사장은 1981년 1월 사내^{社內} 방송을 통해 직원들에게 이렇게 독려했다. 당시 전자산업 부동의 1위인 LG전자를 앞지르자는 얘기였다.

삼성전자가 부동의 1위를 차지한 지금, 격세지감을 느끼게 하는 장면이다.

LG는 전자제품을 직접 만드는 일을 상상도 할 수 없던 시절인 1958년 10월 전자사업을 시작했다. 삼성보다 무려 11년 앞섰다.

LG전자는 설립 이듬해 국내 최초의 라디오A-501를 만들어 냈다. 이어 △1961년 최초의 자동전화기 △1965년 최초의 냉장고GR-120 △1966년 최초의 TV VD-191 국산화에 성공하며 20여 년간 '최초', '최고' 기록을 잇는 국내 최대 전자 회사로 군림했다.

1969년 뒤늦게 전자사업에 뛰어든 삼성전자는 맥을 못 췄다. 고 이병철 삼성그룹 창업주가 "왜 이렇게 하는 일이 LG에 당하기만 하느냐"고 한탄을 할 정도였다고 한다.

하지만 LG전자의 1위 자리는 1989년 36일간의 장기 파업을 겪으며 흔들리기 시작했다. 파업을 하는 동안 삼성전자 등 경쟁사가 시장을 잠식했고, 해외 신용도 하락 등 여러 문제가 발생했다.

LG전자는 그 뒤로 노경勞經 협력의 문화를 정착시켰지만 당시 입은 타격이 2등으로 밀려나는 데 큰 영향을 미친 것으로 분석하고 있다.

발목잡은 반도체와 휴대전화

1980년대 LG는 'F-88' 프로젝트를 비밀리에 진행했다.

심혈을 기울인 이 프로젝트의 결론은 '별도의 반도체 회사 설립'. "반도체 사업은 중요성이 지대하므로 전기전자 분야의 부품 섹터가 아니라 별도의 사업 단위로 존속시켜야 한다"는 것이 이유였다.

이에 따라 LG는 1989년 금성일렉트론을 설립하고, 기존 금성반도체와 금성사에 나뉘어 있던 반도체 사업을 통합하는 등 반도체 사업에 공을 들인다.

금성일렉트론은 충북 청주에 메모리 생산기지를 세우고, 비非메모리 반도체 개발에까지 나섰지만 1999년 정부의 '빅딜' 방침에 따라 '빼앗

기다시피' 회사를 현대그룹에 내줬다.

LG는 2007년 발간한 'LG 60년사'에서 "반도체 빅딜은 정부의 강력한 권유와 촉박한 시일 등의 문제로 기업 간 자율조정이라는 원칙과 시장경제 원리를 충실하게 반영하지 못했다. 그 평가는 후일 역사의 몫으로 남게 됐다"며 강하게 불만을 표시했다.

반도체 사업의 부재는 LG전자의 최대 약점이 됐다.

'전자산업의 쌀'로 불리는 반도체부터 시작해 완제품까지 수직계열화를 완성한 삼성전자와 달리 핵심 부품 기술을 갖지 못해 경쟁력이 떨어진다는 분석이 많이 나온다.

또 하나의 시련은 엉뚱한 곳에서 나타났다.

1997년 10월 LG텔레콤이 이동통신 시장에 진입하면서 LG전자의 휴대전화 사업이 영향을 받은 것.

전자업계에서는 통신시장에서 LG텔레콤의 경쟁사인 SK텔레콤과 KTF가 LG텔레콤과 한가족인 LG전자 대신 삼성전자의 휴대전화에 힘을 실어줬기 때문에 휴대전화 사업이 어려움을 겪고 있다는 관측이 많다.

"日 도요타처럼…" 강력한 혁신 드라이브

LG선자는 1990년대 중반쯤 삼성전자에 빼앗긴 생활가전 분야 1위 자리를 되찾아 왔다. 지금까지 LG전자의 이 분야 사업은 독보적이다.

하지만 전자사업의 1위를 탈환하지는 못했다.

전문가들은 "세상이 바뀌었는데 LG전자가 바뀌지 않은 것"이라고 지적한다.

이미 시장의 중심이 생활가전을 떠나 휴대전화, 디지털TV 등 통신,

미디어 분야로 이동한 것을 두고 하는 말이다. 게다가 생활가전 분야는 중국 기업이 턱밑까지 따라붙었다.

2007년 초 부임한 남용 LG전자 부회장은 국면 타개를 위해 세계 최고의 역량을 갖춘 회사를 목표로 강한 혁신 드라이브를 걸고 있다.

벤치마킹 대상은 일본의 도요타자동차.

남 부회장은 수시로 "제조업체로는 우리가 상당한 강점을 가진 회사로 평가받고 있지만 도요타와의 격차는 아직 크다"고 말한다.

하지만 전문가들은 LG전자가 전자사업의 1위를 되찾으려면 혁신뿐 아니라 사업의 구조적인 변화를 추구해야 한다고 지적한다.

반도체 사업의 부재는 물론 삼성SDI, S-LCD, 삼성전기, 삼성코닝 등으로 이뤄진 삼성전자의 지원군에 비해 LG필립스LCD, LG이노텍, LG마이크론 등으로 구성된 지원군의 무게감이 떨어진다는 분석도 나온다.

이승우 신영증권 연구위원은 "삼성전자와 같이 수직계열화된 경쟁력을 갖추거나 일본의 소니와 같이 콘텐츠-디지털 기기로 연결된 가치사슬을 확보하는 전략을 세워야 하는데 LG전자는 아직 그럴 여유가 없다"고 지적했다.

숫자로 보는 LG전자

- **4%** 연간 퇴직률
- **20%** 여직원 비율
- **30%** 국내 휴대전화 시장 점유율
- **45개국** LG전자가 에어컨 시장 1등인 국가 수
- **82개** 해외 법인 수
- **85%** 전체 매출 중 해외 매출 비중
- **7200건** 임직원 연평균 해외 출장 건수(월 평균 600회, 하루 평균 20회, 1,2시간마다 한 명씩 해외로 출장)
- **25만 개** 연간 해외 수출용 컨테이너 수

'오비이락–조삼모사' 영어로 설명하시오!
간략하고 논리적인 답변 좋은 점수

Q 채용은 어떻게 이뤄지나.

A 상·하반기 정기 채용을 통해 신입사원을 뽑고 수시 채용에서는 경력사원을 뽑는다. 정기 채용은 서류전형, 직무적성검사RPST, 인성·직무·영어·토론 면접, 신체검사의 과정에 따라 진행된다.

Q 지원 자격 요건은 어느 정도인가.

A 학점은 4.5점 만점을 기준으로 3.0 이상, 영어는 토익 점수를 기준으로 이공계는 600점, 인문계는 700점 이상이어야 지원할 수 있다.

Q 각각의 면접에서는 무엇을 보는가.

A 인터뷰에서는 지원자의 지원서 내용을 바탕으로 질의응답이 이뤄진다. 인성 면접에서는 LG전자의 문화에 맞는 인재인가를 살피며 직무면접에서는 지원자의 직무 전문성을 본다. 토론은 지원 직군에 따라 선별적으로 진행한다.

Q 영어 실력이 입사에서 차지하는 비중은 어느 정도인가.

A 약 10%다. 그러나 해외 마케팅과 같이 외국어 사용이 필수적인 분야에 지원할 경우 영어면접을 통과하지 못하면 탈락한다. 원어민과 1 대 1 방식으로 치러지는 면접에서는 실무 회화 능력과 창의적 표현, 자신감 등을 평가한다.

Q 영어면접 난이도를 예로 든다면….

A '오비이락, 조삼모사, 침소봉대, 진퇴양난을 영어로 설명하시오' '휴대전화의 개념을 모르는 아프리카 사람에게 영어로 휴대전화를 설명하시오' 정도이다. 간략하면서도 논리적으로 답할수록 좋은 점수를 받는다. 다른 문화에 대한 이해와 배려가 있는지도 본다.

Q 입사 후 업무에서 영어를 쓸 일이 많나.

A 많은 편이다. LG는 82개 해외법인을 가지고 있고 매출의 85%가 해외에서 발생한다. 전화, e메일, 화상회의, 출장 등을 통해 커뮤니케이션하고 그들의 글로벌 문화를 이해하는 능력이 중요하다.

Q 정기 채용에서 LG의 다른 계열사에도 중복 지원이 가능한가.

A 가능하다.

Q 입사 평균 경쟁률은 어느 정도인가.

A 직군에 따라 다르지만 평균 15 대 1에서 20 대 1 정도이다.

Q 한 번 지원했다 떨어진 사람이 또 지원하면 불이익이 있나.

A 불합격한 사유에 따라 다르다. 역량과 인성이 뛰어났음에도 불구하고 채용 인원이 제한돼 있다거나 하는 문제로 불합격한 경우 불이익은 전혀 없다. 상황에 따라서는 회사 차원에서 다른 부서에 우선 추천하기도 한다.

LG전자 임직원의 직급별 평균 연봉

(단위: 원)

직급	평균 연봉(직급 1년차)
임원	수억~수십억
부장	5600만~7000만
차장	4000만~6000만
과장	3600만~5000만
대리	3200만~3800만
사원	3100만~3300만

사원~부장 평균 연봉은 경영성과급과 개인 인센티브를 제외한 과세 전 금액
등기이사의 2007년 평균 연봉은 6억 3900만원
LG전자 자료 및 관계자들 발언 종합

구具─허許가문 '인화로 뭉친 역사'
"고객중심 가치창조" 새 깃발

'목메는 식당 밥덩이.'

LG전자의 1971년 12월 사보社報에는 이런 제목의 작은 기사가 실렸다. 사무직 직원들의 야근 식대가 기존의 현금 대신 '저녁 식사 제공'으로 바뀌면서 구내식당에서 생산직 직원공원들은 국수를 먹는데 사무직은 밥을 먹는 게 너무나 미안했다는 내용의 기사였다.

한 사무직 직원은 "공원들에게 미안한 맘이 들어 밥이 목에 걸려 넘어가지 않더라"고 말했다고 당시 사보는 전했다.

LG전자는 이렇게 따뜻한 마음을 가졌다. '왜 전자업계 1위인 삼성전자를 가지 않았느냐'고 물으면 많은 신입사원은 "LG만큼 사람 냄새 물씬 나는 글로벌 기업이 또 있느냐"고 대답한다.

'사람 냄새 나는 조직문화' 자랑

입사 13년차인 신모^{40세} 씨는 "얼마 전 부친상을 당해 무척 힘들었다. 평소 제 할 일만 하며 무심한 듯했던 동료들이 정말 자기 일처럼 도와주고 위로해줬다. LG 특유의, 묵묵하지만 따뜻한 정^情 덕분에 아픔을 빨리 극복할 수 있었다"고 말했다.

LG의 인화^{人和}는 역사요, 전통이다.

고 구인회 LG그룹 창업주는 '인화단결^{人和團結}' 이란 휘호를 자주 썼다. 구 창업주와 그룹에 자본을 투자한 만석꾼 허만정 씨는 '한 지붕 두 주인' 의 LG를 인화로 이끌었다.

1988년 문을 연 LG그룹 종합연수원의 이름도 '인화원^{人和苑}' 이다.

그러나 한때 인화는 '좋은 게 좋은 것' 이란 안일함을 낳았고, 글로벌 디지털 기업으로 도약하는 LG전자의 발목을 잡을 때도 있었다.

1990년대 초반까지만 해도 이 회사의 생산 라인에서는 '검사 기준에 미달하는 자재라도 우선 급하니 써도 좋다는 공장장의 결재' 를 의미하는 '특채' 의 관행이 남아 있었다.

당시 한 생산직 간부는 "특채 받는다고 불량 부품이 양품이 될 리 있느냐. 어정쩡한 편법으로 우리 품질 의식을 먹칠하지 말자"며 공개적으로 호소하기도 했다.

김현식 LG전자 조직문화그룹장은 "기존 문화는 인화만을 강조한 측면이 있었지만 이제는 혁신과 성과가 조직의 숙명이 됐다. 현재 LG 문화의 핵심은 '가치 창조'"라고 강조했다.

이런 변화는 성과주의형 임금 체계에 반영됐다. 부장급의 연봉은 최저와 최고의 차이가 3배에 이르고 대리급도 동기보다 40%나 많은 임금을 받는 경우가 있다.

이와 관련해 조직 내부에서는 "LG전자가 '삼성스러워져' 싫다"는 불만도 일부 나온다.

'e-러닝' 연 2만6000명 임직원 수강

"고객은 우리의 신앙이 돼야 합니다. 신앙은 바로 생활화, 체질화함을 뜻합니다. 서비스 부문에 있는 사람들이 가장 빨리 변할 수 있는 이유는 매일 고객을 대하기 때문입니다."

구자경 LG그룹 명예회장이 1991년 LG전자 임직원에게 보낸 공개 메시지 중 일부다.

LG는 1990년 '고객을 위한 가치 창조' '인간 존중의 경영'을 고객지향의 신新경영이념으로 발표했다. 소비자란 말을 고객으로 바꾼 것도 이때다. 회사 내부의 각종 중요 서류에 고객결재란을 만들었고 회의실마다 '고객의 자리'를 마련했다. LG는 늘 고객을 생각한다는 의지의 표현이었다.

LG전자 모바일커뮤니케이션MC사업본부장인 안승권 부사장은 "고객이 인정하고 고객이 높게 평가하는 제품을 제공할 수 있도록 고객의 처지에서 고객을 위한 가치 창출에 모든 초점을 맞춘다"고 말했다. 이것이 초콜릿폰 샤인폰 프라다폰의 대박 행신 비결이라는 것이다.

LG전자의 1차 고객은 임직원이다. 그런 정신은 자연스럽게 '사람에 대한 투자'로 이어진다.

인적 자원 개발을 위한 온라인 동영상 강의인 'e-러닝learning' 제도는 다른 회사의 벤치마킹 대상이 됐다. 현재 '전략적 기획기법' '프레젠테이션의 기초' '디지털TV의 이해와 활용' 등 총 620개의 온라인 강좌가 개설돼 있다. 연간 약 2만6000명의 글로벌 임직원이 수강한다.

글로벌 LG, 프라이드 LG

"I know LG ^{LG를 알아요}."

해외에 출장이나 여행을 간 LG전자 임직원들이 낯선 현지인에게서 자주 듣는 말이다.

한 과장은 "LG 마크가 달린 가방을 메고 자메이카 공항에 내려 입국 수속을 밟고 있는데 등 뒤의 한 흑인이 내 어깨를 툭 치더니 'LG 다니냐'고 먼저 묻더라"고 말했다. 아프리카의 케냐 우간다 탄자니아, 몽골의 작은 마을에서도 비슷한 경험을 한 사례는 수없이 많다.

김원범 인사기획부장은 "LG전자 직원이면 사회과부도에 나와 있는 나라는 어디든 다 갈 수 있다고 보면 된다. 자신의 글로벌 역량을 펼칠 기회가 어느 기업보다 많다"고 말했다.

현재 1150명이 75개국 160개 도시에서 근무하고 있고 연간 200명이 새로 해외 파견을 나간다. 마케팅이나 관리직 직원뿐만 아니라 생산기술직도 해외 근무를 할 수 있다.

김쌍수 전 ㈜LG 부회장은 LG전자의 최고경영자^{CEO}로 재직하던 2005년 'CEO 메시지'를 통해 "해외의 LG는 '한국의 LG'가 아니라 '그 나라의 LG'라는 인식이 전제돼야 한다. 그래야 글로벌 기업으로서의 '현지화'에 성공할 수 있다"고 강조했다.

그러나 글로벌 기업으로서의 하드웨어^{규모}적 성장만큼 그에 맞는 소프트웨어^{조직 문화}가 겸비됐는지는 아직 과제로 남아 있다. 2006년 영입된 한 임원은 최근 사석에서 "세계적 글로벌 기업에서 대리가 하는 일을 LG전자에서는 과장이나 부장이 하는 경우가 아직도 적지 않다"고 지적했다고 한다.

손 맞잡은 109세와 24세…
"이젠 밖으로"

고급스러운 분위기의 사교 모임에 우아한 드레스를 입고 참석한 그녀.
모임의 멤버들이 환한 웃음으로 빈기자 이렇게 말한다
"금융 잘하는 곳으로 찾아왔어요. 나의 금융 브랜드는 신한입니다."
2007년 3월 LG카드를 새 식구로 맞은 신한금융지주 기업 광고의 한 장면
이다.
신한금융지주는 통합 신한카드의 공식 출범으로 '금융 잘하는 곳'이 되기
위한 사업구조를 탄탄히 갖추게 됐다는 평가를 받는다.
1982년 설립된 국내 은행권의 후발 주자인 신한은행은 신한금융지주2001
년의 모태다. 이제는 보험 증권 카드 등을 골고루 거느린 신한금융지주를
움직이는 구심점 역할을 하는 곳이 바로 '젊은' 신한은행이다.

자산 199조 국내 2위로
기업금융 – 해외진출 새 도전

후발 신한은행의 '위기'와 '기회'

신한금융지주는 2003년 9월 조흥은행을 인수했고, 신한금융지주 내 신한은행과 조흥은행은 2006년 4월 통합됐다.

신한은행은 이 통합을 계기로 2007년 6월 말 현재 자산규모 198조 7000억 원으로 국내 2위의 초대형 은행이 됐다.

두 은행의 결합은 당시 109년 역사의 최고령 은행조흥과 24세 젊은 은행신한의 만남이란 점에서 눈길을 끌었다.

1897년 한국 최초의 근대적 은행으로 출범한 조흥은행옛 한성은행은 20세기 내내 국내 은행권의 '조조흥 · 상상업 · 제제일 · 한한일 · 서서울' 시대를 화려하게 이끌었다. 대한제국 때 태동해 막강한 자금력과 고객 기반을 무기로 금융시장을 풍미했지만 외환위기 이후 거래 기업들의 부실 여신

294

이 급증하면서 역사에서 사라지는 비운을 맞았다.

반면 재일교포 상공인들이 세운 후발 신한은행은 '위기' 가 '기회' 가 됐다.

거대 은행들의 쟁쟁한 기업금융에 밀려 개인 상대의 소매금융에 주력한 덕택에 외환위기의 직격탄을 피할 수 있었던 것. 1998년 당시 금융감독위원회^{현 금융위원회}의 결정으로 부실 은행인 동화은행을 떠안은 것도 오히려 신한은행이 대형 은행으로 성장하는 계기가 됐다.

조흥의 '체계' 와 신한의 '열정'

최원석 신한은행 경영지원그룹 부행장은 "정책과 의사결정 과정이 보수적이던 조흥은행과 역동적이고 진보적인 신한은행이 합치면서 서로 보완이 됐다"며 "통합 후 체계적인 업무 프로세스는 조흥, 리스크 관리와 열정적 조직문화는 신한의 장점을 적용했다"고 설명했다.

23년 동안 조흥은행에 몸담았던 박찬 홍보담당 부행장보는 이렇게 말한다.

"조흥은행은 직원이 영업 노력을 절반만 기울여도 '유명 브랜드' 의 덕을 톡톡히 봤다. 반면 신한은행은 브랜드 가치를 높이기 위해 더 움직여야 했다. 브랜드는 두 은행에 장점이자 단점으로 작용했다. 조흥은행은 우수한 고객 기반을 통합 신한은행에 넘겨줬고, 신한은행은 '능력 중심의 성과주의' 란 큰 원칙으로 불만 없는 통합을 이뤄 냈다."

신한은행의 도약과 성장은 나응찬[69] 신한금융지주 회장을 빼놓고 얘기할 수 없다.

선린상고 출신으로 신한은행장 3연임^{1991~1999년}에 이어 부회장을 지냈으며, 2001년부터 신한금융지주 회장을 맡아 오다 2007년 초 3연임이 확정돼 2010년까지가 임기다. 명문대 출신이 즐비한 금융권에서 실력과 열정으로 국내 금융회사 최장수 최고경영자^{CEO} 기록을 세우게 된다.

카리스마와 '서번트^{servant · 섬김} 리더십'을 동시에 갖췄다는 평을 듣는 그는 고객 중심의 서비스로 신한은행을 차별화했다. 선진 정보기술^{IT}도 과감히 받아들여 PC통신 온라인뱅킹^{1991년}, 텔레뱅킹^{1994년}, 인터넷뱅킹^{1999년}을 각각 국내 최초로 도입했다.

"헝그리 정신 치열하지만 전문화는 부족"

신한은행 직원들은 자사^{自社}의 취약점을 어떻게 인식하고 있을까.

"워낙 다양성을 중시하는 조직문화여서 지금까지 은행 영업을 할 때 어학 실력은 큰 문제가 안 됐다. 글로벌 경쟁에서 뒤처질 수 있다는 얘기다. 또 제너럴리스트는 많은데, 스페셜리스트는 부족한 것 같다."^{40대 익명의 팀장}

금융 전문가들은 신한은행이 조흥은행과의 통합을 통해 성장에 대한 부담을 덜어 내고 전략적으로 유연해졌다고 평가한다. 신한지주 내 사업 포트폴리오도 균형 있게 정비돼 안정적 성장이 가능해졌다는 설명이다. 경쟁 은행들도 "신한은행의 응집력은 놀랍다"고 인정한다.

하지만 서병호 금융연구원 연구위원은 "신한은행은 기업금융과 해외 진출 부문에서 아직 미흡하다"며 "조직의 '헝그리 정신'은 치열하지만 인력의 전문화는 부족하다"고 지적했다.

신상훈 신한은행장은 '신한은행의 나아갈 길'을 묻는 기자에게 영국계 글로벌 은행인 HSBC를 은행의 향후 성장모델로 제시했다.

"HSBC는 소매금융 등의 영업기반이 튼튼해 아무리 바람이 불어도 흔들리지 않습니다. 자본시장통합법 시행 등 금융환경 변화에 능동적으로 대처하기 위해 우수 인재를 과감히 재충전시키겠습니다. 이젠 '밖으로^{해외로}' 나가야지요."

그러고 보니 고객관계를 중시하고 선진 정보기술을 적극 활용한다는 점에서 HSBC와 신한은행은 닮은 점이 많다.

숫자로 보는 신한은행

- **1026개** 영업점 수(9월 말 기준)
- **7068대** 자동화기기(CD, ATM) 수(9월 말 기준)
- **1만3104명** (정규직 1만953명 · 계약직 2151명, 9월 말 기준) 직원 수
- **1조5378억 원** 상반기 당기순이익
- **113조 원** 총수신(6월 말 기준)
- **128조 원** 총여신(6월 말 기준)
- **199조 원** 총자산(6월 말 기준)

면접 '정직과 신뢰'에 무게 '열정 없는 모범생'은 NO!

Q 지원 자격과 채용 절차를 소개해 달라.

A 대학 졸업자나 졸업예정자면 누구나 지원할 수 있다. 전형은 서류–실무자 면접–임원 면접의 3단계로 진행된다. 서류전형에서 어학 실력과 학점 등을 근거로 예상 선발 인원의 5, 6배수를 뽑는다. 실무자 면접에서는 자기소개 프레젠테이션, 신한인재상 면접, 집단토론, 신한가치 면접, 간담회 면접 등을 통해 지원자를 2배수로 줄이고 임원 면접에서 최종 선발한다.

Q 면접에서는 어떤 점을 주로 보나.

A 정직과 신뢰, 주인의식, 팀워크, 변화와 도전, 고객 가치 창조 등 신한은행의 가치를 잘 갖추고 있는지를 주로 본다. 표현력은 다소 부족해도 열정을 갖고 노력하면 좋은 평가를 받을 수 있다.

Q 채용 시 우대하는 전공이나 자격증이 있나.

A 전공에 따른 차별은 없으나 세무사, 공인회계사CPA, 국제재무분석사CFA, 변호사, 미국공인회계사AICPA, 재무설계사FP 등 금융 관련 자격증이나 전문 자격증은 서류전형에서 10% 안팎의 가산점을 받는다.

Q 채용 시 모범생을 선호한다는데…

A 그렇지 않다. 도전정신, 열정, 팀워크를 중요하게 여기기 때문에 적극성이 부

족한 모범생은 탈락할 확률이 높다.

Q 경쟁률은 어느 정도인가.

A 대략 100대 1 정도다. 현재 진행 중인 하반기 공채의 경우 300명 안팎을 선발하는데 약 3만 명이 지원했다.

Q 성과급 체계는….

A 그해 실적에 따라 성과급과 신한은행 주식을 배분한다. 2006년에는 월 기본급의 250~300%를 지급했는데 그중 30%는 신한은행 주식으로, 나머지 70%는 성과급으로 줬다.

Q 해외근무 기회가 있는지….

A 사내 공모 제도를 통해 100여 명 규모의 주재원을 파견하고 있다. 이 밖에도 매년 100여 명을 행원 해외파견 제도로, 20여 명을 지역전문가 과정으로 해외에 보내고 있다.

Q 금융 관련 학업을 계속하고 싶은데 지원해 주나.

A 학점 3.0 이상이면 야간대 학비 전액을 지원하고 있으며 대학원 과정은 2008년부터 절반을 지원할 예정이다. 금융 관련 자격증 취득 및 학원 수강에 들어가는 비용도 전액 보조한다.

신한은행 직원의 직급별 연봉과 재직기간

직급	평균 연봉	평균 재직기간
임원	수억 원	
부서장	1억1000만 원	
부부장	9400만 원	
차장·과장	7000만 원	8.5년
대리	5700만 원	2.5년
행원	4200만 원	4년

자료: 신한은행

Q 여성 비율은….

A 2007년 9월 말 현재 여성 비율은 36.4% 정도다. 정규직 중에는 26.1%, 계약 직 중에는 88.7%가 여성이다.

Q 복리후생 수준은….

A 주택 무상 임대, 독신 직원 대상 합숙소 운영, 경조사 지원 등 은행권 최고 수 준의 복리후생 제도를 갖추고 있다. 2004년부터는 결혼하고도 자녀가 없는 직원들을 위해 금융권 최초로 1년간의 불임휴직 제도도 도입했다.

발 맞춘 팀워크와 개성…"이젠 앞으로"

치밀한 업무 방식… 고객 중시
"은행권의 삼성전자"

"면접 과정이 다른 회사와 달랐어요. '아, 이 조직은 사람을 소중히 여기고 사원을 뽑을 때도 체계가 있구나' 하는 생각이 들었죠. 그래서 주저 없이 평생직장으로 선택했습니다."

2001년 입사한 PB사업부 박모32세 과장은 신한은행과의 첫 인연을 아직도 잊지 못한다.

경기 용인시에 있는 기흥연수원에서 진행된 면접은 8시간 남짓 이뤄졌다. 과장급 실무자 2명으로 된 면접관과 함께 토론, 발표, 자기소개 등으로 하루 종일 면접을 치르고 기진맥진한 그는 '뭐 이런 회사가 다 있나' 싶었단다.

하지만 형식적인 질문으로 짧게 면접을 끝내는 다른 회사와 달리 신한은행이 '특별한 조직'이라는 걸 느꼈고, 당시 입사지원을 했던 여러 회사 가운데 신한은행을 첫 직장으로 골랐다.

신한은행의 인재중시 철학과 의사소통 방법은 남다르다. 인재가 회사의 미래를 책임질 원동력이라는 판단에 따라 직원 한 사람 한 사람을 소중히 생각한다.

출신에 관계없이 열심히 일하는 사람만을 대접하는 개방된 조직문화도 갖고 있다.

하지만 '개인플레이'는 용납하지 않는다. 성과에 대한 보상을 확실히 하되 팀워크를 최우선으로 중시한다.

3년에 걸친 감성통합 작업

사람을 소중히 여기는 신한은행의 풍토를 보여 주는 사례는 얼마든지 있다.

조흥은행과의 통합 3년 전부터 가동한 '감성 통합 프로그램'이 대표적인 예다.

2006년 4월 통합은행으로 공식 출범한 신한은행은 2003년 금융감독위원회로부터 조흥은행 인수 허가를 받은 뒤부터 두 은행 직원들의 이질감 해소를 위해 대규모 감성교류 행사를 꾸준히 펼쳤다.

그해 10월 경북 경주시에서 두 은행의 임원과 부서장 1350명이 참석한 '서라벌 서밋'을 열었고, 12월에는 강원 용평리조트에서 부副부장급 836명이 모인 '런-투게더'라는 행사를 개최했다. 이듬해에도 지방과 서울을 오가며 임직원들의 화합을 도모하는 자리를 계속 마련했다.

이뿐만 아니라 두 은행 임직원들이 가두캠페인을 같이 전개하고 등산 등 레포츠 활동도 수시로 함께하며 최고경영자CEO부터 평직원까지 서로 한 몸이라는 인식이 들도록 했다.

옛 조흥은행 출신의 한 직원은 "처음에는 내 회사가 남의 회사로 넘어갔다는 생각에 서운한 마음이 들었던 게 사실"이라며 "하지만 3년의 유예기간 동안 직원 융합을 위해 회사가 헌신적인 노력을 하는 걸 보고 처음 가졌던 섭섭함이 눈 녹듯 사라졌다"고 말했다.

신한은행이 실시한 3년간의 '감성 통합 프로그램'은 양 조직의 융합을 잘 이끌어낸 기업 인수합병M&A의 성공 사례로 평가받고 있다.

추임새운동본부를 아시나요?

신한은행에는 '추임새 문화'라는 게 있다.

추임새란 우리 고유의 전통공연인 판소리에서 장단을 짚는 고수鼓手가 창唱하는 사람에게 '얼쑤' '좋지' '잘한다' 등을 연발하며 흥을 북돋워 주는 것. 추임새처럼 조직 내에서 직원들이 서로 칭찬하고 격려하는 근무 분위기를 조성하기 위해 2006년 8월 추임새운동본부가 생겼다.

추임새운동본부는 사내 정보시스템인 인트라넷에 추임새 게시판을 신설하고 추임새 활동 우수부서 선정, 칭찬의 포스트 잇메모지 나누기, 직원끼리 인사하기 캠페인 등을 통해 서로 격려하는 조직문화를 만들고 있다. 요즘 추임새 게시판에는 하루 2만 건이 넘는 칭찬 메시지가 올라온다.

직원 간의 커뮤니케이션 활성화를 위해 CEO가 '시공초월'이라는 인트라넷 대화방에서 직접 대화에 나서기도 한다.

이처럼 '열린 조직문화'를 가꿔 나가는 신한은행은 직원을 평가할 때도 연공서열이 아닌 그 사람이 가진 능력을 본다. 8월 인사에서 부장 2명이 본부장을 거치지 않고 부은행장보로 곧바로 승진한 파격인사가 이를 증명한다.

대졸 행원의 초임 연봉이 4600만 원에 이르는 높은 급여와 젊은 조직문화, 맡은 일에 철저한 집중력 등으로 신한은행은 '은행권의 삼성전자'로 불린다.

치밀한 업무처리 방식과 고객 중시 자세 등도 삼성 이미지와 비슷하다.

한 직원은 "조직이 역동적이라는 게 느껴지고 의사소통도 상하로 잘된다. 말단 행원이 지점장과도 자유롭게 대화할 수 있는 분위기"라며 "일을 잘하면 노력만큼 보상이 주어져 분발하는 계기가 된다"고 말했다.

팀워크는 신한은행이 가장 소중히 여기는 조직 가치 가운데 하나다.

신한은행 엘리베이터 안에는 '한 사람이 일을 많이 하는 것보다 여러 사람이 조금씩 하는 게 훨씬 낫다'는 문구가 적혀 있다.

신한은행은 2007년 현재 직원 1만3000여 명에 1026개의 지점을 보유한 국내 굴지의 은행으로 성장했다.

2004년 신한금융지주 초청으로 방한한 세계적인 석학 톰 피터스 씨는 "신한은행에서 시도하는 것들은 한국 금융계에서 매우 독특한 것으로 신한의 노력이 한국 금융문화를 재창조하고 있다"고 치켜세웠다.

하지만 아직 갈 길은 멀다.

직원들은 "리딩뱅크가 되기 위해서는 한발 앞서가는 영업을 해야 하고 1년 단위보다 더 먼 미래를 고민해야 한다"고 충고하거나 "통합 전 신한은행은 의사 결정과 실행력이 빨랐는데 통합 후 덩치가 커져서인지 몸놀림이 둔해진 것 같다"고 뼈 있는 한 마디를 던지기도 했다.

신한은행의 강점인 '파이팅 스피릿도전정신'으로 끊임없이 변할 수 있느냐가 글로벌 은행으로의 도약 여부를 가를 열쇠로 보인다.

'따로 또 같이' 부르는
'거제도 아리랑'

······

삼성중공업은 2007년 10월 9일 마감된 삼성그룹 하반기7~12월 대졸 신입 사원 공채에서 의미 있는 기록을 하나 세웠다. 350명 모집에 3710명이 몰리면서 지원자 수가 처음으로 3000명을 넘어선 것이다.

이 회사는 '삼성'이라는 든든한 브랜드 후광後光에다 호황을 누리는 중공업 분야라는 메리트가 부각되면서 구직자들로부터 많은 '러브콜'을 받고 있다.

외딴 곳 거제도서 산다지만
선후배로 뭉친 우린 또 하나의 가족

학연－지연 모른다… 철저한 성과중심 인사

삼성중공업이 원하는 인재상은 △창의성 △글로벌 감각 △전문지식 △인간미를 갖춘 사람이다.

치열한 기술 경쟁을 벌이고 있는 조선업계에서 성공하려면 다양한 기능이 융합된 새로운 개념의 선박을 만들어야 한다. 이 때문에 기존의 틀을 깬, 발상과 인식의 전환을 필요로 하는 창의성이 무엇보다 중요하다.

삼성중공업의 주력 분야인 조선과 건설은 철저한 협업이 요구되는 업종. 따뜻한 동료애와 남을 배려하는 심성을 갖췄는지를 면접 과정에서 눈여겨본다.

이 회사 인사기획팀장인 박갑진 상무는 "전형 과정에서 면접을 여러 번 보는데 부장 면접은 해당 분야에 대한 전문 지식을, 임원 면접에서는 인성 및 창의성을 주로 본다”며 “종합 평가이기 때문에 어느 한 면접의 점수만 좋아서는 합격하기 힘들다”고 말했다.

‘기업의 별’이라는 임원 인사에서는 기본적인 인재상에 도덕성 덕목이 추가된다. 사회적 물의를 일으켜 회사의 이미지를 손상시켰을 경우엔 임원 선임이 불가능하다.

특히 임원에 대해선 학연과 지연을 배제한, 철저한 성과 중심 인사를 원칙으로 하고 있다.

실제로 2005년부터 2007년 까지 3년간 선임된 31명 임원의 학력을 조사한 결과 서울대 3명, 기타 서울 등 수도권 소재 대학 11명, 지방대 11명, 해외 대학 1명, 전문대 2명, 고졸 3명 등 상당히 다양했다.

신입사원 90% 거제조선소에 배치

조선이 주요 사업 분야인 만큼 핵심 근무지도 바다를 낀 경남 거제도다. 신입사원의 90%가 거제조선소에 위치한 설계, 연구, 생산 등의 핵심부서에 배치된다.

김징완 삼성중공업 사장도 해외 출장이 없는 날이면 주로 거제도에 머문다. 서울에는 영업, 설계센터, 재무, 국제금융, 홍보 등 최소한의 필요 인원 600여 명만 근무한다.

과거에 비해 거제도가 많이 발전하긴 했지만 도시에 익숙한 젊은 사원들에겐 거제도 근무가 부담스럽게 느껴질 수 있다.

회사 측은 사원들의 거제도 근무에 대한 거부감을 줄이기 위해 복리후생과 급여에 많은 신경을 쓴다.

조선업계에 따르면 삼성중공업의 임금 수준은 동종업계 최고다. 사무직 초임 기준의 경우 삼성중공업 임금을 100이라고 하면 현대중공업은 96,

대우조선해양은 98 수준으로 알려져 있다. 생산직^{11년차 평균}은 현대가 91, 대우가 94 정도다.

미혼 사원들을 위해 사내외 기숙사를, 무주택 기혼 사원에게는 사택을 제공하고 있다. 문화 체육 시설이 부족한 지역 여건을 감안해 소극장, 수영장, 체육관, 볼링장 등을 갖춘 삼성문화관을 1996년부터 운영 중이다.

기혼 사원들이 가장 신경을 쓰는 교육 문제를 해결하기 위해 18명의 강사를 초빙해 사원 자녀들의 공부를 돕고 있다.

박영헌 삼성중공업 인사담당 부사장은 "고속도로 개통으로 서울까지 4시간이면 갈 수 있는 데다 거제도도 상당히 발전해 이곳 근무에 대한 거부감은 거의 없는 편"이라며 "이미 입사 전에 거제도 근무에 대해 얘기를 하기 때문에 거제 근무로 인한 퇴직률도 낮아지고 있다"고 말했다.

입사 5년 내에 퇴직하는 비율은 20% 안팎으로 삼성 계열사 가운데 낮은 편이다. 5년이 지나면 퇴직률은 2% 이하로 확연히 줄어든다고 회사 측은 밝혔다.

1가지 술로 1차만 하고 9시 전에 귀가

거제도에 근무하는 직원들은 남녀노소, 직군 구별 없이 모두 비둘기색 작업복을 입는다. 대부분은 끈끈한 조직문화에 매력을 느껴 일이 더욱 잘된다고 말하지만 일부 경영지원부서에선 이런 분위기에 거부감을 느끼는 직원도 더러 있다고 한다. 생산직 근무 사원들을 배려하고 인정해 주는 회사 분위기는 좋지만 그렇다고 옷마저 똑같이 입게 하는 것은 지나치지 않으냐는 것이다.

가족들과 떨어져 혼자 생활하는 사원들은 같은 처지의 동료 및 선후배와 서로 의지하며 정을 쌓는다.

308

회사 측은 다양한 프로그램을 통해 회사가 즐겁고 가정이 즐거워야 회사도 발전한다는 취지로 '신바람 일터'를 가꿔 나가고 있다. 동료들에게 즐거움을 준 사례를 발표하는 '신바람 자랑대회', 업무에 도움을 준 사람이나 칭찬하고 싶은 사원을 알리는 '칭찬 어시스트 제도', 1가지 술로 1차만 하고 9시 이전에 귀가하는 것을 원칙으로 하는 '건전음주 119' 등을 자체적으로 실천하고 있다.

전체 임직원의 평균 연령이 35세로 경쟁사보다 6~9년 젊은 것도 이런 신바람 나는 조직 문화를 만드는 데 한몫했다.

2005년에 입사한 인력개발팀 박혜리25세·여 씨는 "익숙한 가정을 떠나 거제도에서 근무하는 것이 힘들 때도 있지만 동기들끼리 서로 의지하고, 선배들이 잘 챙겨 줘서 비교적 만족스럽다"며 "서로 견제하며 경쟁하기보다는 자신의 역량을 최대한 발휘할 수 있게 도와주는 팀워크 중시 문화도 마음에 든다"고 말했다.

신입사원 20% 이상이 여성
생산 – 설계 분야서 맹활약

Q 지원 자격과 채용 절차를 소개해 달라.

A 삼성은 열린 채용을 지향해 연령과 학력 제한이 없다. 학점은 4.5점 만점일 경우 3.0점 이상, 토익점수는 이공계, 인문계 각각 620점, 730점 이상이면 된다. 이 기준을 충족하면 직무적성검사SSAT 기회를 준다. SSAT 성적 순으로 최종 선발 인원의 2배수를 뽑으며 전공별 면접전형을 거쳐 채용을 확정한다.

Q 전공별 면접전형은 어떻게 진행되나.

A 하루에 과장급 면접, 부장급 면접, 임원 면접, 영어 그룹토론 등 총 4번을 거친다. 이공계 출신은 조선공학, 기계공학, 전기전자 등 10여 개 채용 분야에 따라 각 전공 수업 수준의 기초적인 질문을 받게 된다. 인문계 출신에 대해선 전공보다 시사문제를 중점적으로 묻는다. 인문계 출신은 보통 전체 신입사원의 10~15%가량이다.

Q 입사 후 부서 배치는 어떻게 이뤄지나.

A 최종 합격자는 4주간 삼성그룹 입문교육에 이어 2주간 중공업의 자체 입문 교육을 받은 뒤 부서에 배치된다. 부서 배치는 본인의 희망부서, 전공, 적성 등을 종합적으로 고려해 인사부서장과의 면담을 거쳐 최종 결정한다.

Q 채용 시 유리한 전공이 있나.

신입사원 선발에서는 직무별 전공 제한이 없다. 조선업은 종합장치산업이므로 다양한 전공자들이 필요하다.

Q 해외 근무 기회는….

현재 19개 나라에 60명이 나가 있다. 이 가운데 40명은 중국에 있다. 과장급 이상이 되면 해외에서 5년간 근무할 기회가 주어진다. 사원, 대리급은 매년 10~15명을 최소 9개월에서 길게는 2년까지 해외로 보내 지역연구 과정, 경영대학원MBA을 다니도록 한다.

Q 중공업 회사라 여직원이 생활하기 힘들 것 같은데….

신입사원의 20% 이상이 여성이다. 부서 배치, 평가, 승진, 교육 등에서 남성과 차별을 두지 않는다. 과거에 남성의 독무대였던 생산관리 분야에도 최근 여성 직원을 과감히 배치해 육성하고 있다. 설계 분야에서는 여성 직원들이 특유의 꼼꼼함과 섬세함으로 선주의 호평을 받고 있다.

Q 사내 동아리 활동에는 어떤 것들이 있나.

회사 안에 200여 개의 동아리가 활동 중이다. 동아리 운영에 필요한 경비를 지원하고 있으며 스키스쿠버, 요트, 오케스트라, 사진, 무술 등이 인기다.

삼성중공업 직급별 평균 연봉 (2007년 기준)

직급	연봉(원)
임원	1억~수억
부장	7200만~8500만
차장	6200만~7300만
과장	5600만~6500만
대리	4700만~5000만
대졸 초임	4200만~4300만

성과급과 격려금을 포함한 세전 연봉 기준. 특근과 잔업, 연차 수당은 제외   자료: 삼성중공업

거제도 뻘밭 일군 지 14년,
조선의 꽃이 활짝 피었다

삼성중공업 거제조선소에는 10년째 '돈 한 푼 벌지 못하면서 자습'만 하는 팀이 있다. 한국 조선업계의 마지막 남은 과제인 '크루즈선' 개발을 맡고 있는 여객선개발팀이다.

수익을 내지 못하면 과감하게 정리하는 삼성의 조직문화로는 좀처럼 이해하기 힘들다.

엔지니어, 디자이너, 인테리어 등 각 분야 석박사 인력 30명으로 구성된 이 팀은 정기적으로 삼삼오오 조를 이뤄 크루즈선을 타 보는 게 '일'이다.

하지만 이들의 승선 목적은 관광이 아니다. 조마다 같은 배를 여러 차례 나눠 타면서 배의 구석구석을 샅샅이 훑어보고 조각조각의 정보를 체계화한다.

312

삼성중공업 여객선개발팀장인 주영렬 상무는 "최신 크루즈선 20척에 대한 정보를 선형, 소음진동, 인테리어, 동선배치별로 나눠 자세히 분석했다"면서 "조만간 수주 예정인 1호 크루즈선을 위해 만반의 준비를 해 놓았다"고 말했다.

늦은 출발 '치밀한 계획'으로 극복

삼성중공업은 현대중공업, 대우조선해양과 함께 세계 조선업계를 좌우하는 '빅3'다.

하지만 삼성그룹이 1977년 조선사업에 진출하는 데는 '아이러니'하게도 경쟁상대인 현대그룹의 고 정주영 창업주의 '도움'이 계기가 됐다.

당시 조선 산업 진출을 검토하던 고 이병철 삼성그룹 창업주가 현대중공업 울산조선소를 방문한 자리에서 "삼성이 조선업에 진출하면 적극 돕겠다"는 정 창업주의 권유가 있었던 것이다.

삼성중공업은 현대중공업보다 5년 늦게 출발했지만, 삼성 특유의 '치밀한 계획'과 '꼼꼼한 관리'로 이 차이를 만회했다.

여객선개발팀은 '한 치의 오차도 인정하지 않는' 삼성의 DNA가 전통 굴뚝 산업에 적용된 상징적 사례라는 것이 회사 측의 설명이다.

1993년 건설에 들어가 1994년 완공한 거제조선소 제3독dock도 삼성의 '치밀한 계산'이 반영된 결과다.

해외 조선업계의 불황으로 정부가 조선소 신증설을 규제하는 상황에서 삼성중공업은 정부의 감시를 피해 당시로선 세계 최대 규모의 독을 파기 시작한 것이다.

이는 세계 조선 시황이 점차 개선되는 가운데 세계 최대 조선국인 일본이 조업 인력 고령화로 건조량이 감소할 것이라는 점을 미리 내다본

결정이었다.

당시 주무를 맡았던 한 임원은 "제3독 건설을 밀어붙일 수 있었던 것은 데이터에 기반을 둔 확신이 있었기 때문"이라며 "우리의 예측은 정확히 들어맞았고 세계 3대 조선업체로 도약하는 굳건한 발판이 됐다"고 말했다.

재무적 성과 1% 아이디어 제공자에게

최근 10년간 삼성중공업은 놀라운 '변신'을 이뤄 냈다.

1997년 3조9500여억 원에 머물렀던 매출액은 2006년 6조3517억 원으로 61% 증가했으며, 같은 기간 순이익은 955억 원 적자에서 1541억 원 흑자전환했다.

회사 측은 이 같은 '변신'의 원인을 '궁즉통窮則通·궁하면 통한다'으로 설명한다.

삼성중공업은 높은 기술과 고급 인력을 보유하고 있지만 거제조선소는 330만m²100만 평로 경쟁사에 비해 작은 편이다.

이 회사는 이처럼 협소한 공간의 문제를 '플로팅독'이라는 신新공법으로 해결했다.

플로팅독이란 육상에서 제작한 선체의 덩어리블록들을 해상 크레인을 활용해 거대한 바지선플로팅독으로 옮겨 조립하는 방식으로 육상 독을 활용한 전통적인 건조공법의 한계를 뛰어넘은 신공법으로 평가받고 있다.

삼성중공업은 이 공법을 도입해 용지 확장 없이 연간 15척 이상의 선박을 추가 건조할 수 있는 생산 능력을 확보했다.

박영헌 삼성중공업 인사담당 부사장은 "생산성을 높이기 위해 직원들의 아이디어를 공모해 채택되면 재무적 성과의 1%를 아이디어 제공자에

314

게 인센티브로 주고 있다"면서 "삼성은 유연한 사고와 혁신적 아이디어를 존중한다"고 설명했다.

"확실한 2위를 넘어…"

"이제 2, 3위 경쟁은 없다."

삼성중공업 임직원들을 만나면 주문처럼 외는 말이다.

선박 건조량, 수주잔량, 수주액 등 객관적 지표에서 현대중공업에 이어 확실한 2위 자리를 굳혔다는 주장이다. 그들은 더 나아가 "한국 조선의 미래는 우리에게 달렸다"고까지 한다.

삼성중공업의 향후 예상 실적도 긍정적인 편이다. 2010년까지의 사업목표로 '매출 10조 원, 이익 1조 원'을 내세웠지만 내부적으로 목표 달성을 앞당기는 것을 검토 중이다.

노무라증권의 문학삼 애널리스트는 "선박 가격 호조와 조선 시황 호조에 힘입어 삼성중공업은 2007년 매출과 순이익이 각각 8조5000억원과 485억 원에 이르렀다"며 "순이익은 2008년에 7000억 원대까지 오를 것"이라고 전망했다.

조선업계에서는 삼성중공업의 이 같은 자신감의 비결을 '준비된 미래'로 분석하기도 한다.

일반 유조선이나 컨테이너선처럼 경쟁이 치열한 선종船種 대신 쇄빙유조선, 드릴십, 부유식원유생산저장설비FPSO 등 기술선과 특수선 분야에 우월한 기술력을 보유했다는 것이다.

실제로 이 회사는 2007년 세계에서 발주된 드릴십 11척 가운데 8척을 수주하는 개가를 이뤄 냈다.

하지만 경쟁 중공업업체에 비해 사업구조가 지나치게 조선업에 편중

됐다는 지적도 나온다. 건설사업 부문이 있지만 비중이 10%에 불과해 종합중공업 업체로 부르기 힘들다는 것이다. 또 조선업계가 불황에 빠지면 삼성중공업의 타격이 가장 클 것이라는 주장도 있다.

이 때문에 일각에서는 삼성그룹이 기업 인수합병M&A을 할 경우 그 첫 작품은 '삼성중공업'이 주도할 것이라는 관측도 나온다.

숫자로 보는 삼성중공업

- **세계 2등** 수주 잔량 (2007년 기준)
- **50척** 연간 선박건조 척수 (2007년 기준)
- **51억 원** 2006년 사회공헌지출금액
- **162억 달러** 2007년 수주량(세계 1위)
- **1만806명** 임직원 수 (2007년 기준)
- **14만6057시간** 2006년 총 봉사활동 시간
- **6조3500억 원** 2006년 매출

아직 배고프다,
세계를 주워 담아라

롯데백화점 명품관 에비뉴엘 상품기획자MD로 일하는 중국인 왕스五五 · 27세 씨. 왕 씨는 롯데쇼핑의 첫 공채 출신 외국인 사원이다. 중국 명문 산둥山東 대를 졸업한 그는 연세대 경영대학원을 거쳐 2006년 롯데쇼핑 공채로 입사했다.

"롯데는 이미 글로벌 기업 아닌가요? 중국에서도 롯데는 매우 잘 알려진 기업입니다." 왕 씨는 "롯데쇼핑이 글로벌 유통기업으로 사업을 확장하고 있는 이때 내게 더 많은 기회가 있을 것이라고 판단해 지원하게 됐다"며 이렇게 말했다.

그는 롯데쇼핑 중국법인의 최고경영자CEO가 되는 것이 꿈이다. 해외 인재가 많은 삼성 LG SK와 같은 기업에 비하면 단 1명의 외국인 공채 사원이 초라해 보일 수 있다. 하지만 롯데쇼핑의 경쟁업체인 신세계와 현대백화점, 갤러리아에는 외국인 공채 사원이 한 명도 없다. 롯데쇼핑 관계자는 "한 명의 공채 사원이지만 내수內需 이미지를 벗고 글로벌 유통기업으로 거듭나기 위한 롯데의 의지"라며 "앞으로도 우수한 해외 인재나 어학에 능통한 지원자를 적극 채용할 것"이라고 말했다.

2006년 매출 9조4467억 원

롯데그룹 재계 5위로 키운 엔진
2010년 세계 10대 백화점 목표로

롯데쇼핑은 2007년 10월 일본 도쿄東京에서 열린 '아시아태평양 소매업자 대회'에서 아시아 유통 전문지인 '리테일 아시아'가 발표한 한국 내 소매업체 1위로 선정됐다. 2005년 미국 스토어 매거진이 선정한 세계 백화점 순위 조사에서 국내 백화점으로는 유일하게 14위에 올랐다.

롯데백화점은 2010년 세계 10대 백화점에 진입하겠다는 야심 찬 계획을 갖고 있다.

"한국형 백화점 해외서도 승산"

현재 롯데쇼핑은 러시아, 중국, 베트남, 인도 등 해외사업에 박차를 가하고 있다. 2007년 9월 개점한 롯데백화점 모스크바점은 국내 백화점의 첫 해외 점포다.

318

가격만 싸게 팔면 되는 할인점과 달리 백화점은 소비자 기호, 라이프 스타일 등 미세한 부분까지 모두 고려해야 하는 사업이다. 그래서 아직까지 세계적인 점포망을 갖춘 백화점을 찾아보기 힘들다. 롯데의 도전에 국내 경쟁업체뿐만 아니라 해외 업체들도 주시하고 있다.

'두드려 본 돌다리도 건너지 않는다'는 평을 들을 정도로 신중에 신중을 기하는 롯데가 국내 백화점 업계 최초로 해외 진출을 시도하는 것은 포화상태에 달한 국내 시장에서는 매출 규모를 더 키우기 힘들기 때문이다.

롯데쇼핑은 해외에서도 '한국형 백화점' 모델이 충분히 승산이 있다고 보고 있다.

백인수 롯데유통산업연구소 소장은 "백화점 부문 영업이익률이 12% 선을 웃돈다"며 "이는 할인점 선두주자 이마트의 영업이익률약 7~8%은 물론, 웬만한 정보기술IT 기업보다 높은 수치"라고 말했다.

유통의 꽃 MD 뜻은 '뭐든 다 한다'?

롯데쇼핑은 제과업으로 시작한 롯데그룹을 재계 서열 5위공기업 및 민영화된 공기업 제외로 끌어올린 엔진이다. 현재 롯데그룹 전체 매출의 3분의 1을 롯데쇼핑이 차지한다. 롯데쇼핑은 2007년 10조851억 원의 매출을 올렸다.

점포에서 일하는 직원들은 신격호 롯데그룹 회장이 수행원 1명만을 대동하고 직접 백화점이나 마트 매장 이곳저곳을 살피는 모습을 종종 목격한다. 창업주의 롯데쇼핑에 대한 애착을 그대로 보여 준다.

유통의 전 과정을 좌지우지하는 MD는 '유통의 꽃'이라고 불린다. 롯데쇼핑 입사 지원자 대부분이 MD를 꿈꾼다. 하지만 현장을 뛰는 MD들은 "MD는 '뭐든 다 한다'의 줄임말"이라고 우스갯소리를 한다. 경쟁업

체에 대한 정보 수집 업무는 물론, 좋은 제품을 미리 확보하기 위해 출장
과 야근을 밥 먹듯 해야 하는 고달픈 직업이기 때문이다.

입사 첫해엔 무조건 현장 관리자 경험

롯데백화점의 경우 상품 기획이나 본사 관리직이라고 해도 입사 첫해
는 무조건 점포에서 관리자로 일해야 한다. 유통사관학교라 불리는 롯
데만의 훈련과정이다. 상품기획에서부터 현장 관리까지 모든 업무를 경
험한 이철우 롯데백화점 사장은 현장을 떠나서는 시장의 흐름을 읽을 수
없다는 소신을 갖고 있다. 롯데맨들은 후발 유통업체들의 주요 영입 대
상이 되기도 한다.

롯데라는 사명社名은 신격호 회장이 독일 문호 괴테의 소설 '젊은 베르
테르의 슬픔'에 나오는 구원의 여인 '샤르로테 부프'에서 따왔다. 만인
에게 사랑받는 기업을 만들겠다는 의지에서다. 롯데쇼핑의 슬로건은
'언제나 고객과 함께Always with you'.

롯데쇼핑은 무엇보다 '유통업계 1위'라는 위상이 임직원에게 강한 자
부심을 갖게 한다. 롯데백화점이 정기세일 기간을 먼저 정한 후 경쟁업
체들이 이를 따라가는 것도 업계 불문율이다. 이철우 롯데백화점 사장
은 롯데마트 사장 시절 업계 최초로 우수한 중소기업 제품을 유치하기
위해 중소기업 박람회를 열었다. 업계 1위 기업이기에 가능한 일이다.

신예지26·여 롯데백화점 남성매입팀 MD는 "유통업계 1위이기 때문에
주니어 사원들도 큰 프로젝트를 맡아 역량을 키울 수 있는 기회가 많은
일터"라고 말했다.

하지만 롯데쇼핑이 1위 기업이라는 강점을 이용해 협력업체에 우월적
지위를 남용하는 사례가 더러 있었던 점은 개선해야 할 사안으로 지적된

다. 한 협력업체 관계자는 "협력업체 사이에서는 롯데쇼핑을 일컬어 '높다쇼핑'이라 비꼬기도 한다"며 "매번 협력업체와 상생하겠다고 말하지만 현장에서는 과거에 비해 큰 변화가 없다"고 말했다.

고객이 일주일 전 구입한 옷을
이유 없이 환불해 달라고 하면?

Q 2007년 롯데쇼핑 입사자 수는….

A 백화점과 할인점을 합쳐 175명이 입사했다.

Q 면접은 어떻게 진행되나.

A 팀장, 매니저가 진행하는 1차 면접과 임원이 심사하는 2차 면접으로 나뉜다.
고객 서비스나 기업 전략과 관련된 질문이 많은 편이다. 예를 들어 '고객이
일주일 전 구입한 옷을 이유 없이 환불해 달라고 한다면?', '주5일 근무제를
마케팅에 활용할 방법은?' 같은 질문이 나온다.

Q 채용 시 백화점, 마트, 슈퍼 등 각각의 사업부문으로 미리 나눠서 뽑나.

A 그룹 공채 시 지원자가 원하는 사업부문을 선택하게 되며 사업부문별로 따로
채용절차를 진행한다.

Q 백화점 인턴사원에 대해 소개해 달라.

A 4년제 대학 졸업예정자를 대상으로 여름7, 8월과 겨울1, 2월에 연간 100명 정
도 인턴사원을 뽑는다. 인턴사원은 8주간 본사와 매장을 돌며 실제 업무를
체험한다. 이 가운데 우수한 평가를 받은 사람은 정규직원으로 채용할 예정
이다.

Q 본사와 매장 근무자의 비율은….

A 백화점은 4 대 6, 마트는 5 대 5 정도로 근무한다.

Q 점장이 되고 싶은데….

A 점장은 한 점포의 마케팅, 영업, 서비스, 매출 등을 책임지는 사람이다. 학력에 상관없이 실력만으로 점장까지 승진할 수 있다. 롯데쇼핑은 전 직원을 점장으로 키운다는 목표로 유통전문가 교육 프로그램을 운영한다. 전 직원이 직무 경험을 쌓을 수 있도록 본사와 매장의 순환 근무를 원칙으로 한다.

Q 백화점 상품기획자MD가 되려면….

A 해당 상품 관련 전공자에게 유리하다. 예를 들어 의류 MD가 되려면 의류학을 전공하는 게 좋다.

Q 롯데시네마에 입사하려면….

A 그룹공채 시에 정기 채용을 하고 슈퍼바이저영화관 현장 관리자는 수시로 채용한다. 전문대졸 이상의 학력에 고객 서비스 정신이 좋은 현장 경험자를 우대한다.

롯데백화점 임직원의 연봉 (단위:원)

직급	평균 연봉	평균 근속연수
임원	1억2000만~5억	15년차 이상
팀장(차장,부장급)	7200만~9500만	11~15년차
매니저(과장급)	5700만~7800만	5~10년차
사원, 계장(사원, 대리급)	3300만~5200만	1~4년차

상여금 및 성과급 포함, 세전 기준, 매장 근무자 기준   자료: 롯데쇼핑

"본사 사옥보다는 매장 넓혀라"
실용주의로 똘똘 뭉쳐

#1. 서울 중구 소공동 롯데백화점 본점과 붙어 있는 롯데빌딩. 롯데쇼
핑을 비롯해 롯데그룹 계열사들이 입주해 있는 이 건물에 들어가면 요즘
보기 어려운 광경이 눈에 띈다. 단정한 유니폼을 입은 여성 직원이 엘리
베이터 안에서 층별로 어떤 회사와 부서가 있다는 안내와 함께 층 번호
버튼을 대신 눌러 준다. '엘리베이터 걸'이다.

#2. 오전 출근 시간 같은 건물. 롯데 임직원들이 엘리베이터를 타기
위해 1층 로비에 몰려든다. 임직원들은 도착한 순서대로 줄을 서며 엘리
베이터를 기다린다. 기다리는 임직원 중에는 머리가 희끗한 계열사 사
장은 물론 롯데그룹의 후계자가 확실시되는 신동빈 부회장도 있었지만
엘리베이터를 먼저 타겠다고 앞으로 나서지 않았다. 다른 재벌 기업은

324

물론 관공서에서조차 총수나 기관장이 오면 바로 탈 수 있도록 비서진이 '엘리베이터 잡기'를 하는 것과는 대조적인 모습이다.

롯데그룹의 간판 기업인 롯데쇼핑은 엘리베이터 걸로 대변되는 '전근대성'과 백화점을 찾는 고객 편의를 위해 오너도 엘리베이터를 기다렸다가 타는 '합리성'이 공존하는 기업이다. 겉으로 보면 보수적인 색채가 짙은 내수內需 기업 냄새가 물씬 풍기지만 속을 들여다보면 국내 어느 기업에도 뒤지지 않을 정도로 실용적인 분위기를 느낄 수 있다.

백화점-마트-슈퍼-시네마-크리스피크림…

롯데쇼핑은 국내외에 백화점 25곳과 대형 할인점 56곳, 슈퍼마켓 83곳을 보유한 종합 유통업체. 여기에다 롯데시네마 사업본부 소속 극장 42곳과 크리스피크림도넛 매장 28곳도 함께 운영하며 연간 매출이 10조 원을 넘는 거대기업이다.

하지만 본사 직원이 한꺼번에 근무하는 번듯한 사옥이 없다. 사업본부별로 건물을 임차해 쓰는 경우가 대부분이다.

실제로 백화점과 크리스피크림도넛 사업본부가 있는 롯데빌딩은 호텔롯데 소유다. 롯데마트 사업본부도 서울 광진구 구의동 동서울터미널에 세를 들어 있다가 2003년 6월에야 롯데마트 월드점 6층으로 옮겼다. 이 건물도 호텔롯데와 롯데쇼핑 공동 소유다.

롯데슈퍼와 롯네시네마 사업본부는 지금도 개인이 주인인 건물을 임차해서 사용한다.

롯데쇼핑 관계자는 "매출과 직결되는 매장을 최대한 넓게 사용하기 위해서는 지원 부서가 있는 사무 공간은 최소화해야 한다는 신격호 롯데그룹 회장의 평소 소신이 반영된 결과"라며 "격식보다는 내실을 중시하는 롯데문화를 엿볼 수 있다"고 설명했다.

여름철 '쿨 비즈' 캠페인 매출에도 한 몫 톡톡

2007년 6월부터 9월까지 이철우 롯데백화점 대표가 펼친 '쿨 비즈' 캠페인이 대표적인 사례.

쿨 비즈는 '시원함'과 '멋짐'이라는 뜻을 담고 있는 'Cool'과 비즈니스Business의 약어인 'Biz'가 합쳐진 말로 넥타이를 매지 않는 간편한 옷차림을 일컫는다.

롯데백화점은 여름철에는 정장 차림보다는 간편 복장으로 근무하는 것이 업무 효율을 높이는 것은 물론 에너지도 절약할 수 있다는 취지에서 이 캠페인을 기획했다. 복장이 간편해지면 창의적인 아이디어가 더 많이 나올 것이라는 점도 고려했다.

4개월에 걸친 캠페인 기간을 통해 롯데백화점은 월 1억 원씩 모두 4억 원가량의 냉방비용 절감 효과를 거뒀다. 또 이 캠페인이 언론에 노출되면서 생긴 쿨 비즈 상품 열기로 인해 관련 상품 매출이 전년 대비 40% 상승하는 부수적인 효과도 얻었다. 여기에다 상대적으로 참신해진 직원들의 아이디어도 겉으로 드러나지 않는 효과였다고 롯데백화점은 설명했다.

롯데쇼핑은 1979년 창사 이후 인력 구조조정을 두 번밖에 하지 않았다.

첫 번째는 국내 모든 기업이 대량 감원을 하던 외환위기 때인 1998년 10여 명이 회사를 떠났다. 두 번째는 2007년 5월로 인사 고과가 3년 이상 최하점을 받은 과장급 이상 직원 30여 명이 옷을 벗었다.

외환위기 이후 국내 대부분의 기업이 수시로 구조조정을 실시하고 롯데쇼핑 정규직 직원이 8500여 명에 이른다는 점을 감안하면 감원이 거의 없었다고 볼 수 있다. 롯데쇼핑이 감원을 잘 하지 않는 것은 신 회장의 '한 식구' 철학과 무관하지 않다.

신격호 회장은 평소 "회사와 경영자, 그리고 종업원은 한 식구다. 조금 어려워졌다고 종업원을 내보내면 안 된다"는 말을 자주 한다. 종업원의 신분이 안정돼야 애사심도 높아지고 좀 더 소신 있게 일을 할 수 있어 회사로서도 이익이 된다는 것.

박종렬 교보증권 연구위원은 "롯데쇼핑 직원은 큰 과오만 없으면 감원이 되지 않는다는 믿음이 있어 다른 회사에 비해 회사에 대한 충성심이 강하고 소신 있게 일하는 것이 특징"이라며 "다만 급여가 경쟁사에 비해 다소 낮다"고 말했다.

"남성위주 탈피… 여성 사원 정책적 배려"

롯데쇼핑은 지나치게 신중한 기업 문화로 일을 그르친 경우가 적지 않다.

대표적인 사례가 '까르푸' 인수전에서 고배를 마신 것. 이랜드그룹이 오너의 지휘 아래 과감한 베팅을 해서 낙찰된 것과 달리 롯데는 오너를 정점으로 한 신중한 의사결정 과정을 거치다가 할인점 시장에서 이마트를 따라붙을 기회를 놓쳤다.

당시 유통업계에서는 "자금력이 월등히 앞선 롯데가 방심하다가 선수를 빼앗긴 것은 지나치게 심사숙고하는 롯데 문화가 한 방 먹은 것"이라는 얘기가 나돌기도 했다.

남성 위주 기업문화도 문제로 지적되고 있다.

롯데쇼핑은 여성이 주요 고객이지만 신 회장의 장녀인 신영자 백화점 총괄 부사장을 빼고는 여성 임원이 한 명도 없다. 실무 간부진인 팀장[차]

장이나 부장급에서도 여성을 찾아볼 수 없다. 섬세한 여성 심리를 꿰뚫어야 할 유통업체로서는 보기 드문 조직구조다.

물론 경쟁사인 신세계도 여성 고위 간부가 드물다. 하지만 아예 없는 롯데와 달리 여성 임원오너 일가 제외이 2명, 여성 부장이 5명 정도 근무하고 있다.

롯데 관계자는 "과거에는 남성 위주로 대졸 신입사원을 뽑았지만 2000년 이후에는 대졸 신입사원의 절반가량이 여성"이라며 "특히 요즘에는 여성 사원을 정책적으로 많이 배려하고 있어 앞으로는 여성 임원이나 팀장이 나올 것"이라고 전망했다.

백색 전화에서 IPTV로

서울 종로구 세종로 'KT의 광화문 사옥'에는 다른 건물과 달리 1층과 2층 사이 M1층이 있다. M1층의 두꺼운 철문을 열고 들어가면 상상하지 못한 지하 세상이 열린다. '구리 길'이라는 의미에서 '동도銅道'로 불리는 이곳은 서울 시내 지하에 그물처럼 깔려 있는 통신망의 출발점이다.

지하로 내려가면 작은 버스가 지나갈 정도의 지하 터널에 어린애 팔뚝만 한 전화선, 인터넷 케이블이 겹겹이 정열돼 있다. 하나당 7200가닥의 전화선과 144가닥의 광케이블을 각각 묶은 케이블 다발은 전국의 가정과 회사의 전화, 인터넷으로 연결되는 국가 신경망의 중추 역할을 한다.

1896년 덕수궁에 첫 전화

110여 년 만에 760만km 광케이블 국가 신경망 구축

KT의 역사는 국내 통신의 역사

100년 동안 쌓아 온 국내 통신의 역사는 곧 KT의 역사다.

1896년 10월 덕수궁에 처음 전화가 설치돼 궁내부가 각 아문衙門 및 인천 감리監理와 연락한 것이 전화 역사의 시작. 이후 1902년 3월에는 한성 ~인천 간 전화가 개설되면서 일반인들도 전화를 사용할 수 있게 됐다.

이후 80여 년간 정부가 깔아 온 전국의 전화망은 1981년 한국전기통신공사현 KT에 1조9524억 원에 인수됐다.

그 네트워크의 힘은 막강했다.

총연장 760만8551km에 달하는 광케이블을 비롯해 전국에 깔린 시내 전화망, 위성통신, 해상통신 등 100년에 걸쳐 쌓아 온 네트워크는 KT 경쟁력의 근간이다.

경쟁 업체들은 "KT는 늘 높은 산"이라고 말한다. 그만큼 넘어서기 힘든 상대라는 것이다.

하지만 정보화 혁명의 소용돌이 속에서, 이 네트워크가 제값을 하지 못했다는 평가도 적지 않다.

2000년을 전후해 인터넷 환경이 빠르게 바뀌었지만, 당시 KT는 가구당 월 3만 원가량을 받고 초고속인터넷 회선을 제공한 것을 제외하고는 이렇다 할 수익원을 찾지 못했다.

'빨랫줄 장사' 라는 자조적인 표현이 KT 안에서 생겨난 것도 이 무렵이다.

전국에 인터넷망을 깔아 PC에 연결해 주는 사업자는 KT인데, 정작 부가가치는 NHN 같은 인터넷 업체가 대부분 창출했다는 지적도 나온다. 광활한 네트워크의 사업가치가 거의 '빨랫줄' 수준으로 전락한 것에 대한 자책인 셈이다.

실제 KT의 시가총액 11조9910억 원2007년 10월 26일 종가 기준은 인터넷 포털 업체인 NHN보다 1조7700억 원이나 적다. 이것이 전국 네트워크라는 핵심 자산을 가진 KT의 냉혹한 현실이다.

체신부 → 한국전기통신공사 → 민영 KT

"영어 이름을 가진 '데이타통신' 은 외국 회사예요. 한국인은 한국 기업인 한국통신 서비스를 써야 하는 것 아닌가요."

1991년 제2 통신기업인 '한국데이타통신현 LG데이콤' 이 탄생했을 때 당시 한국통신현 KT 직원들은 이렇게 '애국심' 에 호소하는 마케팅 전략을 구사했다고 한다.

KT는 체신부에서 시작돼 1981년 공기업, 2002년 민영기업으로 변신을 거듭했다. 하지만 민영화 이후에도 공공기관의 성격은 강했다. 오랜 기간 국가 통신망을 책임지며 굳어진, 경제 성장을 지원하는 공익公益 달성이라는 역할의 무게가 컸기 때문이다.

실제 모든 국민이 집 전화 등 통신서비스를 평등하게 사용해야 한다는 '보편적 서비스' 의무를 지고 있다는 생각에, 적자를 보면서도 지방의 집 전화와 공중전화 서비스를 지금껏 계속하고 있다.

하지만 KT에 대한 외국인 지분이 47.9%에 이른 상황에서, 이익 극대화라는 기업 본연의 임무를 계속 외면하기는 어려웠다.

KT는 공기업 문화가 '민간기업 KT'의 변신을 어렵게 하는 측면이 있다고 보고, 민영화 이후 3년 동안 기업 문화 자체를 바꾸는 작업에 전력 투구한다.

투명한 지배구조를 만들고, 고객 중심의 기업으로 탈바꿈하기 위해 뼈를 깎는 노력을 했다.

사외이사가 의장을 맡는 이사회 개혁을 실시했고, '원더풀 라이프 파트너'라는 새로운 비전을 세워 생활 밀착형 기업으로의 전환을 시도하고 있다.

수년에 걸친 노력은 회사가 지배구조 우수 기업으로 선정되고, 기업 가치도 재평가받는 등 결실을 보고 있다.

콘텐츠 – 비즈니스 솔루션 등 미래사업 도전

1990년대 민영화 결정 이후 시장 상황은 KT에 우호적이지 않았다.

당시 데이콤, 하나로텔레콤의 등장으로 시내 및 시외 전화, 국제전화 시장의 독점이 무너졌고, 휴대전화의 대중화로 통신 시장이 무선 중심으로 변모하는 진통을 겪었다.

시내 및 시외 전화와 공중전화 매출은 2001년 2조6812억 원에서 2006년 1조7115억 원으로 크게 떨어졌다. 초고속인터넷 사업도 수년 전부터 포화 상태다.

KT는 최근 디지털융합연구원과 함께 만든 '디지털 생태계 미래전략' 연구보고서에서 "네트워크를 가진 KT가 비즈니스 생태계 환경에서 종種 전체의 성장을 추구하는 핵심 종의 역할을 하겠다"는 미래 전략을 수립했다.

사업의 중심을 기존 전화, 초고속인터넷에서 네트워크에 기반한 콘텐츠, 비즈니스 솔루션으로 바꾸겠다는 포석이다.

이를 위해 KT는 싸이더스FNH, 올리브나인 등 콘텐츠 업체를 인수하고 인터넷IPTV 사업에 뛰어들었다. 디지털엔터테인먼트 등 분야에서 새로운 블루오션을 만들겠다는 것이다.

또 기업 정보화, 홈 네트워크 등 신新 성장분야에 도전장을 내고, 전화회사가 아닌 정보기술IT 파트너로서의 새로운 비전을 개척하고 있다.

최근 러시아 연해주의 이동통신 사업에 진출하는 등 해외시장에 눈을 돌리는 것도 이런 비전을 구현하려는 노력의 일환이다.

사진으로 보는 역사

1902년
한성전화소 시내
교환업무 개시

1970년
전화 청약
우선순위제도 시행

2006년
무궁화 5호 위성 발사 성공

2007년
양방향 IPTV 시대 개막

1958년
전국 공중전화 요금 차별화

1992년
하이텔 서비스 개시

2006년
휴대인터넷 와이브로 상용화

입사 때 인성검사 한다던데

Q 채용은 어떻게 이뤄지나.

A 매년 하반기7~12월 공채를 통해 100~130여 명의 신입사원을 선발한다. 공채 전형은 지역과 관계없이 뽑는 일반전형과 근무지를 특정해서 뽑는 지역전형, 전문자격증 소지자 · 국가규모 공모전 입상자 · 제2외국어 우수자 등을 대상으로 하는 특별전형으로 나뉜다. 해외 우수인력들은 별도의 공채를 통해 선발하며, 경력사원은 수시 채용하고 있다.

Q 지역전형이란.

A 본사가 아닌 지역본부 전문가 육성을 위해 운영하는 제도다. 지역전형 지원자는 해당 지역에 대한 연고와 지식이 있어야 한다.

Q 선발 절차는….

A 서류전형, 인성검사, 실무진 면접, 임원 면접, 신체검사 순으로 진행된다. 서류전형에서는 자기소개서가 가장 중요하다. 학점, 영어성적, 인턴경력도 본다. 인성검사는 온라인으로 치러지는데 사교성과 대인관계 등 사회성 정도를 측정한다. 여기서 지원자의 3분의 1가량이 탈락한다. 실무진 면접에서는 프레젠테이션을 포함해 개별면접 및 토론면접이 진행된다.

Q 영어실력, 유관 자격증 소지 여부는 채용에 얼마나 영향을 미치나.

A 지역전형의 경우 토익 500점 이상, 일반전형의 경우 700점 이상이어야 지원 가능하다. 국내외 정보기술IT 관련 수상 실적 및 자격증이 있으면 가산점을 받을 수 있지만 채용의 결정적 기준은 아니다.

Q 인턴경력이 공채합격에 미치는 영향은….

A 신입사원 공채 시 인턴 경력을 고려하긴 한다. 하지만 지금까지 인턴 출신 공채 합격자는 연간 5명 내외로, 매년 여름외국 대학 재학생 대상과 겨울방학국내

KT 직급별 연봉표

직급	연봉(원)
임원급	1억~
부장급(2급)	6700만~
과장급(3급)	5600만~
대리급(4급)	4100만~
사원(5급)	3200만~

기본급과 상여금 포함한 세전 연봉, 3급 이상은 연봉제 기준
연차, 인사고과 등에 따라 급수간 연봉 역전 가능

대학 재학생 대상에 100여 명의 인턴을 뽑고 있는 것을 감안하면 많은 수는 아니다.

Q 입사 평균 경쟁률은 어느 정도인가.

A 160 대 1 정도다.

Q 입사 후 근무 분야는 어떻게 정해지나.

A 사무직이든 기술직이든 입사 첫해에는 영업지사에서 근무해야 한다. 1년이 지나면 기술직은 전화·인터넷 등 네트워크 센터에서 근무할 수 있고, 일반전형 입사자는 거주지와 가까운 곳에서, 지역전형 입사자는 해당 지역 안에서 근무하게 된다. 근무부서는 본인의 희망과 회사의 인력 상황에 따라 결정된다.

Q 여직원 비율은 몇 %인가.

A 14.8%다.

숫자로 보는 KT

- **10위** 자산기준 그룹순위
- **18.6년** 평균근속연수
- **47.9%** 외국인 주주 비율
- **91.5%** 전국 시내전화 점유율
- **97%** KT가 구축한 농어촌 초고속망 비율
- **235개국** KT국제전화가 연결되는 국가
- **3만8000명** 임직원
- **760만8551km** KT가 가진 광케이블 총길이
- **11조7809억 원** 2006년도 매출

KT맨들 민영화 5년
'공무원스러움' 벗기 안간힘

평균 근속 18.6년… 사실상의 평생 직장

'거금도居金島의 맥가이버.'

전남 고흥반도 도양읍에서 남쪽으로 2.3km 떨어진 거금도에서 근무하는 KT 순천지사 고흥지점 소속 이종건46세 대리의 별명이다.

자신의 업무인 통신 설비 관리를 하면서 틈틈이 주민들의 고장 난 가전제품을 수리해 주고 인터넷 교육도 해주기 때문이다. 그는 12년 전 거금도 발령을 받자 아내와 함께 이곳으로 이사를 와 아예 주민이 됐다.

KT는 "어지간한 규모의 유인도有人島에는 예외 없이 KT 직원이 일하고 있다. 수도권 아닌 지방 근무자가 1만7700명에 이른다"고 말했다. 전국 방방곡곡 어디에나 국민의 이웃사촌처럼 존재하는 '유비쿼터스 기업'은 한국에서 KT가 유일하다는 것이다.

20, 30년 전까지만 해도 ‘전화＝부富의 상징’이었다.

KT의 한 임원은 “그 시절에는 전화를 신청해 설치하는 일이 ‘내 집 마련’만큼 어려운 일이었다”고 회고했다. ‘전화 청약 우선순위 제도’라는 것이 있었다. 이용만 할 수 있는 ‘청색전화’와 달리 타인에게 양도도 할 수 있는 ‘백색전화’는 거액의 웃돈을 받고 거래됐다.

당시 초등학교 운동회 때에는 ‘전화국장상’이란 표창도 있었다. 그만큼 KT 직원의 사회적 지위와 위세가 대단했다. KT의 이런 위상은 시대가 바뀌면서 많이 약화됐지만 21세기의 KT맨들에게 ‘KT＝한국 통신의 표준’이란 자부심은 여전히 대단하다.

기업고객본부 영업대표인 김종삼 과장은 “KT는 한국 통신산업의 영원한 맏형이다. 저 역시 ‘KT에서 통신을 담당하면 내가 한국의 표준을 만들 수 있다’는 생각으로 입사했다. 반도체는 삼성전자, 통신은 KT 아닌가”라고 말했다.

KT는 최근 한 취업 사이트가 조사한 ‘경력 쌓기 좋은 첫 직장’에 삼성전자 포스코의 뒤를 이어 3위에 뽑혔다.

KT의 평균 근속 연수는 18.6년으로 사실상의 평생직장이다.

삼성에서 최근 전직한 한 사원은 “KT에는 후배를 동생이나 조카처럼 아껴주는 가족 같은 문화가 있다. 경쟁이 치열한 일부 대기업에선 느끼지 못하는 따뜻함이 있어 좋다”고 했다.

아직도 남아 있는 공기업 체질

‘KT가 아니라 한국통신KT의 전신인 공기업에 다니는 사람.’

KT 내에서는 공기업 시절 뿌리내린 권위적이고 공급자 중심의 사고를 하는 직장상사를 이렇게 꼬집어 부른다. 자신의 능력이 아니라 정치권의 입김을 통해 인사상 혜택을 보려는 사람도 같은 핀잔을 듣는다.

2007년은 KT 민영화 5번째 해, 회사 시스템은 눈부신 속도로 변모했다. 가장 대표적인 것이 보고 시스템의 변화다.

입사 12년차인 한 과장은 "'공무원스러움'의 상징인 검은색 결재판이 완전히 사라졌다. 2003년부터 사내 업무용 메신저 시스템을 운용하면서 평균 일주일 넘게 걸리던 결재 시간이 1시간 이내로 줄었다"고 말했다.

특히 한국통신 때는 사장에게 직접 보고하려면 시간 잡는 데만 열흘 정도 걸렸는데 지금은 메신저와 e메일을 이용해 1차 보고뿐 아니라 수정 보고까지 한나절이면 끝난다.

"상사보다 사장보다 고객 모시자"

남중수 KT 사장은 가끔 메신저를 통해 "점심 약속 없는 사람, 밥 같이 먹읍시다"라고 '번개 모임'을 제안하기도 한다.

그러나 조직의 깊은 속까지 민영화된 것은 아닌 듯하다.

사내 메신저 시스템에 대해서도 "팀장이 직원들의 출퇴근을 원격 감시하는 것 같아 불쾌하다"는 반응이 있다. 그래서 몇몇 사원은 '일하는 것'처럼 보이기 위해 PC를 끄지 않고 퇴근하기도 한다. '공기업스러운' 도덕적 해이가 아직 남아 있는 것이다. KT맨들의 머릿속에도 과거에 대한 애착과 미래에 대한 도전이 혼재돼 있다.

2004년 직원 2483명을 대상으로 'KT 하면 가장 먼저 떠오르는 이미지'를 조사한 결과 1위는 역사와 전통50.2%이었지만 2, 3위는 첨단과 전문기술29.3%, 변화와 혁신9.0%이었다.

2006년 봄 남 사장이 강원도의 한 지사를 방문했는데, 그때 지사장은 지역 인사들과의 만찬 선약이 있었다.

338

남 사장은 "나는 지사 직원들과 저녁식사 할 테니 아무 걱정 말고 다녀오시라"고 했다. 그 지사장은 그날 지역 모임에서 "KT는 사장이 왔는데도 지사장이 이렇게 다른 곳에 와도 안 잘리느냐"며 격려성 박수를 받았다고 한다.

남 사장은 당시 이 일화를 직원들에게 보내는 e메일에 소개하면서 "내 상사보다, 회사 사장보다 우리가 만나는 고객이 더 소중하고 높다"고 말했다.

그런 KT의 사옥 엘리베이터 안 모니터에서는 요즘 '당신은 누구를 위해 일합니까' 라는 주제의 캠페인 화면이 하루 종일 반복 상영되고 있다.

'식당을 청결하게 하라' 는 주인의 지시가 내려지자 직원들은 손님은 아랑곳 않고 청소에만 열중하고 결국 화가 난 손님은 식당을 나가버리는 내용이다. 고객을 '귀찮은 민원인' 정도로 여기는 공급자 중심의 사고를 비판한 것이다.

최고경영자CEO가 '사장보다도 고객을 더 중시하라' 고 강조한 지 1년 반 가까이 지났지만 '고객 경영' 에 대한 인식 제고 운동은 계속되고 있다.

한 팀장은 "각종 회의나 토론에서 '이것은 고객을 위한 일' 이라고 하면 지루했던 논쟁이 순식간에 정리될 정도로 고객 중심 사고가 깊어졌지만 아직 갈 길이 멀다"고 말했다.

최근 한 여론조사에서 'KT는 공기업' 이라고 답한 국민이 무려 65%에 달하자 KT 임직원들은 상당한 충격을 받았다. KT는 그 원인 제공자가 바로 자신들이라는 결론을 내렸다고 한다. 2007년 8월 민영화 5주년 기념식에서 남 사장 이하 임직원은 이렇게 다짐했다.

"고객에게 가치를 제공할 수 없는 일은 과감히 버리자. 그것이 KT적인 것이라고 해도…."

열린 조직…
앞선 서비스 '랜딩'

"우리의 경쟁자는 대한항공이 아닙니다. 싱가포르항공입니다."

국내 2위 항공사인 아시아나항공은 최대 라이벌을 '서비스의 질'로 세계 항공업계를 제패한 싱가포르항공으로 꼽는다. 외형으로는 대한항공의 절반에 불과하지만 '차별화된 서비스'로 글로벌 항공사를 지향하겠다는 전략이다.

아시아나항공은 이미 세계 최대 항공 동맹체인 '스타 얼라이언스'의 일원으로 당당히 활약하고 있다. 2007년에는 국내 항공사로는 처음으로 세계 항공업계의 최고 영예인 '5스타 항공사'로 뽑히기도 했다.

익명게시판–토론모임 활성화

'전노선 금연–사이버 체크인' 등 세계 최초 서비스 자부심

익명게시판 '텔레피아' … 1년에 두 번 '오픈플라자' …

"기내를 금연 구역으로 지정하고도 기내에서 담배를 파는 건 잘못 아닌가요?"

1995년 2월 아시아나항공의 인트라넷인 '텔레피아TELEPIA' 의 익명게시판에 기내에서 면세담배를 판매하는 회사 정책을 비판하는 글이 올라왔다.

그해 1월, 전 노선에서 금연을 시행한 당시 박성용 금호아시아나그룹 회장은 익명게시판을 훑어보다 문제의 글을 발견하고는 즉시 기내 담배판매를 중지시켰다.

담배는 기내 면세물품 판매 순위에서 1, 2위를 다툴 정도로 인기 있는 품목. 하지만 회사는 직원의 한마디에 과감하게 수익을 포기했다.

사내社內의 자유로운 토론문화를 키우고 각종 제안을 받아들이기 위해 1991년에 도입된 텔레피아의 익명게시판은 16년이 지난 지금까지 잘 유지되고 있다.

이러한 젊고 열린 조직문화는 1988년 뒤늦게 출범한 아시아나항공이 짧은 기간 내에 글로벌 30위권 항공사로 성장할 수 있었던 원동력으로 꼽힌다.

아시아나항공은 다른 기업에 비해 유연한 조직문화가 돋보인다는 평가를 받는다. 2001년 3월 첫선을 보인 '오픈플라자open plaza'는 이런 기업문화를 잘 보여 주는 예.

직종과 직군을 고려해 선발된 150여 명의 직원이 10여 개의 조로 나뉘어 하루 동안 회사 밖에서 회사 정책에 대해 토론의 시간을 갖는다. 조별 토론 내용은 사장을 비롯한 임원진 전원에게 전달되며 좋은 제안은 바로 채택된다.

오픈플라자는 1년에 두 번 열린다. 효도항공권 지급, 가족교육 프로그램, 교양강좌 활성화 제도 등이 오픈플라자를 통해 탄생했다.

유연한 조직문화는 아시아나항공 사장을 지낸 박삼구 현 금호아시아나그룹 회장의 경영 스타일에서도 드러난다.

박 회장은 매년 가을에 열리는 맥주파티에 참석해 직원들을 격려한다. 이 자리에서 만나는 직원들의 이름, 기수, 입사연도를 기억해 주위 사람들을 놀라게 한다.

예의만 지킨다면 상하 간 자유롭게 의견을 주고받고, 회사 정책에 대해 언제든 부담 없이 이야기할 수 있는 조직문화로 인해 기내 서비스와 관련한 신선한 아이디어도 일반 직원들에게서 많이 나오는 편이다.

그래서 아시아나항공이 지금까지 고객들에게 제공해 온 서비스엔 유난히 세계 또는 국내 최초라는 수식어가 많다.

신생 항공사로서 기존 항공사와 경쟁하기 위해서는 아시아나항공만의 차별성이 있어야 했는데 다른 항공사보다 한발 빠른 참신한 서비스로 차별화를 한 것이다.

전 노선 금연, 겨울에 더운 국가로 여행하는 여행객을 위해 탑승 수속 카운터에 외투를 보관해 주는 서비스, 사이버 체크인 시스템은 아시아나항공이 첫선을 보였다.

2007년 7월 입사한 서울국제여객지점 판매관리팀의 강주연27세·여 사원은 "신입사원이지만 최고경영진이 직원들과의 의사소통을 중요하게 생각한다는 걸 자주 느끼게 된다"며 "서비스 직종이다 보니 타인을 배려하는 습관이 몸에 밴 직원들이 많아 회사 분위기가 따뜻하다"고 말했다.

"부지런하고 붙임성 있는 인재 환영"

아시아나항공의 인재상은 △적극성 △학구적인 태도 △부지런함 △투철한 서비스 정신이다.

특히 항공사 서비스의 가장 일선에 있는 객실 승무원의 경우 정감이 있는 서비스 태도를 중시한다.

팀장이나 과장이 주축이 된 실무면접에서는 첫인상을 중요하게 체크한다. 고객에게 따뜻하고 편안한 느낌을 주는 인상이 좋은 점수를 얻는 편이다.

김수천 인사부문 상무는 "임원 면접에서는 사장 이하 최고경영진이 모두 참석한다"며 "까다로운 질문을 던지기보다는 '감명 깊게 본 책'과 같은 예상 질문을 던져 부드럽고 편안한 분위기에서 최대한 자신만의 '향기'를 낼 수 있도록 면접 분위기를 유도한다"고 말했다.

서비스업인 만큼 인상이 무뚝뚝해 보이거나 '엉덩이가 무거운' 스타일은 선호하지 않는다.

또 영어를 자주 사용하는 만큼 외국어 능력도 비중 있게 본다. 2007년 상반기에 임원회의를 영어로 진행할 정도로 사장단의 영어 실력도 뛰어난 편이다.

실제로 최근 입사한 신입 직원의 평균 토익점수는 900점 전후. 영어 외에 일본어, 중국어, 독일어 등 제2외국어에도 능숙한 직원이 많다.

"자녀 많이 둔 직원부터 승진시켜라"

"아이는 최소 두 명은 낳아야 한다. 승진도 자녀를 많이 둔 직원들부터 시켜라."

박삼구 회장이 직원들에게 농담 반 진담 반으로 자주 하는 말이다.

2003년에 여성 직원 비율이 남성 직원 비율을 넘어선 데 이어 현재 전 직원 가운데 여성 직원이 54.7%나 된다. 2006년에 신규 채용한 인력 1115명 중 72%인 804명이 여성이었다.

자녀를 출산할 때마다 횟수에 제한 없이 육아휴직을 사용할 수 있다. 2006년엔 아이를 출산한 336명의 직원 중 61.3%가 육아휴직을 사용했다.

'행복한 가정＝신나는 직장' 이라는 판단 아래 가족을 대상으로 한 교육 프로그램도 많다.

3개월 과정의 '부모 자식 간의 대화법' 강좌를 개설해 직원 본인은 물론 배우자도 강좌를 들을 수 있게 했다. 여름방학엔 직원 자녀를 대상으로 한 영어캠프도 열린다.

객실승무원을 하면서 세 명의 아이를 출산해서 기른 이경아34세·여 부사무장은 "임신을 하는 순간 휴직에 들어가 보통 1년 8개월을 쉰다"며 "출산을 장려하는 회사 분위기 때문에 휴직 후 복귀할 때 회사 눈치를 보는 건 전혀 없다"고 말했다.

가족적이고 따뜻한 조직문화에 대부분의 임직원이 만족스러워하는 편이지만 국내에서 선두 항공사에 규모 면에서 밀리는 처지이고, 장기적으로도 이를 넘어서기 힘들다는 분위기가 있어 '국내 2위에 안주하려 한다'는 자성의 목소리도 없지는 않다.

한 직원은 "세계 항공사 순위는 계속 높아져 왔지만 국내 선두 항공사는 넘어서기 힘든 벽처럼 느껴질 때도 있다"며 "아시아나항공만의 자부심도 많지만 국내 1위를 차지하기에는 현실적으로 여러 가지 제약이 많아 답답할 때도 있다"고 말했다.

70여 도시에 주재원 파견
한번 나가면 4년씩 근무

Q 채용은 어떻게 이뤄지나.

A 채용은 크게 일반직 대졸 공채와 조종사, 정비사, 승무원 등 전문직 공채로 나누어 선발한다. 일반직 대졸 공채는 금호아시아나그룹 공채로 진행되며 1년에 2회상반기, 하반기 선발한다. 그룹 공채 지원 때 본인이 희망하는 계열사를 2지망까지 적어내고 이 가운데 성적과 적성 등을 종합적으로 고려해 배치한다. 다만, 아시아나항공의 경쟁률은 250 대 1로 37개 그룹 계열사평균 75 대 1 가운데 가장 높다. 승무원 등 전문직은 아시아나항공 자체로 수시 채용한다.

Q 선발 절차는….

A 대졸 공채는 인터넷 원서 접수 및 서류 심사, 1차 면접, 2차 면접 등 3단계로 진행된다. 인터넷으로 원서 접수를 할 때 온라인 인성검사와 적성검사도 함께 한다. 또 1차 면접에서는 집단토론을 통해 개인 역량을 평가하고 한자시험도 본다. 2차 면접은 임원 면접이다. 승무원 채용 절차는 인터넷 원서 접수 및 서류 심사, 1차 면접 및 인성·직무능력검사, 체력테스트, 2차 면접, 영어 구술테스트 등으로 진행된다.

승무원 선발 기준은 국제선 승무원의 경우 전공 제한이 없지만 4년제 대학 이상 학력 소지자면 지원이 가능하다. 자격 요건은 신장 162cm 이상, 교정 시력 1.0 이상, 토익 550점 이상 등이다.

Q 승무원으로 입사한 후에 일반직으로 전환이 가능한가.

A 일반직과 전문직 간의 직군 전환은 원칙적으로 없다. 하지만 승무원 등 전문직으로 입사한 후에 스태프 승무원, 교관 승무원, 그룹장, 파트장 등으로서 리더십을 발휘할 수 있는 임용 절차가 마련돼 있다.

Q 해외 근무 기회는….

A 취항 노선 중심으로 주재원을 선발한다. 2007년 현재 해외 70여 개 도시에 196명이 나가 있으며 주재 기간은 통상 4년이다. 이와는 별도로 현지 문화 체험과 어학능력 향상을 위한 지역전문가 과정6개월과 해외 지점의 업무 지원을 위한 단기파견제통상 1년도 있다.

아시아나항공 직급별 연봉

직급	연봉(원)
임원	1억 이상
부장	7600만
차장	5900만
과장	5200만
대리	4300만
사원	3400만

일반직 기준 직급별 평균연봉으로 성과급 및 초과수당 제외 금액. 과장급 이상은 연봉제 실시

비행기 한 대로 출발
20년 만에 '5스타' 영예

구조조정 – 공적자금 지원 없이 외환위기 극복

"그야말로 다윗과 골리앗의 싸움이었습니다."

이경식 아시아나항공 국내선 캐빈서비스팀장은 창립 당시 막막했던 심정을 이렇게 털어놨다. 단 한 대의 항공기로 시작해 20년 뒤 64대, 세계 17개국, 64개 도시에 80개 국제 노선을 갖추기까지 20년 역사는 그야말로 '산 넘고 다시 산 넘기'의 연속이었다.

이 팀장은 아시아나항공이 태어난 1988년 항공기 구경도 못한 승무원들에게 '비행기의 ABC'를 가르쳤다. 전문서적이 없어 영문서적을 일일이 번역해 가르치던 시절이었다.

하지만 이 같은 '초라한 출발'은 오히려 전 직원의 에너지를 모으는 계기가 됐다.

실제로 '아시아나인ㅅ' 들은 1997년 외환위기의 힘든 시절을 '힘들었지만 가장 자랑스러운 역사'라고 말한다. 후발 항공사였던 아시아나항공은 당시 1700%의 부채비율에 해외 여행객 급감으로 골치를 앓았다. 새로 들여올 비행기조차 위약금을 물어가며 되돌려 보내야 할 정도였다.

하지만 아시아나항공은 단 한 사람의 구조조정, 단 한 푼의 공적자금 지원 없이 위기를 견뎌냈다.

김혜련 아시아나항공 국내선 캐빈서비스팀 차장은 "모든 직원은 돌아가며 1년에 최소 한 달을 무급으로 휴직해야 했고 신입직원은 입사를 1년간 미뤄야 했다"면서 "우리는 회사를 믿었고 회사는 우리를 버리지 않았다"고 자랑스러워했다.

최근 3년 여객 – 화물 각각 20%씩 성장

'별 다섯 개.' 2007년 아시아나항공이 받은 성적표다.

영국의 항공산업 전문평가기관인 '스카이트랙스'는 2007년 5월 아시아나항공을 '5스타 항공사'로 선정했다. 5스타 항공사는 서비스와 전문성을 인정받은 업체에만 주어지는 최고의 영예. 나머지 5스타 항공사는 싱가포르항공, 캐세이퍼시픽항공, 카타르항공, 말레이시아항공.

선정 당시 에드워드 플레스테드 스카이트랙스 최고경영자CEO는 "아시아나항공은 이제 신생 또는 후발 항공사가 아니라 다른 항공사에 고객 서비스 벤치마킹 대상이 되는 수준의 회사"라고 평가했다.

아시아나항공의 글로벌 인지도 향상에는 '스타 얼라이언스'의 힘도 보탬이 됐다. 스타 얼라이언스는 세계 17개 회원사가 마일리지 공유, 기술 공동개발, 스케줄 공동 관리 등을 추진하는 일종의 연합회로 세계 항공사 네트워크 3개 가운데 규모가 가장 크다.

아시아나항공은 스타 얼라이언스의 네트워크를 활용해 1억3000만 달러의 수입을 올리고 있다.

아시아나항공의 영업 실적도 눈에 띄게 좋아졌다.

국제항공운송협회에 따르면 아시아나항공은 여객운송 부문 세계 34위, 화물운송 부문 세계 15위로 2006년 전체 매출 3조4000여억 원을 올려 세계 27위 항공사로 자리 잡았다.

최근 3년간 여객과 화물운송 부문 모두 20%씩 성장했다.

김수천 아시아나항공 인사부문 상무는 "9·11테러의 여파를 이기지 못해 부도가 난 해외 항공사가 부지기수지만 아시아나항공은 2006년까지 3년 연속 흑자를 냈다"고 설명했다.

이런 실적 향상 덕분에 2007년에는 처음으로 주주배당을 실시하기도 했다. 아시아나항공은 2007년을 주주배당의 원년으로 삼고 해마다 주주배당을 할 계획이다.

"원가 플러스 알파가 필요하다"

서울 강서구 오쇠동 아시아나항공 본사에는 사무실마다 '재도약'이란 액자가 걸려 있다.

2008년으로 창립 20주년을 맞은 아시아나항공이 2011년까지 매출 5조 원, 영업이익률 8%, 세계 10위권 항공사로 거듭나겠다는 의지의 표현이다.

김이배 아시아나항공 전략경영팀장은 "항공사의 핵심인 서비스에 투자하기 위해 2007년부터 2008년까지 6700만 달러약 608억 원를 들여 총 16대의 항공기 내부를 개조하고 있다"며 "A350, A380, B787, B747-8 등 신기종 도입도 검토하고 있다"고 말했다.

이와 함께 앞으로 에어차이나, 상하이항공 등 중국 대형 항공사가 스타 얼라이언스에 추가로 가입하면 한중일 간 전략적 제휴가 활발해져 수익 개선에도 도움이 될 것으로 전망된다.

재도약을 위해 사원 개개인의 자기 계발을 강조하고 있는 점도 눈에 띈다. 아시아나는 '서비스 수준을 끌어올리려면 업무와 스스로의 자기 계발이 함께 이뤄져야 한다'는 기업철학을 가지고 있다.

이를 위해 본사에는 직무관련 교육은 물론 요가, 와인 강좌, 단전호흡 강좌 등 다양한 자기 계발 프로그램이 마련돼 있다. 회사를 '일터'인 동시에 '자기 계발의 장'으로 만들겠다는 것이다.

그러나 아시아나항공이 이 같은 재도약 프로그램으로 조만간 '싱가포르항공'에 대적할 만한 수준에 오를지는 미지수다. '서비스의 질적인 차별'을 내세우고는 있지만 경쟁사 가운데 서비스를 강조하지 않는 기업은 없다. 글로벌 업체로 성장하기에는 외형적으로 너무나 빈약하다는 지적도 제기된다.

아시아나항공이 '작지만 강한' 항공사로 비상飛上하기 위해서는 '플러스 알파'가 필요하다는 지적이 나오는 것도 이 때문이다.

잃었던 1위
되찾은 1위

1984년 국내 최초의 민간 경제연구소인 대우경제연구소 설립, 같은 해 국내 증권회사의 최초 해외사무소인 도쿄東京사무소 개설, 1990년 국내 최초 트레이딩룸 설치, 업계 최고 수준의 애널리스트 다수 배출….
대우증권 앞에는 국내 '최초'와 '최고'라는 수식어가 많이 붙는다.
대우증권이 국내 최고의 증권사라는 사실에는 이견이 없었다. 적어도 1990년대 후반까지는 그랬다.

1970년 출범…
1984년 최초 민간 경제연구소 설립…
1999년 대우사태…

1970년 설립된 대우증권은 10년 주기로 사사社史를 발간해 왔지만 유독 2000년에는 사사를 내지 못했다. 1999년 '대우 사태'가 터졌고 이듬해 대주주가 한국산업은행으로 바뀌면서 후발 증권사에 1위의 자리를 내주는 아픔을 겪었다. 사사를 발간할 겨를이 없었던 것이다.

하지만 2007년의 대우증권은 2010년에 펴낼 사사에 국내가 아닌 아시아 최초와 최고를 쓸 꿈에 부풀어 있다.

대우증권 사람들은 주장한다. 30년 가까이 증권업계 선두를 유지하다가 잠시 쉬었을 뿐이라고, 대우증권은 부활했다고.

도제식 교육… 계급장 뗀 논쟁

1991년 대우증권에 입사한 백운목 연구위원은 음식료 업종의 베스트 애널리스트로 꼽힌다. 하지만 그는 입사 이후 3년 동안 보고서를 작성하지 못했다.

자료 복사 등 잡일과 선배 애널리스트의 보고서에 필요한 자료 분석 및 가공 등 '내공 쌓기' 과정을 거쳐야 했기 때문이다.

3년간의 보조 생활이 끝난 뒤 기초적인 보고서 작성을 시작했지만 공포의 '빨간펜'을 통과하는 것은 쉽지 않았다. 제출한 보고서의 절반은 빨갛게 지워져 있기 일쑤였고 밤새워 작성한 보고서가 쓰레기통으로 직행하기도 했다.

전체 팀회의에서 보고서의 논리, 정확성, 시각 등에 대해 의견이 엇갈리면 이른바 '계급장을 뗀 논쟁'이 벌어졌다. 때로는 고성이 오가는 험악한 분위기가 연출되기도 했다.

백 연구위원은 "이 같은 도제식 교육은 선배의 노하우를 직접 배우고, 자신의 부족한 부분을 어떻게 해결해야 할지를 깨닫게 되는 최고의 교육 시스템"이라고 자랑했다.

선후배 간 끈끈한 애정과 회사에 대한 충성심, 탄탄한 조직력으로 대표되는 대우증권의 저력은 이런 과정을 거쳐 생긴다고 대우증권 사람들은 강조한다.

고객자산운용부 최태룡 팀장은 매일 오후 3시 30분 장 마감 후 열리는 회의 때마다 후배들과 얼굴을 붉히고 넥타이도 풀어헤친 채 토론을 벌이곤 한다. 주가와 뉴스, 유가와 환율의 움직임, 원자재 가격, 기업들의 실적과 경제지표 등 일련의 데이터들이 갖는 의미를 토론으로 다시 엮는 것이다. 회의를 통해 그는 자신이 맡고 있는 고객 자산의 구성을 어떻게 변경할지 결정한다.

대우증권 사람들은 열정적이다. 그래서 증권업계에서는 대우증권 사람들을 높게 평가한다. 라이벌인 삼성증권조차도 최근 보고서에서 "대우증권의 맨파워는 업계 최고 수준"이라고 언급했다.

전현직 600여 명 모인 '홈 커밍 데이'

2005년 9월 23일 밤, 서울 영등포구 여의도동 63빌딩 국제회의장은 마치 동창회라도 열린 듯한 분위기였다.

1984년부터 1999년까지 15년 동안 대우증권 사장을 지낸 백발의 김창희 전 사장을 비롯해 전현직 대우증권 임직원 600여 명이 모인 '홈 커밍 데이' 행사였다. 이 자리에서는 한국 증권업계를 이끌고 있는 웬만한 얼굴을 두루 만날 수 있었다.

대우증권은 '증권가의 엘리트 집단'으로 통한다. 여의도 증권가의 최고경영자CEO는 물론 국내외 증권사 임원과 리서치센터장 중에는 대우증권 출신이 유독 많다.

황건호 증권업협회장, 유상호 한국투자증권 사장, 박종수 우리투자증권 사장, 진수형 힌회증권 사장, 김기범 메리츠증권 사장, 나효승 CJ자산운용 사장, 최홍 ING자산운용 사장이 대표적인 대우증권 맨이다.

리서치센터장으로는 한화증권 전병서, 현대차IB증권 이종우, 미래에셋증권 이정호, CJ증권 조익재, NH증권 이종승, 동부증권 신성호, 메리츠증권 윤세욱 센터장 등이 있다.

박승균 대우증권 부사장은 "대우증권 맨의 혈관에는 1등의 자신감이 흐른다"고 말했다. 대우증권은 항상 1등이었고 1등이어야 한다는 것을 선배들의 말과 행동, 기업문화는 물론 주변의 시선을 통해 무의식적으로 체득하게 된다는 설명이다.

대우증권은 2006년 증권업계 최대인 4461억 원의 순이익을 냈다.

2004년 주식위탁매매 1위 탈환 및 투자은행[IB] 부문 1위 복귀, 2007년 6월 자기자본 1위 탈환, 2007년 9월 증권업계 최고 신용등급 획득 등 대우증권의 옛 명성을 하나씩 회복해 가고 있다.

2006년 증권업계 최초로 자기자본투자[PI] 전담부서를 신설하고 금융권 최초로 해외[인도네시아] 자원개발사업에 투자하는 등 해외사업 확장에도 적극 나서고 있다.

이런 성과를 발판 삼아 대우증권은 '2015년까지 자기자본 12조 원, 연간 순이익 2조4000억 원의 아시아 대표 글로벌 IB로 성장한다' 는 장기 비전을 제시했다.

이를 위해 대우증권은 현재 3000명 정도의 직원을 6000명까지 늘리고 향후 수익구조를 IB 40%, 브로커리지 30%, 자산관리 20%, 기타 10%의 균형 잡힌 증권사로 발전시킬 계획이다.

5월에는 상대적으로 취약한 것으로 평가받고 있는 자산관리[WM] 전담 본부를 신설했으며 향후 전국 주요 거점 10여 곳에 자산관리센터를 설치하기로 했다.

5월에 취임한 김성태 사장은 "투자자들의 금융서비스 수요가 다양해졌음에도 불구하고 지금까지 국내 자산관리영업은 단순 금융상품 판매에 안주해 온 것이 사실"이라며 "주식, 수익증권, 파생상품, IB 연계 서비스 및 상품 등 토털 금융서비스를 제공하는 자산관리영업 시스템을 구축하겠다"고 말했다.

관련 자격증 서류전형서 유리
대졸 약 3700만 원… 업계 최고

Q 채용은 어떻게 이뤄지나.

A 대우증권의 채용과정은 서류전형 → 직무평가 → 인성·적성검사 → 다면평가 → 신체검사 순으로 진행된다.

서류전형에선 지원자의 입사지원서와 자기소개서를 평가한다. 증권 투자상담사, 증권 자산관리사FP, 재무위험관리사FRM 등 증권 관련 자격증이나 공인회계사CPA, 미국공인회계사AICPA, 공인재무분석사CFA 등의 자격증이 있으면 서류전형에서 좋은 점수를 받을 수 있다.

직무평가는 실무진 면접으로, 증권 관련 기초지식 및 자기소개서와 관련된 인성 항목을 주로 본다. 인성·적성검사는 업무적성을 파악하는 온라인 검사다.

이어 진행되는 다면평가는 세일즈 역량 평가, 집단토론 평가, 임원 인터뷰로 구성된다. 세일즈 역량 평가는 무작위로 선택된 상품을 면접관들에게 30초 동안 구매하도록 하는 방식이다. 집단토론 평가는 특정 주제에 관해 지원자끼리 찬반을 나눠 토론하는 것으로 금융뿐만 아니라 사회 전반의 다양한 이슈를 다룬다.

Q 신입사원 연봉은 얼마인가.

A 2007년 하반기 신입 중견대졸사원을 기준으로 약 3700만 원인센티브 별도이다.

증권업계에선 최고 수준에 해당한다.

Q 입사 준비는 어떻게 하면 되나.

A 대우증권과 증권업계에 관한 주요 뉴스를 지속적으로 살펴 업계 상황이나 업무에 대해 개괄적인 이해를 할 필요가 있다. 다양한 사회 경험을 쌓아 긍정적인 영업 마인드를 갖추는 것도 추천할 만하다. 금융 관련 자격증을 따거나 기초지식을 학습하는 것도 중요하다. 하지만 무엇보다 각종 난관을 극복할 수 있는 끈기와 내성을 갖춘다면 좋은 결과를 기대할 수 있을 것이다.

Q 업무 부문별 채용 규모는 어떠한가.

A 부문별 채용 인원은 회사 사정에 따라 달라질 수 있다. 대개 신입 대졸직의 경우 소매영업 부문 비중이 전체 채용 인원의 절반가량을 차지한다. 최근에는 리서치나 기업금융 부문의 채용이 늘어나고 있는 추세다.

대우증권 임직원 연봉 현황

직급	연봉	평균 재직기간
임원	수억 원	
부장	7000만~2억3000만 원	
차장	6100만~1억2700만 원	4년
과장	5600만~1억2000만 원	4년
대리	4300만~9400만 원	4년
중견사원	3300만~5800만 원	5년

2006년 기준으로 성과급 포함. 성과에 따라 매년 차이가 있을 수 있음.　　자료: 대우증권

아시아 대표 투자은행을 향해
2004년 위탁매매 1위
2006년 업계 최대 순이익

역사와 전통, 강점이자 약점

37년 역사를 지닌 대우증권은 증권업계에서 자타가 공인하는 '전통의 명가名家' 다. 투자자의 신뢰를 먹고 사는 증권업계에서 전통은 '신흥 강호' 가 쉽게 따라올 수 없는 장점이다.

하지만 스스로를 다잡지 않고 전통과 역사만을 강조하다 보면 자칫 복고 취향, 또는 회고조로 흐를 수도 있다. 동아일보는 대우증권에서 근무하는 주요 임원과 타 증권사의 증권업 담당 애널리스트들에게 대우증권의 강점과 약점에 대해 물었다.

이들은 대부분 익명을 전제로 칭찬과 비판, 조언을 쏟아냈다. 현재의 위치에 따라 표현은 다소 달랐지만 논지는 결국 전통의 문제로 귀결됐다.

대우증권의 강점은 전통에서 비롯된 끈끈한 기업 문화와 우수한 인재다. 이 회사 리서치센터장 홍성국 상무는 대우증권의 강점으로 "1등을 유지하고 회복하는 과정에서 생긴 자신감"을 꼽았다. 홍 상무는 "1등 기업이 위상을 잃었다가 다시 선두권으로 복귀하는 것은 흔치 않은 일"이라며 "대학 강좌에 인용될 만한 사례"라고 말했다.

다른 임원은 "열정과 도전, 창의와 혁신이라는 기업 문화가 결합된 조직이 바로 대우증권"이라고 강조했고, 경쟁사의 애널리스트는 "오랜 역사와 경험에서 오는 체계적인 인력 양성과 배출"을 대우증권의 강점으로 꼽았다.

그러나 이런 전통은 대우증권의 발목을 잡는 약점이기도 하다. 오랫동안 중개 영업에만 치중하다 보니 고객 저변이 넓지 않고 연령층도 높은 편이다. 실제로 중개 영업 비중을 반영하는 주식약정점유율은 오프라인 업무를 하는 증권사 가운데 1위이지만 증권 영업 직원 1인당 수익증권 판매 수수료 수익은 타사에 비해 높지 않은 수준이다.

대우증권이 가진 보수적인 이미지는 이전부터 거래해 온 고객층을 유지하는 데는 도움이 되지만 새로운 고객층을 발굴하는 데는 불리한 점이 있다. 젊은 고객일수록 온라인 주식투자를 선호하는 등 시장 변화도 대우증권의 위기가 될 수 있다는 지적이 나온다.

한국산업은행은 대우증권의 지분 39.09%를 보유한 대주주이면서 모^母회사다. 그래서 산업은행의 향후 행보는 대우증권의 장래를 좌우할 핵심 변수다.

성장의 열쇠 쥔 '지원군' 산업은행

정부는 산은의 대우증권 지분을 매각하는 대신 산은의 투자은행[IB] 업무를 대우증권에 넘겨 '선도적 IB'로 키운다는 계획을 발표했다. 매각을 하더라도 2009년 자본시장통합법_{자통법} 시행 이후 4, 5년은 지나야 한다는 것이 정부의 방침이다.

이 때문에 대우증권 내부에는 국책은행이라는 '든든한 지원군'이 회사 발전에 도움을 줄 것으로 기대하는 시각도 적지 않다.

대우증권 홍보담당 김진걸 상무는 "자통법 시행에 맞춰 산은의 IB 업무가 이관되는 것은 회사에 기회가 될 수 있다"고 말했다. 자통법을 통해 글로벌 IB로 도약할 수 있는 여건을 마련하고, 산은의 IB 업무를 이관해 이 부문에 대한 경쟁력을 갖출 수 있다는 설명이다.

산은과의 네트워크를 강화하는 것도 대우증권의 성장동력으로 작용할 수 있다. 리테일 담당 신재영 상무는 "산은과의 경영 시너지 효과를 창출하는 것이 경영상의 중요한 변곡점이 될 수 있다"고 말했다.

반면 외부에서는 "확실한 주인이 없는 불완전한 지배구조와 산은의 불안한 대주주 역할이 장기 전략 수립에 걸림돌이 될 가능성이 있다"는 분석도 나온다. 최고경영자_{CEO}가 자주 교체되면 확실한 성장 로드맵을 짜는 데 어려움이 생길 것이라는 지적도 만만치 않다.

한 애널리스트는 "은행계 대주주의 지나친 경영 간섭은 증권사의 효율성을 저해할 여지가 있다"고 진단했다.

앞으로 증권업계의 판도는 자통법 시행에 큰 영향을 받을 것이 확실시된다. 대다수 증권 전문가는 자통법이 본격 시행되면 증권업계에 '빅뱅'이 일어날 것이라고 입을 모은다.

대우증권도 이런 전망에서 예외가 아니다. IB 성공 여부가 '아시아를 대표하는 초대형 증권사'로 도약하느냐 실패하느냐의 차이를 만들게 된다는 것이다.

홍성국 상무는 "자통법은 자본시장 규제를 합리적으로 바꿔 증권사, 은행 등 금융회사의 대형화와 전문화를 촉진하겠다는 것이며 이는 증권사로서는 글로벌 IB가 탄생할 수 있는 기반이 마련된다는 뜻"이라고 말했다.

기획담당 현정수 상무는 "자통법 시행으로 인한 업무 영역 확대, 국책은행 기능 재편 방안에 따른 산은 IB 부문과의 협력 및 연계가 앞으로 대우증권이 아시아를 대표하는 글로벌 IB로 성장할 수 있는 기회 요인이 될 것"이라고 설명했다.

이런 상황에서 국책은행인 산은 계열사 대우증권이 정부가 주도하는 IB의 역할 모델이 될 수 있다는 점에서 회사의 발전 가능성은 더 커진다는 게 대우증권 내부의 기대 섞인 예측이다

하지만 증권업계 일각에서는 대우증권이 산은 계열사이기 때문에 오히려 불리할 것이라는 반론도 제기된다.

대우증권이 '금융 빅뱅'의 주인공이 되기 위해서는 시장 변화에 적응하는 능력이 필수적인데, 국책은행 계열사라는 한계를 극복하지 못한다면 급변하는 시장 흐름을 따라잡기 힘들 것이라는 논리다.

숫자로 보는 대우증권

- **5개** 해외법인(사무소 포함)
- **117개** 지점
- **2781명** 직원(2007년 6월 현재)
- **4461억 원** 순이익(2006 회계연도 기준)
- **1조208억 원** 자본금(2007년 6월 현재)
- **2조1582억 원** 자기자본(2007년 6월 현재)
- **80조 원** 고객예탁자산

인재만사성 人材萬事成

2006년 12월 GS칼텍스에 입사한 국제금융팀 김연정26세·여 씨. 그는 입사 4개월 만에 2만 마일의 항공 마일리지를 쌓았다. 2007년 2월 홍콩과 싱가포르, 4월 미국 뉴욕 보스턴과 영국 런던에서 열린 기업설명회IR를 다녀왔기 때문이다.

'풋내기 신입사원'에게 이같이 막중한 책임이 따르는 해외 출장 기회가 주어진 이유는 뭘까. 유창한 영어 실력 때문만은 아니었다. 국제 금융전문가로 성장하려면 일찍부터 현장을 경험해야 한다는 이 회사 특유의 인재 육성 철학에 따른 것이다.

2007년 창립 40주년을 맞은 GS칼텍스가 인재 육성을 통해 '100년 기업'을 향해 나아가고 있다. 2004년 LG그룹에서 분리된 직후 창사 이래 최대 투자를 실시하는 등 새로운 성장엔진에 시동을 걸었다.

허동수 회장 '악착정신' 강조…
"잠자는 1%의 의지를 깨워라"

출발은 2등이지만 목표는 아시아 1등

"제2정유 실수자實需者에 호남정유."

1966년 11월 17일 동아일보는 정부가 호남정유를 제2정유 사업자로 선정한 기사를 1면에 실었다. 제2차 경제개발 5개년 계획을 통해 석탄 중심의 산업 구조를 석유로 바꾸는 정부의 '주유종탄主油從炭' 정책에 따라 국내 최초로 민간 정유회사 설립이 허용된 것이다.

이듬해 락희화학현 LG화학과 미국 칼텍스현 세브론가 50 대 50으로 투자한 국내 최초의 민간 정유회사인 호남정유가 문을 열었다.

창립 초기 정제시설은 하루 6만 배럴 규모였고, 주유소는 72곳이었다. 2007년 정제시설은 12배로 늘어난 하루 72만 배럴, 가스충전소를 포함한 주유소는 50배 이상으로 늘어난 3700여 곳이다.

364

GS칼텍스는 40년간 덩치를 키우는 것보다 효율성과 수익성 등의 실속을 중시하며 성장해 왔다. 하지만 결과에 만족하지는 않는다. 유전개발부터 대체에너지까지 에너지 전반을 아우르는 '종합 에너지회사'로 변신을 추진하고 있다.

허동수 GS칼텍스 회장은 창립 40주년 기념사에서 "아시아에서 수익성이 가장 높은 종합 에너지 서비스 리더가 되기 위해 잘 짜인 사업 포트폴리오와 고도화 시설 확충뿐 아니라 구성원 여러분의 탁월한 역량이 필수적"이라고 강조했다.

인화＋합리주의… 칵테일 조직 문화

GS칼텍스의 조직 문화는 용광로처럼 다양한 문화가 뒤섞인 '칵테일 문화'다. 과거 LG그룹 시절의 '사랑과 인화'의 문화와 1986년까지 공동 경영을 했던 칼텍스의 서구식 합리주의가 조직 문화 속에 배어 있다.

여기에 허동수 회장의 '악착 정신'이 GS칼텍스만의 독특한 색깔을 만들어 내고 있다. 허 회장은 일하는 태도가 이가 꽉 맞물린 것처럼 바늘 하나 들어갈 틈 없이 모질고 끈질겨야 한다는 뜻에서 '악착같다'라는 말을 즐겨 쓴다.

한 직원은 "의사결정이 되기까지 오래 걸리는 보수적인 문화가 남아 있지만, 한번 결정된 사항은 거침없이 추진된다"고 말했다.

비非상장기업인 GS칼텍스는 현재의 사업구조가 탄탄하기 때문에 변화와 혁신에 나서는 속도가 다소 더디다는 지적이 주변에서 나온다.

"안타깝게도 몇몇 사람은 입사 후 시간이 지날수록 처음의 정열과 최고를 지향하는 노력이 줄어드는 경향이 있는 것 같습니다."허동수 회장의 2007년 신입사원 입문 연수 수료식 연설

'미스터 오일'이라고 불릴 정도로 석유 전문가로 통하는 허 회장은 안정적인 사업 구조 속에서 안주하려는 직원들에게 "잠재된 1%의 의지까지도 깨우라"고 독려한다.

평균 재직연수 13.3년… 이직률 2%대

GS칼텍스에서는 입사 후 1년간 과장급 이상 멘터의 일대일 도움을 받는다. 사원, 대리, 여직원, 팀장 후보 등도 모두 일대일 멘터가 지정된다. 멘터 선배는 후배들이 선택하는 것이 원칙이다. 다만 팀장 후보의 경우에는 선배 임원들이 직접 팀장 후보를 선택한다.

직원들의 업무 적응을 돕고, 미래의 리더를 키우기 위한 제도라는 것이 회사 측의 설명이다.

GS칼텍스에서는 신입사원에게도 선배 직원 못지않은 책임과 권한이 주어진다. 과감한 발탁 인사와 능력과 업적에 따른 보상 및 승진 시스템도 눈길을 끈다.

회사 측은 "신입사원이라고 해서 서류를 복사하거나 기존 직원의 업무를 지원하는 보조 업무만 시키지는 않는다"며 "신입사원도 제몫을 해야 업무가 돌아가는 팀제가 뿌리를 내린다"고 설명했다.

공기업 못지않은 안정성, 대기업 급여와 복리후생이라는 장점을 고루 갖춘 GS칼텍스의 평균 재직연수는 13.3년. 특히 이직률은 2%대로 재계 최저 수준으로 알려져 있다. 신입사원의 1년 미만 퇴사율은 국내 기업 평균인 30%에 비해 크게 낮은 4% 수준이다.

생산직과 계약직을 제외한 전체 직원 1611명 가운데 여직원은 140명으로 8.7% 수준에 불과하다. 하지만 최근 신입사원 중 여성 비율이 20~25%로 여성 직원 비중이 높아지고 있다.

2004년에 창사 이후 처음 노사분규를 겪었지만, 2005년 노사화합 선언을 이끌어 내고, 2007년 회사 경쟁력 향상을 위해 임금 동결에 합의하는 등 '상생相生'의 노사문화를 만들어 가고 있다.

숫자로 보는 GS칼텍스 직원, 전국 주유소 수는 2007년 11월 기준. 나머지는 2006년 기준

- **2896명** 직원
- **3400여 곳** 전국 GS칼텍스 주유소
- **65억 원** 임직원 1인당 평균 매출액
- **364억 L** 석유류 제품 생산량
- **9조5000억 원** 해외수출액
- **19조1300억 원** 매출액

신입사원 연봉 3500만 원 선
지방순환 거친 뒤 근무지 배치

Q 신입사원 초봉은….

A 특별 성과급과 교통비, 식대를 제외한 세전^{稅前} 연봉이 3500만 원 선이다.

Q 입사 후 근무지는 어떻게 정해지는가. 모든 직군별로 의무적으로 지방순환 근무를 해야 하는가.

A 신입사원들은 일정 기간 지방에서 순환근무를 한다. 예를 들어 엔지니어 직군은 전남 여수 공장에서 1년, 마케팅·사업전략·재무·경영지원 직군 등은 전국 15개 지사에서 6개월 순환근무한다. 직군과 근무지에 따라 신입사원을 채용하는 만큼 순환근무 이후에는 지원한 직군^{근무지}에서 근무할 수 있다.

Q 최근 합격자 중 여성의 비율은….

A 2000년 이후 줄곧 20~25%를 유지하고 있다.

Q 신입사원 채용 시 학력, 연령 등의 제한이 있나.

A 대졸 신입사원은 누구나 지원할 수 있으며 연령 제한은 없다.

Q 2006년 입사 경쟁률은 어떻게 되나.

A 2006년 대졸 신입 채용의 평균 경쟁률은 130 대 1이었다. 직군별로는 영업·마케팅^{수도권} 직군이 550 대 1로 가장 높았다.

Q 대학생 인턴사원 출신은 채용 시 우대하나.

A 2005년부터 여름마다 인턴 프로그램을 운영하고 있으며 우수 평가를 받은 인턴사원에게 최종 면접 기회를 주고 있다.

Q 해외 근무나 해외 연수 기회는 많은가.

A 해마다 직원 10여 명을 선발해 미국과 아시아의 경영대학원(MBA), 그리고 '지역 전문가 과정' 등에 보낸다. 싱가포르(1곳), 중국(3곳)에 현지 법인이 있으며 현재 30여 명이 근무하고 있다.

직책별 연봉

직책	연봉
임원	1억 원 이상
팀장(부장)	7000만~9000만 원
팀원(사원~부장)	과장의 경우 5000만~6000만 원
신입사원 초임	3500만 원

특별성과급을 제외한 금액. 연봉제 시행으로 개인별 연봉은 차이가 날 수 있음.　자료: GS칼텍스

1회 진료비 5만 원 넘으면
나머지 차액 회사서 지원

GS칼텍스 업무팀 한서희23세·여 씨는 2007년 1월부터 직장 동료 10여 명과 매주 4일씩 업무가 시작되기 전에 영어 또는 중국어 회화를 한 시간씩 공부하고 있다. 한 씨는 "수강생이 소규모인 데다 외국인 강사에게서 직접 배워 실력이 빨리 느는 것 같다"며 "수강료는 전액 회사 부담"이라고 말했다.

이 회사는 외국어 교육뿐 아니라 직무 관련 온라인 강의도 360여 개나 무료로 운영하는 등 직원 교육에 투자를 아끼지 않고 있다.

의료비 지원도 직원들이 자랑하는 대목. 1회 진료비가 5만 원이 넘으면 나머지 차액을 회사에서 지원해 준다. 성형 등 미용 목적의 치료는 예외지만, 치아 교정에 한해 전체 치료비의 50%를 대준다. 본인과 배우자의 경우 건강보험 적용 질병에 대해서는 지원 한도가 없고, 미성년 자녀에 한해 연간 300만 원까지 지원한다.

급여도 국내 정유업계 최고 수준으로 알려져 있다. 회사 측은 2003년에 전체 직원의 평균 급여액이 2002년 기준으로 6198만 원에 이르러, 당시 삼성전자 포스코 SK에너지 등보다 높다고 밝힌 적이 있다. GS칼텍스 측은 "연봉제로 개인차가 커 차장보다 연봉이 많은 과장도 있다"고 귀띔했다.

박용철 경영전략팀 차장은 "우리 회사의 우수한 복지제도는 정유 업계에 널리 알려져 있다"며 "내 자식도 크면 입사를 추천하고 싶은 회사"라고 했다. 이 회사는 또 2005년부터 전남 여수공장 등 지방 근무 직원 자녀를 대상으로 2박 3일의 여름방학 캠프를 운영하는 등 가족의 복지도 꼼꼼하게 챙기고 있다. 영어마을 체험, 공장 견학, 공연 관람 등의 프로그램도 적지 않다. 홍석환 GS칼텍스 조직문화팀장은 "가족들이 회사에 만족해야 직원들도 일을 잘할 수 있기 때문에 다양한 가족 대상 프로그램을 운영하고 있다"고 설명했다.

종합에너지 기업으로의 도약 |
어제는 정유회사 |
내일은 에너지 기업

옛 LG칼텍스정유는 두 대주주 가문의 계열 분리로 GS그룹 계열로 편입되면서 2005년 3월 사명社名을 'GS칼텍스' 로 바꿨다.

회사 이름에서 '정유' 를 뺀 이유는 원유를 들여와 정제한 석유제품을 파는 정유사가 아니라 '종합 에너지 기업' 으로 도약하겠다는 의지의 표명이었다.

경영진은 같은 달 정유사의 경쟁력을 가늠하는 잣대인 '2차 중질유분해시설HOU' 기본 설계에 착수했다. 1996년 완공된 1차 HOU 이후 약 10년 만에 이뤄진, 총공사비가 1조5000억 원에 이르는 대규모 투자였다.

2007년 9월 2차 HOU가 완공되자 회사 측은 "이로써 2008년 영업이익이 올해보다 약 4000억 원60% 이상 늘어날 것"이라고 밝혔다.

2차 HOU의 가동은 도약을 위한 서막序幕에 불과했다.

허동수 GS칼텍스 회장은 "2010년까지 약 2조7000억 원을 투자해 3차 HOU를 완공할 것"이라고 강조했다.

'고도화설비'로도 불리는 HOU는 벙커C유 등 헐값의 중질유를 원료로 등유 경유와 같은 고가高價의 경질유를 만드는 '지상 유전'으로 불린다. 정유사로서는 고도화설비 비율이 높을수록 원가를 절감하고 값비싼 석유제품을 생산할 수 있어 수익성과 성장성을 동시에 끌어올릴 수 있다.

GS칼텍스의 고도화설비 비율은 2007년 11월말 현재 20.8%로 국내 1위의 에쓰오일약 24.9%을 바짝 뒤쫓고 있다. 3차 고도화설비가 완공되면 약 30%에 이르러 아시아 최고 수준으로 도약할 것으로 전망된다.

고도화설비는 고수익의 윤활유 사업 기회도 제공했다.

김병렬 GS칼텍스 경영전략본부장부사장 "외부에서 사왔던 윤활유 원료윤활기유를 2차 HOU의 가동으로 충분히 생산하게 됐다"며 "윤활기유 사업의 영업이익률은 20~30%로, 2008년 매출과 영업이익은 각각 5000억 원, 1500억 원에 이를 것"이라고 기대했다.

GS칼텍스는 석유화학 분야에서도 비교적 수익성이 높은 'BTX벤젠 톨루엔 자일렌'에 주력해 2007년 말까지 생산설비 규모를 국내 최대인 280만 t으로 늘렸다. 이 역시 2006년 영업이익률이 20%를 넘는 '알짜' 장사다.

이정헌 하나대투증권 연구위원은 "윤활유와 석유화학 부문이 커지면 유가 환율 등 외부 요인에 따라 출렁이는 수익구조도 한층 안정될 것"이라고 전망했다.

GS칼텍스는 SK에너지와 가장 큰 차이였던 '유전개발'에도 적극 나서고 있다.

SK에너지가 1983년부터 자원개발에 나서 현재 5억 배럴이 넘는 매장량을 확보한 데 비해 GS칼텍스는 2003년 처음 합작사인 셰브론에서 캄보디아 탐사광구의 지분15%을 사들였다.

GS칼텍스의 한 관계자는 "셰브론이라는 세계적인 석유 메이저로부터 안정적으로 원유를 공급받을 수 있어 유전 확보에 관심을 갖지 못했다"면서도 "셰브론의 세계 진출 전략과 충돌될 수 있어 늦어진 측면도 있다"고 말했다.

하지만 최근 몇 년 새 유가 급등으로 자원 확보의 중요성이 부각되자 직접 원유 확보에 뛰어들었다.

허 회장이 "원유 확보를 위해 유전개발은 물론 유전을 보유한 기업 인수도 검토하고 있다"며 "2015년까지 약 3억8000만 배럴의 매장량을 확보하겠다"고 밝힌 것도 이런 맥락으로 풀이된다.

실제 2007년 10월 아제르바이잔의 '이남광구'에 투자하는 등 유전 탐사와 확보에 속도를 내며 투자처를 4곳으로 늘렸다. 그룹의 지주회사인 GS홀딩스가 투자한 유전개발 사업도 카자흐스탄 등 7곳에 이른다.

2006년 국내 석유제품 수요가 전년 대비 2.1% 감소하는 등 성장성이 떨어지면서 수출은 물론 해외 진출에도 적극 나서고 있는 상황이다.

2006년 중국 베이징北京 인근의 폴리프로필렌 업체 인수를 시작으로 중국에서만 3개 회사를 인수하거나 설립했다.

회사 측은 "2007년 안에 중국 칭다오青島에서 주유소 2곳의 영업을 시작한다"며 "포화 상태인 내수시장에 머물지 않고 해외에서 새로운 성장 기반을 마련하려는 것"이라고 설명했다.

한편 GS칼텍스의 고도화설비 증설과 유전개발 사업은 긍정적이지만, 신규 사업 진출에 더 속도를 내야 한다는 지적도 나온다.

GS칼텍스의 사업 영역은 석유제품 석유화학 발전 도시가스 유전개발

주유소 신·재생에너지 e비즈니스 액화천연가스LNG 등 총 9개에 이른다.

2006년 매출 약 19조 원 중에서 석유제품과 석유화학이 각각 16조 3800억 원86%, 2조7400억 원14%으로 사실상 전부를 차지했다.

GS칼텍스 직원들은 이 부문을 '회사의 약점'으로 꼽는 편이다. 실제 임직원 31명에게 물어봤더니, 10명32%이 '정유 부문에 치중한 사업구조'에 문제가 있다고 답변했다.

하지만 정유 부문 의존도가 높은 것은 국내 석유시장의 '역사'와 무관하지 않다. 정유산업 '소비지消費地 정제주의 원칙'에 따라 정유사가 국내 수요만큼 원유를 수입해 석유제품을 만들면, 정부는 일정 수익을 보장해 줬기 때문에 신규 사업에 적극 나설 유인誘因이 없었다는 지적이 나온다.

김재중 우리투자증권 연구위원은 "GS칼텍스는 장기적으로 원유 고갈, 유가 급등에 따른 소비 감소 등 위험에 대처하기 위해 수소연료 등 대체에너지 개발에 속도를 내야 한다"고 주문했다.

정유업계의 한 관계자는 GS칼텍스를 다음과 같이 평가했다. 정유업계 2위에 머물러 온 GS칼텍스에 대해 정유업계 내부에서도 평가가 달라지고 있다는 뜻이리라.

"GS칼텍스는 설립 이후 줄곧 '안정적인 2위'에 만족하는 듯했다. 하지만 최근 설비 증설과 유전개발, 현대오일뱅크 인수 노력 등 공격적인 경영 행보를 보이고 있다. '1위로의 도약'에 대한 강한 의지가 엿보인다."

삼성 + 르노 + 닛산…
3색 하모니

"젊은 패기를 바탕으로 우리는 계속 변화하고 있습니다."
기업문화에 대한 르노삼성자동차 직원들의 대답은 이처럼 한결같다.
한국 프랑스 일본의 기업문화가 르노삼성차라는 '용광로' 에서 녹아, 하나
이면서 세 가지 색깔을 내는 독특한 문화를 형성하고 있기 때문이다. 이들
의 기업문화는 지금도 융합해 가는 '현재진행형' 이라고도 했다.
2008년으로 창립 13년, 르노그룹에 인수된 지는 8년으로 자동차회사로는
역사가 매우 짧아 새롭고 발전적인 기업문화를 능동적으로 만들 수 있다
는 것도 장점으로 꼽힌다.
한국의 역동성과 로열티, 프랑스의 자유와 합리주의, 일본의 장인정신이
절묘하게 어우러진 르노삼성차만의 기업문화가 어떤 색깔이 될지 자못 궁
금해진다.

"영어로 진행하는 회의 짧고 명료해"

삼성자동차로 출발…
환란 거친 뒤 2000년 르노그룹서 인수

"경쟁할 건 경쟁하고, 배울 건 배우고"

2001년 7월, 르노-닛산얼라이언스가 삼성자동차를 인수한 뒤 맞은 첫 번째 여름.

당시 제롬 스톨 사장을 비롯한 프랑스 임원진이 최장 1개월에 이르는 여름휴가 계획을 짜는 것을 보고 한국 임원들은 깜짝 놀랐다.

휴가를 쓰지 않고 일에 매달리는 것을 내심 자랑스럽게 여기던 한국인 임원들도 어쩔 수 없이 할당된 휴가를 모두 쓰기 시작했다. 직원들도 상사의 눈치를 보지 않고 휴가를 쓰는 것이 자연스러워졌다. 이후 업무 공백은커녕 생산성과 자동차 생산량이 오히려 높아졌다.

영업사원이 아닌 일반 직원들도 연간 한두 대의 자동차를 의무적으로 팔아야 했지만, 르노그룹이 경영권을 인수하면서 이 제도는 없어졌다.

이전에는 술자리가 있으면 2, 3차로 길게 이어졌고, 주말이면 골프를 하는 것이 관례였는데, 르노가 인수한 이후 자연스럽게 줄었다고 한다. 일 때문에 개인 생활을 희생해서는 안 된다는 프랑스 경영진의 인생관 때문이란다.

평일에 술 마시고 밤늦게 귀가하거나 주말에 가족들과 함께 보내지 않는 한국의 문화를 처음에 그들은 이해하지 못했다고 한다.

프랑스 경영진이 르노삼성차에서 배운 것도 있다. 처음에는 자신들의 업무 방식을 고집했지만, 지금은 삼성의 치밀하고 로열티^{충성심} 높은 조직문화를 배워 프랑스 본사에까지 전파하고 있다.

개인주의 성향이 강한 프랑스의 기업문화와 회사에 '다걸기^{올인}' 하는 한국의 기업문화가 섞이면서 개인 생활을 중시하면서도 가족적인 회사 분위기가 만들어졌다고 한다.

이정국^{40세} 르노삼성차 인력운영팀장은 "한국 프랑스 일본 문화의 경쟁을 통해 가장 좋은 방식이 받아들여지고 있다"며 "'앞선 생각과 행동' '세련됨' '신뢰' 라는 3가지 기본 원칙을 바탕으로 우리는 진화하고 있다"고 말했다.

매년 11월 80여 개 항목으로 직장 생활 평가

2001년부터 전 사원을 대상으로 한 업무만족도 평가 조사제도가 도입돼 매년 11월이면 사원들이 무기명으로 80여 개 항목에 걸쳐 직장 생활을 평가한다.

처음에 직원들은 '괜한 일 하는 것 아닌가' 했고, 부장급 이상 간부들은 평가 결과에 신경을 쓰면서 이 제도를 부담스러워했다. 하지만 불합리한 점들이 실제로 개선되기 시작하자 상하 간의 의사소통을 가능하게 하는 매개체가 됐다.

르노삼성차에는 대화를 통해 문제를 해결하는 수평적인 조직문화가 녹아들어 있다. 의사결정도 명쾌하다. 주로 영어로 소통하기 때문에 소모적인 논쟁이 발생하지 않고 항상 해야 할 말만 하고 의사표현을 명확히 한다.

르노삼성차 직원들은 "세계에서 영어를 가장 못하는 3개 민족이 모여, 영어로 회의를 하기 때문에 회의 시간이 짧고 명료하다"고 웃으며 말한다.

주요 경영진이 모두 외국인이기 때문에 정치권이나 지방자치단체 등 외부 청탁이 잘 통하지 않는다고 했다. 경영도 국내에서 둘째가라면 서러울 정도로 투명하게 하고 있다고 자부한다.

이 때문에 르노 인수 초기에는 각종 외부 단체의 협찬 요청 등을 모두 거절해 갈등이 많이 빚어지기도 했으나 지금은 이런 불합리한 요구가 아예 없어져 일하기 편해졌다고 직원들은 말한다.

시련이 가르쳐 준 열정

르노삼성차의 전신은 삼성자동차다. 삼성그룹이 의욕적으로 자동차 사업에 진출했지만 첫 차의 생산을 불과 몇 개월 앞두고 1997년 말 외환위기를 맞았다.

삼성차는 1998년 3월 SM5를 판매하기 시작했지만 곧바로 구조조정의 격랑에 휩쓸렸다. 1999년에는 '빅딜'의 일환으로 대우차와 삼성차 합병이 발표되는 우여곡절을 겪는다.

이어 몇 차례 생산이 중단되면서 계약 취소가 줄을 이었고, 법정관리에 들어가면서 '이러다간 공중분해되는 것 아닌가' 하는 공포감이 직원들을 엄습했다.

다행히 2000년 7월 르노그룹이 전격 인수하면서 삼성차는 르노삼성차로 기사회생한다. 르노삼성차는 이 같은 쓰라린 경험을 통해 경영진부터 일선 근로자에 이르기까지 '최고가 아니면 살아남을 수 없다'는 인식이 뼛속 깊이 배어 있다. 임직원들이 업무에 임하는 태도가 진지하고 열정적일 수밖에 없는 이유다.

르노삼성차의 자동차가 높은 품질로 좋은 평가를 받는 것은 임직원들의 일에 대한 열정이 있었기에 가능했다는 평가가 많다. 시련이 성공의 발판이 된 셈이다.

국내 시장에서 비교적 순항해 온 르노삼성차는 수입차 비중이 높아지면서 다양한 경쟁자와 더욱 불꽃 튀는 경쟁을 벌여야 하는 상황을 맞이하고 있다. 자동차 업계 일각에서는 상대적으로 적은 생산시설, 주요 의사결정을 르노그룹에 의존해야 하는 한계를 어떻게 극복하느냐에 르노삼성차의 미래가 달려 있다는 지적이 나온다.

숫자로 보는 르노삼성자동차 매출액, 영업이익률은 2006년 기준. 생산량, 임직원 수는 2007년 10월 말 기준. 외국인 임직원 수는 2007년 11월 기준. 자료: 르노삼성자동차

- **8.5%** 영업이익률
- **43일** 최대 휴가일 수(근속 연수에 따라 다름)
- **47명** 외국인 임직원 수
- **1만3977대** (출범 초기의 4.5배) 2007년 월평균 판매량
- **7058명** 임직원 수
- **14만5900대** 생산량(2007년 10월 말 현재)
- **2조5800억 원** 2006년 매출액

매년 28~43일 휴가
치과 치료비 지원

"추석을 맞아 9일 휴가를 드립니다. 가족과 풍성한 수확의 기쁨을 누리세요."

장마리 위르티제 르노삼성자동차 사장은 2007년 9월 추석을 앞두고 직원들에게 이런 내용을 담은 e카드를 보냈다.

르노삼성차의 직원이라면 매년 법적 휴가기간 15~25일 이외에도 7~12일의 프리미엄 휴가제를 사용할 수 있다. 여름휴가 4일, 창립기념일과 사원대표위원회 창립일 등 6일이 추가되기도 한다. 근속 연수에 따라 매년 28~43일 휴가가 주어진다.

르노삼성차는 직원의 노동과 여가의 균형을 맞춰 생산성을 높이기 위해 이러한 '휴休 경영'을 실시했다.

전미순 르노삼성차 주부 홍보사원은 '임직원 자녀를 위한 영어 캠프'를 회사의 자랑으로 꼽는다.

전 씨는 "올여름 초등학교 4학년생 딸을 4박 5일간 무료로 영어 캠프에 보냈다"며 "이 회사 직원인 남편 덕에 경제적 부담을 덜 수 있었다"고 했다. 전 씨의 딸은 벌써부터 겨울방학 영어 캠프를 기다리고 있다.

가족을 위한 의료비 지원제도도 빼놓을 수 없는 혜택이다. 르노삼성차는 직원, 직원의 배우자와 자녀가 지출한 의료비 중 100만 원 초과분부터 매년 전액을 지원한다.

'치과 치료비 지원제도', '무주택자를 위한 주택대부제도', '자녀 학자금 지원제도' 등도 마련돼 있다.

르노삼성차 직원의 출퇴근, 점심시간은 특별하다. 틈새 시간을 활용해 회의실에서 토익, 비즈니스 회화, 실용영어 회화 등의 무료 강좌가 진행된다.

이 회사 홍보1팀에 근무하는 박해동 과장은 "집이 분당이라 출퇴근길에 영어학원 가는 게 쉽지 않은데 틈새 시간에 알차게 영어 공부를 할 수 있어 하루가 뿌듯하다"고 말했다.

희망자를 대상으로 2주간 합숙 형태로 르노삼성차 부산 공장에서 진행되는 '영어 집중 프로그램'도 매년 4차례 실시된다.

이와 함께 르노그룹과 닛산그룹에 직원을 파견해 선진 기술을 트레이닝하는 '글로벌 엔지니어링 스쿨'도 자랑거리다. 엔지니어링과 같은 핵심 연구 인력들은 프랑스의 르노, 일본의 닛산에 파견돼 공동개발에 참여하고 전문가들에게 기술 및 디자인 교육을 받는다.

연구-생산기술 분야 외엔 지방 근무할 가능성 적어

Q 르노삼성자동차의 인재상은….

A 기본적인 어학 및 커뮤니케이션 능력을 갖춘 사람, 적극적이고 앞서 생각해 행동하는 사람, 성실하고 협조적이며 세련된 사람, 자신감 있고 신뢰를 주는 사람이다.

Q 채용 절차는….

A 서류전형-그룹 토론 및 프레젠테이션 면접과 영어 테스트-인성면접으로 진행된다. 그룹 토론 및 프레젠테이션 면접은 개인 발표 뒤 조원들 간의 토론 순으로 실시한다. 면접 직전에 주제를 알려 주고 30분의 준비 시간을 준다. 영어 테스트는 원어민 강사가 듣기, 말하기, 쓰기 영역별로 평가한다.

Q 면접에서 중시하는 부분은….

A 자동차 산업은 팀워크를 중시하므로 상대방 말을 경청하는지, 토론을 건설적인 방향으로 이끄는지, 조별 발표 시 발표를 맡지 않더라도 지원을 잘하는지를 살핀다.

Q 해외 근무 기회는….

A 직급에 무관하게 해외 근무 기회가 주어질 수 있다. 1년에 100명가량이 짧게는 6개월 길게는 3년 동안 프랑스 파리 남부 테크니컬센터를 비롯한 해외 각

공장에 파견된다.

Q 입사하면 부산 공장 근무를 해야 하는가.
A 입사할 때 연구개발, 생산기술, 지원 부문으로 나눠 지원받으며, 지원 부문은 거의 모두 서울로 배치받는다. 연구개발, 생산기술을 지원하지 않으면 지방에서 근무할 가능성이 적다. 부산, 경기 용인시 기흥, 서울의 근무 비율은 2006년 기준으로 7 대 2 대 1이다.

Q 입사 뒤 업무에서 영어, 프랑스어 등을 쓸 일이 많나.
A 영어를 많이 쓴다. 프랑스어, 일본어는 거의 안 쓴다. 모든 문서는 기본적으로 영어로 작성해야 한다.

직급별 연봉 (2007년 기준)

직급	연봉(원)
임원	1억~수억
부장	6500만~8000만
차장	5500만~7000만
과장	5000만~6100만
대리	4400만~5300만
사원	3400만~4300만

고정급과 성과급 포함. 복리후생비 등은 제외. 차장 부장 임원 직급은 연봉정보사이트 자료를 토대로 추정

자료: 르노삼성자동차

공장시설 색깔 정하는 데만 1년 걸렸다, 왜?

공장시설 색깔 정하는 데만 1년 걸렸다, 왜?
직원들, 눈이 즐겁다… 귀가 즐겁다… 일도 즐겁다

근로자들이 일하고 싶은 공장으로 만들기 위해 공장 바닥, 기둥, 설비 색깔 선정에만 1년 동안 고민한 회사가 있다.

부산 강서구 신호공단 내 르노삼성자동차 공장에 대한 첫 느낌은 자동차 공장 같지 않은 산뜻함과 쾌적함이었다.

흔히 공장 하면 떠오르는 우중충한 잿빛 바닥, 시끄러운 기계음 소리, 답답한 실내 공기가 아닌 아이보리색 바닥, 신나는 최신 가요, 환풍기에서 나오는 신선한 공기가 인상적이었다.

천장 지붕을 받치는 레몬색의 트러스, 아쿠아블루색 기둥, 채광을 위해 만들어 놓은 천장의 유리창은 공장 분위기를 더욱 환하게 했다.

르노그룹 주력 생산기지로

2000년 출범한 르노삼성차는 '한국의 자동차 수준을 한 단계 높이겠다' 는 각오로 세워진 회사답게 공장 설계 단계부터 공을 들였다.

아직 젊고 작은 기업이지만 출범 이후 단기간에 두꺼운 고객층을 확보한 르노삼성차는 이제 르노그룹의 주력 생산기지로 떠오르고 있다.

르노삼성차는 '우수한 품질은 근로자 개개인에게 달렸다' 는 철학 아래 근로자의 생산성을 극대화할 수 있는 작업 환경을 만들고자 했다.

이날 공장에서는 기계음 사이로 귀에 익은 멜로디가 들렸다. 젊은 근로자가 대부분인 작업 현장에서 이들이 더욱 신나게 일할 수 있도록 최신 가요를 틀어 준 것이다.

근로자를 세심하게 배려한 흔적은 공장 곳곳에 있는 화장실에서도 찾아볼 수 있다. 2시간 일한 뒤 주어지는 10분간의 달콤한 휴식시간을 화장실 다녀오는 데 다 쓰지 않도록 동선動線까지 계산해 화장실을 배치했다.

부산공장 설계 책임자였던 이기인 생산1담당 이사는 "근로자의 편의를 위해 공장 중간에도 화장실을 설치했다"며 "오랫동안 머무르고 싶은 일터로 만들기 위해 근로자들의 작업 환경 개선 제안에 항상 귀를 기울인다"고 말했다.

쾌적한 환경만이 이 공장의 자랑거리는 아니다. 최첨단 선신 기술 시스템을 갖추고 있어 생산성도 높다. 최대 8가지 차종을 한 라인에서 동시에 생산할 수 있는 'IBSIntelligent Building System', 32대의 로봇을 집중 배치해 작업의 집중성을 높인 'GRSGrouping Robot System' 는 이 회사가 국내에서 처음 도입한 시스템이다.

5중 관리체계… 5년 연속 품질 1위

르노삼성차는 2006년 생산 규모에서 현대자동차, 기아자동차, GM대우자동차에 이은 국내 4위지만 내수 승용차 판매에서는 현대차, 기아차에 이어 3위다.

2000년 1만2360대였던 내수 판매는 2003년 11만249대, 2006년 11만9088대로 급증했다. 특히 SM5를 비롯해 SM3, SM7 등 제품의 라인업도 늘어나 고객의 선택폭도 확대됐다.

2006년 2월 SM3를 '알메라' 와 '써니' 라는 닛산 브랜드로 본격 수출하면서 2001년 140대에 그쳤던 수출은 4만1320대로 증가했다.

2001년 6만8679대였던 생산량은 2006년 16만1421대로 3배 가까이 늘었다. 2006년 영업이익률은 8.5%나 됐다.

르노삼성차 측은 소비자들이 르노삼성차의 품질을 믿고 신뢰하지 않았다면 이 같은 빠른 성장세는 불가능했다고 보고 있다.

'품질은 절대 타협하지 않는다' 는 원칙 아래 르노그룹의 선진 기술과 한국인의 꼼꼼한 조립 능력이 시너지 효과를 내고 있다.

2005년 4월 선보인 SM3는 일본에서 건너온 닛산 엔지니어들도 닛산의 베이스 모델보다 품질이 더 높아 감탄했다는 후문이다.

실제 르노삼성차는 국내 소비자조사 회사인 '마케팅인사이트' 가 매년 85만여 명의 소비자를 대상으로 실시하는 만족도 조사에서 다른 경쟁사를 제치고 2003년부터 2007년까지 5년 연속 1위를 차지했다.

부산공장은 작업자부터 검사원까지 단계별로 품질을 확인하는 '5중 품질체계' 로 엄격한 품질관리를 하고 있다. 또 결함을 발견하는 즉시 라인을 멈추는 '라인스톱제' 도 좋은 품질을 유지할 수 있는 비결 중 하나다.

장마리 위르티제 사장은 "비록 작은 기업이지만 직원들의 열의 및 효율성만큼은 최고로 주목받는 기업이고 싶다"고 말했다.

르노삼성차는 2007년 11월 19일 르노그룹의 첫 크로스오버유틸리티차량CUV인 QM5를 세상에 공개하면서 다시 한 번 도약의 닐갯짓을 하고 있다.

위르티제 사장은 이날 2009년까지 르노삼성차 부산공장에 매년 4000억 원을 투자해 르노그룹의 아시아 허브로 삼겠다는 포부를 밝혔다. 50만 평의 공장 용지 가운데 약 13만2000평을 차지하는 부산공장은 언제라도 한쪽 벽을 허물고 공장 설비를 증설할 수 있다고 한다.

실제로 2006년 16만1421대였던 생산량을 2009년 30만 대로 끌어올리기 위해 연구실과 작업장 확장 공사가 한창 진행되고 있다.

"연간 생산량 60만~70만 대로 늘려야"

야심작인 QM5는 전 세계 23개 르노그룹 공장 중 부산공장에서만 독자적으로 생산해 2008년 5월부터 독일, 프랑스, 영국 등에 6만5000대가량 수출될 예정이다.

그러나 르노삼성차가 르노그룹 내에서 좀 더 핵심적인 생산기지로 자리 잡기 위해서는 생산 규모가 지금보다 훨씬 커져야 한다는 지적이 많다.

부산공장에서 근무하는 한 근로자는 "고용 안정을 위해서라도 회사 규모가 지금보다 더 커졌으면 하는 바람이 있다"며 "세계 각국의 유수 자동차회사와 벌이는 치열한 경쟁에서 살아남기 위해서라도 연간 생산량을 60만~70만 대까지 끌어올려야 할 것"이라고 지적했다.

"가장 높은 곳에서
가장 가까운 곳에서"

63빌딩.
서울 영등포구 여의도동에 있는 이 건물은 일반인에겐 그저 국내 초고층 빌딩 정도로 알려져 있다.
하지만 대한생명 임직원들에게 63빌딩은 '살아있는 기업의 역사'다.
1985년 63빌딩 준공을 계기로 대한생명 임직원들은 '하면 된다, 우리는 한 가족이다'는 각오를 다졌다. 이후 사세社勢가 급속히 커지면서 대한생명도 한국 최고 빌딩의 이미지에 걸맞게 최고의 자리에 올라서는 듯했다.

63빌딩 '상징적 자부심' …
2006년 보험료 수입 10조 돌파

1969년 신동아 거쳐 2002년 한화로

세월이 흐르면서 63빌딩이 노후하듯 대한생명의 성장세에도 제동이 걸렸다. 외환위기로 경영 상황이 악화되면서 대규모 공적자금이 투입되는 사태를 맞은 것이다.

2002년 한화그룹이 대한생명을 인수한 뒤 임직원들은 다시 일어섰다. 63빌딩은 이때도 임직원들을 하나로 모으는 정신적 거점 역할을 했다.

대한생명은 1946년 국내 자본에 의해 설립된 최초의 토종 생명보험사다.

당시 재계 중진인 강익하 씨가 순수 토종 보험사 설립의 필요성을 역설하며 생보사를 설립한 것이다. 초기에는 '한국생명' 이라는 사명社名이 거론됐지만 광복 직후라는 점을 감안해 '대한독립 만세' 의 이미지를 부각할 수 있는 현재의 이름으로 정했다.

이때부터 대한생명에는 최초의 토종 생보사라는 자부심과 부담이 동시에 지워졌다. 영업활동 하나하나가 보험업계의 관심사가 된 것이다.

실제로 대한생명은 1969년 신동아그룹으로 경영권이 넘어갈 때까지 23년간 국내 생보시장을 주도했다.

신동아그룹이 대한생명을 경영한 기간에 대한 평가는 다소 엇갈린다.

긍정적으로 평가하는 사람들은 보유 계약 규모가 급증하는 등 비약적인 성장을 이룬 측면이 있다고 강조한다. 특히 1978년 지역본부 개념을 도입해 전국 영업망을 구축하면서 영업의 효율성을 극대화한 대목은 지금까지도 높게 평가받는다.

반면 경영진이 계열사에 대한 부당대출을 지시하는 등 잘못된 경영행태로 부실을 키워 결과적으로 대한생명의 위기를 자초했다는 비판도 만만치 않다.

오일쇼크－환란… ‘2번의 위기 2번의 기회’

대한생명은 창립 이후 61년간 2번의 큰 위기와 2번의 큰 기회를 맞았다. 모두 위기 뒤에 기회가 왔다는 공통점이 있다.

첫 번째 위기는 국제 석유가격이 급등한 1979년의 2차 오일쇼크 때 찾아왔다. 유가와 함께 물가가 치솟으면서 소비가 위축됐다.

갑자기 생계가 곤란해진 가구가 많아져 보험업계 전체에 걸쳐 신규 계약건수가 줄어든 반면 보험금 지급액은 늘었다.

이때 대한생명은 더 적극적으로 영업을 했다. 사망보험금의 중요성을 강조하며 고객을 찾아다닌 결과 1979년 11월 대한생명이 보유한 보험계약 규모가 처음으로 1조 원을 넘어섰고, 총자산 규모도 1000억 원을 웃돌았다.

첫 번째 위기를 넘긴 대한생명의 성장 속도는 무서울 정도로 빨랐다. 총자산이 1985년 63빌딩 준공 직후 1조 원에 육박했고, 1996년에는 10조 원에 이르렀다. 2차 오일쇼크 이후 불과 17년 만에 총자산이 100배 규모로 증가한 것이다.

63빌딩 준공 이후 이룬 대한생명의 비약적인 성장은 '한강의 기적'에 비유될 정도였다.

성장 속도가 너무 빨랐던 것일까. 1997년 말 한국 경제를 강타한 외환위기로 대한생명은 존폐의 갈림길에 서게 된다.

공적자금이 투입되면서 대한생명의 이미지는 바닥권으로 떨어졌다. 2차 위기가 시작된 것이다.

2007년으로 입사 14년째인 장진옥 과장의 회상.

"1999년 공적자금 투입으로 국정조사를 받던 때 매일 야근하고 아침 6시에 출근하는 생활이 반복됐어요. 토요일 오후 9시까지 일하고 퇴근하는데 불꽃축제가 열렸더군요. 여의도에서 마포까지 걸으며 봤던 그 불꽃을 아직도 잊지 못합니다."

그는 밝게 솟구쳤다가 이내 사그라지는 불꽃을 보면서 대한생명의 과거와 현재를 떠올렸을 것이다.

그러나 대한생명은 다시 오뚝이처럼 일어섰다.

한화그룹으로 경영권이 넘어간 뒤 조직을 재정비하고 영업을 강화해 창립 60주년이던 2006년 연간 수입보험료가 10조 원을 돌파했다. 1987년 수입보험료가 1조 원을 넘어선 지 19년 만에 이뤄낸 성과였다.

현재 생보업계에서 삼성생명에 이어 부동의 2위 자리를 고수하고 있다.

"정情으로 뭉친 기업문화가 성장 동력"

이처럼 위기 때마다 대한생명이 일어설 수 있었던 원동력에 대해 대한생명 임직원들은 하나같이 "정情을 중시하는 회사 분위기"라고 말한다.

임동필 대한생명 감사팀장이 기억하는 '남편들의 편지' 사건은 대한생명 조직의 특성을 잘 보여 준다.

1999년 영업교육을 담당하던 임 팀장이 보험설계사들을 인솔해 연수 장소로 이동하던 중 빗길에 버스가 전복되는 사고가 나 많은 사람이 다쳤다.

다른 회사 같으면 인솔 팀장의 책임을 물어 보직 해임해야 할 상황. 그 때 임 팀장을 구한 건 이른바 '아줌마 설계사'의 남편들이었다. 당시 남편들은 '임 팀장의 책임이 아니니 선처를 바란다'는 내용의 편지를 경영진에게 보냈다.

이처럼 정으로 뭉친 대한생명 기업문화는 연금보험으로 노후를 대비해야 한다는 취지의 은퇴자산 캠페인에서 큰 효과를 내고 있다. 가족 같은 분위기로 다가서는 마케팅에 힘입어 고객 가입률이 크게 늘었다. 2007년 5~9월에 신규 계약한 연금보험료만 3520억 원으로 2006년 같은 기간보다 63% 증가했다.

김용동 대한생명 남부지원단장은 "정을 중요하게 여기는 기업문화 덕분에 대한생명 임직원들은 위기가 닥쳤을 때 더 단결하고 더 강해질 수 있었다"고 말했다.

최고 5000만원
주택자금 저리 융자

대한생명 법인기획팀의 이달윤33세 대리와 이길우33세 대리.

2001년 입사 동기인 두 사람은 2007년 8월, 영국 프랑스 스위스 이탈리아 등 유럽 배낭여행을 14박 15일간 다녀왔다.

이들이 장기간 해외여행을 다녀올 수 있었던 것은 대한생명의 사내社內 복지제도인 해외체험 프로그램 덕분이다.

이 프로그램은 해외여행을 원하는 직원에게 항공료와 여행경비를 지원해 주는 제도. 대한생명은 직원들에게 글로벌 마인드를 심어주고 회사에 대한 충성도를 높이기 위해 도입했다.

대한생명의 다양한 직원 복지제도는 보험업계 최고수준으로 꼽힌다.

대한생명은 직원들이 자기계발에 힘쓸 수 있도록 카페테리아 플랜선택적 복리후생제도을 통해 일정금액이 충전된 복지카드를 지급한다.

임직원들은 근속연수와 직급에 따라 포인트가 쌓이는 이 카드로 학원이나 스포츠센터에 등록해 자기계발을 할 수 있고 책, 의약품을 구입하거나 병원 치료도 받을 수 있다. 취미활동을 위해 레포츠 장비를 구입하는 것도 가능하다.

대한생명은 또 자녀 학자금, 경조비, 이사비 등 기본적인 생활지원 제도 외에 체력단련 휴가5일 등 다양한 휴가 제도를 통해 직원들의 재충전 기회를 보장하고 있다.

보험회사답게 사망 시 최고 3억 원까지 지급되는 단체생명보험에도 가입해 암, 성인병 등 각종 질병에 대비하고 있다.

이 밖에 국민주택 규모 이하일 경우 직급에 따라 최고 5000만 원까지 낮은 금리로 융자해 주는 주택마련 지원책도 갖췄다.

외모 많이 본다던데…
고객지향 마인드만 봅니다

Q 대한생명이 원하는 인재상은….

A 한마디로 요약하면 '신의와 열정을 바탕으로 최고를 향해 도전하는 글로벌 금융 전문인' 이다. 금융 서비스업이기 때문에 고객과 사회와의 약속을 지키는 신의를 가장 중요하게 생각한다.

Q 입사 평균 경쟁률은….

A 매년 차이는 있지만 평균 100 대 1이다.

Q 취업 때 우대하는 전공이나 자격증이 있나.

A 일반적으로는 전공을 불문하고 모집하지만 상품개발과 책임준비금 산출 등 계리분야의 경우 수학 통계학 전공자와 보험계리사 자격증 보유자를 우대한다. 재무 분야는 공인재무분석사CFA, 공인회계사CPA, 재무위험관리사FRM 등 관련 전문 자격증 보유자를 우대한다.

Q 서비스업이기 때문에 외모를 많이 본다고 하는데 사실인가.

A 고객에게 최상의 서비스를 제공할 수 있는 고객지향 마인드를 중요하게 평가한다. 외모로 사람을 평가하지는 않는다.

Q 이 회사 보험에 가입해 있으면 입사에 유리한가.

A 그렇지 않다. 대한생명 보험 가입 여부는 아무런 영향을 미치지 않는다. 다만 보험업 또는 금융업 전반에 대한 기본 지식이 있는 지원자는 면접에서 좋은 평가를 받는다.

Q 빚이 있거나 신용불량자이면 취업에 불리한가.

A 그렇지 않다. 기회는 누구에게나 열려 있다. 단, 전형 과정에서 해당 사실을 알게 되면 향후 계획에 대해 확인한다.

Q 야근은 일주일에 몇 번 정도 하는가.

A 야근은 근무 부서와 담당 업무에 따라 큰 차이가 있다. 야근을 자주 하는 부서라도 통상 주 1회 정도다. 하지만 전체적인 업무 강도는 약하지 않다.

대한생명 임직원 연봉 현황

직급	연봉	평균 재직기간
임원	1억~수억 원	
부장	8300만 원	
차장	7200만 원	6년
과장	5800만 원	6년
대리	4700만 원	5년
사원	3600만 원	4년

2006년 기준으로 성과급을 제외한 세전 금액. 성과에 따라 매년 차이가 있을 수 있음. 자료: 대한생명

숫자로 보는 대한생명 9월 말 기준. 연간보험료 수입은 2006년 4월~2007년 3월 기준

- 753개 전국 지점
- 4890명 임직원
- 5518건 하루 보험계약
- 2만2673명 보험설계사
- 1068만 건 보유 계약
- 10조7400억 원 연간 보험료 수입
- 47조6000억 원 총자산

'고령화 대비 연금 인생 종합설계 상품' 등으로 새 비전

2008년 이후 대한생명은 은행에서 보험을 파는 방카쉬랑스 제도 확대와 증시 상장上場이라는 2가지 큰 도전에 직면한다.

장기적으로는 인구 고령화에 따라 주력 상품인 연금보험에서 보험금이 더 많이 나갈 가능성에도 대비해야 한다.

대한생명은 이런 점을 감안해 미래의 보험시장이 어떻게 바뀔지를 전망하는 작업을 꾸준히 해 오고 있다. 전국 가구 기준 보험 가입률이 90%에 육박할 정도로 포화상태에 이른 생명보험시장에서 선도기업으로 살아남기 위한 전략을 구상하고 있는 것이다.

2009년 이후 증시 상장 계획

1979년 2차 오일쇼크와 1997년 외환위기라는 두 번의 위기 상황을 잘

넘긴 대한생명은 2008년 이후 방카쉬랑스 확대와 생보사 증시 상장이라는 큰 파도를 넘어야 하는 과제를 안고 있다.

앞으로 은행의 요구도 방카쉬랑스가 확대돼 생보사의 주력 상품인 종신보험과 치명적 질병이 보험까지 은행에서 팔게 되면 보험사의 판매 수입이 크게 줄어들고 설계사 조직이 무너질 우려가 있다. 대한생명이 세 번째 위기를 맞을 수도 있는 것이다.

현재 대한생명을 비롯한 생보업계는 전문성이 요구되는 종신보험을 은행에서 팔면 소비자들이 상품 설명을 제대로 듣지 못해 민원이 급증할 수 있다는 논리로 방카쉬랑스 확대 적용에 반대하고 있다.

대한생명 경영관리팀 박정식 과장은 "은행의 영향력을 감안할 때 설계사들의 입지가 크게 줄어들 수 있다"고 걱정했다.

보험업계의 의견이 받아들여져 방카쉬랑스 확대 시행계획이 백지화될 수도 있지만 정부가 예정대로 실시하겠다는 방침을 고수하는 만큼 방카쉬랑스 확대에 대한 대비책은 필요한 상황이다. 이에 따라 대한생명은 은행이 종신보험까지 팔게 될 경우 은행을 대상으로 한 영업을 강화해 자사 보험상품을 상대적으로 더 많이 팔도록 유도하는 계획을 수립했다.

증시 상장도 보험업계의 판도를 바꿀 변수다. 대한생명은 상장 시점을 2009년 이후로 잡고 있는데, 이는 교보생명 동양생명 금호생명 등에 비해 1년 이상 늦다. 먼저 상장한 다른 생보사가 자본조달 창구를 다양화해 덩치를 키우면 시장의 주도권을 일부 뺏길 가능성도 있다. 그렇다고 중장기 자본조달 계획을 확정하지 않은 상태에서 기업의 모든 것을 공개하고 주주들의 감시를 받게 되는 상장에 섣불리 나서기도 쉽지 않다.

고령화가 어느 정도 빠른 속도로 진행될지 추정하기 힘들다는 점도 생보업계 2위인 대한생명으로선 큰 고민이다. 만약 20년 뒤 기대수명을

90세로 보고 연금보험을 팔았는데 수명이 100세까지로 늘어난다면 엄청난 보험금 지급 부담이 생긴다.

이에 대해 대한생명 경영진은 고령화가 진행되면 은퇴산업이 발전하고 장기 생존에 대비하려는 수요가 늘어나면서 연금보험을 팔 기회가 더 많아질 것으로 보고 있다. 경쟁 업체들이 고령화를 위기로 보는 데 비해 대한생명은 기회로 여기는 셈이다.

중－미－영 이어 베트남－싱가포르로

최근 대한생명은 방카쉬랑스 확대 시행 등 각종 위기 타개책을 해외에서 찾고 있다.

대한생명이 해외시장에 본격적으로 발을 들여 놓은 것은 2003년 중국 베이징北京에 사무소를 개설해 현지시장 조사를 시작하면서부터다. 2005년 미국 뉴욕에 현지 투자법인을 세운 데 이어 2007년에는 영국 런던에 투자법인을 신설해 영업 중이다.

2008년 하반기에는 베트남에서 보험 영업을 본격적으로 시작할 계획이다. 국내 시장이 포화상태인 만큼 보험에 들지 않은 고객이 많은 외국을 찾아다니며 사업 기회를 넓히려는 것이다. 현재 대한생명이 추가로 염두에 두고 있는 해외 보험시장은 싱가포르, 우크라이나, 카자흐스탄 등이다.

이런 해외 진출 움직임에 대해 직원들은 대체로 반기는 분위기다. 하지만 일각에선 다른 경쟁 업체에 비해 속도가 느리다는 점을 걱정하는 목소리도 나온다.

대한생명의 모 과장은 "정情을 중시하는 조직 특성 때문인지 신규 시장 발굴에 느린 감이 있다"며 "뒤늦게 시장에 뛰어들면 수익을 창출할 기회를 놓치고 비용만 낭비할 수 있다”고 지적했다.

해외시장 진출이 늘면서 직원들의 해외연수 기회도 확대되는 추세다.

금융전문인력을 양성하기 위해 외국 경영대학원에서 공부하는 직원에게 학자금을 지원하는 한편 일본 미국 등 외국계 투자회사 등에서 직무와 관련해 연수할 기회를 제공한다.

자산운용사 인수 – 신탁업 진출 추진

해외에 사무소나 현지 법인을 설립하는 것이 시장의 영역을 넓히는 방안이라면 사업 모델이 다른 금융회사를 인수하거나 신설하는 것은 사업을 다각화하는 시도다. 대한생명은 단순히 시장만 넓혀서는 한계가 있다고 보고 다양한 금융 분야에 진출하는 방안을 추진하고 있다.

5년 정도의 시간을 두고 자산운용사를 인수하고 신탁업에 진출해 궁극적으로 보험업을 중심으로 한 종합금융그룹으로 탈바꿈할 계획을 갖고 있다. 또 일반인을 상대로 한 기존 영업 관행만으로는 수익성을 더 높이기 어렵다고 보고 고액 자산가를 유치하기 위한 종합자산관리센터를 부산 대구 광주 등지에 설립했다.

이 센터에서 은행의 프라이빗뱅킹PB센터와 유사한 서비스를 제공해 고액 자산가의 투자를 유치할 계획이다. 현재 자산관리, 상속, 증여, 은퇴 후 설계, 부동산 투자 등 재테크와 관련한 모든 서비스를 제공하고 있다.

손영신 대한생명 홍보담당 상무는 “고객의 자산을 관리할 때 은행이나 증권사는 단기적인 수익에 신경을 쓰는 반면 대한생명은 안정성을 중시하는 특성이 있다”며 “앞으로 생애 재정설계라는 개념을 기본으로 신규 상품 개발과 시장 개척에 주력할 계획”이라고 말했다.

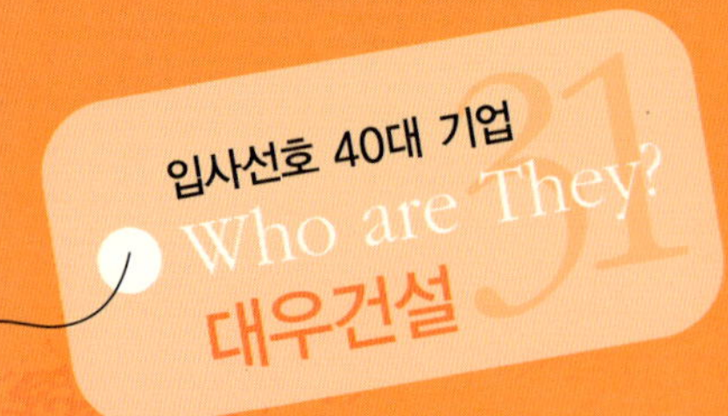

"달나라에 집 짓는다, 선착순!
이때도 대우건설"

"만약 달나라에 집을 짓는다면 가장 먼저 뛰어들 회사입니다."

입사 2년차인 대우건설 영업기획팀 정성엽29세 씨는 대우건설을 한 문장으로 표현해 달라는 요청에 이렇게 답했다. 처음엔 어린 사원의 치기 어린 말처럼 들렸다. 하지만 주변에 있던 나이 지긋한 선배들은 정 씨의 대답에 연방 고개를 끄덕였다.

"다른 회사에서 과장이나 대리가 할 일을 대우건설에선 사원인 제가 다 합니다. 그만큼 의사결정이 빠르고 조직이 유연해 새로운 환경에 잘 적응하죠."

대우건설은 사원 때부터 맡은 일에 권한을 주고 다양한 실무 경험을 쌓도록 권장한다. 교육 강도도 센 편이다. 그래서 붙은 별명이 바로 건설업계의 '사관학교'다.

의사결정 빠르고 조직 유연
새로운 환경 적응 빨라

대우센터빌딩 – 교보사옥 등지서 기술력 단번에 과시

대우건설의 역사는 서울역 앞 대우센터빌딩으로부터 시작됐다.

1973년 대우빌딩 자리에 있던 교통센터를 인수한 김우중 전 대우그룹 회장은 이곳에 대형 최신식 건물을 짓고자 했다. 하지만 믿고 맡길 만한 건설사가 마땅치 않자 직접 건설사를 차려 건물을 짓겠다고 마음을 먹었다. 그래서 탄생한 것이 대우건설이다.

1977년 완공된 연면적 13만2560m² 규모의 이 건물은 대우건설의 기술력을 단번에 국내외에 알리는 역할을 했다.

"이 건물에 대우 가족이 꽉 차는 게 목표"라던 김 회장의 말도 5년 만에 이뤄졌다. 대우의 빠른 성장 속도를 말해 주는 대목이다.

대우빌딩 완공 이후 대우건설은 서울 힐튼호텔과 세종로 사거리 교보

사옥 등 대표적인 고층 빌딩을 성공적으로 지어 나갔다.

해외 사업도 발 빠르게 진행했다. 특이한 점은 대부분 해외 건설이 중동 지역에 몰려 있던 1970년대 말부터 대우건설은 남미와 아프리카 등 신시장으로 눈을 돌렸다는 점이다.

새로운 도전엔 값비싼 수업료가 뒤따랐다. 수단과 이란 등지에선 전쟁으로 수차례 사업이 중단됐고, 나이지리아에선 몸값을 요구하는 테러단체에 직원들이 납치되기도 했다.

최훈 전 부사장은 "1982년 이란 철도공사를 진행하던 중 이라크에서 쏜 미사일이 현장 인근에 떨어져 구사일생한 적도 있다"며 "폭탄 소리에 노이로제가 걸려 냉장고 닫는 소리에도 가슴을 쓸어내렸다"고 회상했다.

해외에서 흘린 이들의 피와 땀은 민간 외교로도 이어졌다. 1980년 수단의 항구도시 포트수단 모래벌판에 1년 만에 타이어 공장을 완공하자 거리에 수많은 인파가 몰려 "한국이 이뤄낸 홍해의 기적"이라며 "코레, 코레한국"를 외치기도 했다.

대우건설은 1976년 첫 해외 진출 이후 세계 41개국을 무대로 370여 건, 260억 달러 이상의 해외 공사를 해 왔다.

안산고잔 '대우타운' 환란 극복 일등공신

그룹의 세계경영을 이끌던 대우건설은 1990년대 말 그룹의 무리한 사업 확장으로 큰 시련을 맞았다.

빚을 얻어 빚을 갚는 악순환을 거듭하다 결국 외환위기 직후인 1998년 그룹이 해체된 것이다. 이후 독자생존에 나선 대우건설은 1999년 채권단 관리하의 워크아웃 기업으로 선정됐다.

이때부터 직원들은 허리띠를 졸라매고 회사 살리기에 나섰다. 직원들은 2억2700만 원을 모금해 '대우건설 다시 시작합니다'라는 광고를 신문에 내고 '한마음 다지기 운동'을 벌였다. 5566억 원의 자산을 매각했고 동료 930명을 떠나보내기도 했다.

사업 아이디어도 어느 때보다 풍성했다.

대표적인 예가 경기 안산시에서 7808채의 대규모 물량을 100% 분양 완료한 고잔택지지구 프로젝트. 모델하우스를 열고 손님을 기다리는 것이 아니라 수요자를 분석한 데이터를 가지고 고객에게 직접 찾아가 상품을 알리는 타깃마케팅을 펼쳤다. 또 오피스텔보다 전용률이 높고 관리비를 낮춘 원룸형 주상복합 '디오빌'을 개발해 틈새시장에서도 분양 대박을 이어갔다.

당시 주택사업본부 임원이었던 서종욱 사장은 "타깃마케팅은 당시로서는 새로운 시도로 분양시장에 바람을 일으켰다"며 "수주 홍보를 과감히 외부 전문업체에 맡겨 전문성을 확보하고 비용을 절감해 재건축 재개발 사업에도 다시 진출할 수 있었다"고 말했다.

그 덕분에 대우건설은 2000년 기업분할 당시 500%에 달하던 부채비율이 2년 9개월 만에 180%로 낮아져 2002년 11월에 자율경영체제로 전환됐다.

주택공급 1위 업체로 도약

대우건설의 가장 큰 특징은 의사결정이 빠르다는 것이다. 직급에 상관없이 대부분의 권한을 담당 실무자에게 주다 보니 결재 과정이 간소하다. 조직이 유연하고 톡톡 튀는 아이디어도 잘 반영되는 편이다.

1990년대 중반에 브랜드 아파트의 효시격인 '그린홈 크린아파트'를 선보이며 아파트에 환경 개념을 접목한 것이 한 예다. 또 독신자용 소형 원룸 아이빌과 주거형 오피스텔 대우 미래사랑 등 틈새시장을 노리는 신상품을 내놓아 단시간에 주택 공급 1위 업체로 도약할 수 있었다.

'사관학교'라는 별명답게 인재 욕심도 많다. 1990년대 초반 국내 최초로 인턴십 제도를 도입해 대학 4학년생 중에서 인재를 뽑아 방학 때 현장 실습을 시키고 매달 소정의 월급을 지급했다.

하지만 지나친 인재 중심주의로 인해 사내에 출신 학교나 지역을 중심으로 파벌이 형성됐다는 지적도 있었다. 또 외환위기 이후 우수한 인력이 대거 빠져나가면서 조직의 '허리' 역할을 하는 직원들이 빠져나갔다는 점도 풀어야 할 과제 중 하나다.

위기관리 능력 뛰어나
최고경영자^{CEO}로 성장한 임직원 수두록

대우건설은 창립 33년을 맞은 2006년 종합시공능력평가 1위에 오른 데 이어 2007년에도 그 자리를 지켰다. 재계 1, 2위를 다투던 과거 대우그룹 시절에도 이루지 못했던 성과를 대우그룹에서 독립한 지 6년 만에 해낸 것이다.

대우건설이 단기간에 눈부신 성과를 이룬 배경에는 우수한 인적자원이 도약의 발판이 됐다. 도전정신과 열정으로 똘똘 뭉친 인재들이 대우건설 경쟁력의 밑바탕이 됐다는 평가다. 뛰어난 인재들이 많다 보니 대우건설은 건설업계에서 '인재 사관학교'로 불린다. 그래서 건설업계 인사담당자나 헤드헌터들도 대우건설 임직원이라면 스카우트 1순위로 꼽는다.

특히 대우건설 출신자 중에는 건설업계에서 최고경영자로 성장한 임직원이 많다. 대한주택공사 박세흠 전 사장과 한화건설 김현중 사장, 두산건설 김기동 사장 등이 대표적인 인물.

부동산개발업계에서도 대우건설 출신 임직원의 활약이 두드러진다. 최근 대전 서남부 택지개발사업권을 따낸 피데스개발 김건희 회장과 서울 서초구 양재동 화물트럭터미널 복합단지 개발사업을 추진 중인 파이시티 이정배 사장 등도 대우건설에서 잔뼈가 굵었다. 대우건설 출신 임직원들은 위기관리 능력이 뛰어나 법정관리에 들어간 회사들이 새로운 CEO를 선임할 때면 1순위로 많이 거론된다.

2006년 대우건설을 인수한 금호아시아나그룹 박삼구 회장이 "대우건설의 사람을 샀다"고 강조한 발언에서도 대우건설의 우수한 인적 역량을 가늠할 수 있다. 실제 대우건설에는 석사 박사 학위 보유자, 기술사 건축사 자격증을 가진 임직원이 전체 임직원의 20% 수준인 600여 명에 이른다.

대우건설 김진환 인사팀장은 "대우건설에서는 담당 실무자에게 권한을 많이 준다"며 "직원들에게 권한과 책임을 부여하고 주요 의사결정 과정에 주도적으로 참여시켜 능력을 최대한 발휘하도록 유연한 조직문화를 갖춘 게 장점"이라고 설명했다.

건설업 특성상 리더십 중요
의지력–원만한 성격 갖춰야

Q 대우건설이 원하는 인재상은….

A '도전과 열정, 자율과 책임' 이라는 핵심가치에 맞는 인재를 선발한다. 면접 시 독창적인 질문을 여러 개 던지기보다는 한 가지 주제를 집중적으로 묻는다. 의지력이 강하고 인간관계가 원만한 사람을 선별한다. 특히 건설업 특성상 리더십이 강한 인재를 선호한다.

Q 취업 때 우대하는 전공이나 자격증이 있나.

A 이공계 분야는 건축공학, 토목공학, 기계공학, 전기공학에 국한해서 선발하지만 인문계는 전공 구별 없이 지원할 수 있다. 자격증은 건축 · 토목 분야에서는 기사 자격증이, 안전 분야에서는 건설안전 및 산업안전 관련 자격증이 필수적으로 요구된다. 기계 · 전기 관련 자격증 소지자는 우대한다.

Q 해외 근무 기회는….

A 직급이나 전공과 상관없이 해외근무를 할 수 있으며, 일정 수준의 영어 실력을 요구한다. 나이지리아와 리비아, 카타르, 말레이시아 등에 해외 사업장이 있다.

Q 여성들의 취업 기회가 적을 것 같은데….

A 현장 중심의 건설회사다 보니 여성 비율은 다른 회사에 비해 적은 편이다. 아

직까지는 서울 본사 중심으로 근무하고 있으며, 앞으로 여성 채용을 확대할 방침이다. 직원노사협의회는 여직원들의 애로사항을 해결할 수 있도록 별도의 고충처리 기구를 운영하고 있다.

Q 복지 혜택은….

A 직원 개인별로 포인트를 지급하고 사내에 마련된 복리후생관을 통해 제품 구입, 건강 관리, 자기계발, 문화·레저 활동 등에 사용할 수 있다. 신입사원은 한 해에 120만 원 상당의 포인트를 지급받는다.

Q 채용 과정은….

A 금호아시아나그룹 채용 방식에 따라 서류전형→인·적성 검사→1차 면접 및 한자 시험→2차 면접으로 진행한다. 서류전형 때 그룹 내 자신이 원하는 계열사를 선택하고 인·적성 검사 때 해당 계열사로 가서 전형 과정을 거치게 된다.

대우건설 임직원 연봉 현황

직위	근속연수(년)	연봉(원)		
		본사	국내 현장	해외 현장
임원	27.5	수억		
부장	23.0	7908만	8868만	1억1856만
차장	16.6	7067만	7883만	1억475만
과장	12.0	6110만	6830만	9038만
대리	7.5	5255만	5855만	7679만
사원	–	4094만	4598만	6758만

2006년 경영실적 평가에 따른 경영성과급 포함 금액임.　　　　　자료: 대우건설

토목 – 건축 기술력 자랑…
설계 – 시공 일괄 입찰 1위

2001년 5월 나이지리아 라고스에서 만난 이상영 당시 대우건설 법인장은 대뜸 1000쪽이 넘는 서류철을 보여줬다. 기업개선작업^{워크아웃} 관련 자료였다.

"경쟁업체들의 흑색선전이 보통이 아닙니다. 대우건설이 조만간 도산할 거라는 겁니다. 도리가 있나요. 제가 이걸 들고 다니면서 발주처를 만나 설득하는 수밖에요."

그때만 해도 대우건설의 생존 여부는 미지수였다. 하지만 그는 시종일관 자신감이 넘쳤다.

"그룹은 부도났지만 대우건설의 '맨파워'는 그대롭니다. 두고 보세요. 반드시 살아납니다."

이 법인장은 대형 플랜트 공사를 잇달아 수주하며 희망을 쏘아 올렸고

408

대우건설은 마침내 화려하게 부활했다.

그러나 역설적으로 대우건설의 위기와 도전은 지금부터라는 평가가 많다. 주택시장은 극도로 악화돼 있고 해외사업은 부진하며 금호아시아나그룹의 대우건설 인수에 참여한 재무적 투자자들은 단기 수익을 원하고 있기 때문이다.

시공능력평가 기준업계 1위

대우건설은 건설업계 1등^{시공능력평가 기준}이다. 2007년 수주액은 10조2000억 원 수준, 매출은 6조3000억 원 수준에 이른다.

그럼에도 매출 구조를 보면 1등이 맞느냐는 회의론도 나온다. 2001년 31%였던 주택 사업 비중은 2007년 40%로 높아졌다. 2007년 9월 말 현재 미분양 물량은 5000채에 육박한다.

건설사의 중장기 경쟁력을 좌우하는 토목과 건축 부문, 플랜트 부문 비중은 꾸준히 떨어지고 있으며 2007년 해외 수주는 7위에 그쳤다.

이 때문에 대우건설 안팎에선 '잘 하는 게 없다'라는 지적마저 일고 있다. 삼성물산 건설부문^{삼성건설}이 초고층 빌딩에 승부수를 띄우고 있고, 현대건설은 여전히 '토목공사의 제왕'으로 군림하고 있지만 대우건설은 내놓을 게 없다는 것.

하지만 반론도 만만치 않다. 주택부문은 대우건설을 1등 기업으로 이끈 '캐시카우^{현금수입원}' 였다. 미분양 주택이 많다고는 하지만 매년 건설업계에서 가장 많은 물량을 분양했다는 점에서 어찌 보면 당연하다는 것.

토목과 건축 부문도 국내 최초로 개발한 조립식 주택 공법을 미국에 수출하고 교량 상판을 모듈화한 프리캐스트 공법을 도입하는 등 탁월한 기술력을 자부하고 있다.

이를 바탕으로 대형 사회간접자본^{SOC} 사업과 턴키 수주^{설계 시공 일괄 입찰}에서 건설업계 1위를 달리고 있다.

잘 하는 게 없는 것이 아니라 전 부문에 걸쳐 '못 하는 게 없다' 는 것이다.

"금호그룹과의 시너지 효과 기대"

대우건설의 미래를 결정할 변수 중 하나가 이 회사를 인수한 금호그룹과의 시너지효과가 가능할지다.

회의론자들은 금호그룹과 대우건설이 화학적으로 융합할지 의문이라는 지적이다. 전직 대우건설 임원은 "대우그룹 시절에도 대우건설 사장들은 상당한 권한을 부여받았다. 개인의 창의력과 역동성에 익숙한 조직이다. 하지만 금호그룹은 '장악형' 에 가깝다"고 평가했다.

하지만 금호그룹에 편입된 지 1년이 지난 2007년 이 같은 우려는 기우杞憂라는 해석이 우세하다.

우선 금호그룹이 인수하면서 전문경영인들의 '인사철 실적쌓기용 수주' 관행이 사라졌다. 더욱이 2007년 대우건설이 금호그룹 계열사의 석유화학 플랜트 증설공사를 수주하는 등 그간 목말라 하던 '그룹 공사' 도 수행하게 됐다.

일각에서는 역으로 대우건설의 공사 물량이 금호건설로 넘어간다는 지적도 있지만 현실적으로 어렵다는 분석이다. 대우건설 인수 과정에 참여한 재무적 투자자들은 대우건설의 실적이 좋아지지 않으면 주식을 내다 팔 가능성도 있기 때문에 금호그룹은 대우건설의 영업 가치를 극대화할 수밖에 없다는 것이다.

410

'글로벌 플랜트 사업' 본격 전개 나서

대우건설은 2007년 9월 금호그룹 편입 이후 처음으로 새 중장기 전략을 선포했다. 핵심은 해외사업 확대, 수익기반 확충, 경쟁력 혁신이다.

이를 위한 7대 전략 가운데 '글로벌 플랜트 사업 본격 전개'를 최우선 순위에 놓았다. 대우건설의 강점인 해외 공사에 박차를 가하겠다는 것이다. 여기에는 해외 매출의 절반을 차지하는 나이지리아에서 벗어나 세계 각지에 수주 기반을 구축하겠다는 장기 포석도 깔려 있다.

비非플랜트 해외 사업도 확대할 계획이다. 특히 수익률이 높은 해외 개발 사업에 중점을 두고 있다. 이미 말레이시아에는 대우건설 브랜드를 붙인 주상복합아파트를 건설키로 했으며 베트남에서도 신도시 개발에 박차를 가하고 있다. 말레이시아 주상복합아파트는 삼성증권의 부동산 펀드가 일괄 매수하는 조건으로 자금을 조달해 건설업계의 관심을 끌기도 했다.

대우건설은 또 레저시설 건립과 운영에 노하우를 갖고 있는 금호그룹과 연계해 국내외 리조트 긴설에도 적극 참여할 예정이다.

이 밖에 '푸르지오'로 대표되는 아파트 브랜드를 집중 육성하고 플랜트 사업의 성공 여부를 좌우하는 자재 구매 관리도 강화한다는 방침이다.

숫자로 보는 대우건설

- **1위** 2006년, 2007년 2년 연속 시공능력평가 1위
- **287개** 국내외에 개설된 현장 수 (2007년 기준)
- **3496명** 임직원 (2007년 기준)
- **1만6240m** 2007년 현재 시공 중인 국내 최장 터널(솔안터널) 길이
- **18만470채** 1983~2007년까지 공급한 아파트 공급 물량
- **1000만 시간** 나이지리아 천연가스 설비 공사 (LNG-T6) 현장의 무재해 공사 시간
- **5조7291억 원** 2006년 매출액

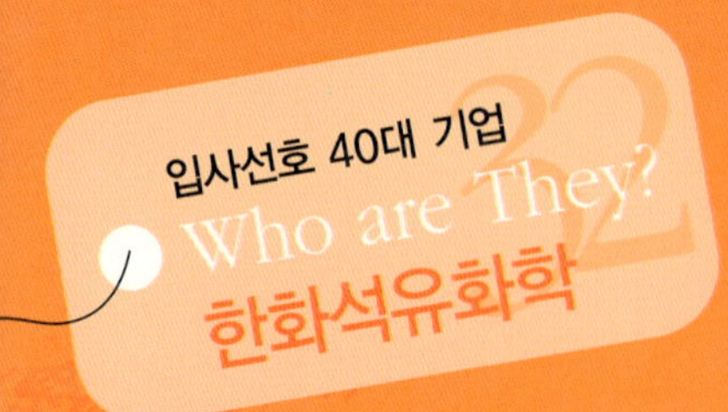

"지금 바로 당신 곁에 우리가 있습니다"

"주위를 돌아보면 대부분의 생활용품이 우리 회사 제품을 원료로 쓰고 있어요. 인식하지 못할 뿐이죠."

한화석유화학 PE시장개발팀 고현득38세 과장은 회사에 대한 자부심이 대단하다. 국내 석유화학업계를 선도하는 기업으로서 수만 개에 이르는 생활용품에 반드시 들어가야 하는 '기초 원료'를 생산하기 때문이다.

한화석유화학은 1966년 국내 최초로 접착제 잉크 바닥재 등의 원료로 사용되는 폴리염화비닐PVC을 생산하며 우리나라가 세계 유화업계의 선두권 대열에 합류하는 기틀을 마련했다.

또 일회용 기저귀나 종이컵의 방수防水 코팅 등에 사용되는 폴리에틸렌PE과 종이에 들어가는 가성소다 등도 국내 최대의 생산 규모를 자랑하고 있다.

국내 최초로 PVC 개발… 세계 선두 유화업 이끌어
기저귀-접착제-종이컵 등
수만 종 생활용품 기초 원료 생산

"국내 석유화학업계를 선도하다"

한화석유화학은 옛 한국화약^{현 ㈜한화}이 1965년 설립한 한국화성공업에서 출발했다. 이후 한화그룹은 한양화학과 한국나우케미칼 등을 인수한 다음 한국화성공업과 합병해 1994년 한국종합화학을 만든다.

한화그룹은 1999년 석유화학산업의 효율화를 위해 한국종합화학의 원료 사업부문과 바닥재 벽지 등 PVC 가공 사업 부문을 떼어 내 각각 한화석유화학, 한화종합화학^{현 한화 L&C} 등 2개 회사로 분리했다.

이어 같은 해 유화업계 구조조정의 일환으로 한화석유화학의 나프타 분해공장^{NCC} 사업 부문을 떼어 내 대림산업의 NCC 사업 부문과 합쳐 여천NCC를 설립했다.

이로써 한화는 기초원료^{여천NCC}-PVC PE 등 중간원료^{한화석유화학}-바닥재 벽지 등 최종 소비제품한화L&C을 생산하는 수직 계열의 생산 체제를 갖추게 됐다.

현재 한화석유화학은 국내 최대 규모의 에틸렌 생산체제를 구축하면서 아시아에서 대만 '포모사'에 이어 2위에 올랐다.

회사 측은 "국내 유화업계에서 유일하게 기초원료인 염소의 생산 설비부터 중간원료인 PVC, 그리고 가공제품군의 생산 설비까지 모두 갖춰 원가경쟁력이 높다"고 말했다.

'알짜 장사'로 그룹의 자금줄 역할

한화석유화학은 수익성이 높아 그룹 내에서 '알짜 사업'으로 분류된다.

2006년 매출은 대한생명을 제외한 그룹 내 33개 계열사 중 ㈜한화에 이어 2위지만 영업이익과 순이익은 한화석유화학이 모두 1위다.

2003년부터 2006년까지 4년 동안 ㈜한화의 영업이익은 모두 3439억 원이었지만 한화석유화학은 모두 7299억 원으로 두 배를 훨씬 웃돈다.

이 때문에 그룹의 지분 투자나 인수에선 늘 '최전선'에 서야 했다.

한화그룹이 2002년 12월 호주의 맥쿼리 등과 함께 대한생명을 인수할 때도 한화석유화학이 떠안은 지분은 그룹의 인수 지분 30.5% 중 절반 이상인 16.72%100% 자회사 지분 포함였다.

이 때문에 한화의 주요 계열사인 한화L&C, 한화갤러리아의 지분을 100% 보유한 것을 비롯해 여천NCC50%, 한화증권11.96% 등 핵심 계열사의 주요 주주로 있다.

이정헌 하나대투증권 연구위원은 "한화그룹의 지분구조는 ㈜한화와 한화석유화학이 주요 계열사를 모두 지배하고 ㈜한화가 다시 한화석유화학 지분을 보유하는 형태로 짜여 있다"고 말했다.

"규모 늘려 글로벌 경쟁력 키워야"

일각에서는 그룹 내 '역할 구도' 때문에 경쟁업체에 비해 자체 규모를 키우고 투자하는 데 소홀했다는 평가도 나오고 있다.

한화석유화학의 한 관계자는 "1998년 40% 지분을 모두 처분한 경향신문, 사업을 정리한 한화정보통신 등도 한화석유화학이 투자 자금을 댔다"고 말했다.

이에 반해 경쟁업체인 LG화학은 2007년 규모를 키우고 시너지 효과를 내기 위해 LG석유화학과 합병하고 호남석유화학은 카타르에 유화공장 설립을 추진하는 등 '규모의 경제'를 확보하기 위해 발 빠르게 움직이고 있다.

위기감은 한화석유화학 임직원을 대상으로 한 동아일보의 설문조사에서도 나타났다. '향후 회사의 위기'를 묻는 질문에 "중국이나 중동 등 산유국에서 건설 중인 유화공장에서 싼 가격으로 제품이 쏟아질 때"라는 답변이 가장 많았다.

회사 관계자는 "우리 회사가 조금 더 빨리 글로벌 사업에 투자했어야 했다"며 "신규 사업 추진도 늦은 감이 있다"고 아쉬워했다.

한편 2007년 여천NCC를 놓고 불거졌던 대림산업과의 갈등 문제를 어떻게 해소하느냐도 관심거리다. 경우에 따라서는 한화가 유화업계 선두권으로 치고 나가는 분수령이 될 것이라는 관측도 나온다.

증권업계에선 한화석유화학이 여천NCC 지분을 모두 인수하면 LG화학과 대등하게 맞서는 수준이 될 것으로 추정하고 있다. 여천NCC의 2006년 매출과 영업이익이 각각 3조5000억 원, 3200억 원에 이르기 때문이다.

"화약만 만들지 않나요?"
금융 - 유통 등 계열사 34곳

"발음이 비슷한 하나은행과 같은 그룹인 줄 안다."

"한화그룹은 화약만 만든다고 생각한다."

한화그룹은 2006년 매출액 23조7000여억 원으로, 공기업을 제외하고 재계 순위 12위(민영화된 공기업은 포함)의 기업집단이지만 일반인에게 잘못 알려진 부분이 적지 않다. 이는 소비자와 직접 접촉하지 않는 기업 간 거래 B2B 사업 비중이 크기 때문이다.

동아일보는 한화 직원 20명을 상대로 '한화에 대해 잘못 알려진 점'을 설문조사했다.

조사 결과 발음이 비슷한 하나은행을 계열사로 오해한다는 답변이 많이 나왔다. 한화는 대한생명, 한화증권 등의 금융 계열사를 갖고 있지만 하나은행과는 무관하다.

1952년 설립된 한국화약주식회사를 모태로 하고 있어 '한화 = 화약 제조회사'로만 인식한다는 답변도 있었다.

한화는 화약을 생산하는 ㈜한화^{옛 한국화약} 이외에도 33개 계열사를 갖고 있다. 각 계열사의 사업 부문은 △갤러리아백화점, 한화리조트 등 유통·레저 부문 △한화석유화학, 한화건설 등 제조 부문 △금융 부문으로 나눠져 있다.

계열사의 사명社名에 얽힌 오해도 적지 않다. 일부 직원은 "한화석유화학을 석유 만드는 회사로 오해한다"고 답했다.

한화석유화학은 접착제 잉크 바닥재 등의 원료로 사용되는 폴리염화비닐 PVC, 종이컵과 라면 용기의 코팅재 역할을 하는 폴리에틸렌 PE 제품 등이 주요 생산 품목이다.

'제조업 위주의 보수적인' 이미지에서 벗어나 '금융, 레저 사업을 아우르는 젊고 역동적인' 브랜드 이미지를 구축하는 문제가 현재 한화의 고민이다.

　한화는 2002년 대한생명을 인수하는 등 소비자와 직접 접하는 사업 부문이 늘어나자 최근 대대적으로 브랜드 관리 작업에 나섰다.

　이관영 한화그룹 경영기획실 부장은 "2007년 초 '한화 트라이서클'로 기업이미지CI를 바꾼 데 이어 2008년에는 이미지 조사와 브랜드 관리를 전담하는 브랜드 협의회를 신설할 예정"이라고 말했다.

직무적성검사 HAT가 뭐죠?

Q 신입사원 초봉은….

A 4년제 대졸 사원의 경우 성과급을 제외한 세전税前 연봉이 약 3400만 원 선이다.

Q 한화그룹 계열사 중복 지원이 가능한가.

A 계열사 2곳까지 지원할 수 있다.

Q 불합격 후 재지원 시 불이익이 있는가.

A 지원자들의 데이터는 전형이 끝난 후 전부 폐기되기 때문에 재지원에 따른 불이익은 없다.

Q 전형 과정 중 직무적성검사 HAT Hanwha Aptitude Test는 무엇이며, 어떻게 준비해야 하는가.

A HAT는 인성검사, 상황판단검사, 적성검사로 이뤄지는 필기시험이다. 지적 능력, 다양한 상황에서의 대처방식 등 개인이 갖고 있는 심층능력을 판단하는 것이기에 특별히 준비하기보다 평소 실력을 발휘한다는 마음가짐을 갖는 게 좋다.

Q 공채 경쟁률은….

A 2007년 상반기(1~6월) 공채의 경우 약 100 대 1이었다.

Q 입사 후 근무지는 어떻게 정해지는가. 지방 근무자의 경우 기숙사 등의 지원이 있는가.

A 근무지로는 서울 본사, 대전 중앙연구소, 여수공장, 울산공장 등이 있다. 그룹 연수 후 희망 근무지를 신청 받고 이를 토대로 배치한다. 지방 근무자의 경우 사택 혹은 기숙사가 제공되며 직원에게 지원되는 주택보조금을 활용할 수도 있다.

Q 해외 채용에 지원하기 위한 지원자격은 무엇인가.

A 해외 채용은 신입사원 공채와 별도로 진행된다. 해외 대학 석사 학위 소지자가 대상이지만 경우에 따라 학사 출신을 선발할 때도 있다.

한화석유화학 직급별 연봉

직급	연봉
임원	1억 원 이상
부장	7400만 원
차장	6300만 원
과장	5200만 원
대리	4200만 원
사원	3500만 원

성과급을 제외한 세전(稅前) 연봉의 직급별 평균임.

자료: 한화석유화학

가사불이 家社不二 *의 조직문화
*〈가정과 회사는 하나다〉

"믿는 만큼 믿어줍니다"

이경종46세 한화석유화학 부장은 2007년 6월 특별휴가를 얻어 미국 로스앤젤레스를 다녀왔다. 현지에서 공부하고 있는 딸 주연19세 양의 고교 졸업식에 참석하기 위해서였다. 2007년 초 '차석으로 졸업할 것 같다'는 딸에게 '졸업식에 참석할 수 없어 미안하다'는 말밖에 꺼내지 못했던 그였다.

한화그룹이 각 계열사의 '기러기 아빠' 24명에게 특별 휴가와 항공료 등 여비를 지원하기로 결정하면서 그는 미국행 비행기에 오를 수 있었다. '아빠의 깜짝 방문'은 딸에게도 큰 기쁨을 줬다. 주연 양은 아버지 몰래 김승연 한화그룹 회장에게 감사의 e메일을 보냈다고 한다.

이 부장은 "불이익을 받을까 봐 '기러기 아빠'라는 사실조차 숨기는 다른 회사와는 전혀 다른 분위기"라며 "세세한 부분까지 배려해 주는 회

420

사가 고마울 뿐”이라고 말했다.

‘가사불이家社不二’의 조직 문화는 객관적인 수치로 나타나지 않는 한화석유화학의 숨은 경쟁력이다. 이 회사는 신용과 의리를 중시하는 한화그룹의 조직문화에 글로벌 경쟁력을 입히는 실험을 하고 있다.

신용과 의리… 회사는 ‘제2의 가정’

김 회장은 “임직원과 그 가족은 저의 가족과 다르지 않다”며 “하루하루가 전쟁터인 이 거친 세상을 함께 의지하고 믿고 돕는 저의 동료 그 이상의 의미를 지닌다”고 말했다. 김 회장이 ‘기러기 아빠’를 위한 특별 휴가와 여비 지원을 결정한 이유다.

한화석유화학은 회사와 직원 가족을 가로막는 벽이 낮다. 회사를 ‘제2의 가정’이라고 생각하는 직원이나 ‘아버지의 직장에 들어가고 싶다’고 말하는 직원 자녀도 적지 않다고 한다.

여수공장에서 일하고 있는 한상택 상묵 상덕 삼형제는 가족이면서 동시에 직장 동료이기도 하다. 맏형 한상택 대리의 뒤를 따라 두 동생이 한화석유화학에 몸을 담았다.

끈끈한 조직문화는 팀워크와 자율적인 혁신으로 이어졌다. 2007년 6월 위험물기능장시험 합격자 58명 중 6명이 한화석유화학 울산공장에서 배출됐다. 특별한 교재가 없는 이 시험에 합격하기 위해 직원들이 서로 도와가며 하루 5시간씩 공부하며 올린 성과다.

여수공장 주차장에는 ‘칭찬맨’이라고 쓰인 주차공간이 있다. 이 공장의 VCM생산팀이 팀원 중 모범적인 직원을 ‘칭찬맨’으로 뽑고, 간부들이 쓰던 출입문과 가장 가까운 주차공간을 내준 것이다.

'철새의 생존 본능'을 깨워라

"100주년을 넘어, 200주년을 넘어 이렇게 아름다운 자리를 만들도록 우리 모두 힘차게 나아갑시다."

2007년 10월 12일 서울 중구 장교동 한화그룹 본사에서 열린 그룹 창립 55주년 기념 음악회장. 허원준 한화석유화학 사장은 인사말을 통해 '100년 이상 가는 기업을 만들자'고 제안했다.

한화석유화학은 금융 제조 유통레저 등의 3개 부문으로 나뉜 한화그룹의 제조분야 주요 계열사다. 그만큼 그룹에서 거는 기대도 크다.

최근 이 회사는 '글로벌 창조경영, 새로운 도약'이라는 슬로건을 내걸고 조직문화 혁신과 인재 육성에 박차를 가하고 있다.

원가 경쟁력이 높은 중동지역 석유화학 업체들이 대규모 석유화학 설비 신증설을 추진하는 상황에서 국내 사업 중심의 성장 전략은 한계에 부닥칠 수밖에 없다는 현실 인식 때문이다.

이는 "글로벌 시대에는 둥지만 지키는 텃새보다는 먹이를 찾아 대륙을 횡단하는 철새의 생존 본능을 배워야 한다"는 김 회장의 경영 비전과도 맞닿아 있다.

글로벌 리더십 갖춘 '하이브리드 인재'로

한화석유화학은 요즘 글로벌 경쟁력을 갖춘 '하이브리드 인재' 발굴에도 각별한 신경을 쓰고 있다. 이 회사 관계자는 "능력이 있는 사람은 사장보다 더 좋은 대우를 해 줘도 좋다는 분위기가 확산되고 있다"고 전했다. 직원마다 업무와 역량이 다른 만큼 모두 같이 대우하기보다는 역량과 성과에 따른 합당한 보상을 통해 핵심 인재를 확보하고 궁극적으로 기업 경쟁력을 높이겠다는 것이다.

한화석유화학은 해외 대학을 돌며 경영학석사MBA 출신의 우수 인재를 유치하는 한편 입사 5년차 사원에게 미국 또는 유럽을 2주간 탐방하도록 지원하는 등 글로벌 인재육성 제도도 실시하고 있다.

해외 전략지역에 1년간 파견하는 '지역전문가 과정', 국내외 우수대학 MBA 과정에 입학하면 학비와 급여를 주는 '국내외 MBA 지원제도' 등도 도입했다.

하지만 보수적인 조직문화와 여성 인재의 활용이 더딘 점은 풀어야 할 과제로 지적된다. 한 직원은 동아일보 설문조사에서 회사의 약점으로 "조직문화가 다양하지 못한 데다 정체돼 있다"며 "다양한 연령과 계층이 어울릴 수 있는 분위기가 필요하다"고 했다.

실제로 대졸 정규직 직원 중 여성 비율은 5.4%다. 그룹 내 여성 직원 가운데 정년을 마친 사람은 2007년 10월 정년퇴직한 이 회사의 서인석 과장이 처음이다.

한화석유화학 측은 "2000년 이후 우수 여성 인력 유치를 추진한 결과 여성 인력 비율이 점차 증가하고 있다"며 "2007년 상반기1~6월 대졸공채 신입사원의 18.2%가 여성"이라고 밝혔다.

숫자로 보는 한화석유화학 자료: 한화석유화학

- **1** 국내 첫 PVC(1966년), PE(1970년) 생산업체
- **80%** 대기오염물질 감축 실적(1999년 대비 2006년)
- **381위** 포천지 선정 글로벌 기업 순위(2006년)
- **853회** 전 임직원의 연간 사회공헌활동 횟수(2006년)
- **1897명** 종업원 수(2006년 말)
- **2조2185억 원** 매출액(2006년)

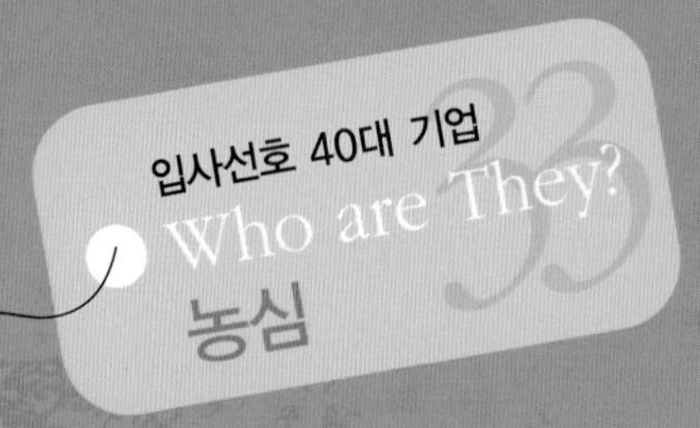

세계를 울린 '매운맛'

#문제

'미국 뉴욕 존 F 케네디 공항 스낵코너, 만년설이 뒤덮인 스위스 융프라우 꼭대기, 중국 베이징北京공항 매점, 일본 도쿄東京의 편의점 세븐일레븐…'
이들 장소에서 공통적으로 맛볼 수 있는 한국 음식은?
정답은 농심의 '신라면'이다.
농심은 한국 라면을 세계적 식품으로 키운 글로벌 기업이다. 1980년대 초반 라면 종주국인 일본이 석권하던 라면시장에 도전장을 내 20여 년 만에 세계 메이저 라면기업으로 성장했다. 특히 고가高價 정책으로 한국 라면의 고급 이미지를 굳혔다.

2007년 농심은?

70여 개국 연^{年} 2억 달러 수출
국내 라면시장 점유율 72%

외환 위기때도 성과급 300% 지급

농심은 내수시장에 주력하는 국내 식품업계에서 '격이 다른' 업체로 통한다. 1980년대부터 꾸준히 해외시장을 개척해 현재 세계 70여 개국에 매년 2억 달러어치의 라면을 수출하는 글로벌 기업이 됐다. 해외공장도 미국 로스앤젤레스와 중국 상하이上海, 칭다오青島, 선양瀋陽 등 4곳이나 된다.

농심도 초기에 해외로 나갈 때는 어려움이 많았다. 매운 라면 맛에 익숙하지 않은 외국인에게 라면을 파는 게 쉽지 않았다. 이 때문에 초기에는 해외교포를 주요 소비층으로 겨냥했다.

하지만 교포 수요만으로는 성장에 한계가 있을 것으로 보고 현지인에 대한 마케팅을 강화했다. 중국에서 '매운 걸 못 먹으면 사나이 대장부가 아니다' 라는 내용을 담은 광고로 고급 라면 시장에서 선풍적인 인기를 끈 것이 대표적인 사례다.

농심은 국내시장에서도 독보적이다. 라면시장 점유율이 72%로 1위다. 농심 내부에선 독과점 문제가 불거질 것을 우려해 시장점유율을 의도적으로 낮춰야 한다는 얘기가 나돌 정도다.

여기에다 현금성 자산도 3300억 원이나 보유해 식품업계에서 가장 '알짜' 라는 평가도 적지 않다.

그 덕분에 외환위기 시절에도 농심은 감원減員을 하지 않았다. 게다가 월급 외에 성과급 300%까지 지급해 당시 농심 직원들은 외부에 나가면 표정 관리를 해야 한다는 농담을 주고받았다는 얘기가 전해져 오고 있다.

"오직 제품으로 승부"… 철저한 실용주의

'손이 가요, 손이 가~ 새우깡에 손이 가요~', '사나이 울리는, 농심 신~라면'.

농심은 소비자 접점이 많은 식품기업답게 광고를 많이 한다. 이들 광고에는 원칙이 하나 있다. 제품 이미지를 무색하게 하는 유명 모델을 쓰지 않는다는 것이다. 이 때문에 농심 광고에는 모델료가 비싼 유명 연예인이 나오지 않는다.

심규철 신사업CM팀 과장은 "쓸데없는 겉치레보다는 오직 제품으로 승부를 본다는 것이 기본 방침"이라고 설명한다.

1996년에 서울 동작구 신대방동에 지어진 본사 건물도 이런 실용주의를 반영한다. 겉은 무미건조한 회색빛 사각 구조물이지만 실내로 들어서는 순간 층마다 한가운데를 터서 수조, 화단 등 쉼터를 설치한 파격적인 디자인에 깜짝 놀라게 된다. 근무 환경이 쾌적해야 일의 능률이 오른다는 것을 강조한 신춘호 회장의 평소 지론이 반영된 결과다.

영원한 1등을 추구하지만…

신 회장이 1965년 9월 농심의 전신인 롯데공업을 설립해 라면사업에 뛰어들었지만 선발업체인 삼양식품의 아성을 깨는 것이 쉽지 않았다. 삼양식품은 1963년부터 라면 생산에 들어가 1980년대 중반까지 국내 라면시장을 사실상 석권했다.

신 회장은 결코 낙담하지 않았다. 언젠가는 1등이 될 것이라는 신념 아래 1등 업체보다 연구개발이나 설비 투자에 더 많은 돈을 쏟아 부었다.

1982년 6월 경기 안성에 만든 수프 공장이 대표적인 사례. 신 회장은 '라면 맛은 수프 맛이 좌우한다'고 보고 당시 농심 자본금의 갑절이 넘는 40억 원을 들여 세계 최대 규모를 자랑하는 안성공장을 지었다. 유난히 국물을 좋아하는 한국인의 식성을 꿰뚫어 본 것.

안성공장 준공 후 농심은 '해피 소고기라면' '너구리' '안성탕면' 등 히트 상품을 잇달아 선보이면서 회사 창립 20여 년 만인 1985년 드디어 라면업계 1위에 오른다. 또 라면계의 전설인 '신라면'을 1986년에 선보이면서 대세를 굳혔다. 무모할 정도로 꾸준했던 투자가 빛을 발한 셈.

국내 라면업계를 평정한 농심도 고민은 있다. 압도적인 시장 1위가 됐지만 '신라면'에 대한 의존도가 너무 높다는 것이 문제다. 현재 신라면 매출은 연간 4500억 원. 농심 전체 매출 1조5817억 원의 28.4%로 신라면 판매가 타격을 입으면 농심이 흔들릴 가능성도 배제할 수 없다.

정재원 하나대투증권 선임연구원은 "매출 구조가 신라면에 집중된 것 외에 '참살이웰빙' 열풍으로 인스턴트 식품인 라면 수요가 줄어들 가능성이 있는 것도 불안 요인"이라고 지적했다.

5월–10월 두 차례 나눠 공채
관련 자격증 서류전형 가점

Q 지원 자격은….

A 4년제 대졸 이상 학력이라면 누구나 지원할 수 있다. 단 직종별로 전공을 제한한다. 연구개발직은 석사 이상이어야 지원 가능한 분야도 있다.

Q 채용 직종별로 지원 가능한 전공은 무엇인가.

A 농심은 입사 후 직무를 배치하는 게 아니라 공채에 지원할 때부터 지원자가 직무를 선택하도록 한다. 기획관리직은 상경계열과 산업공학과, 마케팅직은 상경계열, 국내영업직은 상경 법정 인문 사회 어문 식품계열 전공자가 지원할 수 있다. 연구개발직 중 기술경영은 시스템공학과 산업공학, 식품개발은 식품관련계열, 음료개발과 건강식품개발은 식품공학, 포장개발은 식품포장학과 패키징학 전공자를 모집한다.

Q 채용 절차는….

A 서류전형 → 인성 및 적성검사 → 1차 면접(실무팀장 면접) → 2차 면접(임원 면접)의 순으로 진행된다. 대학생 인턴제도는 없다.

Q 입사에 도움이 되는 자격증이 있나.

직무별로 업무에 도움이 되는 자격증을 갖고 있으면 서류전형 시 가점이 적용되므로 자격증이 많을수록 유리하다. 예를 들어 기획관리직은 전산 관련 자격증, 투자상담사, 유통관리사, 한자 자격증 등이 도움이 되고 연구개발직은 식품기사 자격증 등이 유리하다.

농심 임직원의 연봉

(단위: 원)

직급	평균 연봉	해당 직급 평균 재직기간
임원	1억2000만	10년
부장	6300만	5년
차장	5500만	3년
과장	4500만	5년
대리	3600만	3년
사원	3000만	3년

상여금 포함, 성과급 및 식대 교통비 미포함, 세전 기준

자료: 농심

호텔-광고회사-대형 할인점…
16개 계열사 15개 해외 법인

농심이 금융감독원에 제출한 사업보고서에 따르면 2003년 지주회사 체제로 전환한 뒤 농심홀딩스를 비롯해 16개 계열사와 15개 해외 법인을 두고 있다.

계열사 대부분이 식품사업을 지원하는 역할을 맡고 있지만 일부는 농심의 대표 품목인 라면과 동떨어진 사업을 하고 있다.

가장 먼저 눈길을 끄는 계열사는 호텔농심. 호텔농심은 1960년에 설립한 동래관광호텔이 전신. 부산 동래온천장 중심부에 세워진 이 호텔은 3000명을 동시에 수용할 수 있는 아시아 최대 규모의 온천시설 '허심청'으로 부산 경남지역 주민들에게 잘 알려져 있다.

농심은 소비자와 접점이 많은 만큼 광고 물량도 늘면서 1996년에는 농심기획이라는 광고회사도 세웠다. 자체 광고 물량뿐 아니라 외주 실적도 꾸준히 늘고 있다.

1995년에는 '메가마트'라는 이름으로 대형할인점 시장에도 진출했다. 현재 국내에서 6개, 중국에서 3개 점포를 각각 운영 중이다. 국내에는 슈퍼마켓도 7개 있다.

인터넷 쇼핑몰 '메가Q'와 주방생활용품점 '하우즈데코', 여성의류 't.view'도 운영 중이다.

태경농산은 라면 맛을 좌우하는 수프를 생산한다. 율촌화학은 라면 포장재와 같은 식품·생활용품 포장재에서부터 산업용 소재, 정보기술IT 소재에 이르기까지 고기능성 소재를 생산한다.

국내 라면시장의 72%를 점유하는 농심은 국내 식품회사로는 유일하게 자체 물류센터를 3곳에서 운영하고 있다. 대부분의 식품기업이 유통업체 물류센터를 통해 제품 배송을 위탁하는 반면 농심은 하루 판매량이 워낙 많기 때문에 직접 매장으로 배송하고 있다.

함께 짓는 '사람 농사'
입사 땐 면접자료로
고교 생활기록부 제출

'형님 먼저~ 아우 먼저~.'

1975년 당시 최고 인기였던 코미디언 구봉서, 곽규석 콤비를 내세운 농심 라면 CF.

광고가 공전의 히트를 하면서 광고업계에선 요즘도 라면 모델 섭외 1순위로 코미디언을 찾는다.

히트 광고라는 수식어 외에도 이 광고에는 농심의 기업문화를 읽을 수 있는 대목이 있다.

1970년대에는 요즘처럼 한 번에 목돈으로 모델료를 지불하는 것이 아니라 월급처럼 한 달에 한 번씩 해당 기업에서 모델료를 받아 가야 했다.

하루는 구봉서 씨가 모델료를 타러 왔는데 엘리베이터에서 당시 신춘호^{현 농심그룹 회장} 사장을 만났다. 신 사장은 구 씨를 바로 알아봤지만 구 씨는 소탈한 촌로村老의 옷차림을 한 신 사장을 알아보지 못했다.

신 사장이 '차나 한 잔 하자' 며 말을 건네자 구 씨는 '좀 높은 사람인가 보군' 하고 따라갔다. 신 사장이 사장실로 향하자 그제야 구 씨는 상황을 파악하고 머쓱해졌다.

본사 바로 옆에 R&BD센터

농심이 '짠돌이' 경영만을 고수하는 것은 아니다. 농심은 700억 원을 들여 최근 본사 사옥 옆에 지하 3층, 지상 20층 규모의 농심 R&BD Research & Business Development 센터를 세웠다.

대부분의 기업이 R&D센터를 지방에 두는 것과 달리 농심은 오히려 경기 군포시에 있던 센터를 본사 옆으로 옮기면서 R&BD라는 새로운 간판을 내걸었다. 기술 개발뿐 아니라 그룹의 새로운 사업구상도 함께 한다는 의미에서 영어 단어 비즈니스의 'B' 이니셜을 덧붙였다. 신 회장의 아이디어다.

농심은 1965년 회사 설립 당시부터 식품 연구에 투자를 해 왔다. 당시 연구원 2명으로 시작했지만 '연구소' 라는 명칭을 내걸었다. 기업의 성장을 위해서는 지적知的 인프라스트럭처가 갖춰져야 한다는 신 회장의 소신에서다.

지금은 국내 식품업계 최대 규모인 130여 명의 석박사급 연구 인력이 신제품 연구 및 개발, 그룹의 새로운 사업모델 연구를 하고 있다.

김종준 R&BD 센터 수석연구원은 "믿고 먹을 수 있는 제품 개발에 비용과 시간을 아끼지 않는다"며 "건강을 중시하는 소비자 취향에 맞추기 위해 식품 안전에 최선을 다하고 있다"고 말했다.

국내 주요 기업들이 운용하는 인턴십 제도가 농심에는 없다. 최초민 홍보팀 부장은 "애사심과 소속감이 바탕이 된 조직문화를 더 중요하게 여기기 때문에 직접고용 원칙을 고수한다"고 말했다.

업무 배정도 다른 기업처럼 입사 후 인사담당자가 정하는 것이 아니라 지원자가 선택한 업무를 맡긴다. 개인의 강점은 본인이 잘 안다는 판단에서다.

뚝심 있고 소탈한 기업문화

매주 금요일 점심시간 서울 동작구 신대방동 농심 본사 지하식당에 가면 라면을 무료로 먹을 수 있다. 수십 명분의 라면을 한꺼번에 끓이지만 면발이 퍼지지 않고 꼬들꼬들한 맛이 일품이다.

'나눠야 더 커진다'는 신 회장의 철학에 따라 지역 주민이나 농심을 방문하는 소비자에게 작은 나눔을 실천하고 있다.

원하는 인재상도 '농사짓는 마음'이란 뜻의 사명社名과 다르지 않다. 농심은 기본에 충실하면서도 인성이 바른 사람을 선호한다. 면접 기본 자료로 고교 생활기록부를 제출해야 한다.

인사팀 장재구 과장은 "회사의 채용기조를 한 단어로 요약하면 베스트 피플Best People이 아닌 라이트 피플Right People"이라며 "전문성과 함께 인성을 중시한다"고 말했다. 뚝심 있고 소탈한 농심의 기업문화가 엿보인다.

소비자가 만들어 준 No.1

농심은 국내 라면시장의 72%를 차지하고 있는 만큼 소비자들이 100 ~200원 때문에 입맛을 쉽게 바꾸지 않을 것이라는 자신감을 가진 기업이었다.

그러나 최근 새우깡 이물질 파동 이후 농심은 '기본'에 충실한 식품기업이 되기 위해 노력하는 '겸손한' 기업으로 탈바꿈하고 있다.

농심의 마케팅 전략은 다수多數의 넘버 원 브랜드를 육성하는 데 중점을 두고 있다. 브랜드 파워가 커질수록 매장에 놓인 제품 회전율도 높아지고 유통업체들도 농심의 제품을 더 선호하기 때문이다.

신 회장 딸 "아리깡~" 민요서 새우깡
'짜장면＋스파게티'에서 짜파게티 탄생

'새우깡' '안성탕면' '짜파게티'.

고객에게 수십 년 동안 사랑받아 온 농심의 베스트셀러 제품이다. 이 제품들이 오랫동안 사랑받을 수 있었던 데는 귀에 착 달라붙는 제품명도 한몫했다.

1971년 12월 처음 나온 새우깡의 이름은 당시 롯데공업주식회사지금의 농심 사장이던 신춘호 현 농심그룹 회장의 아이디어로 만들어졌다. 4.5t 트럭 80대 분량의 밀가루를 써 가며 대대적으로 새우 스낵 개발에 몰두했지만 정작 이렇다 할 제품명이 없어 고심하던 때였다.

신 회장은 자신의 어린 딸이 민요 '아리랑'을 "아리깡~ 아리깡~" 하고 부르는 것에 착안해 '새우'와 '깡'을 결합해 새우깡이라는 이름을 붙였다. 새우깡이 히트한 후 농심은 '감자깡' '고구마깡' '양파깡' 등의 스낵 제품을 내놨고 '깡'은 스낵을 대표하는 말이 됐다.

안성탕면은 농심이 1982년 경기 안성에 수프 공장을 완공한 것을 기념하기 위해 붙인 이름이다. 농심은 '안성맞춤'이라는 말로 인지도가 높은 '안성'이라는 지명과 국물 맛의 느낌을 살린 '탕'이라는 단어를 넣어 1983년 9월 안성탕면을 선보였다.

1984년 3월 내놓은 자장라면 '짜파게티'는 단어 '짜장면'과 '스파게티'를 합쳐서 만든 이름이다.

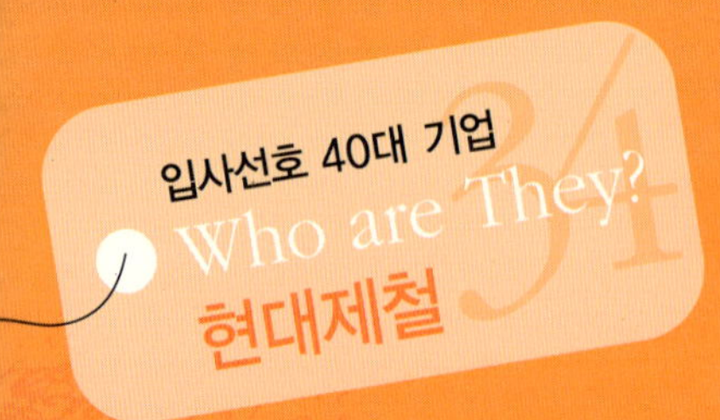

"우리가 남이냐"…
화합의 용광로서 만든
강철 팀워크

. . . . .

'철강업계의 로마인.' 현대제철을 한마디로 정의해 달라는 기자의 말에 직원들은 이렇게 답했다. 거듭된 인수합병M&A속에서 다양한 조직의 문화를 융화해 시너지 효과를 냈다는 의미다. 직원들은 이질적인 민족의 특성을 적극 받아들여 풍요로운 제국을 이룬 로마인처럼 현대제철도 조직의 다양성을 무기로 삼아 철강업계 최고봉에 오를 것이라고 자신한다.

실제로 현대제철의 역사는 M&A 과정 그 자체라고 할 만큼 '덧칠로 딱지가 굳은 기업'이다. 대한중공업공사의 후신인 인천제철은 1978년 현대그룹에 편입됐고, 2000년 강원산업 합병에 이어 삼미특수강현 BNG스틸을 인수했다.

2004년 한보철강 인수합병 뒤에는 현대제철로 상호를 바꿨다. 인수할 당시엔 부실한 업체들이었지만, 현대제철의 울타리 안에서 시너지 효과를 내면서 현재는 전기로 제강업계 세계 2위를 지키고 있다.

'인천제철＋강원산업＋한보철강'
철인 삼형제 M&A 시너지 효과

"뿌리 달라도 우린 한가족" 개방적 문화

강원산업 직원들은 현대제철에 합병되면서 '기분 좋은 계약 파기'를 경험했다.

회사가 애초 '3년 이내 동일 임금화'의 계약을 깨고 1년 반 만에 동일 임금화를 결정한 것이다. 뒤이은 한보철강 인수 과정에서도 6개월 만에 임금 수준을 현대제철과 동일하게 맞췄다.

현대제철이라는 지붕 아래로 들어온 이상 차별을 없애고 직원들의 사기를 높여 줘야 한다는 회사의 강력한 의지가 반영된 결과다.

심의랑 현대제철 인사팀장은 "회사로서는 자금 부담이 있었지만 직원들의 사기를 고려해 동등한 처우에 적극 힘썼다"며 "직원들의 결속을 다진 것이 화합을 이룬 비결"이라고 했다.

경영진의 '열린 경영'도 조직의 화합을 이끌어내는 데 보탬이 됐다.

현대제철은 인천, 포항, 당진 공장을 돌아가며 정기 회의를 주재한다. 혹시 있을지 모르는 공장 직원들의 소외감을 방지하기 위해서다.

사장이 직접 현장을 챙기고 애정을 보여 줌으로써 '한 가족'임을 중시하겠다는 강한 의지를 보여 주는 것이다.

이종교배를 통한 시너지 효과를 강조하는 회사 문화는 경력직 채용에서도 잘 드러난다. 2007년 채용된 현대제철의 경력사원은 약 400명으로, 신입사원 150여 명의 약 3배에 이른다. 기술 사무직은 전체의 31% 가량이 경력사원이다.

경력직으로 들어와 현재 인사팀에서 일하고 있는 서정호 과장은 "경력 직원에게 현대제철만큼 열린 조직이 없다"면서 "기존 경력에 걸맞은 처우를 결정하는 공정한 인사제도를 운영하고 있다"고 설명했다.

하지만 일각에서는 현대제철이 현대·기아자동차그룹 산하에 있기 때문에 독자적인 기업으로서 뚜렷한 색채를 갖추지 못했다는 지적도 나온다. 포스코의 반드시 해내고야 말겠다는 '우향우 정신', 현대자동차의 '돌격 앞으로'와 같은 현대제철만의 뚜렷한 정체성을 찾기 어렵다는 지적이다.

경력사원도 3~5년마다 순환근무

임직원들은 회사 측의 '결속' 노력에 '시너지'로 화답했다. 각 공장 직원들이 선의의 경쟁과 서로의 조업환경을 벤치마킹하면서 효율성을 극대화했다.

이 회사 인천공장의 이형철 생산기술팀장은 "8년 전 인천제철 시절 강원산업 합병 과정에서 각각 다른 두 공장을 오가며 배운 경험이 소중

438

하다"면서 "서로의 장단점을 발견하고 각 공장의 개선점을 깨닫는 순간이 수없이 많았다"고 회고했다.

현대제철은 지금도 인천, 포항, 당진 공장의 직원들이 매월 함께 논의하는 정례적인 미팅을 열면서 제품 데이터를 서로 비교하며 부족한 점을 보완한다.

이 같은 노력의 결과로 공장의 효율성을 나타내는 회수율^{고철 t당 생산되는 쇳물의 비율}이 합병 전 88%에서 합병 뒤 90%로 올랐다. 이로써 전체 원가의 약 2%를 절감할 수 있었다는 게 회사 측 설명이다.

다양한 제품 포트폴리오도 현대제철의 자랑이다.

이 회사 함영철 마케팅팀장은 "철근, 형강만 생산하는 경쟁사와 달리 제품군이 다양해 건설경기 영향을 덜 받는다"며 "안정적 수익을 올리는 기반"이라고 설명했다.

신입사원 6개월간 '멘터'가 보살펴

다양한 문화를 받아들이는 현대제철의 친화력이 빚어낸 가족적인 문화는 신입사원에게도 예외는 아니다.

합격의 기쁨을 누린 신입사원들은 매년 합격의 '감동'도 맛본다. 사장이 직접 축하의 뜻을 담아 쓴 편지와 샴페인, 꽃바구니가 집으로 배달되기 때문이다.

입사한 뒤 6개월간 회사 생활의 버팀목이 되어 주는 '멘터링 제도'도 특별하다. 멘터로 지원한 회사 선배들은 신입사원의 교육계획서를 직접 만들어 주며 신입사원의 '연착륙'을 책임진다.

박주칠 인재개발팀장은 "회사가 멘터링 워크숍을 마련해 활동에 피드백을 주고 멘터에게 수당을 지급하는 등 멘터링에 특별히 애정을 쏟는다”고 했다.

이와 함께 현대제철 가족은 회사의 미래에 대한 뚜렷한 비전을 공유한다. 회사의 비전은 세계 6위로의 도약에 발판이 될 일관제철소다. 이 비전을 이끌 신입과 경력사원을 2008년부터 제철소가 완공될 2011년까지 매년 180여 명씩 선발할 예정이다.

박승하 현대제철 부회장은 “우리 회사는 글로벌 마인드와 열정을 지닌 ‘창조적 도전자’를 찾고 있다”며 “실패를 두려워하지 않고 미래를 향한 도전의식을 가진 인재들을 환영한다”고 말했다.

입사후 근무지는 어디인가요?

Q 선발 절차는….

서류전형, 인·적성검사, 실무면접, 임원면접 등 총 4단계 과정으로 진행된
다. 실무면접은 지원 분야의 사내 전문가들이 면접관으로 구성돼 해당 지원
분야를 중점적으로 검증한다. 임원면접은 실무면접 합격자를 대상으로 인성
중심으로 평가한다. 별도의 영어 인터뷰가 면접전형 안에 포함돼 있지 않지
만 외국어를 자주 쓰는 부서는 따로 어학능력을 체크한다.

Q 채용시 가장 중점적으로 보는 것은….

A 도전인, 창조인, 전문인, 친화인의 4대 인재상을 요구하는데, 이 인재상에 적
합한지를 눈여겨본다. 특히 '근본이 된 인재'를 선호한다. 다양한 조직이 합
쳐지는 과정에서 회사가 조화를 중시했기 때문에, 사회생활에서 지켜야 할
규율을 잘 지키는지를 본다.

Q 입사 후 근무지는….

A 대졸 신입사원이 배치되는 근무지는 크게 네 곳으로, 서울 서초구 양재동 서
울사무소, 인천공장, 포항공장, 당진공장이다. 본사 관련 부서와 일관 제철
사업 관리부서에 배치되면 서울사무소에서 일하게 된다. 공대 출신 엔지니어
신입사원들은 세 곳의 공장에서 근무하지만, 일관제철소와 관련해 선발된 연

구인력은 당진 기술연구소에 배치된다. 채용 단계부터 원하는 근무지, 부서를 고려해서 뽑기 때문에 신입사원 전원이 원하는 곳에서 일한다.

Q 여성인력의 비중은….
A 일반 사무기술직의 경우 15%를 약간 웃돈다. 앞으로 회사 인재상에 부합되는 우수 여성 인재 채용 폭을 늘려갈 계획이다.

Q 해외 근무 기회는….
A 일관제철사업 프로젝트와 관련해 외국 기업과의 접촉이 크게 증가하고 해외 근무 기회는 더 늘어날 것으로 보인다. 현재 중국 칭다오靑島에 법인이 있고, 독일 프랑크푸르트, 중국 베이징北京, 미국 로스앤젤레스, 일본 도쿄東京 등에 해외 지사가 있다.

현대제철 직급별 연봉 (2007년 기준)　　　　　　성과급 포함, 복리후생비 등은 제외

직급	연봉
임 원	1억 원 이상
부 장	7000만~8300만 원
차 장	6000만~7300만 원
과 장	5300만~6500만 원
대 리	4600만~5400만 원
사 원	3900만~4200만 원

자료: 현대제철

우리는 미래에 취해 살고 있다

현대가家에 철은 쌀
일관제철소 꿈나무가 쑥쑥 큰다

정몽구 현대 · 기아자동차그룹 회장은 요즘 들어 웃는 일이 부쩍 잦아졌다. 현대차그룹의 계열사인 현대제철이 충남 당진군에 짓고 있는 일관제철소 이야기만 나오면 흐뭇한 미소가 가시지 않는다는 게 그룹 측 고위 임원의 귀띔이다.

실제로 정 회장은 하루가 멀다 하고 일관제철소 담당 주요 임원을 불러 공사 진척 상황을 체크한다. 2007년 여수세계박람회 유치를 위해 어느 해보다 바쁜 일정을 보내면서도 틈만 나면 찾은 곳이 바로 당진공장이다. '회장님'이 바빠지면 임직원들은 괴로운 법. 그러나 현대제철 임직원들은 '회장님의 특별한 관심'을 스트레스로 받아들이지 않는 눈치다.

권문식 현대제철 사장은 "2010년 완공되는 고로高爐 1호기에 모든 에너지를 쏟아 붓고 있다"며 "우리는 미래에 취해 살고 있다"고 말했다.

'대한민국에는 현대제철도 있다!'

일관제철소는 현대가家의 숙원사업이었다. 자동차, 조선, 건설 등 대한민국 주력 산업을 보유하고 있는 범汎현대가에 '철'은 그야말로 '쌀'과 같은 존재이기 때문이다. 특히 일관제철소는 고철을 재활용하는 전기로와 달리 순도 높은 쇳물을 만들 수 있어 자동차강판 등 최고급 철강 제품을 만드는 데 적격이다.

현대차그룹은 최상 공정인 제철산업에서부터 최하 공정인 완성차 사업까지 아우르는 수직계열화를 통해 사업의 완결구조를 갖추는 것이 목표다. 자동차 부문과 제철 부문의 유기적 협력으로 신차 개발에 필수적인 신 강종鋼種을 제때 공급받겠다는 포석이다.

현대제철의 일관제철소 진출은 그동안 포스코가 사실상 독점해 온 국내 제철시장이 경쟁체제에 돌입했다는 의미도 있다.

2010년 포스코 조강생산량 3분의 2까지 근접

현대제철은 2010년과 2011년에 각각 고로 1, 2호기를 가동한 뒤 2015년 3호기를 추가로 갖춰 각 고로에서 연 400만 t씩 모두 1200만 t의 쇳물을 생산할 계획이다. 기존 전기로에서 생산하는 쇳물 1000만 t을 포함하면 2200만 t으로 포스코 조강생산량3200만 t의 3분의 2에 이른다. 이 가운데 우선 150만 t을 조선용 후판으로, 200만 t을 자동차용 강판으로 사용하고 나머지는 중간소재로 팔거나 수출할 계획이다.

철강업계 관계자는 "국내 철강산업은 열연코일, 슬래브 등 중간재를 만드는 쇳물이 부족해 2007년 한 해에만 1400만 t의 중간재를 수입했고 2010년이면 2000만 t에 이를 것으로 추정된다"며 "현대제철의 일관

444

제철소 건설로 다소 숨통이 트일 것”이라고 내다봤다.

현대제철은 일관제철소 진출 이전에도 현대차그룹의 23개 계열사 가운데 독자적 생존력을 가진 알짜 회사로 손꼽혀 왔다.

현대차그룹의 계열사 대부분이 자동차산업을 보조하는 ‘조연’에 머물고 있지만 현대제철은 자동차산업과 무관한 건자재를 주로 생산해 왔기 때문이다. 이 회사는 현재 미국의 뉴코어사_社에 이은 세계 2위_{조강 생산량 기준}의 전기로 업체다.

경쟁 전기로 업체들이 만드는 강종이 보통 1, 2개인 데 비해 현대제철의 제품군은 20여 개에 이른다. 고철을 녹여 다양한 강종을 생산할 수 있을 만큼 조업 기술 수준이 높다는 의미다.

김영곤 경영관리부문장_{부사장}은 “같은 H형강이더라도 고층 건축용 기둥재로 사용되는 극후_{極厚}고강도 H형강, 내진_{耐震}용 H형강, 환경오염을 줄인 무도장내후성 H형강 등 제품이 다양하고 시장지배력도 독보적”이라며 “이것이 해마다 10~12%의 높은 영업이익률을 올리는 비결”이라고 설명했다.

삼성증권 김경중 애널리스트는 “전기로업체로서 이미 자생력을 가진 데다 일관제철소까지 갖추면 연매출이 7조 원에서 10조 원 이상으로 급증한다”며 “현대차그룹의 핵심 계열사로 성장할 가능성이 높다”고 진단했다.

경험은 빌리고 기술은 키운다

현대제철의 앞날에 대해서는 긍정적 전망이 우세하지만 걱정하는 목소리도 없지 않다.

공장 건설과 설비 도입 못지않게 운영 노하우가 절대적으로 필요한 철강산업의 특성을 감안하면 현대제철이 최고급 철강제품인 자동차강판을 생산하기까지 적잖은 도전에 직면할 것이라는 지적이다. 실제 철강업계에서는 신생 업체가 고로사업에 뛰어들어 자동차강판을 만들기까지는 20년 이상 걸린다는 얘기가 있다. 이미 선先투자를 통해 경험을 축적한 중국 제철회사와의 경쟁도 부담스러운 대목이다.

현대제철은 '부족한 경험을 과감히 사 오는 전략'을 선택했다.

세계적 고로 기술을 보유한 티센크루프 스틸과 '제철 조업기술 협력계약'을 하고 필요한 기술을 전수받기로 한 것이다. 2008년부터 해마다 250여 명의 현대제철 기술진이 독일 현지에서 연수를 하고 티센크루프 스틸은 현대제철이 고로 시운전에 들어가는 2009년부터 40명의 기술자를 한국에 상주하도록 했다. 숙련의 시간을 최대한 단축하겠다는 의도다.

이와 함께 자체 기술 확보를 위해 2007년 3월 '현대제철 기술연구소'도 문을 열었다. 고로 가동 3년 전부터 쇳물업체현대제철와 냉연업체현대하이스코, 수요업체현대·기아차의 석·박사급 고급인력 200여 명을 한데 모아 선행 연구를 시작한 것이다.

숫자로 보는 현대제철

- **6종** 산업자원부 선정 '세계 일류상품' 수 (2007년)
- **10.8%** 2006년 영업이익률
- **6300명** 임직원 수(2007년 12월 현재)
- **9만3000명** 일관제철소 건설에 따른 직·간접 고용효과
- **800만 t** 2011년 일관제철소 연간 조강생산능력
- **835만 t** 2006년 철스크랩 자원 재활용량
- **929만 t** 2006년 제품 생산량
- **1조3400억 원** 2006년 수출액
- **5조4812억 원** 2006년 매출액

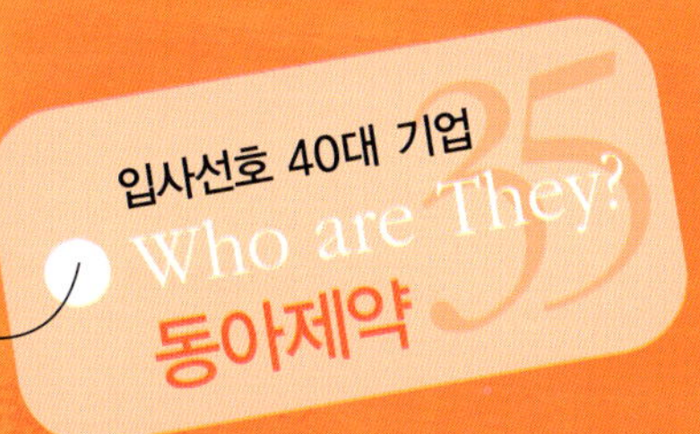

"미안하다, 박카스…
새 효자가 생겼다"

2002년 12월 2일은 동아제약에 각별한 '의미'가 있는 날이다. 1949년 제약회사로 출범한 지 53년 만에 처음 자체 개발한 신약新藥 '스티렌'을 판매한 날이기 때문이다. 국내 1위 제약회사이면서도 의약품이 아닌 '드링크제박카스 회사'라는 '멍에'를 던져 버리는 순간이기도 했다.

동아제약의 180여 생산제품 가운데 하나인 박카스는 2002년 전체 매출의 약 36%를 차지하고 있었다. 이런 동아제약이 9년을 투자한 위염치료제 스티렌으로 명실상부한 제약회사로 발돋움하는 데 성공했다.

2006년 상반기1~6월 스티렌 매출은 국내 제약사 의약품 중 1위267억 원·건강보험료 청구 기준, 외국계 제약사를 포함한 전체 의약품 매출에서 5위에 올랐다.

또 2005년 말 신약으로 개발한 발기부전치료제 '자이데나'의 판매가 호조를 보이면서 스티렌에 이은 제2의 '블록버스터'로 기대되고 있다.

자이데나-스티렌 신약 개발로
'드링크제 회사' 멍에 벗어

강신호 회장 '박카스' 작명… 회사 도약 기틀 마련

동아제약은 1932년 서울 종로구 중학동에 세운 의약품 도매상 '강중희 상점'이 모태다. 이후 1949년 지금의 동아제약으로 이름을 바꾸면서 제약업계에 뛰어든다.

강중희 창업주의 아들인 강신호 현 회장은 독일에서 의학박사 학위를 받고 1959년 상무로 동아제약에 입사해 동아제약의 기틀을 마련한다. 특히 그가 작명作名한 박카스는 오늘의 동아제약이 있게 한 밑거름이 됐다.

드링크제로 판매된 박카스는 출시 2년째인 1964년 드링크제 부문 판매 1위로 올라선다. 2007년까지 누적 판매량은 159억 병으로 한 줄로 길게 세우면 지구 47바퀴에 이르는 길이라고 한다.

"1960년대 국내 제약업계는 비타민 약 출시 경쟁을 벌였습니다. 박카스는 비타민뿐 아니라 미네랄과 강간^{强肝} 성분을 추가한 첫 종합영양제인 셈입니다. 흡연과 과음으로부터 간장을 보호한다는 콘셉트로 차별화하는 데 성공했습니다."^{강신호 회장}

동아제약 측은 "광동제약의 '비타500' 등 강력한 경쟁 상대가 나타나기는 했지만 드링크제 판매량에서 1위를 놓친 적이 없다"고 말했다.

이러한 박카스의 선전^{善戰}에 힘입어 동아제약은 1967년부터 2007년까지 41년 동안 국내 제약업계 매출 1위를 지켜냈으며 2007년 업계 최초로 매출 6000억 원을 넘어섰다.

'스티렌' 2007년 매출 600억 원 넘어서

박카스는 오늘의 동아제약이 있게 한 효자 상품이지만 한편으로는 동아제약을 제약회사라기보다 '드링크제 회사'로 이미지를 각인시키는 전위 역할을 한 것도 사실이다.

하지만 스티렌의 2007년 매출이 600억 원을 넘어섰고 두 번째 신약인 자이데나도 2년 연속 100억 원 이상의 매출 실적을 내면서 동아제약에 대한 평가가 달라지고 있다.

순수 신약이 10개 미만인 국내 제약업계에서 동아제약은 이미 2개의 신약을 성공적으로 내놓았고 2010년까지 추가로 3개의 신약을 선보인다는 계획이다. 동아제약 매출에서 전문의약품 비중도 2003년 25.6%에서 2007년 47% 수준으로 크게 높아졌다.

회사 측은 "국내 최초로 1988년 'KGLP^{Korea Good Laboratory Practiceo · 우수연구소관리기준} 연구소'를 준공해 동물을 대상으로 약효를 시험하는 '전^前 임상단계'까지 신약 연구를 할 수 있는 시설을 갖추었다"며

"연구 분야에서도 항상 국내 제약업계의 선두에 서 왔다"고 말했다.

이 회사는 1988년 국내 최초의 후천성면역결핍증AIDS · 에이즈 진단시약을 개발했고 1990년 국산 신약 후보 1호 항암제 후보물질DA-125을 만드는 등 국내 의약 연구에서 선구자적 역할을 해 왔다는 평가를 받고 있다.

R&D 비용 280억 원… 화이자는 7조4260억 원

국내 제약업계는 한미자유무역협정FTA 체결, 포지티브시스템비용 대비 효과가 확실한 약품만을 선별해 보험급여를 지급하는 방식 도입 등으로 안방시장에서 글로벌 제약회사와 경쟁을 벌여야 할 처지다. 스스로 극복해야 할 과제가 많다는 얘기다.

무엇보다 신약으로 무장한 글로벌 제약회사와 승부를 펼쳐 보이기 위해선 국내 제약사의 경쟁력 확보가 시급하다.

동아제약은 2006년 연구개발R&D에 280억 원을 투자했지만 이는 세계 1위 제약사 화이자의 같은 해 R&D 투자액 76억 달러약 7조4260억 원와는 비교도 안 된다. 회사 측은 "매출액의 5% 수준인 연구개발비를 2015년까지 15%로 높이고 연구개발 인력도 500명까지 늘릴 계획"이라고 했지만 글로벌 시장에 나서기 위해서는 '덩치'를 더 키워야 한다는 지적이 많다.

임진균 대우증권 연구위원은 "최근 수년은 동아제약이 외형 위주 경영에 따른 부실을 정리하고 내실을 다지는 시간이었다"며 "전문의약품 회사로서의 도약이 기대된다"고 밝혔다.

박카스 45년간 159억병 으뜸…
가그린 판피린 등 선전

'젊음과 활력을!' 1960년대, '그날의 피로는 그날에 풀어버린다.' 1970년대 '지킬 것은 지킨다.' 1990년대

동아제약을 국내 1위 제약사로 만든 '일등공신' 은 박카스다.

1961년 알약으로 처음 판매된 박카스는 이후 20cc 앰풀, 드링크제로 형태가 바뀐다. 드링크제 박카스는 1963년 이후 약 159억 병이 팔렸다.

시대상을 반영한 박카스 광고도 인기를 끌었다. 특히 1990년대 이후 광고에 출연한 고수 주진모 류승범 등은 젊음과 활력의 이미지를 살려 청춘스타로 자리매김했다.

제품명 '박카스' 는 '그리스 신화에 등장하는 술의 신神' 을 뜻한다. 강신호 동아제약 회장은 박카스에 들어 있는 타우린 성분이 술로부터 간을 보호한다는 뜻에서 이를 제품명으로 골랐다고 한다.

2002년 발매한 동아제약 최초의 개발신약인 위염치료세 '스티렌' 의 이름도 강 회장이 직접 지었다. 스티렌을 먹으면 쓰린 속이 조용해진다는 의미에서, 영어 'still조용한, 차분한' 에서 착안했다는 설명이다. 스티렌은 2007년 상반기1~6월 건강보험료 청구액 기준으로 국내 제약사 의약품 매출 1위에 올랐다.

2005년부터 판매된 '자이데나' 는 국내 최초이면서 세계 네 번째로 개발된 경구용 발기부전치료제다. 자이데나는 라틴어로 '연인의' 라는 뜻의 'Zygius' 와 '해결사' 라는 뜻의 'Denodo' 를 합쳐 '연인의 해결사' 라는 의미를 담고 있다.

이 밖에 사회 활동이 많아진 여성들을 위한 체내형 삽입 생리대 '템포', 구강관리액 '가그린', 액체감기약 '판피린', 혈액순환개선제 '써큐란', 숙취해소제 '모닝케어' 등이 동아제약을 대표하는 히트 상품이다.

까다로운 입사원서 조건, 왜?

Q 신입사원 초봉은….

A 석사 이상의 연구직은 3800만 원, 학사 이상의 비연구직(영업, 개발, 사무, 생산 등)은 3100만 원 선이다. 인센티브와 교통비 등은 제외한 금액이다.

Q 입사지원서를 반드시 자필自筆, 한자로 작성해야 하는 이유는….

A 동아제약은 영업사원을 주로 채용하기 때문에 영어와 학점 등의 '스펙'보다는 영업사원으로서의 마음가짐과 태도를 더 중시한다. 이 때문에 입사지원서도 정성을 들여서 써야 하는 '자필, 한자' 원칙을 고수한다.

Q 제약회사에 입사하면 주로 영업직으로 일하게 되나. 사무직으로 입사할 수는 없는가.

A 동아제약은 사무직을 별도로 채용하지 않는다. 필요 인원이 생겼을 때 영업직 등 타 직군 지원자 중에서 발탁해 충원한다.

Q 연구직의 경우 학사 출신도 지원 가능한가.

A 연구직은 아주 특별한 경우를 제외하고는 학사 출신 지원이 불가능하다. 다만 임상시험 등을 담당하는 개발직은 학사 출신도 지원할 수 있다.

Q 해외근무 및 해외연수 기회가 있는가.

현재 미국과 중국에 2개의 해외지사가 있어 일정 능력을 갖춘 과장급 이상의 직원은 해외근무가 가능하다. 또 인센티브 형식의 해외여행과 어학연수, 해외 경영대학원MBA 진학 등도 지원해 준다.

Q 입사 경쟁률은….

오프라인으로 입사 지원서를 받기 때문에 경쟁률이 높지 않다. 20 대 1 정도다.

Q 전체 4년제 대졸 정규직 중 여성 비율과 전체 임원 중 여성임원 비율은….

각각 12%, 3%이다.

Q 동아제약이 주최하는 국토대장정 참가 시 취업에 혜택이 있는가.

국토대장정 참가자에게 주는 혜택은 없다. 그런데도 국토대장정 출신들의 합격률이 높은 이유는 대장정 경험을 통해 동아제약의 기업문화 등에 익숙해진 때문으로 풀이된다.

동아제약 직급별 연봉

직급	연봉
임원	비공개
부장	7000만 원 이상
부장대우	6500만~7000만 원
차장	5900만~6500만 원
과장(갑)	5200만~5900만 원
과장(을)	4800만~5200만 원
대리	4100만~4800만 원
주임(사원)	3100만~4100만 원

각종 수당과 인센티브 제외한 세전연봉   자료: 동아제약

인재 중시…
"신입으로 들어와 CEO 꿈꿀 수 있는 회사"

매출액 기준으로 국내 제약업계 1위 회사인 동아제약은 매년 신입사원 공채 시즌마다 북새통을 이룬다. 여느 회사와 달리 입사 지원서를 인터넷으로 받지 않기 때문이다. 대신 본사나 전국 지점에서 원서를 나눠 주고, 지원자들이 친필로 한자를 섞어 작성해 제출해야 한다.

이 회사가 불편을 무릅쓰고 '전통 방식'을 고집하는 데는 이유가 있다. 이 회사에서는 입사지원서의 토익TOEIC 성적, 학점 등의 서류상 '스펙'을 컴퓨터로 분류한 뒤에 일정 기준 이하면 탈락시키는 '서류 전형' 절차가 없다. 인사 담당자들은 지원서를 일일이 읽고 능력과 잠재력이 있는 지원자를 가린다.

동아제약 인사담당자는 "시대에 뒤떨어졌다고 할 수도 있겠지만 평생 직장이 될지도 모르는 회사를 한 번도 찾아보지 않고 입사를 결정할 수

454

있느냐"며 "자필로 지원서를 작성하는 것은 지원자의 열정과 한자 실력을 보기 위한 것"이라고 설명했다.

이는 "기업 경영에서 가장 중요한 것은 사람"이라는 강신호 회장의 경영 철학과도 맞닿아 있다.

위기를 기회로 만드는 '불사조 정신'

동아제약의 로고는 '불사조'를 뜻하는 피닉스의 날개를 형상화한 것이다. 1982년 창립 50주년을 맞아 생명 존중의 제약회사 이미지를 담아 제작했다.

동아제약은 제약업계에서 위기에 강한 회사로 통한다. 외환위기 이후 계열사 구조조정을 통해 부채 부담을 줄이는 데 성공했다. 매출액의 절반을 차지하던 박카스 비중도 17%대로 떨어졌다.

세계에서 네 번째로 개발한 발기부전치료제 자이데나, 위염 치료제 스티렌 등 신약新藥 개발에 성공하는 등 체질 개선작업도 진행 중이다.

2007년 강신호 회장과 차남 강문석 수석무역 부회장의 경영권 갈등으로 주주총회를 두 번 치르며 지배구조의 위기를 맞기도 했다. 하지만 이 회사 직원들이 '우리 회사 주식 더 갖기' 운동을 펼쳐 3% 지분을 확보하는 등 '회사 구하기'에 나섰다.

제약업계의 한 관계자는 "동아제약 직원 가운데 일부는 주식 갖기 운동에 불만이 있었던 것으로 안다"며 "하지만 지배구조가 흔들리는 상황에서 직원들이 똘똘 뭉쳐 위기를 기회로 만드는 것이 동아제약의 저력"이라고 말했다.

동아제약의 한 직원은 회사 문화를 '거실'이라고 표현했다. 직원들이 가족처럼 부대끼며 생활하기 때문이라고 설명했다. 이 회사 노사의 무無

분규 전통도 이 같은 '신뢰'에서 비롯됐다. 독일 유학파 출신인 강신호 회장은 1975년 당시 사장으로 있으면서 노동조합 설립의 당위성을 인정하고, 노조 설립의 산파 역할을 했다.

최고경영자CEO를 키우는 인재사관학교

동아제약의 강점은 인재 양성과 신약 개발을 중시하는 기업 문화에 있다. 한 직원은 "신입사원으로 들어와 CEO를 꿈꿀 수 있는 회사"라고 동아제약을 소개했다.

실제로 동아제약 임직원 2090명 중 경력사원은 60명에 불과하다. 전체의 97.1%가 공채 출신 사원인 셈이다. 경력사원을 뽑지 않는 것으로 유명한 글로벌 기업 P&G처럼 인재를 직접 키우는 인재육성 문화가 곳곳에 녹아 있다. 동아제약은 1970년대에 국내 제약업계 최초로 연수원을 열고 사원 교육을 제도화했다. 또 철저한 공개 채용과 사내 승진시험을 통해 인재를 키우고 있다. 직원들은 매년 정해진 교육 시간을 이수해야 하고, 'e러닝' 시스템을 통해 경영 외국어 등 실무지식은 물론 경영학석사MBA 과정도 마칠 수 있다.

입사시험만큼 까다로운 대리 승진 시험도 유명하다. 제품 지식과 한자시험에다 임원 면접까지 치러야 하는데, 합격률이 50%에 그친다. 인재중시 철학은 신약 개발에도 이어진다. 1977년 설립된 동아제약 연구소에는 연구원을 독려하는 강 회장의 친필 격려문이 곳곳에서 눈에 띈다.

글로벌 인재가 회사의 미래

동아제약을 거쳐 간 인재들도 여러 분야에서 활약하고 있다. 과학기술부 장관을 지낸 이상희 전 국회의원은 동아제약 상무 출신이다. 장안수

한미약품 사장, 권성배 유유 사장 등 제약업계 CEO들도 동아제약을 거쳤다. 유상옥 코리아나화장품 회장도 1959년 동아제약 공채 1기로 입사해 상무를 지냈다.

이런 동아제약의 고민은 최근 경영권 분쟁에서 나타난 것처럼 취약한 지배구조에 있다. 공채 출신이 대부분을 차지하면서 생기는 보수적이고 온정적인 조직 문화도 약점으로 꼽힌다. 글로벌 조직 역량을 좀 더 보강해야 한다는 지적도 많다.

이 회사는 먼저 2007년 신입사원 공채에서 해외사업 인력을 대폭 보강했다. 구조조정으로 해외사업부문이 2006년 18명으로 줄었지만 2007년 충원을 통해 24명으로 늘렸다. 2008년에도 어학 실력과 해외 마케팅 등의 글로벌 역량을 갖춘 인력을 추가로 뽑을 계획이다.

자이데나, 스티렌 등의 신약을 중남미와 아시아 시장에 먼저 판매하는 '소小글로벌화 전략'을 추진하고, 일본 중국 제약회사와 제휴하는 '한중일 삼각 R&D 네트워크'를 추진하기 위해 인력의 글로벌화가 필수적이기 때문이다.

김원배 동아제약 사장은 "글로벌 제약회사로 도약하기 위해 인력 등을 보강하고 있다"며 "국제 특허 등 지적재산권 보호 업무를 강화하기 위해 2006년 국제 변호사도 영입했다"고 밝혔다.

숫자로 보는 동아제약

- **1위** 국내 제약업계 매출 1위(1967년 이후)
- **28개국** 자이데나 수출 계약한 국가 수
- **188개** 의약품과 의약외품 합한 총 생산제품 수(2006년)
- **1417명** 박카스와 함께하는 대학생 국토대장정 총 참가자 수(1998~2007년)
- **2090명** 총 직원 수(2008년 현재)
- **159억4000여만 병** 박카스 누적 판매량(1963~2007년)

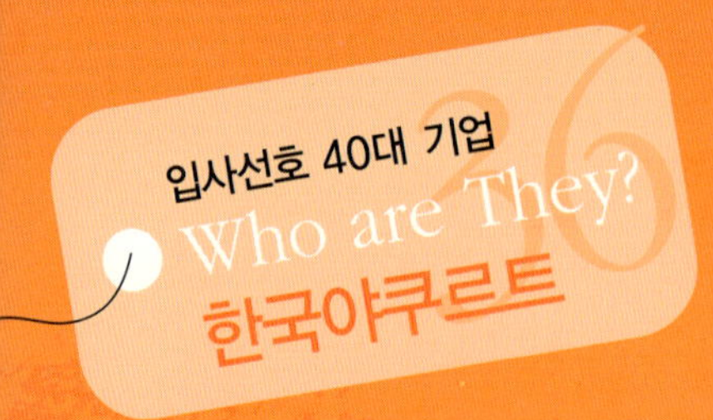

"딩~동! 좋은 아침입니다"
'야쿠르트 아줌마'의 힘!

......

"좋은 아침입니다."

1971년 한국야쿠르트가 유산균 발효유 야쿠르트를 내놓은 뒤 많은 한국인의 아침은 가정과 사무실에서 노란 제복을 입고 야쿠르트 병을 건네는 '야쿠르트 아줌마'들을 만나면서 시작됐다.

기능성 음료가 드물던 1980, 90년대 당시 성장기 자녀를 둔 가정이면 집 현관 앞에 야쿠르트용 천 주머니를 내건 풍경을 쉽게 볼 수 있었다.

발효유 시장 43% 차지
'새 먹을거리 찾기' 현재진행형

야쿠르트의 매출이 정점에 달했던 1994년 하루 매출량은 740만 병. 전 국민의 20%가량은 야쿠르트를 마신 셈이다. 최근에는 고가高價 제품 수요가 늘면서 야쿠르트의 일일 매출량이 250만 병 수준으로 줄었다.

야쿠르트를 발판으로 한국야쿠르트는 유산균 발효유 시장의 43%를 차지하고 있다. 야쿠르트의 명성 때문인지 해외에 나가서도 '요거트 yogurt' 대신 '야쿠르트yakult'를 찾는 이가 많다.

65ml 야쿠르트병에 건강을 담다

1969년 설립된 한국야쿠르트의 창업이념은 '건강사회 건설'. 창업주 윤덕병 한국야쿠르트 회장은 '먹고사는 것'이 힘들던 당시 국민이 큰 부담 없이 마실 수 있는 기능성 음료를 만드는 데 착안했다.

　원자재 가격 인상에도 불구하고 야쿠르트 가격을 2004년 110원에서 130원으로 올린 후 4년째 같은 가격을 고수하는 것도 창업 이념과 맞닿아 있다.

　윤 회장은 1971년 야쿠르트를 내놓으면서 ‘부인婦人 판매제도’를 도입했다. 유통 과정에서 쉽게 변질될 수 있는 만큼 유통회사에 판매를 맡기는 것보다 직접 소비자에게 배달하는 게 소비자에게 신뢰를 줄 수 있다고 판단한 것이다.

　1990년대 중반에는 유통회사의 냉동보관 시설이 좋아지고 주부들의 일자리가 늘면서 야쿠르트 아줌마가 존폐 논란에 휩싸이기도 했다.

　한국야쿠르트는 1998년 외환위기가 닥쳤을 때 오히려 방문판매 조직을 더욱 확대했다. 불황 속에서도 야쿠르트 아줌마 특유의 스킨십 마케팅은 빛을 발했다.

　한국야쿠르트는 야쿠르트와 마찬가지로 윌, 메치니코프, 쿠퍼스 등 발효유 제품만은 시장에 내놓지 않고 야쿠르트 아줌마들이 직접 배달하는 시스템을 고집하고 있다.

소유 – 경영 분리⋯ 39년 동안 사장은 단 4명뿐

　한국야쿠르트는 1969년 설립된 후 여태껏 사장을 거친 사람이 단 4명밖에 없다. 초대 사장인 고 윤쾌병 씨는 회사 설립 초기부터 1989년까지 무려 20여 년간 대표이사로 일해 왔다. 2대 사장인 이은선 씨는 1989년부터 11년간 대표이사를 맡아 오다 2000년 은퇴했다.

　3대 사장인 김순무 전 사장은 한국야쿠르트 공채 1기로 입사해 2000년부터 2007년 초까지 사장으로 있었다. 김 전 사장에 이어 대표이사 사장직에 취임한 양기라 현 사장 역시 평사원으로 입사해 대표이사직에 올

460

랐다.

　윤덕병 회장은 일찌감치 소유와 경영을 분리해 전문경영인들이 소신대로 회사를 이끌어 나갈 수 있도록 경영에 일절 참여하지 않고 있다.

　이처럼 장수長壽 사장이 이어진 것은 내수에 주력한 사업 특성상 시장 변화가 심하지 않았고 장기 프로젝트가 많아 한 회사에서 잔뼈가 굵은 '전문가'가 필요했기 때문이다.

"새 사업 찾아라" 한국야쿠르트의 도전

　한국야쿠르트는 2006년 플러스자산운용을 인수하며 자산운용업계에 진출했다. 식품 한길만 걸어온 한국야쿠르트의 행적을 비춰 볼 때 이례적인 '사건'이었다.

　1997년 식혜, 건강식품 등을 생산하는 비락을, 2004년 파스퇴르유업을 인수하며 외형 확장에 나서기는 했지만 금융업 진출은 파격이었다.

　이장성 한국야쿠르트 홍보팀장은 "업종 특성상 현금이 풍부해 자산운용사를 계열로 둬 자금을 더 효율적으로 운용하기 위한 목적"이라고 말했다.

　내수 시장이 답보 상태에 빠지면서 한국야쿠르트도 새로운 먹을거리를 찾기 위해 고심하고 있다. 채용 과정에서도 이 같은 회사 측의 고민이 드러난다.

　한국야쿠르트는 몇 해 전부터 신입사원 공채에서 전공제한을 없앴다. 상경계열 전공자를 선호하던 과거와 달리 기계, 물리 등 이공계에서부터 베트남, 카자흐스탄 등 새롭게 떠오르는 지역 언어 능통자, 심리학 등 인문학 전공자를 두루 채용한다.

　정용찬 한국야쿠르트 인력개발팀장은 "새 사업 진출을 위해서는 다양

한 인력이 필요하다”며 “ ‘식품회사는 보수적일 것’ 이라는 선입견과 달
리 우리 회사는 열정적이고 창의적인 인재를 선호한다”고 말했다.

유산균… 헬리코박터…
'한국의 파스퇴르연구소' 자부심

한국야쿠르트 중앙연구소는 이 기업의 성장을 이끈 원동력이다. 1976년 세워진 중앙연구소는 30여 년간 유산균과 기능성 음료 연구에 힘써왔다. 여기서 개발한 각종 유산균은 수많은 히트 상품의 밑거름이 됐다.

1995년 한국인 유아乳兒의 장에서 분리한 한국형 비피더스 유산균 HY8001을 개발해 제품 생산에 응용한 것은 이 연구소가 자랑할 만한 성과다. HY8001은 국내 최초로 생산된 발효유 종균이다.

2000년 선보여 히트한 '헬리코박터 프로젝트 윌'도 중앙연구소가 5년 동안 공들여 내놓은 작품이다. 이 연구소는 헬리코박터 파일로리균을 억제하는 항체 계란 생산 기술과 위암을 억제하는 생약추출물 기술로 특허를 받았다.

이어 개발한 제품이 '쿠퍼스'. 2004년 첫선을 보인 쿠퍼스는 간 기능 활성화에 초점을 맞춘 발효유다. 임상실험을 통해 효능이 입증됐다고 연구소 측은 밝혔다. 위胃에 이어 간 기능을 개선하는 유산균 발효유 제품으로 이름값을 높인 이 연구소는 몇 년 전부터는 기능성 음료 연구로까지 영역을 넓혔다.

2005년 내놓은 유기농 야채즙 '하루 야채'와 2007년 내놓은 흑마늘 음료 '천년의 식물 산'은 음료연구팀의 성과다. '약처럼' 효과가 있는 유산균 발효유와 음료 제품 개발이 이 연구소의 강점으로 꼽힌다. 연구소의 활동 영역은 점점 넓어져 현재는 50여 명의 연구 인력이 유산균을 중심으로 생명공학, 음료, 면麵 제품 등 다양한 분야에서 연구를 하고 있다. 이 연구소는 자체 개발한 유산균 200여 가지를 포함해 2000여 가지의 유산균을 보유하고 있다.

허철성 중앙연구소장은 "지속적인 연구개발R&D 투자를 통해 프랑스의 파스퇴르연구소와 같은 세계적인 연구소와 어깨를 나란히 하는 게 목표"라고 밝혔다.

입사후 영업근무 필수인가요

Q 2007년 채용 결과는….

A 상하반기 합쳐 총 101명을 뽑았다. 경쟁률은 264 대 1이었다. 남성 72명, 여성 29명을 채용했다. 앞으로 여성 인력을 더 뽑을 계획이다. 인턴십 제도는 아직 없다.

Q 채용 절차는….

A 서류전형→인성 및 적성검사→직무면접→역량면접→인성면접의 순으로 진행된다. 인성 및 적성검사는 온라인으로 실시한다. 직무면접에서는 본인이 지원한 분야의 사업장에서 실무자들과 함께 직무를 체험하며 평가를 받는다. 역량면접에서는 팀장급 면접관 3~5명이 토론과 프레젠테이션 능력을 평가한다. 인성면접에서는 4~5명의 임원이 면접관으로 참석한다.

Q 모든 사원이 전국의 영업장 근무를 거쳐야 하나.

A 과거에는 영업사원만 뽑아 전국의 영업장에서 영업을 경험한 뒤 다른 부서로 옮겼으나 2007년 상반기부터 바뀌었다. 지금은 채용 때 영업뿐 아니라 광고·홍보, 기획, 인사·교육, 법무 등 다양한 분야별로 미리 지원을 받은 뒤 뽑으므로 영업사원이 아니면 영업장에서 근무할 필요가 없다.

Q 지방 영업장 근무 시 복리후생은 어떤가.

지방 영업장은 해당 지역 출신자나 지원자에 한해 배치하므로 별도의 복리후생제도는 없다. 단, 전보돼 영업장을 옮길 경우 임차보증금2000만~3000만 원을 무이자로 빌려준다.

한국야쿠르트 임직원의 연봉 (단위: 원)

직급	평균 연봉	해당 직급 평균 재직기간
임원	1억3500만	9~12년
부장	7000만	4년
차장	5800만	4년
과장	5000만	6년
대리	4100만	3년
주임	3500만	2년
사원	3200만	2년

주: 상여금 및 성과급 포함, 세전 기준　　　　　　자료: 한국야쿠르트

위에 좋은 발효유 '윌' 첫손 꼽혀
'팔도 비빔면' '비락식혜'도 효자

한국야쿠르트의 히트 상품 가운데는 유산균 발효유 '윌'이 첫손에 꼽힌다. 정식 명칭이 '헬리코박터 프로젝트 윌'인 이 제품은 '요구르트'로 분류되던 기존 유산균 발효유의 개념을 바꾼 것으로 유명하다. 발효유가 장腸에 좋다는 이전의 상식을 깨고 위胃에 좋은 발효유로 개발한 것이 성공 이유로 꼽힌다. 위 건강을 위한 발효유라는 새 시장을 개척한 게 맞아 떨어진 것이다.

윌에는 위염, 위궤양의 대표적인 원인균으로 알려진 헬리코박터 파일로리균을 효과적으로 억제하는 성분이 들어 있다. 이런 새로운 개념을 부각하는 한편 헬리코박터 파일로리균을 발견한 호주 의학자 배리 마셜 박사를 광고 모델로 써 주목을 끌었다.

2000년 9월 선보인 윌은 당초 하루 20만 개 정도 팔겠다는 목표를 세웠다. 하지만 시장에 내놓은 지 2주 만에 주문량이 하루 30만 개를 넘어섰다. 현재는 하루 70만 개가량 팔린다. 2005년 마셜 박사가 노벨 의학상을 받아 윌의 신뢰도는 더욱 높아지게 됐다. 윌의 2007년도 매출액은 2400억 원이다.

한국야쿠르트는 1983년 라면 사업에 뛰어들어 '팔도 비빔면' '도시락' '왕뚜껑' 등 다양한 제품을 선보였다. 이 가운데 왕뚜껑은 18년 동안 모두 9억 개 이상이 팔렸다. 한 해 평균 7500만 개약 630억 원어치가 팔리는 히트 상품이다.

1995년 음료 사업을 시작한 한국야쿠르트는 1997년 ㈜비락을 인수하면서 음료 사업을 본격화했다. '비락식혜' '산타페' '하루 야채' 등이 대표적인 상품이다. 2007년 235억 원어치를 판 비락식혜는 전통음료 시장에서 점유율 60%를 기록하고 있다.

사내 멘터링 – 수요 프리데이 등
가족같은 끈끈함 강점

2007년 6월 입사한 한국야쿠르트 홍보팀 사원 이배영24세·여 씨는 얼마 전 목요일 회사 선배인 마케팅팀 이경희35세·여 주임과 오후 2시에 퇴근해 한가로운 오후를 즐겼다. 서울 강남구 신사동 가로수길의 한 카페에서 와플을 먹으며 사회 초년생으로서의 고민을 털어놓고 그의 '멘터'인 이 주임에게 결혼과 육아에 대한 조언도 들었다.

가족 같은 회사… 사회공헌 활동도 다양

한국야쿠르트에는 친숙한 가족적 문화가 뿌리 깊다.

'신입사원 멘터링' 제도가 대표적이다. 신입사원에게 주임~과장 직급인 동성同性의 선배를 멘터로 지정해 주고 1년 동안 자유롭게 교류하도록 한다. 사회생활을 갓 시작한 후배들을 가족처럼 돌봐 주자는 취지다.

2007년 9월부터는 매주 수요일을 '프리데이Free Day'로 정해 오후 6시 정각이 되면 모든 직원이 바로 퇴근한다. 이날 저녁에는 야근이나 회식을 할 수 없다. "평일에 단 하루라도 가족과 함께 저녁 시간을 보내자"는 양기락 사장의 제안이었다.

한국야쿠르트는 다양한 사회공헌 활동을 하고 있다. 임직원 1730여 명이 모두 사내社內 봉사활동 조직 '사랑의 손길 펴기회'에 가입해 매달 급여의 1%를 봉사활동기금으로 내놓는다. 야쿠르트 아줌마들은 독거노인을 돌보는 일에 적극 나서고 있다. '외로운 노인 방문 운동'과 김장을 담가 불우이웃에게 나눠 주는 '사랑의 김장 나누기' 등도 꾸준히 실천하고 있다.

그 덕분에 한국야쿠르트는 대외적인 이미지도 친근한 편이다.

조현선 자재부문 이사는 "한국야쿠르트에서 일한다고 말하면 초면에도 호감을 갖고 대하는 사람이 많아 보람을 느낀다"고 말했다.

노란 제복의 건강지킴이 '야쿠르트 아줌마'

노란 제복으로 친숙한 '야쿠르트 아줌마'는 한국야쿠르트에 가족적인 기업문화를 퍼뜨린 일등공신으로 꼽힌다.

인천 작전점에서 점장을 맡고 있는 사원 채찬27세 씨는 "아침을 거르고 출근했는데 어머니뻘 되는 여사님야쿠르트 아줌마를 부르는 호칭들이 손수 따뜻한 밥을 해 주셨다"며 "영업장을 옮길 때 나를 떠나보내며 눈물을 보이던 여사님들도 있어 가슴이 뭉클했다"고 말했다.

현재 전국 594개의 영업장에서 1만3500여 명의 야쿠르트 아줌마가 일하고 있다. 이들은 방문판매원이어서 한국야쿠르트 직원이 아닌 개인사업자에 해당한다. 야쿠르트 아줌마들의 1인당 하루 평균 음료 판매량

468

은 550병, 매출액은 23만 원꼴이다. 한국야쿠르트의 2007년 매출액 9800억 원 가운데 야쿠르트 아줌마들이 올린 매출액은 8000억 원이나 된다. 전국 구석구석을 누비며 고객을 밀착 관리하는 막강한 유통파워다.

그러나 최근에는 영업망에 대한 고민도 많다.

박철규 총무부문 부장은 "대형 할인점, 편의점 등 유통 경로가 다양화된 최근에는 방문판매에만 의존하는 영업망이 약점이기도 하다"라고 말했다.

고정완 홍보부문 이사는 "힘든 일을 기피하는 사회 풍토 탓에 야쿠르트 아줌마를 모집하기가 점차 어려워지고 있다"고 밝혔다.

보수적 문화도 남아 있어… 여성 임원 단 1명도 없어

'함께하는 활력사회 만들어가는 뜨거운 가슴들아, 세계를 품자~. 힘차게 나가자. 한국야쿠르트여~!'

평일 아침 9시 서울 서초구 잠원동 한국야쿠르트 사옥에는 출근 시간을 알리는 사가(社歌)가 울려 퍼진다. 1970년대 새마을운동을 연상시키는 이 노래는 점심시간과 퇴근 시간인 오후 6시에도 방송된다. '칼' 같이 출퇴근하기는 현실적으로 어렵지만 가능한 한 업무 시간 안에 일을 마치자는 뜻이다. 직원들은 근무 시간에 모두 제복을 입고 일한다. 보수적인 기업문화를 엿볼 수 있는 사례다.

한국야쿠르트의 한 신입사원은 이 회사의 사풍(社風)에 대해 "21세기에도 살아 있는 20세기형 기업문화"라고 귀띔했다.

앞으로 여성 관리자를 늘리는 것도 과제다.

기혼 여성 인력이 주요 영업망이지만 4년제 대졸사원 기준으로 여성 직원 비율이 7%에 불과하다. 지금까지 여성 임원은 한 명도 나온 적이 없다. 가장 높이 승진한 여성이 차장으로 1명뿐이다.

김범준 인사팀장은 "주요 고객이 주부들인 만큼 이들의 심리를 꿰뚫을 수 있도록 여성 직원을 점차적으로 더 뽑을 계획"이라고 말했다.

2007년 공개 채용한 101명 가운데 여성은 29명이었다.

숫자로 보는 한국야쿠르트

- **약 13년** 직원 1인당 평균 근속연수
- **73개** 현재 판매중인 제품 수
- **594개** 전국 영업장 수
- **1만3500여 명** 전국 야쿠르트 아줌마 수
- **396억 개** '야쿠르트' 누적 생산량(1971년 6월 생산 개시)
- **9800억 원** 2007년 매출액

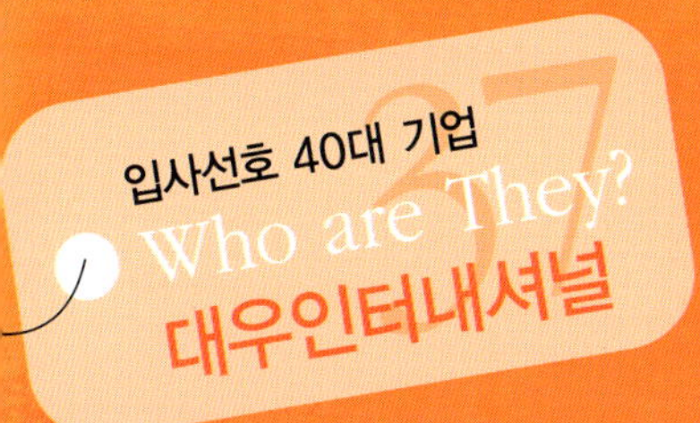

세계는 넓고 할 일은 많다

......

대우그룹이 몰락하면서 2000년 3월 ㈜대우현 대우인터내셔널가 채권단에 넘어갔다. 결혼을 앞두고 있던 이 회사의 한 신입 직원은 여자친구 부모의 거센 반대에 부닥쳤다. "망해 가는 회사에 다니는 사위를 들일 수 없다"는 게 이유였다.

신입 직원은 고심 끝에 꾀를 냈다. 경쟁업체인 다른 종합상사로 회사를 옮긴 뒤 결혼에 '골인' 했다. 이어 ㈜대우의 무역 부문과 건설 부문이 2000년 12월 대우인터내셔널과 대우건설로 각각 분할된 뒤 대우인터내셔널에 다시 입사했다.

당시 종합상사 업계에서는 '이 사건' 이 큰 화제가 됐지만 대체로 이 직원의 행동을 수긍하는 분위기였다고 한다. 대우 직원들의 자부심과 충성도가 대단하다는 것을 경쟁업체들도 인정한 셈이다.

50개국에 106개 법인-지사

임직원들이 똘똘 뭉쳐 세계를 누빈 덕분에 공적자금이 투입된 대우인터내셔널은 워크아웃^{기업개선작업} 돌입 3년 9개월 만인 2003년 12월 워크아웃에서 조기 졸업하고 옛 대우 시절에 버금가는 종합상사로서의 위상을 회복해 가고 있다.

대우인터내셔널은 이처럼 '화려한 변신' 의 비결로 전 세계를 누비며 각자 야전사령관 몫을 해내는 우수한 직원들과 실전 위주의 교육시스템, 옛 ㈜대우의 전통 등을 꼽는다.

무역전쟁 최전선의 야전사령관

미얀마 양곤의 해안가에 자리 잡은 대우인터내셔널 E&P사무소 김대열^{31세} 대리는 자원 빈국^{貧國}인 한국의 '에너지 안보' 를 지키는 첨병 역할

472

을 하고 있다.

이곳은 국내 기업이 발견한 가스전 중 최대 규모로 한국 국민이 약 9년간 쓸 수 있는 가스가 매장돼 있다. 미얀마 가스전은 2010년경 본격 생산을 시작할 예정이다.

김 대리는 가스전 개발 작업에 참여해 해안에서 120km 떨어져 있는 가스전에서 생산한 가스를 육지로 옮기는 파이프라인을 설치하는 일을 총괄하고 있다.

대우인터내셔널 직원들은 '세계는 넓고 할 일은 많다'는 말처럼 50개국의 106개 해외 법인 및 지사에서 6000여 개 업체와 거래하는 등 글로벌 네트워크를 토대로 전 세계를 누비고 있다.

"돈이 되는 곳이라면 어디든지 달려갔지요. 국내 기업 중 가장 먼저 진출한 국가가 39개국이나 됩니다. 이렇게 해서 만들어진 해외 거점은 직원들이 마음껏 실력을 발휘할 수 있는 터전 역할을 합니다." ^{김상욱 경영기획총괄 이사}

정부가 정식 수교를 맺기 전에 대우인터내셔널이 진출한 국가가 옛 소련^{1988년}, 중국^{1987년}, 베트남^{1990년} 등 12개국이나 된다는 점은 직원들의 도전정신을 짐작하게 한다.

실제로 대우인터내셔널의 본사 직원 870여 명 가운데 200여 명이 현재 해외에 나가 있으며 과장급 이상 임직원의 78%는 해외근무 경험이 있는 '무역 베테랑'들이다.

'희생'을 '신뢰'로 바꾸다

대우인터내셔널 직원들은 한국을 세계 11위 무역대국으로 올려 놓은 '수출 전사'라는 점에서 큰 자부심을 갖고 있다.

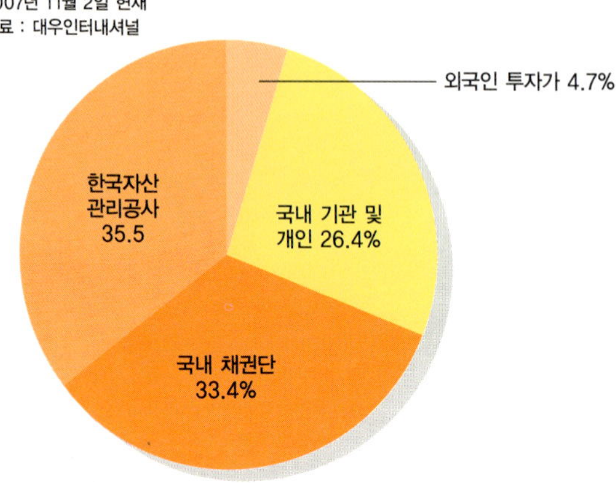

'창조, 도전, 희생'이라는 옛 ㈜대우 시절 사훈社訓이 이를 말해 준다. 진취적 기상과 개척정신으로 세계 시장에 도전해 나라를 먹여 살리자는 뜻이다.

대우인터내셔널의 모태는 1967년 출범해 1983년 ㈜대우로 이름을 바꾼 대우실업이다. 삼성물산이 제일제당에서, LG상사가 LG화학에서, 현대종합상사가 현대건설에서 출발한 것과 달리 대우실업은 그룹의 '뿌리'이자 '간판 기업'이었다.

그러나 ㈜대우는 1999년 대우그룹 부도로 그룹이 해체되면서 회사 자체가 '희생'되는 일이 발생했다.

한 직원은 "어제의 수출 역군이 하룻밤 사이에 죄인 취급을 받을 때는 참담했다"며 "자존심을 되찾기 위해 미친 듯이 일했다"고 회상했다.

'독기'를 품은 직원들의 에너지는 무서운 힘을 발휘했다. 그 결과 워크아웃을 조기 졸업한 것은 물론 회사 경영도 빠르게 안정을 되찾았다.

대우인터내셔널은 워크아웃 졸업 후 직원들의 투표를 통해 사훈의 하나인 '희생'을 '신뢰'로 바꿨다. 과거를 교훈 삼아 앞으로 고객과 채권단, 주주, 사회에 믿음을 주자는 의미라고 회사 측은 설명했다.

"교육이 실전이고, 실전이 교육이다"

대우인터내셔널 모든 사원은 연 1회 이상 해외연수를 갔다 온다. '백문이 불여일견'이라는 뜻에서 하는 인재 육성을 위한 교육이다.

동남아시아에서 석유나 가스를 들여와 제3국에 수출하는 강신호석유가스팀 씨는 2006년 영국 옥스퍼드대가 싱가포르에서 주최한 석유제품 거래 프로그램에 참여했다. 교육은 현지에서 석유제품이 거래되는 과정을 보고, 영국 북해 원유와 나이지리아산 원유 중 어느 것을 구매하는 게 이익이 될지 원유 품질과 운임을 따져 계산하게 하는 등 철저히 실무 위주로 진행됐다.

그는 "영국 석유회사인 BP와 셸, 일본 종합상사인 미쓰이三井물산, 미국 투자은행인 모건스탠리 등 쟁쟁한 회사들의 직원들과 어깨를 겨루면서 무엇보다도 자신감을 얻었다"고 말했다.

이렇게 공들여 키우게 될 '떡잎'을 고르는 과정도 깐깐하다. 입사 지원자들은 최종 면접에서 50분 동안 주어진 주제에 맞춰 프레젠테이션 파일을 만든 뒤 면접관 앞에서 영어로 발표해야 한다. 영어 실력은 필수라는 얘기다. 2007년 회사 측이 실시한 교육 프로그램은 120여 개나 되지만 영어 교육은 아예 없다.

여기서 선발된 신입사원들은 1, 2개월 안팎의 기초 교육만 받고 실전에 투입된다.

전체 직원 중 대졸 여성 직원의 비율은 10% 미만으로 다소 낮은 편이다. 여성 직원 중 최고 직급은 현재 부장이다.

김희준 인사팀 과장은 "입사한 직후 해외 법인에 가는 경우도 더러 있다"며 "다른 회사에서 10년 만에 배울 것을 대우인터내셔널에서는 5년 만에 배울 수 있다"고 말했다.

대리 2, 3년차 되면 해외근무 기회
'자원개발'은 입사 즉시 나가기도

Q 입사 지원 분야 및 연간 채용 규모는….

A 입사 지원 분야는 해외영업, 관리, 자원개발 분야로 나누어진다. 상반기와 하반기 정기 공채를 통해 연간 70여 명을 선발한다. 사업 분야별 선발 인원은 상황에 따라 다르다.

Q 최근 정기 공채의 입사 경쟁률은….

A 2007년 10월부터 12월까지 진행된 하반기 공채에서 2012명이 지원해 37명이 채용됐다. 경쟁률은 평균 54 대 1이었다.

Q 입사하는 데 유리한 조건은….

A 영어로 자유롭게 의사소통을 할 수 있어야 하고, 중급 이상의 제2외국어 구사능력을 갖추고 있다면 금상첨화다. 또 무역과 관련한 경영, 경제, 회계 등의 지식이 있어야 입사 후 빠르게 적응할 수 있다.

Q 채용 절차는….

A 1차 서류전형 → 2차 인성·적성검사 및 직무능력검사 → 3차 실무 면접임원면접 → 4차 신체검사 순이다. 제2외국어 특기자나 공인회계사CPA, 미국공인회계사AICPA, 공인재무분석사CFA 등 전문 자격증 소지자는 우대한다.

Q 전체 임직원 중 여성 인력의 비율은….

2008년 1월 현재 여성 인력은 190명으로 전체 임직원870명의 22%이다. 이 중 60명이 해외영업과 종합관리 등을 담당하는 대졸 직원이고, 130명은 서류 처리 등을 맡는 고졸 및 전문대졸 직원이다.

Q 해외주재원으로 근무할 수 있는 시기는….

대체로 입사 후 5, 6년이 지나 대리 2, 3년차가 되면 해외주재원으로 부임할 수 있는 기회가 생긴다. 자원개발 분야 엔지니어는 입사 즉시 해외에 파견되기도 한다.

Q 채용 때 우대하는 전공이 있나.

해외영업 분야에서는 상경, 어문, 이공계열 전공자를 선호하고, 관리부문에서는 상경, 법정계열 전공자를 좋아한다. 그러나 관련 전공자가 아니라고 해서 지원할 수 없는 것은 아니다. 국제무역 전문가로서의 소양을 갖추고 있다면 공정한 절차를 거쳐 선발한다.

직급별 연봉 (단위: 원)

직급	연봉
임원	수억
부장	7800만~1억900만
차장	6400만~7500만
과장	5400만~6300만
대리	4500만~5200만
사원	3800만~4500만

성과급 포함　　　　　　　　　　　　　자료: 대우인터내셔널

틈새 먹잇감 찾아 사업 다각화…
끝없는 도전

대우인터내셔널은 종합상사 가운데 해외 네트워크가 가장 많다. 옛 ㈜ 대우 상사 부문인 이 회사는 이 때문에 '대한민국 넘버원 종합상사' 라고 자부한다.

종합상사 본연의 역할인 '수출 대행' 업무가 줄어들면서 상당수 종합 상사는 기능이 점차 축소되거나 현상 유지 수준에 머물고 있다. 하지만 대우인터내셔널은 몸집을 지속적으로 불리며 종합상사의 명맥을 이어 가고 있다.

이 회사는 전 세계 6000여 개 업체와 3000여 개 품목을 거래하면서 매출의 97%를 국제 무역 관련 업무로 올리고 있다.

이 같은 종합상사로서의 끈질긴 생명력은 비즈니스 영역의 심화와 틈 새 발굴, 사업다각화의 결과라는 게 회사 측 설명이다.

강영원 대우인터내셔널 사장은 "우리가 일단 먹잇감으로 찍은 사업 아이템은 어떻게든 확보한다"면서 "전 세계를 누비는 대우 상사 맨들은 최고의 자산"이라고 강조했다.

수요자와 공급자 연결해 비즈니스 창출

국내 종합상사 업계에서 대우인터내셔널은 '비즈니스계의 마당발'로 통한다. 단순한 수출대행에 머물지 않고, 될 만한 사업을 찾아 수요자와 공급자를 연결해 비즈니스를 엮어내는 탁월한 재주를 빗댄 말이다.

이 회사는 21세기 종합상사의 역할을 마케팅, 물류, 금융 등 비즈니스에 수반되는 일련의 업무를 종합적으로 수행하는 '프로젝트 오거나이저 project organizer'에서 찾았다.

파푸아뉴기니 발전소 사업은 대표적인 사례로 꼽힌다. 1996년 파푸아뉴기니에 국내 최초로 지사를 설립한 대우인터내셔널은 전기 공급이 원활하지 않은 현지 사정에 착안해 발전소 수출을 결정했다.

발전소를 짓기까지 현지 정부와의 계약, 엔지니어링업체 섭외, 자금조달 등 풀어야 할 문제가 한두 개가 아니었지만 대우인터내셔널의 '작업 능력'은 이때 진가를 발휘했다. 사업 준비 단계에서 발전소 건설, 가동, 운영 등 모든 단계에 대한 계획을 세워 분야마다 국내 전문업체를 섭외해 전체 판을 짜는 것이다.

프로젝트 오거나이저가 기존 비즈니스의 심화라면 '3국간 거래'는 틈새를 발굴하는 것이다.

3국간 거래란 해외에서 생산된 제품을 국내를 거치지 않고 제3국으로 바로 수출하는 무역 형태. 예컨대 대우인터내셔널 싱가포르법인은 싱가포르 석유제품 현물시장에 나온 경쟁력 있는 제품을 산 다음 세계 곳곳의 기업들에 판매한다. 2007년 싱가포르법인의 석유제품 거래실적은 8억 달러^{약 7600억 원}로 웬만한 정유업체 수준이다.

강 사장은 "대우인터내셔널의 3국간 거래 비중은 전체 매출의 40%가 넘는다"면서 "3국간 거래는 리스크도 크지만 단순 수출 대행에 비해 수익률이 높은 데다 환리스크를 회피하는 효과도 만만치 않아 전략적으로 키우고 있는 사업영역"이라고 말했다.

미얀마 가스전 등 해외 자원개발 사업에서 두각

대우인터내셔널이 업종과 사업영역을 뛰어넘어 종횡무진 활약할 수 있는 것은 50개국 106개 지점에 해외 거점을 두고 있는 광범위한 네트워크 덕분이다.

서울 본사는 세계 곳곳에 나가 있는 해외 거점에서 실시간으로 경영정보와 영업정보를 공유하면서 다양한 사업 기회를 포착한다.

윤병은 경영기획총괄 부사장은 "해외지점으로부터 쏟아지는 정보를 취사선택해 신속히 대응하기 위해 2004년 무역업계 최초로 해외지사를 온라인으로 한데 묶는 정보기술^{IT} 인프라를 구축했다"면서 "대우인터내셔널의 컴퓨터는 '24시간 로그인' 돼 있다"고 말했다.

대우인터내셔널의 신^新성장사업으로 두각을 나타내고 있는 해외 자원개발도 이처럼 탄탄한 해외 네트워크의 힘이 바탕이 됐다.

실제로 이 회사는 2004년 미얀마 가스전 탐사에 성공했으며 러시아 해상광구, 페루 유전, 오만 가스전, 마다가스카르 니켈광산, 우즈베키스탄 금광 등 9개국 15개 지역에서 석유와 가스, 광물자원을 개발하고 있다.

이 가운데 페루 유전과 오만 및 베트남 가스전에서는 매년 200억 원 이상의 이익을 내고 있고, 미얀마 가스전도 2010년부터 본격 생산에 돌입할 예정이다.

특히 미얀마 가스전은 2007년 8월 국제 공인기관으로부터 사업성을 인정받았으며 지금까지 한국 기업들이 개발한 해외 가스전 가운데 가장 큰 '자이언트급'으로 평가됐다.

삼성증권 이을수 애널리스트는 "국내 종합상사들이 앞 다퉈 해외 자원개발 사업에 진출하고 있지만 아직 이렇다 할 성과를 내지 못하고 있다"면서 "대우인터내셔널은 자원개발 전문팀을 갖추고 있는 유일한 종합상사로 자원개발 능력이 상당히 앞서 있다"고 말했다.

대우인터내셔널은 이 밖에 자동차용 내장재와 신발용 자재를 생산하는 부산공장과 마산 대우백화점도 보유하고 있다.

달라진 경영 성과… '주인 없는 회사' 한계도

대우인터내셔널은 기존 사업의 심화 발전과 사업다각화 전략에 힘입어 최근 7년 동안 놀라운 경영 성과를 올렸다.

2000년 말 ㈜대우로부터 기업 분할됐을 당시 이 회사의 부채는 2조 5000억 원으로 부채비율이 940%에 달했지만 2007년 9월 말 현재 부채비율은 141%로 낮아졌다.

반면 2001년 당시 4조2500억 원이던 매출액은 2006년 6조4000억 원으로 늘었다. 또 2006년까지 600억~700억 원에 머물던 영업이익도 2007년에 1000억 원을 넘어섰다.

그러나 워크아웃 졸업 후에도 아직 '주인 없는 회사'로 남아있는 대우인터내셔널의 지분구조는 불안한 요인으로 꼽힌다. 대우인터내셔널은 전체 지분의 68.9%를 한국자산관리공사와 채권단이 소유하고 있어 '주인 찾기'라는 과제를 안고 있다.

SK증권 김기영 애널리스트는 "대우인터내셔널의 사업구조는 안정적
이지만 불안한 지배구조는 이 회사의 미래성장에 걸림돌이 되고 있다"
고 지적했다.

숫자로 보는 대우인터내셔널

- **12개국** 국교 수립 이전 진출 국가
- **39개국** 국내 최초 해외지사 설립 국가
- **78%** 해외근무 경험자(과장급 이상 직원)
- **97%** 매출액에서 차지하는 수출 비중
- **106개** (세계 50개국) 해외 현지 법인 및 지사 수
- **3000여 개** 취급 품목 수
- **6000여 개** (세계 180개국) 해외 거래 기업 수
- **5조9143억 원** 2007년 매출액(9월 말 현재)

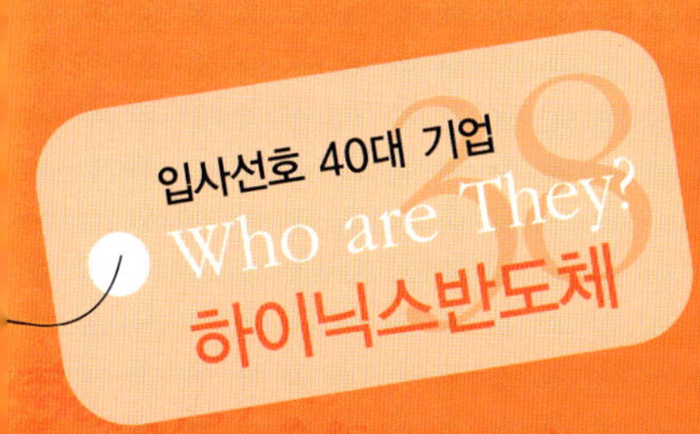

하이닉스가 망해야
나라가 산다고 하셨던가요?

2001년 12월 5일.
한국 재계의 이목은 이날 입국한 미국 반도체 기업 마이크론테크놀로지 협상단에 집중됐다. 당시 하이닉스반도체는 15조 원에 육박하는 부채를 안고 심각한 유동성 위기에 빠져 있었는데, 마이크론이 하이닉스를 인수 하겠다며 한국을 직접 찾은 것이었다.
하지만 마이크론은 쉽게 속내를 드러내지 않았다. 협상은 주사위를 쥔 이 들에게 시종일관 끌려 다녔다.
외환위기 이후 '구조조정의 열병'을 심하고 앓고 있던 당시 한국 사회는 '전자산업의 쌀'이라고 일컫는 반도체 분야 주요 회사를 외국기업에 내줘 야만 하는지를 놓고 뜨거운 논쟁에 빠져들었다.

매각에서 '독자 생존'으로

매각에서 '독자 생존'으로
'살 주고 뼈 얻는' 혹독한 구조조정
되레 '반도체 미美 독점' 막아

'매각에서 독자 생존으로' 가시밭길

김대중 정부 시절인 2002년 3월 진념 당시 경제부총리는 "하이닉스가 독자 생존할 수 있다는 생각은 위험한 발상"이라고 말했다. 그의 후임이던 전윤철 전 경제부총리도 같은 해 9월 "하이닉스의 독자 생존을 주장하는 것은 국수주의적 발상"이라고 했다. 한빛은행^{현 우리은행}, 외환은행 등 금융회사들이 하이닉스 빚을 떠안으면서 한국 경제 전체에 먹구름을 드리우고 있다는 주장이었다.

삼성증권은 2001년 "하이닉스가 망해야 국가경제가 살아날 수 있다"는 내용의 보고서를 냈고, 영국의 경제일간지 파이낸셜타임스는 "대우자동차와 하이닉스 매각 문제가 지지부진한 것은 한국 정부가 잘못하는 것"이라고 보도했다.

484

결국 '하이닉스 죽이기' 여론이 득세한 가운데 2002년 4월 매각 양해 각서MOU가 체결되면서 하이닉스 문제는 매각으로 끝나는 듯 보였다.

하지만 2002년 4월 30일 하이닉스 이사회는 "매각 조건이 너무 불리하게 체결됐다"며 MOU를 부결시켰다.

이사회의 판단은 '헐값 매각은 안 된다. 하이닉스의 독자 생존이 충분히 가능하다' 는 자신감을 배경으로 했다고 한다. 어쨌든 하이닉스의 운명이 매각에서 독자 생존으로 바뀐 것이다.

이승우 신영증권 연구위원은 "하이닉스가 마이크론에 헐값으로 넘어갔다면 '마이크론–인텔' 의 연합체제가 구축돼 메모리 반도체 1위 기업인 삼성전자에 엄청난 위협이 됐을 것"이라며 "독자 생존 결정이 국가 경제에 도움을 줬다는 것이 입증된 셈"이라고 말했다.

시련 속 부활 신화… 메모리 세계 2위 탈환

세계 반도체 D램 시장은 1996년부터 2003년 사이 제조기업의 수가 절반 이상 줄어드는 혹독한 구조조정을 거쳤다. 이들 기업은 2002년 '하이닉스 죽이기' 를 공동의 해법으로 생각하고 거칠게 공격했다.

채권단이 하이닉스의 독자 생존을 지원하자 미국과 유럽연합EU은 "한국 정부가 공적자금으로 하이닉스를 보조했다"며 각각 44.7%, 34.8%의 상계관세를 부과했다. 국내 생산물량의 미국, 유럽 시장 판매가 사실상 힘들어졌다.

수조 원 규모의 선先투자를 해야 경쟁력을 확보할 수 있는 반도체 시장에서 해외시장을 잃은 하이닉스의 독자 생존은 불가능해 보였다.

하지만 절박한 상황에서도 하이닉스는 희망을 잃지 않았다. 그들은 하이닉스만의 차별화된 기술력을 믿었다.

2003년 1월 당시 우의제 하이닉스 사장은 "국가 경제를 책임지는 수출역군에서 구조조정 1순위 기업으로 전락했지만, 우리는 반드시 이 오명을 씻어야 한다"며 임직원들을 독려했다.

회사는 액정표시장치LCD사업부와 통신사업부, 비非메모리 반도체 사업 등을 정리하며 '살을 내주고 뼈를 취하는' 혹독한 구조조정을 실시했다.

그 대신 핵심 사업의 경쟁력을 극대화했다. 사용하지 않는 중고 장비를 개조해 신제품을 생산하는 '칩 패밀리' 프로젝트를 성공적으로 가동해 설비투자 비용 부담을 3분의 1 수준으로 끌어내렸다.

중앙대 전용욱 교수는 2006년 한 논문에서 하이닉스의 위기 극복 과정을 "경영 위기에 처한 기업이 핵심 사업부를 중심으로 구조조정을 실시해 경쟁력 우위를 확보한 좋은 사례"라고 평가했다.

메모리 시장에서 2002년 마이크론, 독일 인피니온에 밀려 4위까지 떨어졌던 하이닉스는 2004년 2분기4~6월 2위를 탈환했다.

이어 2003년 3분기7~9월 흑자로 전환한 뒤 2007년 3분기까지 17개 분기 연속 흑자를 내는 기염을 토했다. 2005년 7월 3년 9개월 만에 워크아웃을 졸업했고, 2006년에는 2조550억 원의 순이익을 내는 등 완전한 부활을 선언했다.

D램 의존 줄이기… 새 주인 찾기 숙제

2007년 D램 가격이 폭락한 여파로 하이닉스는 2007년 4분기10~12월 3180억 원의 영업 적자를 냈다. 흑자 행진이 18개 분기4년 6개월 만에 종료된 셈.

회사 실적이 D램 시황에 취약하다는 문제점이 고스란히 노출된 것이다. 반도체가 어려울 때 휴대전화와 LCD 사업이 받쳐 주는 삼성전자와

486

는 사정이 다르다.

국내 공장 증설을 막는 규제나 상계관세 특허 등 외국 기업과의 법률 문제도 여전히 회사의 발목을 잡고 있다. 회사의 '새 주인 찾기' 문제도 풀어야 할 숙제다.

하지만 하이닉스는 반도체 업종의 불황 속에서도 60나노급 D램 생산과 50나노급 낸드플래시 생산기술 등 후발 기업과는 차별화된 경쟁력을 유지하고 있다는 평가가 많다.

최근 세계 최초로 1Gb^{기가비트} 그래픽D램과 최고속·최소형 1Gb 모바일D램을 개발한 것이 이를 입증하고 있다.

2007년 12월 입사한 이시현 씨는 "하이닉스 매각설에 대해 잘 알면서도 입사를 결심했다"며 "독자 생존을 결정한 2002년과 마찬가지로 '회사의 경쟁력은 흔들리지 않을 것'이라는 믿음을 갖고 있기 때문"이라고 힘주어 말했다.

지방근무자 월 7000원에 기숙사 제공
2만3000명 임직원 중 4700명 해외근무

Q 사원 채용 시기와 규모는….

A 대졸 신입 공채는 1년에 2번 상하반기에 있다. 경력사원은 공고를 통해 연중 수시 채용한다. 신입사원도 필요에 따라 수시 채용하는 경우가 있다. 채용 규모는 매번 다르지만 2007년에는 경력사원을 포함해 900여 명을 뽑았다.

Q 신입 공채 전형 절차는….

A 크게 서류전형 – 하이닉스 직무기초능력검사 HYNAT – 실무진 면접 – 임원 면접 순으로 이뤄진다.

Q 지원 자격 요건은….

A 기술직군은 토익 620점 이상, 영업·사무직은 토익 730점 이상이 요구된다. 학점은 3.0 이상 4.5 만점 기준이어야 한다. 영어 중국어 등 어학 우수자와 지원 분야와 관련 있는 자격증 소지자는 우대한다.

Q 이공계가 아니면 입사에 불리한가.

A 직무에 따라 선호 전공이 다르기 때문에 불리하진 않다. 다만 반도체 기업의 특성상 연구개발·기술직 채용 인원이 더 많은 편이다.

Q 면접은 어떤 방식인가. 영어뿐 아니라 중국어 평가도 한다던데….

직급별 평균 연봉

직급	평균 연봉
임원	1억 원 이상
부장	7300만 원
차장	6100만 원
과장	5200만 원
대리	4000만 원
사원	3300만 원

대리 과장 승진 소요 기간은 각 평균 4년, 차장 부장은 평균 5년   자료: 하이닉스반도체

복수의 면접위원이 복수의 지원자를 면접한다. 필요할 경우 영어 중국어 등 외국어 능력을 측정하기도 하는데, 최근 어학 실력을 테스트하는 빈도가 부쩍 늘었다.

Q 공채 평균 경쟁률은….

매번 다르다. 2007년 하반기에는 40 대 1이었다.

Q 지원했다가 떨어진 사람이 또 지원하면 불이익이 있나.

없다.

Q 직군별 근무지는….

이천 본사와 청주사업장, 서울사무소로 구성된 근무지 가운데 연구개발·기술직은 주로 이천 본사와 청주사업장에서 근무한다.

Q 지방 근무의 복지 수준은 어떤가.

모두 기숙사가 제공된다. 월 비용은 7000원 정도로 거의 무료로 이용할 수 있다. 수영장, 헬스클럽, 문화센터 등 여가를 위한 다양한 시설과 프로그램이 마련돼 있다.

Q 재직 중 해외 근무의 기회는….

2만3000여 명의 임직원 가운데 4700여 명이 해외에서 근무하고 있다. 해외

법인 주재원 파견 기회가 많고, 경영학석사MBA 등 해외 연수 기회도 제공된다.

Q 인턴제도는 어떻게 운영되나.

A 인턴사원은 매년 상하반기 대졸 신입 공채 때 같이 모집하는데, 전형 절차는 대졸 공채와 동일하다. 한 달간 직장인 소양 및 반도체 교육, 현업 실습 등을 경험하게 되며 인턴을 마치면 졸업 후 정규직 입사를 보장받는다.

Q 평균 이직률은….

A 기술사무직 인력은 3% 이하로 매우 낮다. 특히 신입사원 초기 이직률은 5% 미만으로 전체 기업 평균의 6분의 1 수준이다.

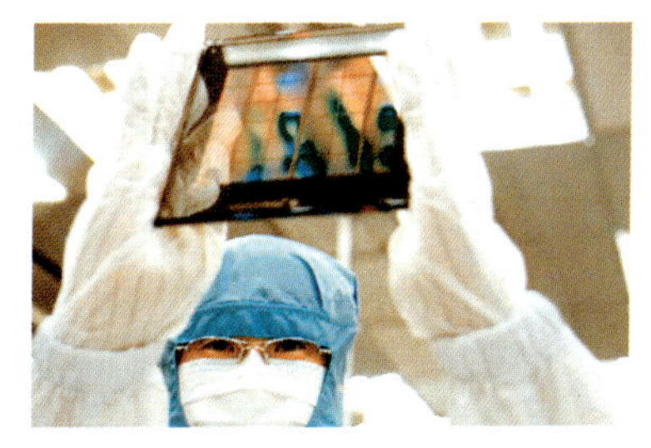

불가능 이긴 벤처정신

전사원 자발적 회사 살리기
'88운동8시 출근 8시 퇴근' 으로 극복

'우리 가슴엔 꿈이 있어요/모두 편하고 행복한 세상/아름다운 마음 좋은 생각이 모여/내일의 희망이 되죠/하이닉스, 이뤄낼 힘이 있어요/Dreams come true/미래를 앞선 생각이 있어요/세상의 중심이 될 작지만 수많은 꿈들/후략.'

하이닉스반도체가 2007년 'Good memory'좋은 기억란 기업 슬로건과 함께 발표한 '하이닉스의 꿈' 이라는 제목의 노래다.

하이닉스 임직원들에게 꿈은 '밥' 과 같다.

경영난으로 일감이 줄어들고 연봉이 삭감되며 '밥그릇' 이 작아질 때마다 그들은 그 빈 공간을 '언젠가 세계 최고의 반도체 전문회사가 될 것' 이라는 꿈으로 메웠다.

그 꿈을 향한 도전은 하이닉스 전사戰士들을 '불가사불가능을 가능케 하는 사

’로 만들었다.

‘밥그릇’ 작았지만 꿈 하나로 버텼다

‘하이닉스 주식 값의 폭등과 함께 한국 경기침체의 불황을 타파.’

‘하이닉스, 삼성전자를 제치고 세계 제1의 반도체 업체로 발돋움할 발판 마련.’

‘하이닉스 주가 1만 원 돌파!’

이 회사의 2002년 1월 2일자 신년 사보社報에는 ‘미리 보는 2002년 10대 뉴스’라는 제목으로 사원들의 간절한 소망을 담았다. 당시 최악의 유동성 위기를 겪던 그들은 내일을 보고, 미래를 생각하지 않으면 오늘을 이겨내기 어려웠다.

그런 꿈이 그들의 발걸음을 이끌었다. ‘88운동’ 오전 8시 이전 출근, 오후 8시 이후 퇴근, ‘IO 3050’ 투입·Input 비용 30% 절약, 산출·Output 효과 50% 향상 같은 회사 살리기 캠페인이 자발적으로 일어났다. 한 임원은 “88운동 당시 누구 한 사람 불평불만 없이 참여하는 모습이 아름답게 느껴질 정도였다”고 회고했다.

이런 투혼鬪魂은 2005년 중국 진출이 본격화하면서 해외로도 ‘수출’ 됐다. 당시 중국인들은 한국 특유의 ‘빨리빨리’ 경영에 강한 거부감을 드러냈다고 한다. 그러나 몸살이 난 한 한국인 여성 직원이 링거 주사를 맞아가면서 기술 지도를 계속하자 현지 직원들도 크게 감동했다는 일화는 사내社內에서 유명하다.

중국 정부 당국자들도 “하이닉스를 보니까 한국이 어떻게 짧은 시간에 고도성장을 했는지 알 것 같다”고 감탄했다.

이런 하이닉스의 역동성은 상명하복上命下服에 따라 강요된 것이 아니었다. 이 회사 전략기획실 김진신 대리는 "하이닉스는 최고경영진 몇 명이 아니라, 나 같은 실무진이 이끄는 회사라는 인식이 뿌리 깊다"며 "그래서 '덩치는 대기업이지만, 정신은 벤처'라는 얘기가 나오는 것"이라고 설명했다.

2007년 하이닉스가 '제2의 창업'을 내세우며 비非메모리 반도체인 CIS 사업 진출을 선언한 것도 과장 차장급 실무진의 아이디어가 채택된 것이다.

칭찬으로 기 살리기… 눈빛만 봐도 손발이 척척

하이닉스의 전신인 현대전자는 1999년 LG반도체를 흡수합병하고 2001년 회사 이름을 하이닉스로 바꿨다. 그 다음 해인 2002년 회사에서는 임직원 1535명을 대상으로 '하이닉스의 기업문화는 존재하는가'라고 물었다.

결과는 충격적이었다. '있다고 생각한다'는 긍정적 답변이 7.9%에 불과했다. 절대 다수가 없거나62.6% 잘 모르겠다29.5%는 것이었다.

그런데 당시 '하이닉스 문화를 대표하는 키워드가 무엇이냐'는 주관식 물음에 대한 대답이 흥미로웠다. '불굴의 투지와 추진력' '인간적인 정情'이란 다소 상반된 두 표현으로 집약됐기 때문이다.

박현 홍보팀 과장은 "당시 조직원들이 의식하지는 못했지만 현대 특유의 저돌성과 LG 전통의 인화人和가 융합돼 발전적인 '하이닉스 웨이Way'로 승화됐던 것 같다"고 말했다.

과감한 투자 결단이 필요한 대표적 장치산업이면서 초超미세 공정에서의 철저한 협업이 필요한 반도체 기업에 '투지와 정情의 조합'은 적잖은 시너지 효과를 낳았다.

특히 하이닉스 특유의 칭찬 문화는 정에서 비롯됐지만 서로의 투지를 불태우기에 충분했다.

2000년 10월 사내 인트라넷에 '칭찬합시다' 코너가 만들어졌고, 2002년에는 '이달의 칭찬인' 상이 제정됐다. 당시 회사는 "칭찬 문화가 경영 정상화의 견인차 역할을 했다"고 평가했다.

제조본부의 한 임원은 "방진복을 입고 일하는 반도체 생산 현장에서는 서로의 눈만 보인다. 상하 및 동료 간에 인간적 정이 쌓이지 않으면 눈빛으로 대화하기 어렵다"고 말했다.

노조는 있지만 '노사(勞社)'는 없다

"죄인의 심정으로 채권단에 눈물로 호소합니다. 노조원과 협력업체 근로자의 자존심과 혼을 담보로 내걸겠습니다. 항구적인 무無분규와 세계 최고의 품질로 보답하겠습니다."

2001년 8월 하이닉스 노동조합은 회사의 운명을 손에 쥔 채권단에 '독자 생존의 길을 열어 달라' 며 이렇게 호소했다.

그들은 그 약속을 지금까지 지키고 있다.

세계 4대 반도체 D램 제조업체삼성전자 하이닉스 마이크론 인피니언 중 하이닉스에만 노조가 있지만 노사 갈등은 찾아보기 어렵다.

하이닉스 노조에는 "노조가 반도체 회사의 걸림돌이 아닌 경쟁력의 원천임을 보여 주겠다"는 강한 신념이 전통처럼 내려온다.

2002년 초 김준수 청주·구미 노동조합 신임 위원장이 "회사가 있어야 노조도 있다. 회사의 위기 극복이 최우선 과제"라고 취임사에서 밝히자 박상호 당시 사장은 "6개월간 무보수로 회사에 봉사하겠다"고 화답했다.

노조는 2005년부터 2007년까지 임금교섭의 전권을 회사에 위임하기도 했다.

한국경영자총협회는 최근 이런 하이닉스에 대해 '회사보다 더 회사 같은 노조' '노조보다 더 노조 같은 회사' 라고 평가했다.

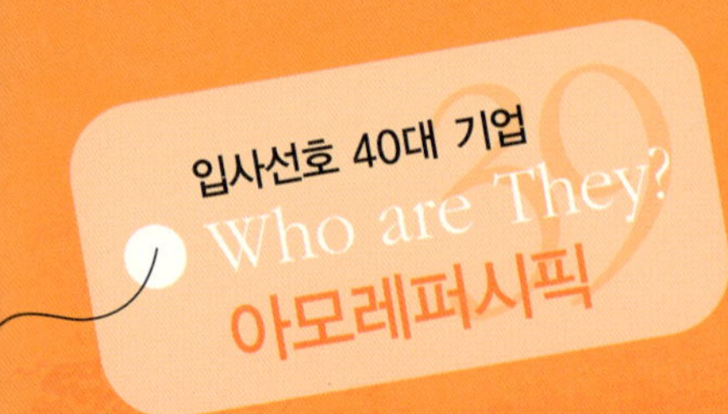

아름다움 향한 60여 년
'업계 최초' 수두룩

"50년 전 아버지께서 프랑스로 출장 가실 때 사용했던 여권입니다. 오늘 이 상을 아버지께 바치고 싶습니다."

서경배 아모레퍼시픽 사장은 2006년 7월 프랑스 정부로부터 한-프랑스 경제 교류에 기여한 공로로 레지옹도뇌르 훈장을 받았다.

그는 이때 손때 묻은 여권을 꺼내 보였다. 2003년 작고한 부친 서성환 창업주가 사용하던 것이다. 서 사장은 부친이 1960년 화장품의 본고장 프랑스 코티화장품의 문을 두드리던 순간을 떠올리며 이 같은 수상 소감을 밝혔다.

90년대 중반 칼날 구조조정이 약…
아직도 흐르는 '송상^{松商}의 피'

"6·25전쟁땐 원료 챙겨 피란… 하루 18시간 일해"

"전쟁 통에도 화장품 원료 일부를 챙겨 지붕도 없는 화차^{火車}에 올라타 우여곡절 끝에 부산으로 향했죠. 그곳에서도 서울에서 함께 일했던 여공들과 오전 5시부터 오후 11시까지 하루 다섯 끼를 먹으며 피곤한 줄 모르고 일했습니다."

서 창업주가 창립 50주년 기념식에서 밝혔던 6·25전쟁 당시 기억이다. 서 창업주는 부산에서 순식물성 화장품 ABC포마드를 개발했다. 상인들이 선수금을 맡기고 물건을 받아갈 정도로 인기가 많았다.

서 창업주는 화장품업계 최초로 외국 기업과 기술제휴를 했다. 또 브랜드 화장품 출시, 지정 판매소 도입, 해외 진출 등 업계 최초라는 수식어를 놓지 않을 만큼 개성상인 특유의 기업가 정신을 보여 줬다.

서 창업주는 50대 후반의 나이에 시작한 녹차 사업에 유달리 애정이 깊었다.

1999년 휴양차 머무르던 미국 하와이에서도 잠시 자신을 보러 온 서경배 사장을 재촉해 돌Dole 사의 파인애플 박물관을 보여 주며 "이거야. 이렇게 만들어 봐라"라고 말했다. 그렇게 세운 것이 제주의 '설록차 뮤지엄 오 설록' 이었다.

1930년대 모친 어깨너머로 화장품 제조 배워

아모레퍼시픽은 서 창업주가 1930년대 개성에서 모친인 윤독정 씨와 함께 화장품 제조업으로 기업의 틀을 마련한 게 그 시작이다.

모친에게서 화장품 제조와 판매 경험을 쌓아 가던 서 창업주는 1945년 광복 직후 서울 중구 회현동에서 태평양화학공업주식회사를 세워 업계 최초의 고유 브랜드인 ABC를 만들었다.

1960, 70년대 국내 최초로 지정판매소 제도를 도입하고 프랑스 코티사社와 기술제휴를 맺는 등 국내 화장품 기업의 대표주자로 자리매김했다.

1980년대 들어서는 생활용품 및 녹차 사업에도 진출하면서 계열사가 24개까지 늘어났다.

하지만 1993년 회사 경영에 뛰어든 서 사장은 야구단과 농구단을 없애고 패션사업에서 손을 떼는 등 구조조정을 진두지휘했다. 그 대신 핵심 역량사업인 화장품에만 매달렸다.

주변의 만류에도 불구하고 밀어붙였던 강도 높은 구조조정은 결과적으로 '선견지명先見之明' 이 됐다. 심지가 굳어 불황에도 강하다는 개성상인 후예다운 기업가 정신이 빛을 발했던 때였다. 서 사장이 2세 경영인 중 가장 성공한 최고경영자CEO 중 한 명으로 평가받는 이유다.

기업 5대 핵심가치 '아모레퍼시픽 웨이' 발표

아모레퍼시픽은 기업문화의 5가지 핵심 가치를 담은 '아모레퍼시픽 웨이way'를 밝혔다. 기업 슬로건인 '아시안 뷰티 크리에이터Asian Beauty Creator'로 인정받기 위해서는 개방, 혁신, 친밀, 정직, 도전 등 5가지 가치를 조직원들이 공유해야 한다는 것이다.

아모레퍼시픽은 해외로 진출한 내수기업 가운데 성공 모델로 꼽힌다.

현재 아모레퍼시픽은 세계 11개국에 15개 해외법인을 운영하고 있다. 이 가운데 일본 프랑스 미국 러시아 4개국을 제외한 나머지 7개국의 법인장은 모두 현지인이다. 현지화만이 해외 진출의 관건이라는 판단에서다.

증권사 애널리스트들은 아모레퍼시픽이 해외에서도 인정받는 브랜드가 되기 위해서 해외 유명 브랜드처럼 색조화장품을 강화하고 지나치게 안정지향적인 마케팅 전략을 개선해야 한다고 말한다.

한국투자증권 이혜원 연구원은 "일하는 여성이 늘고 있어 방문판매 의존도가 높은 현 매출 구조는 오히려 성장의 걸림돌"이라며 "남성 화장품과 중국 등 아시아 시장을 적극 공략할 필요가 있다"고 발했다.

숫자로 보는 아모레퍼시픽 자료: 아모레퍼시픽

- **7년 6개월** 직원 1인당 평균 근속연수(판매직 및 생산직 포함)
- **약 37.5%** 국내 화장품 시장점유율
- **3415명** 직원 수
- **236개** 현재 판매 중인 제품 수
- **353개** 해외 백화점 단독매장 수
- **3만1000여 명** 전국 '아모레 카운슬러'(방문판매원) 수
- **1조2730억 원** 2006년 매출액

필기시험 없이 서류전형
3차례 면접 통해 선발

Q 2007년 채용 결과는….

A 상·하반기 합쳐 지원, 물류, 마케팅, 영업, 국제, 연구 등의 분야에서 총 150여 명을 뽑았다. 경쟁률은 104 대 1이었다. 남성과 여성의 비율은 5 대 5였다.

Q 채용 절차는….

A 별도의 필기시험 없이 서류전형과 3차에 걸친 면접으로 이뤄진다. 1차 면접에서는 팀장이 면접관으로 참석해 직무수행에 대해 묻는다. 2차 면접은 아모레퍼시픽 인재개발원에서 하루 동안 팀워크로 평가한다. 프레젠테이션, 집단토의, 외국어 평가 등도 진행된다. 3차 면접에서는 임원이 면접관으로 들어온다.

Q 입사에 도움이 되는 자격증은….

A 지원 부서와 관련 있는 자격증이 있으면 가산점을 받는다. 예를 들어 재경부문은 공인회계사, 물류 부문은 물류관리사 등의 자격증이 있으면 도움이 된다. 업무와 관련 있는 수상 경력이나 제2외국어 구사 능력이 있으면 우대한다.

Q 직무별로 선호하는 전공이 있나.

A 2007년 하반기 공채의 경우 직무별로 지원 가능한 전공을 정했다. 예를 들어

경영지원 부문은 경영학 전공자나 외국어에 능통한 사람에게 지원 자격을 줬다. 연구직은 석사 학위 이상 소지자를 뽑는다.

Q 인턴제도가 있나.

매년 여름 인턴십을 운영하는데 규모가 작아 공개모집보다는 각 학교에서 추천하는 방식으로 인턴을 뽑는다. 2007년엔 한 달 반 동안 16명이 인턴으로 활동했다.

아모레퍼시픽 임직원 연봉 (단위: 원)

직급	평균 연봉	해당 직급 평균 재직기간
임원	2억2000만	5년
매니저(팀장)	8000만	5~8년
시니어스페셜리스트(부장)	7000만	4~5년
스페셜리스트(과장)	5000만	7년
스태프(사원·대리)	3700만	5년

상여금 및 성과급 포함, 세전 기준　　　　　자료: 아모레퍼시픽

설록차, 한국 대중 녹차의
대표 브랜드

'설록차'를 생산하는 아모레퍼시픽은 제주에 3곳, 전남 강진에 1곳의 녹차밭을 갖고 있다.

아모레퍼시픽은 녹차 산업에서도 시장을 선도하는 기업이다. 1980년 탄생한 아모레퍼시픽의 '설록차雪綠茶'는 한국 대중 녹차의 대표 브랜드로 자리 잡았다.

설록차는 연매출 600억 원을 올리며 국내 녹차 상품 시장점유율 42%를 차지하고 있다. 아모레퍼시픽이 제주와 전남 등지에 보유한 도순다원, 서광다원, 한남다원, 강진다원에서 생산되는 차의 양은 국내 전체 차 생산량의 23%827t·2006년 기준에 이른다.

아모레퍼시픽의 녹차 사업은 단순히 차를 티백에 담아 판매하는 방식을 넘어서 녹차의 '부가가치'를 높이는 방향으로 이뤄지고 있다.

청명 직후 어린 차 싹을 따서 만든 수제차手製茶인 '설록명차 일로향'을 비롯해 '설록명차 세작' '설록차 풍부한 맛' 등 다양한 제품군을 개발했다. 녹차의 떫은맛을 없앤 '설록차 구수한 맛'이나 녹차의 다이어트 효과를 부각한 '카테킨플러스 가루녹차', 티백 대신 삼각형의 피라미드 여과지를 사용한 '설록 잎차 피라미드' 등도 녹차를 특색 있게 만든 제품이다.

이 회사는 녹차 제품뿐 아니라 녹차 문화를 널리 보급하는 데도 노력하고 있다.

아모레퍼시픽은 2001년 제주에 국내 최대 규모의 차 문화 전시관인 '설록차 뮤지엄 오 설록'을 열었다. '한국의 토기잔진' '한국 다기명품 특별전' '한국 차의 향기 특별전' '녹차요리 페스티벌' 등을 개최한 이 전시관은 한 해 50만 명이 찾는 제주의 명소가 됐다.

2004년에는 젊은 층을 겨냥해 서울 중구 명동에 녹차 테마 카페인 '오 설록

설록다원'을 열었다. '오 설록 설록다원'은 이후 종로구 대학로와 강남구 역삼동 등에도 추가로 문을 열어 새로운 형태의 테마 카페로 인기를 얻고 있다.

신입사원들이 말하는 **"아모레퍼시픽은 〔　　〕다"**

'**화이트보드**'다 = 직원들이 무엇이든 상상하게 키워 준다.
'**기적**'이다 = 아름다움을 창조하는 기적 같은 화장품을 만든다.
'**2막**'이다 = 내 인생의 새 장을 열어 준 무대다.
'**천사**'다 = 고객에게 아름다움과 자신감을 주니까.
'**카멜레온**'이다 = 변화무쌍하게 유행을 선도한다.
'**선비**'다 = 좋은 기술과 원료로 정직한 제품을 생산한다.

금연펀드에 다이어트펀드까지

재미 없으면 나가라?
친구같은 상사, 집같은 회사

아모레퍼시픽 홍보팀 스태프 이윤아 29세 씨는 2007년 12월 회사 동료 3명과 함께 7박 8일 동안 러시아 모스크바와 상트페테르부르크에 다녀왔다.

그는 아모레퍼시픽 러시아 현지 법인을 방문하고 롯데백화점 모스크바점의 '라네즈' 매장을 찾아 러시아 고객을 직접 응대하기도 했다. 이 씨는 "아모레퍼시픽이 왜 러시아를 주목해야 하는지 현장에서 생생히 확인했다"고 말했다.

과장 사장 호칭 없애고 'OOO님'… 직원 창의력 쑥쑥

아모레퍼시픽은 2004년부터 '재미있는 일터 만들기' 운동을 벌이고 있다. 일도 노는 것처럼 자발적으로 신나게 하자는 취지에서다.

이 씨가 참여하고 있는 '신흥시장연구회'도 이 운동의 일환이다. 직원들끼리 팀을 꾸려 최근 떠오르는 러시아, 베트남, 인도 등 신흥시장을 심층 연구하고 향후 아모레퍼시픽의 해외 진출 가능성을 따져 보는 모임이다. 팀원들이 5개월 동안 함께 각 나라를 연구한 뒤 연구 성과를 발표한다. 2007년에는 이 씨가 속한 러시아팀이 최우수상을 받았다. 회사는 이들 팀원에게 러시아 연수 기회를 줬다.

서울 용산구 한강로2가 아모레퍼시픽 본사 건물에서는 매일 저녁 파티가 열린다. 직원들은 평일 오후 6시 반부터 10층 구내식당에서 맥주와 안주를 무료로 즐길 수 있다. '굿 타임 파티'로 불리는 이 자리에서는 직원들끼리 딱딱한 회의 대신 서로 술잔을 기울이며 의견을 나눈다.

이렇게 자유로운 조직문화가 뿌리 내린 데는 2002년 시작된 '호칭 폐지 운동'이 큰 역할을 했다. 아모레퍼시픽의 모든 임직원은 직급 대신 이름에 '님'을 붙여 서로를 부른다.

아모레퍼시픽에서는 서경배 사장도 '사장님'이 아니라 '서경배 님'일 뿐이다. 직급도 일반 회사처럼 사원-대리-과장-차장-부장으로 나누는 대신 스태프-스페셜리스트-시니어스페셜리스트-매니지로 구분한다. 이 회사 인사팀 스태프 이민아^{24세} 씨는 "호칭이 자유로워지니 간부들과도 더 쉽게 대화를 나눌 수 있고 회의 때 창의적인 아이디어도 잘 나오는 것 같다"고 말했다.

금연펀드에 살빼기펀드… 직원 건강-여가도 회사가 챙겨

아모레퍼시픽 6시그마추진팀 스페셜리스트 노만수^{36세} 씨는 최근 회사에서 5만9500원과 백화점상품권, 화장품세트를 선물로 받았다. 6개월 동안 꾸준한 운동으로 몸무게를 4kg 뺀 데 대한 보상이다.

노 씨는 6개월 전 '다이어트펀드'에 가입했다. 5만 원을 내고 가입하면

6개월 뒤 목표를 달성한 직원들이 실패한 직원들의 가입금을 나눠 갖고 회사에서 선물도 받는 제도다. 이 회사에는 '금연펀드'도 있다. 1인당 연간 50만 원 한도 내에서 도서 구입, 외국어학원 스키장 헬스클럽 등록, 극장표 구입 등 다양한 분야의 문화생활을 하도록 지원해 주기도 한다.

어머니 직원을 위해 어린이집과 수유실 등 육아시설도 갖췄다. 이 회사 김상균 인사팀장은 "화장품 기업의 특성상 고객의 대부분이 여성이기 때문에 이들의 마음을 꿰뚫는 여성 인재를 육성할 필요가 있다"며 "여성 직원에 대한 지원을 늘리고 있다"고 말했다. 김 팀장은 "전체 대졸 직원 가운데 여성 비율은 25%지만 2007년 뽑은 신입사원은 여성과 남성의 비율이 똑같을 정도로 여성 직원의 채용을 늘리는 추세"라고 설명했다.

여성이 주요 수요층인 만큼 여성을 위한 사회공헌 활동을 활발히 벌이는 것도 이 회사의 특징이다.

아모레퍼시픽은 유방암 예방을 위해 2001년부터 '핑크리본 사랑 마라톤대회'를 열고 있다. 대회 참가자들에게 받는 참가비 전액을 한국유방건강재단에 기부해 유방암 예방에 쓰도록 하고 있다. 업적이 탁월한 여성 과학자를 격려하기 위해 2005년부터 총상금이 7000만 원에 이르는 '아모레퍼시픽 여성과학자상'을 만들었다.

최근엔 모자母子 가정의 빈곤 탈출에 관심을 쏟고 있다. 아름다운재단과 함께 마이크로크레디트무보증 소액창업 대출 사업을 벌여 여성 가장이 적은 자본으로도 창업을 할 수 있게 도와준다. 지금까지 27명의 여성 가장이 대출을 지원받아 '희망가게'를 열었다.

이 회사 김민영 기업문화팀장은 "화장품으로 여성을 아름답게 하는 것도 중요하지만 여성의 건강과 꿈, 생계 등에 관심을 갖는 것도 화장품 기업의 역할"이라고 말했다.

1954년 설립…
헬스케어 신약까지 연구

아모레퍼시픽 기술연구원의 역사는 한국 화장품업계의 기술 발전 역사와도 궤적을 같이한다.

아모레퍼시픽은 1954년 국내 화장품업계 최초로 연구실을 설립했다. 이 연구실은 1978년 태평양 기술연구소로 독립했고 1992년 경기 용인시의 현재 기술연구원 자리로 옮겼다.

1990년대 중반부터는 피부과학연구소에 집중 투자해 화장품용 소재 개발에 앞장섰다. 천연물 추출과 합성 기술, 미생물을 이용한 피부 투과기술, 생리 활성기술 등을 개발해 수입에 의존하던 화장품 소재를 국산화하는 데 성공했다.

1994년에는 연구원 내 의약품연구소를 설립했다. 이 연구소가 개발한 차세대 진통제인 'PAC20030' 제조 기술은 2004년 독일 제약회사인 슈바르츠파마에 수출됐다. 계약 체결과 함께 아모레퍼시픽은 슈바르츠파마로부터 기술료 325만 유로당시 약 48억 원를 받았다. 또 신약 판매 허가가 나오면 1억 750만 유로당시 약 1610억 원를 추가로 받기로 해 화제를 모았다.

이 연구소는 2001년 헬스 연구동을 개설하고 2006년에는 식품연구소를 신설해 녹차, 건강식품, 헬스케어 등으로 연구 분야를 넓혀 나갔다. 현재 4개 연구소화장품, 피부과학, 의약품, 식품에서 연구 인력 300여 명이 신제품 개발에 매달리고 있다.

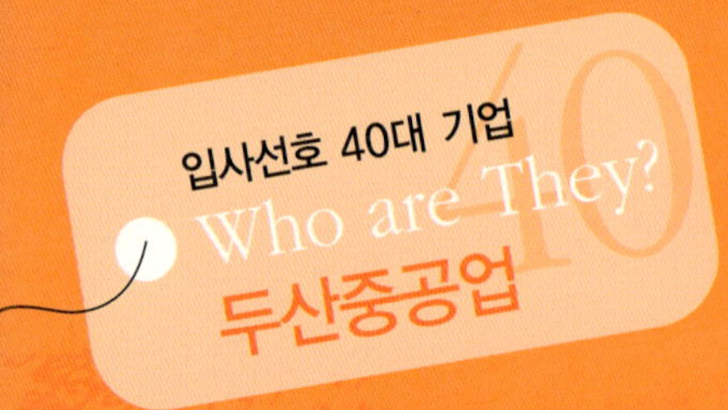

지구의 가치를 높인다

두산중공업은 2004년 10월 카타르 정부가 발주한 라스라판 담수淡水·염분이 없는 민물플랜트와 발전플랜트 공사를 수의계약으로 따내 화제를 모았다. 사업비가 2억7000만 달러에 이르는 대형 공사를 경쟁 입찰 없이 수주하는 것은 이례적인 일. 일각에서는 두산중공업이 카타르 정부에 '줄'을 댄 것이 아니냐는 수군거림도 나왔다.

하지만 실상은 전혀 달랐다. 한마디로 기술의 '개가凱歌'였다. 2006년 도하 아시아경기대회를 유치해 대규모 담수 설비가 필요했던 카타르로서는 대회 개막 전까지 공사를 마무리할 업체가 전 세계에서 두산중공업밖에 없다는 사실을 알고 불가피하게 수의계약을 체결했다.

사막에 초대형 담수-발전 플랜트 건설
도로-항만 등 SOC 세계 곳곳에 수출

설계부터 시운전까지 "맡겨만 다오"

두산중공업은 국내 기업 가운데 세계 시장 지배력을 가진 많지 않은 기업 중 하나다. 글로벌 시장 점유율이 40%를 넘는 담수플랜트 분야는 독보적인 세계 1위다. 화력발전소에 들어가는 핵심 설비인 배열회수보일러도 세계 시장의 30% 이상을 차지해 1위 자리를 지키고 있다.

여기에다 각종 플랜트나 발전소 건설 분야에서는 설비 제작 외에 설계, 시공, 시운전 기술도 함께 갖추고 있는 세계 유일의 중공업 회사라는 것도 강점이다. 미국 GE나 독일 지멘스, 프랑스 알스톰 등 세계 유수의 중공업 회사들이 두산중공업에 대형 프로젝트를 함께 수주하자는 '러브콜'을 앞 다퉈 보내는 이유가 여기에 있다.

두산중공업의 소비자는 기업이나 정부다. 도시나 공장이 돌아가는 데 필요한 발전과 생산 설비, 바닷물을 담수로 바꾸는 설비 등 일종의 사회간접자본SOC 시설을 만들기 때문.

개발도상국에서는 플랜트 설비 제공에 그치지 않고 전체적인 건설까지 도맡아 해 주기도 한다. 1962년 창사 이래 세계적으로 화력, 원자력 등 각종 발전소 300여 곳, 담수플랜트는 20여 곳을 각각 건설했다.

최근에는 국제 유가 급등으로 산유국이 많은 중동 지역에서 각종 플랜트를 많이 따내 2007년 해외 건설 수주 실적56억 달러이 국내 1위였다. 여기에다 도로, 항만, 공항, 전철 등 각종 SOC 시설도 건설하기 때문에 국내외에서 '글로벌 산업화의 숨은 조력자' 라는 평가를 받고 있다.

새 정부 "원자력 수출산업 육성" 또다른 기회

두산중공업은 최근 주식시장에서 주목을 받고 있다. 새 정부가 원자력을 수출산업으로 육성하겠다고 밝히면서 국내 기업 중 유일하게 원자력 기술을 보유한 두산중공업이 부각됐기 때문이다.

두산중공업은 국내 원자력 발전소 20곳 중 최초 시설인 고리원전을 제외한 19곳을 건설했다. 원전 종주국인 미국이나 중국에도 원자로와 증기발생기 등 핵심 설비를 수출한 실적이 있어서 정부의 수출 지원 정책이 뒷받침되면 급성장할 가능성이 높다고 전문가들은 보고 있다.

또 새 정부가 육성키로 한 에너지효율화와 신新재생에너지 분야 기술도 갖고 있어 새 정부 출범에 따른 최대 수혜기업이라는 평가도 있다.

원천기술 확보 - 친환경 발전 설비 확대해야

두산중공업은 2006년 말 영국 기업인 '미쓰이밥콕' 을 인수했다. 발전용 보일러 원천기술을 확보하기 위해서였다. 이 기술은 발전 설비 제작

510

에 필수적인 것으로 세계적으로 4개 회사만 보유하고 있었다. 보일러 원천기술이 없으면 발전 설비를 제작할 때마다 일일이 로열티를 지불하는 것은 물론이고 발전소 건설 입찰에 참가하는 것도 제한을 받는다.

정진황 두산중공업 기술연구원 기획담당 상무는 "앞으로 추가적인 인수합병M&A을 통해 원천기술을 확보하는 데 주력하겠다"고 밝혔다.

하지만 M&A를 통한 원천기술 확보에는 한계가 있다는 지적도 나온다. 원천기술을 가진 기업 대부분이 인수하기 벅찬 글로벌 기업이기 때문.

성기종 대우증권 연구원은 "자체 기술 개발이 뒷받침돼야 진정한 1위로 올라설 수 있다"고 말했다.

전문가들은 두산중공업 전체 매출 중 화력발전 분야의 비중이 절반 이상인 것도 문제로 꼽고 있다. 환경 문제로 온실가스 배출이 많은 화력발전이 위축될 가능성이 높은 만큼 연료전지 등 친환경 발전 설비의 비중을 높여야 한다는 지적이다.

2004년 말 대우종합기계현 두산인프라코어를 인수하면서 1조 원 이상 대규모 차입을 한 것이 장기적으로 부담이 될 것이라는 시각도 있다.

하석원 우리투자증권 연구원은 "두산중공업은 경기에 따라 매출이 급변하는 수주 산업이 주력인 만큼 경기가 나빠지면 차입금이 짐이 될 수 있다"며 "앞으로 대우조선해양이나 현대건설 인수전에 걸림돌이 될 수도 있다"고 분석했다.

토익-학점보다 자기소개서 중요
1시간 심층면접 인성-능력 평가

Q 신입사원 선발 절차는….

서류전형-두산 종합 인성·적성검사-면접 과정으로 진행된다. 서류전형에서는 토익 점수나 학점보다 자기소개서가 중요하다. 토익 점수는 500점 이상이면 되고 입사지원서에서 학점란은 없어졌다. 그만큼 인성과 직무능력을 중시한다. 인성·적성검사에서는 인성, 기초적성, 정서역량 등을 검증한다.

Q 면접의 비결이 있다면….

면접은 실무면접, 최종면접 등 2단계로 진행된다. 실무에서는 인성, 능력을 각각 평가한다. 면접관 3명과 응시자 1명이 1시간 이상 심층면접을 진행한다. 면접에서는 업무에 대한 소신, 비전, 인성을 종합적으로 평가한다. 자기소개서 내용을 중심으로 대화하므로 우선 자기소개서에 공을 들여야 한다. 자기 얘기를 논리적이고 소신 있게 풀어 나가는 게 중요하다. 창의적인 표현과 도전적인 자세를 보여 주면 더 좋다.

Q 입사를 하면 근무지는 어떻게 되나.

주요 근무지는 경남 창원시 본사, 서울사무소, 대전과 경기 용인시의 연구개발R&D센터 등이다. 근무비율은 평균적으로 창원, 서울, 대전이 각각 50%, 40%, 10% 정도다. 신입사원은 1년간 인큐베이팅신입사원 적응프로그램을 마친 뒤 개인의 적성과 희망을 고려해 5개 BG^{비즈니스그룹}와 기술연구원, 재무 부문, 관리 부문, 사장실 등으로 배치된다. BG 분야는 발전, 담수, 원자력, 건설, 주단^{주조 단조}이다. 창원 본사 근무자는 2007년 신축한 최신 기숙사에서 생활한다. 또 서울과 창원 간에는 주말 셔틀버스를 운행한다.

Q 해외 근무 기회는….

미국 유럽 중동 인도 중국 동남아시아 등 해외 각지에 법인, 지점, 사무소 등이 19개 있다. 입사한 지 1년이 지나면 지원할 수 있으며 평균 3~5년간 근무한다. 다른 플랜트 회사에 비해 해외 근무 기회가 많은 편이다.

두산중공업 직급별 연봉 (2007년 기준)

직급	연봉
임원	1억5000만 원 이상
팀장(차장, 부장)	7200만~8500만 원
팀원(2년 차 이상 사원~부장)	4000만~7400만 원
대졸 초임	3900만~4000만 원

성과급을 포함한 세전 연봉 기준　　　　　　　　　　　　　자료: 두산중공업

해마다 늘어나는 세계 일류 상품들 즐비

두산중공업은 GE, 알스톰, 미쓰비시, 도시바 등에 이어 세계 8위 플랜트 업체로 평가받고 있다.

이렇듯 두산중공업이 아직 최일류 기업으로 도약하기에는 부족한 면이 있지만 일부 분야에 있어서는 이미 세계 최고수준에 도달한 것으로 인정받고 있다.

산업자원부가 2001~2007년 '세계 일류'로 선정한 두산중공업의 실적 및 기술 목록을 보면 세계 시장점유율 1위 42%인 해수 담수화 설비를 비롯해 수력발전 수차 주강품 1위·68.9%, 배열회수보일러 1위·30% 등이 눈에 띈다.

차세대 고부가가치 설비기계로 꼽히는 냉간압연 워크롤과 금형강 역시 두산중공업이 발 빠르게 시장을 선점하고 있는 분야다.

두산중공업 최영천 부사장은 "세계 일류 상품이 해마다 늘어나고 있어 세계 5위권 플랜트기업으로의 도약도 그리 멀지 않았다"고 말했다.

산업자원부가 선정한 두산중공업 세계 일류 상품 현황

상품	선정 시기	세계 시장점유율
해수 담수화 설비	2001년	1위(42%)
선박용 크랭크샤프트	2003년	3위(23%)
배열회수보일러	2004년	1위(30%)
냉간압연용 워크롤	2004년	차세대 상품
금형강	2004년	차세대 상품
수력발전 수차 주강품	2007년	1위(68.9%)
선미 주강품	2007년	2위(22.3%)

자료: 두산중공업

그제는 주식으로 돈버는 법 배웠다
어제는 여자친구 사귀는 것 배웠다

입사 시험땐 지원자 부모에 정情담긴 편지

두산중공업은 '얼마나 좋은 인재를 많이 뽑았는지' 보다 '인재를 뽑아서 얼마나 그들에게 로열티를 심어 주었는지'에 대해 더 많은 신경을 쓰는 기업으로 알려져 있다.

실제로 2006, 2007년 신입사원 202명 중 2008년 초까지 퇴사자는 2명에 불과하다. 비율로 약 1%다. 최근 일반 제조업체 신입사원의 입사 1년 내 이직률이 12~15%로 알려져 있는 것에 비하면 극히 낮은 수치다.

이에 대해 회사 측은 "특유의 '휴머니즘'이 조직문화에 녹아 있기 때문"이라고 설명했다. 인화人和를 모토로 하는 두산그룹의 전통적인 가치에 '사람의 성장이 사업의 성장을 이끈다'는 두산중공업의 '2G Growth of People-Growth of Business' 전략이 맞물려 이 같은 결과를 낳았다는 것이다.

두산중공업은 신입사원이 들어오면 1년 동안 '인큐베이팅 과정'을 겪도록 한다. 신입사원 전원에게 '브라더 사내 후견인 제도'라는 이름의 전담 선배가 붙는데, 이들이 신입사원의 업무영역을 지도해 주고 개인적 고충을 들어 주는 역할을 하게 된다.

2007년 발전소 분야로 입사한 임태원28세 씨는 같은 팀의 여자 선배를 '브라더'로 배정받은 케이스. 그는 "한마디로 직장생활에서 부딪치는 모든 문제를 상담할 수 있다. 심지어 재테크는 어떻게 하는 게 좋은지, 여자친구 문제는 어떻게 해결하는 게 좋은지까지 조언을 해 준다"고 말했다. 브라더들이 입사 100일, 1주년을 기념해 신입사원들을 모아 백일잔치와 돌잔치를 열어 주는 것도 전통이다.

두산중공업은 신입사원 채용 때부터 지원자에게 여러 차례 편지를 보내며 '따뜻한 이미지'를 남기는 데 신경을 쓴다. 최종 면접을 앞둔 지원자에게는 부모 앞으로도 편지를 보낸다. '지원해 주셔서 감사합니다' 같은 판에 박힌 글귀 대신 사람 냄새 풍기는 문장으로 채워 넣는다.

'귀댁 자녀의 전형과정을 지켜보면서…중략…비록 제 자식은 아니지만 제 자식만큼이나 안타깝고 서운했던 적도 있었고, 반대로 즐겁고 보람 있었던 적도 많았습니다.'

2007년 김명우 인사담당 상무가 지원자 부모에게 보냈던 편지의 일부분이다.

"점령군은 없다"… M&A 기업 경영진 유임시켜

2007년 2월 두산중공업이 영국의 '미쓰이밥콕'을 일본 미쓰이물산으로부터 인수해 '두산밥콕'을 설립했을 때다. 두산중공업은 서울 전략회의에 두산밥콕의 최고경영자인 이언 밀러 사장 등 7명의 현지 임원들을 초대했다. 기업문화를 소개하고 경영철학을 공유하자는 취지였다.

당시 밀러 사장은 "일본 기업이 소유주였던 지난 10여 년 동안 우리는 한 번도 일본에 초청받아 간 적이 없다. 파격적인 의전에 감사한다"고 진심어린 사의謝意를 표했다고 한다.

두산중공업은 한국에서 사장을 보내지 않고 밀러 사장과 현지 경영진을 유임시키면서 전폭적인 지지를 보냈다. 이 덕분인지 수년 동안 매출이 정체돼 있던 밥콕은 2007년 매출액 9300억 원을 올려, 전년에 비해 32%가량의 실적 상승을 이뤄냈다.

2007년 5월부터 밥콕의 평직원도 초청해 자사 계열사인 두산인프라코어와 두산엔진 사업장 등을 견학시키고 있다.

박지원 두산중공업 사장은 "두산중공업과 밥콕의 구성원들이 소통하면서 서로에게서 무엇을 배울 수 있는지, 어떤 시너지 효과를 창출할 수 있는지 답을 찾게 된다"고 말했다.

'엔지니어 프렌들리' 문화 강점… 노사관계 숙제도

두산중공업의 사무직 직원 3000명 가운데 85% 이상이 이공계열 전공자들이고, 발전 담수 플랜트 등 5개의 사업부문 중 4개의 부문장들이 모두 엔지니어 출신이다.

배균호 기획조정실 차장은 "신입사원을 선발할 때도 엔지니어로서의 자아실현을 염두에 두고 있다는 지원자를 많이 의식하는 편이다. 자연히 '엔지니어 프렌들리친화' 업무여건이 조성돼 있다"고 말했다.

배를 주로 건조하는 다른 국내 중공업 업체와 달리 두산중공업은 발전소 및 그와 관련된 기자재의 제작, 설치, 운전 등을 담당한다. 설계-조달-건설을 일괄 수행하는, 이른바 EPCEngineering, Procurement & Construction 사업이라 엔지니어로서는 '스페셜리스트'의 꿈을 키우기에 적합한 곳으로 평가받는다.

사내 엔지니어들은 또 '빅 스쿨The Business Intelligence Group School'과 '엔지니어 역량 향상교육' 등 다양한 사내 교육 프로그램 수강 혜택도 받고 있다.

두산중공업이 지금의 위치에 오르는 과정에는 시련도 있었다.

두산중공업의 모태는 1962년 고故 정인영 한라그룹 명예회장이 만든 현대양행이다. 1980년 신군부가 발전설비 통합 방침을 세우고 공기업인 한국중공업에 현대양행의 발전 플랜트 설비가 있는 창원공장현재의 본사을 강제로 합병시켰다. 다시 2000년 정부의 공기업 우량화 방침과 맞물려 민영화 작업을 거치게 됐고 2001년 3월부터 두산이 정식 인수하며 현재의 이름을 얻게 됐다.

이후 대우종합기계 미쓰이밥콕 등 다양한 국내외 업체들을 합병하며 덩치를 키워왔다. 2007년에는 매출 4조895억 원, 영업이익 2833억 원으로 창사 이래 46년 만의 최대 실적을 거두기도 했다.

두산중공업은 민영화 시기를 즈음해 1000명에 달하는 노동자의 구조조정을 단행한 아픔이 있다. 이 과정에서 잦은 파업과 근로자 배달호 씨의 분신사건이 발생하는 등 노사갈등이 고조되기도 했다.

이 때문에 두산중공업은 21년간 배어왔던 공기업 색채를 좀 더 빼내

숫자로 보는 두산중공업 임직원 수는 2008년 1월 기준. 공급한 발전 설비의 총용량, 주요 설비를 공급한 플랜트는 2007년 12월 기준. 자료: 두산중공업

- **7종** 산업자원부 선정 세계 일류 상품
- **8개** 해외 자회사 및 합작사
- **19개** 해외 지사
- **30개** 플랜트 설비를 공급한 국가
- **534개** 핵심 설비를 공급한 플랜트
- **5200명** 임직원
- **14만 6000MW** 공급한 발전설비의 총용량 (한국 연간 발전용량의 3배)
- **2833억 원** 2007년 영업이익
- **4조895억 원** 2007년 매출액

업무효율성을 더 강화하는 것과 함께 비교적 안정국면으로 접어든 노사
관계 역시 좀 더 신뢰수준을 높이는 것을 중장기 과제로 삼고 있다.

입사선호 40대 한국 기업

1판 1쇄 발행 2008년 5월 19일
1판 5쇄 발행 2009년 2월 25일

지은이 | 동아일보 특별취재팀

발행인 | 김재호
편집인 | 최용원
출판국장 | 황의봉
출판팀장 | 김현미

편집장 | 안영배
편집 | 이미동
아트디렉터 | 윤상석
디자인 | 김미령
마케팅 | 이정훈 · 유인석 · 정택구
인쇄 | 미르 P&P

펴낸곳 | 동아일보사
등록 | 1968.11.9(1-75)
주소 | 서울시 서대문구 충정로3가 139번지(120-715)
마케팅 | 02-361-1031~3 팩스 02-361-1041
편집 | 02-361-0905 팩스 02-361-0979
홈페이지 | http://books.donga.com

ISBN 978-89-7090-617-1 03320
값 13,800원

마이다스동아는 동아일보사가 만든 경제 · 경영 전문 도서 브랜드입니다.